Wirtschaftsrecht und Wirtschaftspolitik

begründet von
Prof. Dr. Dr. h.c. mult. Ernst-Joachim Mestmäcker†
(1926–2024)

herausgegeben von
Prof. Dr. Florian Bien
Prof. Dr. Ulrich Schwalbe
Prof. Dr. Heike Schweitzer† (1968–2024)

Band 325

Julian Stegerer

Zahlungsunfähigkeit nach § 81b Abs. 1 GWB

Eine Untersuchung zum Verhältnis von Wettbewerbs- und Insolvenzrecht

Nomos

Großzügig gefördert durch die Graduiertenschule der Universität zu Köln.

Die Deutsche Nationalbibliothek verzeichnet diese Publikation in der Deutschen Nationalbibliografie; detaillierte bibliografische Daten sind im Internet über http://dnb.d-nb.de abrufbar.

Zugl.: Köln, Univ., Diss., 2024

u.d.T.: „Zahlungsunfähigkeit nach § 81b Abs. 1 GWB – Eine Untersuchung zum Verhältnis von Wettbewerbs- und Insolvenzrecht"

ISBN 978-3-7560-2451-3 (Print)
ISBN 978-3-7489-5196-4 (ePDF)

Onlineversion
Nomos eLibrary

1. Auflage 2025

Meiner Familie

Vorwort

Die vorliegende Arbeit ist während meiner Zeit als Wissenschaftlicher Mitarbeiter am Institut für Europäisches Wirtschaftsrecht der Universität zu Köln entstanden. Sie wurde Ende September 2023 als Dissertationsschrift eingereicht. Die Disputation erfolgte im Oktober 2024. Im November 2024 zeichnete das Institut für Medien- und Kommunikationsrecht sowie der Schwerpunktbereich Geistiges Eigentum und Wettbewerb der Rechtswissenschaftlichen Fakultät der Universität zu Köln die Untersuchung mit dem „CBH Promotionspreis“ aus. Wichtige Entwicklungen aus Praxis und Literatur wurden bis Ende November 2024 berücksichtigt.

Die mit meiner Doktorarbeit verbundene wissenschaftliche Auseinandersetzung an der Schnittstelle von Wettbewerbs- und Insolvenzrecht hat mir große Freude bereitet. In dieser Zeit stellten sich jedoch auch einige Herausforderungen. Dass mein Promotionsprojekt am Ende gelungen ist, verdanke ich zunächst meinem verehrten Doktorvater Herrn Prof. Dr. Ulrich Ehricke, LL.M. (London), M.A. Seine ideelle Förderung und sein Zuspruch haben mir großen Rückhalt gegeben und den erfolgreichen Abschluss dieses Projekts erst möglich gemacht. Er hat mir den nötigen Freiraum für die erforderliche wissenschaftliche Entfaltung gelassen. Zugleich hat er mich dazu ermutigt, neue Wege zu gehen und das „allgemein Anerkannte“ kritisch zu hinterfragen. Die wissenschaftlichen Diskussionen mit ihm haben diese Untersuchung entscheidend nach vorne gebracht. Seine dogmatische Brillanz, juristische Kreativität und Fähigkeit, ein komplexes Rechtsproblem aus der Perspektive unterschiedlicher Rechtsmaterien zu betrachten und sachgerecht zu lösen, werden mir ein ständiges Leitbild sein.

Mein großer Dank gilt zudem Herrn Prof. Dr. Torsten Körber, LL.M. (Berkeley) für die zügige Erstellung des Zweitgutachtens und die sehr bereichernde wissenschaftliche Diskussion im Rahmen der Disputation.

Herrn Prof. Dr. Florian Bien und Herrn Prof. Dr. Ulrich Schwalbe danke ich herzlich für die Aufnahme meiner Arbeit in diese ehrwürdige Schriftenreihe und das damit einhergehende Interesse an meiner Untersuchung.

Als besonders gewinnbringend habe ich die Möglichkeit empfunden, das Thema meiner Doktorarbeit im Rahmen des „5. Offenen Doktorandenseminars“ an der Heinrich-Heine-Universität Düsseldorf vorstellen und diskutieren zu dürfen. Für die Organisation der Veranstaltung und den damit verbundenen sehr inspirierenden fachlichen Austausch danke ich herzlich dem von Prof. Dr. Christian Kersting, LL.M. (Yale) und Prof. Dr. Rupprecht Podszun geführten Institut für Kartellrecht sowie den Teilnehmerinnen und Teilnehmern des Seminars.

Zu großem Dank bin ich zudem der Graduiertenschule der Universität zu Köln für die großzügige Bereitstellung eines Druckkostenzuschusses für die Veröffentlichung der Dissertationsschrift verpflichtet. Der Sozietät CBH Rechtsanwälte danke ich herzlich für die Stiftung des Promotionspreises.

Den Mitarbeiterinnen und Mitarbeitern des Instituts für Europäisches Wirtschaftsrecht der Universität zu Köln danke ich für die gemeinsame Zeit, die freundschaftliche Atmosphäre am Institut und den fachlichen Austausch. Für ihre besondere Unterstützung möchte ich Maximilian Broich, Maximilian Dogs, Nikolaos Georgopoulos, Daniel Könen, Alexander Saxler und Tim Schubert herzlichst danken.

Benedikt Erforth und Rohan Sinha schulde ich großen Dank für den inspirierenden Austausch und die hilfreichen Korrekturanmerkungen.

Für ihre liebevolle Unterstützung danke ich Carolina Erb von ganzem Herzen. Sie hat mich während des Promotionsvorhabens mit größtem Engagement unterstützt und es geschafft, ihre Fröhlichkeit auch in den herausfordernden Phasen des Promotionsvorhabens auf mich zu übertragen. Ihre klugen Rückfragen und Korrekturanmerkungen sowie ihr ständiges Interesse am Fortschritt meiner Doktorarbeit waren besonders gewinnbringend.

Der größte Dank gilt meiner Familie. Meine Eltern haben mir die Freiheit eingeräumt, meinen eigenen Weg zu wählen und zu gehen. Sie haben mir die Möglichkeit eröffnet, das Studium der Rechtswissenschaft aufzunehmen, einen Auslandsaufenthalt zu absolvieren und zu promovieren. Dabei unterstützten sie, mein Bruder und meine Großeltern mich in jeder erdenklichen Art und Weise. Ihr Vertrauen in meine Fähigkeiten war mir ein ständiger Begleiter, ihr Zuspruch das Heilmittel gegen jeden Zweifel. Meiner Familie ist diese Arbeit gewidmet.

Köln, Dezember 2024 *Julian Stegerer*

Inhaltsübersicht

Inhaltsverzeichnis

Teil 1: Einleitung

A. *Einführung und Problemstellung*

Dem Insolvenzrecht kommt eine bedeutende Ordnungsfunktion in der sozialen Marktwirtschaft zu.[1] Es entscheidet darüber, ob und in welcher Weise der wirtschaftlich erfolglose Wettbewerber aus dem Markt auszuscheiden hat.[2] Während das Wettbewerbsrecht[3] darauf abzielt, Verfälschungen des Wettbewerbs[4] zu vermeiden[5] und damit wirksamen Wettbewerb auf einem Markt sicherzustellen[6], ist es Aufgabe des Insolvenzrechts, die effektive Bereinigung des Marktes von nicht wettbewerbsfähigen[7] Teilnehmern zu gewährleisten[8]. Daraus ergeben sich voneinander abgrenzbare Regelungsbereiche des Wettbewerbs- und Insolvenzrechts: Ordnet das Insolvenzrecht ein Marktausscheiden eines Akteurs an, besteht aus Sicht des Wettbewerbsrechts mangels fortbestehender Markttätigkeit grundsätzlich kein Bedürfnis[9], den ausgeschiedenen Akteur normativ zu erfassen und damit Anordnungen im Regelungsbereich des Insolvenzrechts zu treffen. Inhaltliche Berührungspunkte des Wettbewerbsrechts mit dem Insolvenzrecht sind insofern selten und beschränken sich vornehmlich auf Fälle der

1 BReg, Entwurf InsO v. 15.04.1992 – BT-Drs. 12/2443, S. 75.

2 *Pape*, in: P/R/S/V, InsolvenzR, § 10, Rn. 6.

3 Der Begriff bezeichnet in dieser Untersuchung das Wettbewerbsrecht im Sinne des Rechts gegen Wettbewerbsbeschränkungen.

4 Siehe zur unionsrechtlichen Zielvorgabe der Schaffung eines Systems unverfälschten Wettbewerbs, um den Binnenmarkt gemäß Art. 3 Abs. 3 EUV zu verwirklichen, Art. 51 EUV i. V. m. Protokoll (Nr. 27) über den Binnenmarkt und den Wettbewerb v. 09.05.2008, ABl. EU Nr. C 115/309.

5 Zum Unionsrecht etwa, *Grave/Nyberg*, in: L/M/R/K/M, KartellR, Art. 101 Abs. 1 AEUV, Rn. 53; *Behrens*, EuZW 2008, S. 193; *Behrens*, Marktöffnungs- und Wettbewerbsrecht, Rn. 31.

6 Zu Art. 102 AEUV, EuGH, Urteil v. 17.02.2011 – C-52/09, ECLI:EU:C:2011:83, Rn. 20–22 – »*TeliaSonera*«.

7 *Pape*, in: P/R/S/V, InsolvenzR, § 10, Rn. 6.

8 *Heese*, JZ 2018, S. 179, 180; allgemein zur marktbereinigenden Funktion des Insolvenzrechts, *Frege/U. Keller/Riedel*, in: Hdb InsolvenzR, Teil 1, Rn. 4; *Thole*, KTS 2019, S. 289, 291; vgl. auch, *Korch*, ZHR, S. 439, 439 f.; siehe auch, *Skreti*, Inability to pay, S. 65.

9 Vgl., *Odudu*, in: Outer Limits of EU Law, S. 227, »[...] absent economic activity the competition provisions do not apply«.

Beihilfenrückforderung in der Insolvenz des Beihilfenempfängers[10] und der Sanierungsfusion[11].

Anlass zu einer Neubewertung des Verhältnisses von Wettbewerbs- und Insolvenzrecht könnte allerdings die im Zuge der 10. GWB-Novelle[12] neu geschaffene Regelung des § 81b GWB geben. § 81b GWB begründet zur Durchsetzung einer gemäß §§ 81 Abs. 1 Nr. 1 Var. 2, 81c Abs. 4 GWB i. V. m. § 30 Abs. 1 OWiG verhängten Geldbuße spezielle kartellbehördliche Befugnisse, wenn »[...] die Unternehmensvereinigung nicht zahlungsfähig [ist]«. Insoweit normiert § 81b GWB eine wettbewerbsrechtliche Regelung, welche das Vorliegen einer Zahlungsunfähigkeit voraussetzt und damit an eine Begrifflichkeit anknüpft, die im Insolvenzrecht den allgemeinen Grund[13] für die Durchführung eines Insolvenzverfahrens bildet. Aufgrund dieser Anknüpfung stellt sich die Frage, ob mit § 81b GWB eine wettbewerbsrechtliche Anordnung im Regelungsbereich des Insolvenzrechts getroffen wird. Diesbezüglich kommt es darauf an, wann eine Zahlungsunfähigkeit gemäß § 81b Abs. 1 GWB anzunehmen ist.

B. Gegenstand und Gang der Untersuchung

Zentrales Anliegen der Untersuchung ist es daher, herauszuarbeiten, wann eine Zahlungsunfähigkeit nach § 81b Abs. 1 GWB vorliegt und infolgedessen die in § 81b Abs. 1-3 GWB normierten kartellbehördlichen Befugnisse ausgelöst werden.

Insoweit wird zunächst in Teil 2 untersucht, wie der Begriff der Zahlungsunfähigkeit gemäß § 81b Abs. 1 GWB auszulegen ist. Auf Grundlage des gewonnenen Begriffsverständnisses, wird in Teil 3 ermittelt, wem die Feststellungskompetenz hinsichtlich des Vorliegens einer Zahlungsunfähigkeit nach § 81b Abs. 1 GWB zugewiesen ist und wie das (Nicht-)Vorliegen der Tatbestandsvoraussetzung geprüft und festgestellt werden kann. Daran anknüpfend wird in Teil 4 untersucht, inwiefern die Feststellung einer Zahlungsunfähigkeit gerichtlich angreifbar ist. Anschließend wird in

---

10 Siehe etwa, *Ehricke*, ZIP 2000, S. 1656; *Smid*, in: FS Uhlenbruck, S. 405; *Quardt*, EWS 2003, S. 312.

11 Siehe etwa, *Bergau*, Sanierungsfusion; *Noßke*, Sanierungsfusion; *Körber*, ZWeR 2014, S. 32.

12 Gesetz zur Änderung des Gesetzes gegen Wettbewerbsbeschränkungen für ein fokussiertes, proaktives und digitales Wettbewerbsrecht 4.0 und anderer Bestimmungen (GWB-Digitalisierungsgesetz) vom 18. Januar 2021, BGBl. I 2021, 2.

13 Siehe § 17 Abs. 1 InsO, »Allgemeiner Eröffnungsgrund ist die Zahlungsunfähigkeit.«

Teil 5 die Frage aufgeworfen, inwiefern der Bußgelddurchsetzung nach § 81b GWB bei Vorliegen einer Zahlungsunfähigkeit eine wettbewerbsschützende Funktion beigemessen werden kann. Die Untersuchung endet mit einer thesenförmigen Zusammenfassung der Ergebnisse in Teil 6.

Teil 2: Der Begriff der Zahlungsunfähigkeit in § 81b Abs. 1 GWB

Ausgangspunkt der Untersuchung ist die Bestimmung des Begriffs der Zahlungsunfähigkeit in § 81b Abs. 1 GWB. Eine Definition der Zahlungsunfähigkeit findet sich weder in den §§ 81 ff. GWB[14] noch in der Gesetzesbegründung[15] zu § 81b GWB. Damit stellt sich die Frage, wie der Begriff der Zahlungsunfähigkeit in § 81b Abs. 1 GWB auszulegen ist.

A. Bestimmung des zahlungsunfähigen Subjekts

Für die Auslegung der Tatbestandsvoraussetzung könnte ausschlaggebend sein, auf wessen Zahlungsunfähigkeit es in § 81b Abs. 1 GWB ankommt. Unsicherheiten ergeben sich diesbezüglich aus dem Wortlaut des § 81b Abs. 1 GWB. § 81b Abs. 1 GWB normiert als Voraussetzung der Bußgelddurchsetzung gemäß § 81b GWB, dass »[...] gegen eine Unternehmensvereinigung als juristische Person oder Personenvereinigung im Sinne des § 30 [OWiG] eine Geldbuße [...] festgesetzt [...]« wurde und dass »[...] die Unternehmensvereinigung selbst nicht zahlungsfähig [...]« ist. Der Gesetzgeber nimmt damit in § 81b Abs. 1 Hs. 1 a. A. GWB ausdrücklich auf eine Unternehmensvereinigung als juristische Person oder Personenvereinigung im Sinne des § 30 OWiG Bezug, während er in § 81b Abs. 1 Hs. 1 a. E. GWB als zahlungsunfähiges Subjekt die »Unternehmensvereinigung« benennt. Mittels eines Vergleichs zu § 81b Abs. 1 a. A. GWB könnte insoweit gefolgert werden, dass zahlungsunfähiges Subjekt nach § 81b Abs. 1 a. E. GWB eine von der in § 81b Abs. 1 a. A. GWB bezeichneten juristischen Person oder Personenvereinigung verschiedene Person ist. Allerdings ist zu berücksichtigen, dass sich der Gesetzgeber in § 81b Abs. 1 Hs. 1 a. E. GWB auf *die* Unternehmensvereinigung bezieht. Dahingehend ließe sich die Formulierung des § 81b Abs. 1 Hs. 1 GWB auch so verstehen, dass in § 81b Abs. 1 Hs. 1 a. E. GWB die Unternehmensvereinigung im Sinne des § 81b Abs. 1 Hs. 1 GWB a. A. GWB und damit als juristische Person oder Personenvereinigung gemäß § 30 OWiG gemeint ist. Folglich lässt der Wortlaut des § 81b Abs. 1 Hs. 1 GWB verschiedene Deutungsmöglichkeiten zu.

14 Siehe auch, *Vollmer*, in: MüKo-WettbewerbsR, GWB, § 81b GWB, Rn. 3.
15 Vgl., BReg, Entwurf 10. GWB-Novelle v. 19.10.2020 – BT-Drs. 19/23492, S. 125.

Welches Subjekt zahlungsunfähig nach § 81b Abs. 1 GWB sein muss, könnte aus der Systematik des § 81b Abs. 1 GWB und § 81c Abs. 4 GWB und dem daran anknüpfenden Normzweck des § 81b GWB folgen. Wie sich aus § 81b Abs. 1 Hs. 1 a. A. ergibt, ist § 81b GWB nur anwendbar, wenn gegen die Unternehmensvereinigung als juristische Person oder Personenvereinigung, also gegen den Rechtsträger[16] einer Unternehmensvereinigung, eine Geldbuße nach § 81c Abs. 4 GWB festgesetzt wurde. Das bedeutet, dass § 81b GWB speziell für die Durchsetzung einer gegenüber dem Rechtsträger einer Unternehmensvereinigung festgesetzten und nach § 81c Abs. 4 GWB bemessenen Geldbuße Befugnisse normiert. Weshalb die Regelung des § 81b GWB getroffen wurde, lässt sich insofern gegebenenfalls aus dem Regelungsgehalt des § 81c Abs. 4 GWB ableiten. Gemäß § 81c Abs. 4 GWB kann eine Geldbuße in Höhe von bis zu 10 % der Summe des in dem der Behördenentscheidung vorausgegangenen Geschäftsjahr erzielten Gesamtumsatzes derjenigen Mitglieder der Unternehmensvereinigung verhängt werden, die auf dem von der Ordnungswidrigkeit betroffenen Markt tätig waren. Das bedeutet, dass Bemessungsgrundlage in § 81c Abs. 4 GWB der summierte Gesamtumsatz bestimmter Mitgliedsunternehmen der Vereinigung ist. Insbesondere bei mitgliederstarken Vereinigungen oder bei Vereinigungen mit besonders umsatzstarken Mitgliedsunternehmen kann dieser Sonderbußgeldrahmen[17] dazu führen, dass eine gegenüber dem Rechtsträger einer Unternehmensvereinigung verhängte Geldbuße außergewöhnlich hoch ausfällt.[18] Die Durchsetzung solcher Geldbußen kann allerdings mit Blick auf die häufig sehr begrenzte wirtschaftliche Leistungsfähigkeit des Bußgeldschuldners[19] Schwierigkeiten ausgesetzt sein. Die Umsätze der Unternehmensvereinigung beschränken sich regelmäßig auf die erhobenen Mitgliederbeiträge[20], sodass eine nach § 81c Abs. 4 GWB bemessene Geldbuße die wirtschaftliche Leistungsfähigkeit des Rechtsträgers der Unterneh-

---

16 In der Bezugnahme des § 30 OWiG auf juristische Personen und Personenvereinigung kommt das sogenannte Rechtsträgerprinzip zum Ausdruck, *Biermann*, in: Immenga/Mestmäcker, GWB, Vorbemerkung zu § 81 GWB, Rn. 130.

17 Etwa, *Heinichen*, in: BeckOK-KartellR (Stand: 01.10.2024), § 81c GWB, Rn. 21.

18 Bereits, *Stegerer*, Zumessung, S. 18; anschaulich, *Giese/Heinichen/Janssen/Klumpp/Schelzke u.a.*, NZKart 2020, S. 562, 567.

19 Ähnlich zu Art. 23 VO 1/2003, *Kienapfel*, in: von der Groeben/Schwarze/Hatje, Art. 23 VO 1/2003, Rn. 148.

20 *Mäger/Budde*, DB 2020, S. 378, 380; *Meyer-Lindemann*, WuW 2020, S. 16, 17; *Nagel/Hillmer*, DB 2021, S. 494, 496 f.

mensvereinigung in aller Regel übersteigen[21] wird und damit nicht mittels (zwangsweiser) Inanspruchnahme des Bußgeldschuldners durchgesetzt werden kann. Um der Gefahr einer mangelnden Durchsetzbarkeit zu begegnen, hat der Gesetzgeber mit § 81b GWB kartellbehördliche Befugnisse geschaffen, welche die Beitreibung einer nach § 81c Abs. 4 GWB verhängten Geldbuße auch dann sicherstellen sollen, wenn der Bußgeldschuldner nicht zur Zahlung in der Lage ist.[22] Dieser Zweck kann allerdings nur dann erreicht werden, wenn das Regelungsregime des § 81b Abs. 1 GWB an die Zahlungsunfähigkeit des nach § 81c Abs. 4 GWB bebußten Rechtsträgers anknüpft. Aus dem Regelungszusammenhang[23] des § 81b GWB zu § 81c Abs. 4 GWB und dem damit verbundenen Normzweck des § 81b GWB folgt somit, dass zahlungsunfähiges Subjekt in § 81b Abs. 1 GWB der gemäß § 81c Abs. 4 GWB bebußte Rechtsträger einer Unternehmensvereinigung, das heißt der Bußgeldschuldner, ist.[24]

B. Auslegung anhand der §§ 81b, 81c GWB

Aufbauend auf dieser Klassifizierung ist klärungsbedürftig, wann der Bußgeldschuldner zahlungsunfähig nach § 81b Abs. 1 GWB ist. Insofern lässt sich womöglich aus den Regelungen der §§ 81b, 81c GWB ein für die Auslegung des Begriffs der Zahlungsunfähigkeit maßgebliches Verständnis ableiten.

I. Wortlaut des § 81b Abs. 1 GWB

Ansatzpunkt einer Begriffsbestimmung der Zahlungsunfähigkeit ist der Wortlaut des § 81b Abs. 1 GWB.

---

21 Zu Art. 23 Abs. 4 VO 1/2003, *Kienapfel*, in: von der Groeben/Schwarze/Hatje, Art. 23 VO 1/2003, Rn. 148.

22 BReg, Entwurf 10. GWB-Novelle v. 19.10.2020 – BT-Drs. 19/23492, S. 125.

23 Vgl., *Studienvereinigung Kartellrecht*, Stellungnahme »Bußgeldsachen« (abrufbar im Internet: https://t1p.de/e4l8m [Link gekürzt], zuletzt geprüft: 27.01.2025), Rn. 6; § 81c Abs. 4 GWB und § 81b GWB als zwei Teilbereiche einer Regelung verstehend, *Breuer/Friedrich*, in: B/K/K/K/O, 10. GWB-Novelle, Kap. 3, Rn. 143.

24 I. E. mit anderer Begründung, *Könen*, npoR 2022, S. 163, 164.

1. Unfähigkeit zur Zahlung

§ 81b Abs. 1 GWB fordert, dass der Bußgeldschuldner »[...] selbst nicht zahlungsfähig [...]« ist. Dass der Wortlaut damit auf eine Un*fähigkeit* zur Bußgeldzahlung – anstelle einer Un*willigkeit* – abstellt, könnte darauf hinweisen, dass der Tatbestandsvoraussetzung ein objektiver Maßstab zugrunde zu legen ist. Gegen eine derartige Argumentation ließe sich jedoch einwenden, dass der Wortlaut des § 81b Abs. 1 GWB ungenau formuliert sei und damit keine hinreichende Grundlage bilde, um subjektive Gesichtspunkte im Rahmen der Auslegung auszuklammern. Allerdings könnte auch die Gesetzesbegründung zu § 81b GWB dafürsprechen, dass der Begriff der Zahlungsunfähigkeit objektiv zu verstehen ist. Die Gesetzesbegründung beschreibt den Begriff der Zahlungsunfähigkeit, indem diese ein kartellbehördliches Vorgehen zur Bußgelddurchsetzung nach § 81b GWB nur dann für möglich erachtet, wenn die »[...] Unternehmensvereinigung [...] nicht zur Zahlung der Geldbuße in der Lage ist [..]«.[25] Auch aus dieser Formulierung ergeben sich keine Anhaltspunkte, welche auf einen subjektiven Maßstab zur Bestimmung des Begriffs der Zahlungsunfähigkeit schließen lassen. Die konkrete Bezeichnung der Tatbestandsvoraussetzung und die daran anknüpfende Gesetzesbegründung sprechen vielmehr dafür, dass der Begriff der Zahlungsunfähigkeit allein mittels einer objektiven Betrachtungsweise und unabhängig von subjektiven Gesichtspunkten auszulegen ist.[26]

2. Gegenwärtigkeit

§ 81b Abs. 1 GWB setzt außerdem voraus, dass der Rechtsträger der Unternehmensvereinigung zahlungsunfähig *ist*. Die im Präsens gehaltene Formulierung des § 81b Abs. 1 GWB bezieht sich auf eine gerade bestehende Zahlungsunfähigkeit. Damit lässt sich dem Wortlaut des § 81b Abs. 1 GWB entnehmen, dass eine Zahlungsunfähigkeit nur vorliegt, wenn der Bußgeldschuldner gegenwärtig nicht zur Bußgeldzahlung in der Lage ist.[27]

---

25 BReg, Entwurf 10. GWB-Novelle v. 19.10.2020 – BT-Drs. 19/23492, S. 125.

26 Vgl., *Seitz/Riemer*, in: Berg/Mäsch, KartellR, § 81b GWB, Rn. 3, die davon ausgehen, dass der Bußgeldschuldner im Falle der Anwendbarkeit des § 81b GWB die Geldbuße nicht zahlen kann.

27 Siehe dazu auch, BReg, Entwurf 10. GWB-Novelle v. 19.10.2020 – BT-Drs. 19/23492, S. 125.

3. Ergebnis

Eine grammatikalische Auslegung des § 81b Abs. 1 GWB spricht folglich dafür, dass der Begriff der Zahlungsunfähigkeit objektiv zu verstehen ist und die gegenwärtige Unfähigkeit des Bußgeldschuldners zur Bußgeldzahlung beschreibt.

II. Systematik zu § 81c Abs. 4 GWB

Aus dem Verhältnis des § 81b GWB zu § 81c Abs. 4 GWB lassen sich gegebenenfalls weitere Rückschlüsse zur Auslegung des Begriffs der Zahlungsunfähigkeit gemäß § 81b Abs. 1 GWB ziehen. Wie sich aus dem alleinigen Verweis des § 81b Abs. 1 GWB auf § 81c Abs. 4 GWB ergibt, findet § 81b GWB keine Anwendung, wenn eine Geldbuße nach § 81c Abs. 2 GWB verhängt wurde.

Weshalb der Anwendungsbereich des § 81b GWB derart beschränkt ist, könnte sich aus einem Vergleich der in § 81c Abs. 2 und Abs. 4 GWB getroffenen Regelungen ergeben. Im Unterschied zu § 81c Abs. 4 GWB orientiert sich der in § 81c Abs. 2 GWB vorgesehene Bußgeldrahmen am eigenen Umsatz der Unternehmensvereinigung. Dementsprechend darf eine gemäß § 81c Abs. 2 GWB bemessene Geldbuße maximal in Höhe von 10 % des in dem Behördenentscheidung vorausgegangenen Geschäftsjahr erzielten Gesamtumsatzes der Vereinigung festgesetzt werden. Abweichend von § 81c Abs. 4 GWB kann eine Bußgeldverhängung nach § 81c Abs. 2 GWB folglich nicht dazu führen, dass die festgesetzte Geldbuße höher ausfällt als der (vorjährige) Umsatz der Vereinigung. Die in § 81c Abs. 4 GWB angelegte Gefahr, dass die festgesetzte Geldbuße die wirtschaftliche Leistungsfähigkeit des Bußgeldadressaten übersteicigt[28], besteht bei der Verhängung einer Geldbuße nach § 81c Abs. 2 GWB daher nicht in gleichem Maße. Die alleinige systematische Anknüpfung des § 81b Abs. 1 GWB an die Regelung des § 81c Abs. 4 GWB lässt sich folglich damit erklären, dass § 81b GWB ein aus

28 Die Bußgeldverhängung nach § 81c Abs. 4 GWB droht damit in Widerspruch zum Gebot der Berücksichtigung der wirtschaftlichen Verhältnisse der Unternehmensvereinigung gemäß § 17 Abs. 3 S. 2 Hs. 1 OWiG i. V. m. § 81d Abs. 2 GWB zu stehen, siehe bereits, *Stegerer*, Zumessung, S. 40–47; die mangelnde wirtschaftliche Leistungsfähigkeit bei Anwendbarkeit des § 81b GWB als nicht berücksichtigungsfähig einordnend, *Breuer/Friedrich*, in: B/K/K/K/O, 10. GWB-Novelle, Kap. 3, Rn. 152.

der Höhe der Geldbuße resultierendes Durchsetzungsproblem lösen soll[29], welches bei einer drittumsatzbezogenen[30] Bußgeldverhängung nach § 81c Abs. 4 GWB regelmäßig entstehen kann. Da § 81b Abs. 1 GWB an die Regelung des § 81c Abs. 4 GWB anknüpft und das Vorliegen einer Zahlungsunfähigkeit voraussetzt, kann hieraus gefolgert werden, dass der Begriff der Zahlungsunfähigkeit mit Blick auf das dargestellte Durchsetzungsproblem zu verstehen ist. Insofern kann die Tatbestandsvoraussetzung so ausgelegt werden, dass sie eine wirtschaftliche Überforderung des Bußgeldschuldners beschreibt.

III. Normzweck des § 81b GWB

Ob die vorstehende Auslegung des Begriffs der Zahlungsunfähigkeit in § 81b Abs. 1 GWB tragfähig ist, ist abschließend unter Berücksichtigung des Normzwecks des § 81b GWB zu prüfen.

§ 81b GWB soll gewährleisten, dass die Zahlung einer am Umsatz der Mitglieder bemessene Geldbuße »[...] im Fall der Zahlungsunfähigkeit der Unternehmensvereinigung letztlich durch deren Mitglieder sichergestellt wird [...]«.[31] Nach der Gesetzesbegründung dient § 81b GWB der »[...] Absicherung einer [...] vorzunehmenden Erweiterung der bußgeldrechtlichen Verantwortlichkeit von Unternehmensvereinigungen [...].«[32] Weshalb eine derartige Absicherung erforderlich wird, erläutert die Gesetzesbegründung zu § 81b GWB nicht ausdrücklich. Mit dem Verweis auf die erweiterte bußgeldrechtliche Verantwortlichkeit stellt die Gesetzesbegründung aber ebenfalls einen Zusammenhang zwischen der Festsetzung einer Geldbuße auf Grundlage des Umsatzes der Mitgliedsunternehmen und dem Eintritt der Zahlungsunfähigkeit her. Daraus kann abgeleitet werden, dass § 81b GWB nach dem gesetzgeberischen Willen nicht generell zur Durchsetzung von Geldbußen dient, sondern der besonderen Gefahr der fehlenden Durchsetzbarkeit einer nach § 81c Abs. 4 GWB bemessenen Geldbuße begegnen soll. Neben dem systematischen Zusammenhang zwischen § 81b GWB und § 81c Abs. 4 GWB legt damit auch der Normzweck des § 81b GWB nahe, das

29 Vgl., BReg, Entwurf 10. GWB-Novelle v. 19.10.2020 – BT-Drs. 19/23492, S. 125, welche den Zweck des § 81b GWB in der Absicherung der Zahlung einer gemäß § 81c Abs. 4 GWB bemessenen Geldbuße sieht.

30 *Breuer/Friedrich*, in: B/K/K/K/O, 10. GWB-Novelle, Kap. 3, Rn. 137.

31 BReg, Entwurf 10. GWB-Novelle v. 19.10.2020 – BT-Drs. 19/23492, S. 125.

32 BReg, Entwurf 10. GWB-Novelle v. 19.10.2020 – BT-Drs. 19/23492, S. 125.

mit der Zahlungsunfähigkeit ein aus der Höhe der Geldbuße resultierendes Durchsetzungsproblem beschrieben wird, das mithilfe der Befugnisse in § 81b GWB überwunden werden soll.

IV. Zusammenfassung

Aus den Regelungen der §§ 81b, 81c GWB lässt sich folglich ein Begriffsverständnis ableiten, welches die Tatbestandsvoraussetzung der Zahlungsunfähigkeit in § 81b Abs. 1 GWB als eine gegenwärtige und objektive wirtschaftliche Überforderung des Schuldners der nach § 81c Abs. 4 GWB bemessenen Geldbuße begreift.

C. Konkretisierung des Begriffs der Zahlungsunfähigkeit in § 81b Abs. 1 GWB durch das Unionsrecht

Es stellt sich die Frage, ob der Begriff der Zahlungsunfähigkeit nach § 81b Abs. 1 GWB unter Berücksichtigung eines unionsrechtlichen Begriffsverständnisses konkretisiert werden kann oder sogar konkretisiert werden muss.

Der Begriff der Zahlungsunfähigkeit ist der Unionsrechtsordnung nicht fremd. Neben Art. 14 Abs. 3 »ECN-Plus«-Richtlinie[33] knüpfen beispielsweise die unionsrechtlichen Parallelnormen zu § 81b Abs. 1 GWB, namentlich die Regelungen des Art. 23 Abs. 4 VO 1/2003 und des Art. 30 Abs. 5 DMA, an das Vorliegen einer Zahlungsunfähigkeit tatbestandlich an. Daraus ergibt sich zugleich, dass die Europäische Kommission und die Europäischen Gerichte im Einzelfall berufen sein können, den Begriff durch Auslegung näher auszufüllen. Klärungsbedürftig ist damit, ob sich aus den unionsrechtlichen Sekundärrechtsakten bzw. der Bußgeld- und Entscheidungspraxis der Europäischen Kommission und Gerichte ein unionsrechtliches Begriffsverständnis der Zahlungsunfähigkeit ableiten lässt, das für das Verständnis der Tatbestandsvoraussetzung im nationalen Recht von Bedeutung ist.

---

33 Richtlinie (EU) 2019/1 des Europäischen Parlaments und des Rates vom 11. Dezember 2018 zur Stärkung der Wettbewerbsbehörden der Mitgliedstaaten im Hinblick auf eine wirksamere Durchsetzung der Wettbewerbsvorschriften und zur Gewährleistung des reibungslosen Funktionierens des Binnenmarkts, ABl. L 11, 3.

I. Gebot einer richtlinienkonformen Auslegung des Begriffs der Zahlungsunfähigkeit

Ansatzpunkt könnte insoweit die Regelung des Art. 14 Abs. 3 und Abs. 4 »ECN-Plus«-Richtlinie sein, aufgrund derer der deutsche Gesetzgeber § 81b GWB geschaffen hat[34]. Art. 14 Abs. 3 und Abs. 4 »ECN-Plus«-Richtlinie verlangt von den Mitgliedstaaten der Union[35], eine Regelung zu schaffen, welche spezielle Befugnisse zur Bußgelddurchsetzung im Falle der Zahlungsunfähigkeit der sanktionierten Unternehmensvereinigung normiert. Die daraus resultierende sekundärrechtliche Überlagerung des § 81b Abs. 1 GWB könnte dazu führen, dass verbindliche Vorgaben[36] hinsichtlich des Begriffsverständnisses der Zahlungsunfähigkeit in § 81b Abs. 1 GWB durch die »ECN-Plus«-Richtlinie vorgezeichnet werden. Hieraus könnte das Gebot einer richtlinienkonformen Auslegung des § 81b Abs. 1 GWB dergestalt folgen, dass der auslegungsfähige[37] Begriff der Zahlungsunfähigkeit nach Maßgabe des Wortlauts und des Zwecks[38] der »ECN-Plus«-Richtlinie und damit losgelöst und möglicherweise abweichend von einem gefestigten nationalen Verständnis zu begreifen ist.[39]

1. Begriff der Zahlungsunfähigkeit in Art. 14 Abs. 3 »ECN-Plus«-Richtlinie

Mit Blick auf die sekundärrechtlichen Vorgaben des Art. 14 Abs. 3 und Abs. 4 »ECN-Plus«-Richtlinie ist folglich zu klären, ob sich aus der Richtlinie ein Begriffsverständnis der Zahlungsunfähigkeit ergibt, welches im Zuge einer richtlinienkonformen Auslegung der Tatbestandsvoraussetzung in § 81b Abs. 1 GWB gegebenenfalls zu berücksichtigen ist.

---

34 BReg, Entwurf 10. GWB-Novelle v. 19.10.2020 – BT-Drs. 19/23492, S. 125.

35 Allgemein zur Adressatenstellung der Mitgliedstaaten etwa, *Geismann*, in: von der Groeben/Schwarze/Hatje, Art. 288 AEUV, Rn. 40.

36 Allgemein etwa, *Ruffert*, in: Calliess/Ruffert, EUV/AEUV, Art. 288 AEUV, Rn. 24.

37 Allgemein, *Schroeder*, in: Streinz, EUV/AEUV, Art. 288 AEUV, Rn. 113; *Streinz*, EuropaR, Rn. 512.

38 Vgl. in ständiger Rechtsprechung, EuGH, Urteil v. 10.04.1984 – Rs. 14/83, ECLI:EU:C:1984:153, Rn. 26 – *»von Colson und Kamann«*; EuGH, Urteil v. 05.10.2004 – verb. Rs. C-397/01 et al., ECLI:EU:C:2004:584, Rn. 113 – *»Pfeiffer«*; EuGH, Urteil v. 10.10.2013 – C-306/12, ECLI:EU:C:2013:650, Rn. 29 – *»Welter«*; ebenso, *Ruffert*, in: Calliess/Ruffert, EUV/AEUV, Art. 288 AEUV, Rn. 78.

39 Allgemein, *Schroeder*, in: Streinz, EUV/AEUV, Art. 288 AEUV, Rn. 110, welcher der Richtlinie unter anderem eine Maßstabsfunktion in Hinblick auf deren prägende Begriffe zuweist.

a) Definition der Zahlungsunfähigkeit

Die Regelung des Art. 14 Abs. 3 »ECN-Plus«-Richtlinie setzt voraus, dass »[...] die Unternehmensvereinigung nicht zahlungsfähig [...]« ist, ohne aber den Begriff der Zahlungsunfähigkeit näher zu definieren. Eine Definition der Zahlungsunfähigkeit in Art. 14 Abs. 3 »ECN-Plus«-Richtlinie lässt sich aber gegebenenfalls unter Berücksichtigung des Erwägungsgrunds Nr. 48 »ECN-Plus«-Richtlinie herausarbeiten. Erwägungsgründe sind als Bestandteil einer Richtlinie[40] zwar nicht verbindlich[41], können aber zur Auslegung[42] der materiellen Anordnung einer Richtlinie herangezogen werden.[43] Erwägungsgrund Nr. 48 »ECN-Plus«-Richtlinie erläutert allerdings nur, dass die »[...] Unternehmensvereinigung zahlungsunfähig [...]« sein muss. Auch der Erwägungsgrund verwendet somit den Begriff der Zahlungsunfähigkeit, ohne diesen zu definieren.

b) Hinweise zur Auslegung aus der Systematik zu Art. 15 Abs. 2 »ECN-Plus«-Richtlinie

Hinweise zur Auslegung des Begriffs der Zahlungsunfähigkeit könnten allerdings aus dem Verhältnis des Art. 14 Abs. 3 zu Art. 15 Abs. 2 »ECN-Plus«-Richtlinie resultieren. Art. 14 Abs. 3 und Erwägungsgrund Nr. 48 »ECN-Plus«-Richtlinie stellen einen Zusammenhang zwischen der Verhängung einer Geldbuße unter Berücksichtigung des Umsatzes der Mitglieder der Vereinigung (Art. 15 Abs. 2 »ECN-Plus«-Richtlinie) und der Zahlungsunfähigkeit des Bußgeldschuldners her. Damit wird speziell für Art. 15 Abs. 2 »ECN-Plus«-Richtlinie geregelt, dass die Zahlung der drittumsatzbezogen bemessenen Geldbuße mittels der in Art. 14 Abs. 3 und Abs. 4 »ECN-Plus«-Richtlinie vorgezeichneten wettbewerbsbehördlichen Befugnisse sichergestellt werden soll. Die alleinige Verweisung auf Art. 15 Abs. 2 »ECN-Plus«-Richtlinie deutet insofern darauf hin, dass nach der Konzeption der »ECN-Plus«-Richtlinie der Eintritt einer Zahlungsunfähig-

---

40 *Gumpp*, ZfPW 2022, S. 446, 447; *Alexander/Jüttner*, JuS 2020, S. 1137, 1138.

41 EuGH, Urteil v. 19.11.1998 – C-162/97, ECLI:EU:C:1998:554, Rn. 54 – »*Nilsson*«; GA Bobek, Schlussanträge zu C-590/17 v. 15.11.2018, ECLI:EU:C:2018:920, Rn. 55.

42 Siehe im Einzelnen, *Gumpp*, ZfPW 2022, S. 446, 451–461.

43 EuGH, Urteil v. 19.12.2019 – C-418/18 P, ECLI:EU:C:2019:1113, Rn. 75 – »*Bürgerinitiative*«; *Hobe/Fremuth*, Europarecht, § 9, Rn. 49; *Alexander/Jüttner*, JuS 2020, S. 1137, 1138.

keit des Bußgeldschuldners gemäß Art. 14 Abs. 3 »ECN-Plus«-Richtlinie insbesondere zu besorgen ist, wenn die festgesetzte Geldbuße nach dem Umsatz der Mitgliedsunternehmen und folglich losgelöst von der wirtschaftlichen Leistungsfähigkeit des Bußgeldschuldners bemessen wurde. Das Verhältnis zu Art. 15 Abs. 2 »ECN-Plus«-Richtlinie ließe sich insoweit damit begründen, dass die in Art. 14 Abs. 3 und Abs. 4 »ECN-Plus«-Richtlinie vorgezeichneten Befugnisse die Durchsetzung einer Geldbuße gewährleisten sollen, wenn der Bußgeldschuldner aufgrund der Bußgeldhöhe wirtschaftlich überfordert und damit »zahlungsunfähig« ist. Eine verbindliche Vorgabe zur Auslegung der Zahlungsunfähigkeit in § 81b Abs. 1 GWB ergibt sich daraus allerdings nicht.

c) Ergebnis

Der Begriff der Zahlungsunfähigkeit wird in der »ECN-Plus«-Richtlinie nicht definiert. Mit Blick auf den systematischen Zusammenhang zwischen Art. 14 Abs. 3 und Art. 15 Abs. 2 »ECN-Plus«-Richtlinie lässt sich allenfalls ableiten, dass die Zahlungsunfähigkeit eine wirtschaftliche Überforderung des Bußgeldschuldners darstellt.

2. Anknüpfung an ein unionsrechtliches Begriffsverständnis der »Zahlungsunfähigkeit«

Dass Art. 14 Abs. 3 und Abs. 4 »ECN-Plus«-Richtlinie ohne nähere Begriffsbestimmung an das Vorliegen einer Zahlungsunfähigkeit anknüpft, könnte darauf zurückzuführen sein, dass der Richtlinie ein bestehendes unionsrechtliches Begriffsverständnis zugrunde liegt. Das Bestehen eines unionsrechtlichen Verständnisses der Zahlungsunfähigkeit liegt insbesondere deshalb nahe, weil bereits im Jahre 2004 mit Art. 23 Abs. 4 VO 1/2003 ein Regelungsregime zur Bußgelddurchsetzung im Falle der Zahlungsunfähigkeit des Bußgeldschuldners eingeführt wurde. Andererseits nehmen Sekundärrechtsakte zur Regelung sonstiger wirtschaftsrechtlicher Rechtsmaterien, beispielsweise auf dem Gebiet des Arbeitnehmerschutzes im Falle der Insolvenz des Arbeitgebers, ausdrücklich Bezug auf den Begriff der »Zahlungsunfähigkeit« und definieren diesen. Damit ist klärungsbedürftig, ob ein unionsrechtliches Begriffsverständnis der Zahlungsunfähigkeit aus den benannten sekundärrechtlichen Regelungen folgt, an welches die »ECN-Plus«-Richtlinie anknüpft.

a) Art. 23 Abs. 4 VO 1/2003

Ein Begriffsverständnis könnte sich insbesondere aus Art. 23 Abs. 4 VO 1/2003 ergeben. Die Verordnung 1/2003 begründet den Beginn[44] der Schaffung eines Systems des dezentralisierten[45] Wettbewerbsrechtsvollzugs[46] in der Europäischen Union, welches durch die »ECN-Plus«-Richtlinie mitgliedstaatsübergreifend harmonisiert[47] und verbessert werden soll[48]. Dieser funktionale Zusammenhang zwischen der Verordnung 1/2003 und der »ECN-Plus«-Richtlinie könnte dazu führen, dass der Begriff der Zahlungsunfähigkeit in Art. 14 Abs. 3 »ECN-Plus«-Richtlinie unter Berücksichtigung einer gegebenenfalls bestehenden Begriffsbestimmung im Rahmen der Verordnung 1/2003 zu verstehen ist.

Wie in Art. 14 Abs. 3 »ECN-Plus«-Richtlinie wird der Begriff der Zahlungsunfähigkeit allerdings nicht durch Art. 23 Abs. 4 UAbs. 1 VO 1/2003 legal definiert. Der Begriff kann aber womöglich unter Berücksichtigung der Binnensystematik des Art. 23 VO 1/2003 und der Entstehungsgeschichte der Regelung des Art. 23 Abs. 4 VO 1/2003 ausgelegt werden. Aus dem Wortlaut des Art. 23 Abs. 4 UAbs. 1 VO 1/2003 ergibt sich, dass die Regelung nur anwendbar ist, wenn die Geldbuße gemäß Art. 23 Abs. 2 UAbs. 3 VO 1/2003 auf Grundlage der Umsätze von bestimmten Mitgliedsunternehmen und damit nicht nach Maßgabe der eigenen Umsätze der Vereinigung bemessen wurde.[49] Dieser systematische Regelungszusammenhang könnte ein Indiz dafür sein, dass Art. 23 Abs. 4 VO 1/2003 ein aus der Höhe der festgesetzten Geldbuße resultierendes Durchsetzungsproblem lösen soll und der Begriff der Zahlungsunfähigkeit insofern die wirtschaftliche

---

44 *Potocnik-Manzouri*, European Papers (e-Journal) 2021, S. 987, 990.

45 Vgl., ErwG Nr. 3 und Nr. 34 VO 1/2003.

46 *K. Schmidt*, in: Immenga/Mestmäcker, EU-KartellR, Art. 1 VO 1/2003, Rn. 12; *F. Müller*, IR 2004, S. 130, 131; *Harsdorf/Ummenberger-Zierler/Reidlinger*, ÖBl 2019, S. 63, 63 f.; hierin einen Paradigmenwechsel in der Entwicklung des europäischen Wettbewerbsrechts sehend, *Laitenberger/Mitarbeiterinnen und Mitarbeiter der Generaldirektion Wettbewerb*, in: Verfassung der europäischen Wirtschaft, S. 112.

47 *Dannecker*, NZWiSt 2022, S. 85.

48 *Potocnik-Manzouri*, European Papers (e-Journal) 2021, S. 987, 988.

49 *Kienapfel*, in: von der Groeben/Schwarze/Hatje, Art. 23 VO 1/2003, Rn. 148.

Überforderung des Bußgeldschuldners meint.[50] Die Entstehungsgeschichte des Art. 23 Abs. 4 VO 1/2003 könnte dieses Verständnis bekräftigen. Im Weißbuch der Kommission 1999[51], in dem die Gefahr einer fehlenden Durchsetzbarkeit der gegen eine Unternehmensvereinigung festgesetzten Geldbuße erstmals adressiert wird, wird kein Bezug auf das Vorliegen einer Zahlungsunfähigkeit genommen.[52] Dort wird lediglich ausgeführt, dass »[...] sich die Betreibung der Geldbuße als nicht durchführbar erweisen [kann]«.[53] Weshalb eine Durchsetzung des Bußgelds in diesem Fall gegebenenfalls Schwierigkeiten ausgesetzt ist, wird nicht ausdrücklich dargelegt. Allerdings führt die Kommission unter derselben Randnummer im vorherigen Satz aus, dass bei der Festsetzung von Geldbußen gegen Unternehmensvereinigungen zur Bußgeldzumessung »[...] der Umsatz der an der Vereinigung beteiligten Unternehmen herangezogen [wird]«.[54] Aufgrund des hergestellten Zusammenhangs scheint es, als ob die Kommission die Durchsetzbarkeit der gegenüber einer Unternehmensvereinigung festgesetzten Geldbuße als gefährdet erachtet, wenn nicht die eigenen Umsätze der Vereinigung, sondern die Umsätze der Mitgliedsunternehmen als Bemessungsgrundlage der Geldbuße herangezogen werden. Mit der Regelung des Art. 23 Abs. 4 VO 1/2003 wurde im Zuge der Verordnung 1/2003 daraufhin ein Instrumentarium geschaffen, welches speziell die Bußgelddurchsetzung für den Fall regelt[55], dass eine Geldbuße gegen eine Unternehmensvereinigung anhand der Umsätze der Mitglieder bemessen wurde. Mit Blick auf die Ausführungen der Kommission im Weißbuch 1999 liegt es insoweit nahe, dass durch die Tatbestandsvoraussetzung der Zahlungsunfähigkeit in

50 Vgl. zum parallel angelegten Regelungszusammenhang in der »ECN-Plus«-Richtlinie oben, Teil 2, C. I. 1. b).

51 Europäische Kommission, Weißbuch über die Modernisierung der Vorschriften zur Anwendung der Artikel 85 und 86 EG-Vertrag – Arbeitsprogramm der Kommission Nr. 99/027, ABl. Nr. C 132/1.

52 Vgl., Komm., Weißbuch Art. 85 und 86 EG-Vertrag – ABl. Nr. C 132/1, Rn. 127.

53 Komm., Weißbuch Art. 85 und 86 EG-Vertrag – ABl. Nr. C 132/1, Rn. 127.

54 Komm., Weißbuch Art. 85 und 86 EG-Vertrag – ABl. Nr. C 132/1, Rn. 127.

55 Anders noch der Verordnungsvorschlag zur Verordnung 1/2003 (Vorschlag für eine Verordnung des Rates zur Durchführung der in den Artikeln 81 und 82 EG-Vertrag niedergelegten Wettbewerbsregeln und zur Änderung der Verordnungen (EWG) Nr. 1017/68, (EWG) Nr. 2988/74, (EWG) Nr. 4056/86 und (EWG) Nr. 3975/87 (»Durchführungsverordnung zu den Artikeln 81 und 82 EG-Vertrag vom 19.12.2000«), KOM(2000) 582 endg., ABl. Nr. C 365 E/284), welcher in Art. 22 Abs. 4 unabhängig von der konkreten Bußgeldzumessung spezielle kartellbehördliche Befugnisse zur Bußgelddurchsetzung bei einer Zahlungsunfähigkeit der Unternehmensvereinigung vorsieht.

Art. 23 Abs. 4 VO 1/2003 das beschriebene Durchsetzungsproblem definiert wird. Es lässt sich damit sowohl aus der Binnensystematik des Art. 23 VO 1/2003 als auch aus der Entstehungsgeschichte der Regelung des Art. 23 Abs. 4 VO 1/2003 folgern, dass der Begriff der Zahlungsunfähigkeit eine wirtschaftliche Überforderung des Bußgeldschuldners aufgrund der Höhe der drittumsatzbezogen bemessenen Geldbuße beschreibt.

Das systematische Verhältnis zu Art. 23 Abs. 2 UAbs. 3 VO 1/2003 und die Entstehungsgeschichte des Art. 23 Abs. 4 VO 1/2003 bestärken somit die auf Grundlage der Regelungen der »ECN-Plus«-Richtlinie herausgearbeitete Auslegung, dass der Begriff der Zahlungsunfähigkeit eine wirtschaftliche Überforderung des Bußgeldschuldners darstellt. Eine darüberhinausgehende Begriffsbestimmung kann aus Art. 23 Abs. 4 VO 1/2003 allerdings nicht abgeleitet werden. Das bedeutet, dass die fehlende Definition der Zahlungsunfähigkeit in Art. 14 Abs. 3 »ECN-Plus«-Richtlinie nicht darauf zurückgeführt werden kann, dass die Richtlinie an bestehendes Begriffsverständnis in Art. 23 Abs. 4 VO 1/2003 anknüpft.

b) Art. 30 Abs. 5 »Digital Markets Act«

Eine tatbestandliche Anknüpfung an den Begriff der Zahlungsunfähigkeit findet sich auf unionsrechtlicher Ebene ebenfalls im Rahmen des Art. 30 Abs. 5 »Digital Markets Act«[56]. Parallel zu Art. 23 Abs. 4 VO 1/2003[57] normiert Art. 30 Abs. 5 DMA spezielle Befugnisse der Europäischen Kommission zur Durchsetzung einer Geldbuße im Falle der Zahlungsunfähigkeit des Bußgeldschuldners.

Ob der »Digital Markets Act« überhaupt möglicher Anknüpfungspunkt zur Auslegung des Begriffs der Zahlungsunfähigkeit gemäß Art. 14 Abs. 3 »ECN-Plus«-Richtlinie sein kann, ist mit Blick auf den gegenüber der »ECN-Plus«-Richtlinie erst späteren Zeitpunkt[58] des Inkrafttretens der Verordnung zweifelhaft. Hinweise auf ein einheitliches unionsrechtliches

---

56 Verordnung (EU) 2022/1925 des Europäischen Parlaments und des Rates vom 14.09.2022 über bestreitbare und faire Märkte im digitalen Sektor und zur Änderung der Richtlinien (EU) 2019/1937 und (EU) 2020/1828 (Gesetz über digitale Märkte) v. 12.10.2022, ABl. Nr. L 265/1 (im Folgenden: DMA).

57 So auch, *Huerkamp/Nuys*, in: Podszun, DMA, Art. 30 DMA, Rn. 107.

58 Gemäß Art. 54 UAbs. 1 DMA trat der »Digital Markets Act« am zwanzigsten Tag nach der Veröffentlichung im Amtsblatt der Europäischen Union und damit am 01.11.2022 in Kraft.

Verständnis des Begriffs der Zahlungsunfähigkeit könnten allerdings daraus resultieren, dass Art. 30 Abs. 5 DMA der Regelung des Art. 23 Abs. 4 VO 1/2003 erkennbar nachgebildet[59] ist. Enthält der »Digital Markets Act« eine Begriffsbestimmung der Zahlungsunfähigkeit, stellt diese gegebenenfalls die Wiedergabe eines unionsrechtlichen Verständnisses dar, welches beispielsweise auch Art. 23 Abs. 4 VO 1/2003 zugrunde liegt und folglich zur Auslegung des Art. 14 Abs. 3 »ECN-Plus«-Richtlinie dienen könnte.

Allerdings wird auch in Art. 30 Abs. 5 DMA nicht definiert, wann eine Zahlungsunfähigkeit vorliegt. Erwägungsgrund Nr. 87 DMA fordert lediglich, dass »[...] Voraussetzungen festgelegt werden, unter denen die Kommission die Möglichkeit haben sollte, die Zahlung der Geldbuße von den Mitgliedern der betreffenden Unternehmensvereinigung zu verlangen, wenn die Unternehmensvereinigung [...] zahlungsunfähig ist [...]«. Auch Erwägungsgrund Nr. 87 DMA benennt somit nicht ausdrücklich, welche Anforderungen an das Vorliegen einer Zahlungsunfähigkeit zu stellen sind. Aus der Parallelvorschrift des Art. 30 Abs. 5 DMA kann daher kein über die bereits herausgearbeitete Auslegung hinausgehendes unionsrechtliches Verständnis des Begriffs der Zahlungsunfähigkeit abgeleitet werden, an das die »ECN-Plus«-Richtlinie anknüpfen könnte.

c) Art. 2 Abs. 1 »Insolvenzgeld-Richtlinie«

Der Begriff der Zahlungsunfähigkeit findet im unionsrechtlichen Sekundärrecht zudem außerhalb des Wettbewerbsrechts Verwendung, beispielsweise im Rahmen der sogenannten »Insolvenzgeld-Richtlinie«[60]. Insoweit könnte ein unionsrechtliches Begriffsverständnis der Zahlungsunfähigkeit aus der Legaldefinition des Art. 2 Abs. 1 »Insolvenzgeld-Richtlinie« resultieren. Art. 2 Abs. 1 »Insolvenzgeld-Richtlinie« beschreibt, wann ein Arbeitgeber als zahlungsunfähig anzusehen ist. Danach setzt der Eintritt einer Zahlungsunfähigkeit voraus, dass »[...] die Eröffnung eines nach den Rechts- und Verwaltungsvorschriften eines Mitgliedstaats vorgeschriebenen Gesamtverfahrens beantragt worden ist, das die Insolvenz des Arbeitgebers voraussetzt und den teilweisen oder vollständigen Vermögensbeschlag gegen diesen Arbeitgeber sowie die Bestellung eines Verwalters oder einer

59 Vgl., *Huerkamp/Nuys*, in: Podszun, DMA, Art. 30 DMA, Rn. 107, 110.

60 Richtlinie 2008/94/EG des Europäischen Parlaments und des Rates vom 22. Oktober 2008 über den Schutz der Arbeitnehmer bei Zahlungsunfähigkeit des Arbeitgebers, EU-ABl. Nr. L 283/36.

Person, die eine ähnliche Funktion ausübt, zur Folge hat [...]«. Daneben muss die zuständige Behörde das Gesamtverfahren eröffnet (Art. 2 Abs. 1 lit. a) »Insolvenzgeld-Richtlinie«) oder festgestellt haben, »[...] dass das Unternehmen oder der Betrieb des Arbeitgebers endgültig stillgelegt worden ist und die Vermögensmasse nicht ausreicht, um die Eröffnung des Verfahrens zu rechtfertigen« (Art. 2 Abs. 1 lit. b) »Insolvenzgeld-Richtlinie«).

Ob Art. 2 Abs. 1 »Insolvenzgeld-Richtlinie« ein unionsrechtliches Verständnis der Zahlungsunfähigkeit formuliert, dass auch auf dem Gebiet des Wettbewerbsrechts und damit für die »ECN-Plus«-Richtlinie von Bedeutung ist, ist mit Blick auf die konkret normierte Legaldefinition allerdings zweifelhaft. Bereits aus der Formulierung[61] des Art. 2 Abs. 1 »Insolvenzgeld-Richtlinie« ergibt sich, dass die vorgesehene Begriffsbestimmung der Zahlungsunfähigkeit allein für die Anwendung dieser Richtlinie gilt. Selbst wenn der in Art. 2 Abs. 1 »Insolvenzgeld-Richtlinie« normierten Definition über die Richtlinie hinaus Bedeutung zugemessen würde, wäre unsicher, inwieweit hieraus ein unionsrechtliches Begriffsverständnis der Zahlungsunfähigkeit abgeleitet werden könnte. Ob eine Zahlungsunfähigkeit nach Art. 2 Abs. 1 »Insolvenzgeld-Richtlinie« vorliegt, ist vom mitgliedstaatlichen Recht sowie der Entscheidung oder Feststellung der zuständigen nationalen Behörde abhängig.[62] Art. 2 Abs. 1 »Insolvenzgeld-Richtlinie« definiert somit keinen eigenständigen Maßstab zur Bestimmung des Vorliegens einer Zahlungsunfähigkeit, sondern nimmt Rückgriff auf das nationale Insolvenzverfahrensrecht.[63] Konsequenterweise kann aus Art. 2 Abs. 1 »Insolvenzgeld-Richtlinie« kein unionsrechtliches Verständnis des Begriffs der Zahlungsunfähigkeit abgeleitet werden, welches im gesamten Unionsrecht oder zumindest im unionsrechtlichen Wirtschaftsrecht von Bedeutung ist. Eine begriffliche Anknüpfung der »ECN-Plus«-Richtlinie an ein durch Art. 2 Abs. 1 »Insolvenzgeld-Richtlinie« bezeichnetes unionsrechtliches Begriffsverständnis der Zahlungsunfähigkeit scheidet damit aus.

d) Zusammenfassung

Die fehlende Definition des Begriffs der Zahlungsunfähigkeit in der »ECN-Plus«-Richtlinie ist im Ergebnis nicht darauf zurückzuführen, dass die

61 »Im Sinne dieser Richtlinie gilt ein Arbeitgeber als zahlungsunfähig, [...]«.

62 EuGH, Urteil v. 27.03.2014 – C-265/13, ECLI:EU:C:2014:187, Rn. 37 – »*Torralbo Marcos*«; *Kolbe*, in: Franzen/Gallner/Oetker, EuArbRK, Art. 2 RL 2008/94/EG, Rn. 1.

63 *Kolbe*, in: Franzen/Gallner/Oetker, EuArbRK, Art. 2 RL 2008/94/EG, Rn. 1.

Richtlinie an ein bestehendes, durch die benannten Sekundärrechtsakte ausgedrücktes, unionsrechtliches Verständnis des Begriffs der Zahlungsunfähigkeit anknüpft.

3. Ergebnis

Aus der »ECN-Plus«-Richtlinie resultieren folglich keine Vorgaben hinsichtlich der Auslegung des Begriffs der Zahlungsunfähigkeit, welche über das im nationalen Recht herausgearbeitete Verständnis[64] hinausgehen. Die im nationalen Recht gewonnene Auslegung wird allerdings dadurch bestätigt, dass in der »ECN-Plus«-Richtlinie und der Verordnung 1/2003 ebenfalls ein Regelungszusammenhang zwischen der Bußgeldbemessung auf Grundlage der Umsätze von Mitgliedsunternehmen und dem Vorliegen einer Zahlungsunfähigkeit vorgezeichnet wird. Folglich ist eine Auslegung, die den Begriff der Zahlungsunfähigkeit in § 81b Abs. 1 GWB als eine gegenwärtige, objektiv zu beurteilende wirtschaftliche Überforderung des Bußgeldschuldners versteht, mit Art. 14 Abs. 3 und Abs. 4 »ECN-Plus«-Richtlinie vereinbar.

II. Auslegung des Begriffs der Zahlungsunfähigkeit in der unionsrechtlichen Bußgeld- und Entscheidungspraxis

Darüberhinausgehende Hinweise zur Auslegung des Begriffs der Zahlungsunfähigkeit könnten aus der Bußgeldpraxis der Kommission und aus der daran anknüpfenden Rechtmäßigkeitskontrolle[65] durch die Europäischen Gerichte folgen. Dem liegt die Überlegung zugrunde, dass sich auch auf unionsrechtlicher Ebene die Frage stellt, wie die Tatbestandsvoraussetzung der Zahlungsunfähigkeit, beispielsweise in Art. 23 Abs. 4 VO 1/2003 oder Art. 30 Abs. 5 DMA, zu verstehen ist. Zu untersuchen ist folglich, inwieweit der Begriff der Zahlungsunfähigkeit im Unionsrecht durch die Bußgeld- und Entscheidungspraxis der Europäischen Kommission und der Europäischen Gerichte bestimmt wird.

---

64 Siehe oben, Teil 2, B. II., III.

65 Die Rechtmäßigkeitskontrolle über das Handeln bzw. Unterlassen der Organe der Union als eines von drei Zielen der Wahrung des Rechts im Sinne des Art. 19 Abs. 1 S. 2 EUV einordnend, *Klinke*, in: Dauses/Ludwigs, EU-WirtschaftsR (Dokumentstand: 61. EL, 09.2024), Kap. P, Einführung, Rn. 104, 106.

1. Anwendungspraxis des Art. 23 Abs. 4 VO 1/2003

Art. 23 Abs. 4 VO 1/2003 gilt seit dem 01.05.2004 (Art. 45 VO 1/2003) und bildet seitdem eine Rechtsgrundlage, um Geldbußen im Falle der Zahlungsunfähigkeit des Bußgeldschuldners durchzusetzen. Allerdings ist die praktische Bedeutung des Art. 23 Abs. 4 VO 1/2003 in der unionsrechtlichen Anwendungspraxis bislang gering.[66] In der Rechtssache »Ordre national des pharmaciens (ONP)«[67] aus dem Jahre 2010 stellt die Europäische Kommission fest, dass eine Bußgelddurchsetzung gemäß Art. 23 Abs. 4 VO 1/2003 zu diesem Zeitpunkt noch nicht stattgefunden hat.[68] Aufgrund dessen berücksichtigt die Kommission bei der Bemessung der Geldbuße bußgeldmindernd[69], dass die Festsetzung einer Geldbuße gegen den »ONP« zum ersten Mal ein wettbewerbsbehördliches Vorgehen nach Art. 23 Abs. 4 VO 1/2003 auslösen könnte.[70] In diesem Zusammenhang erläutert die Kommission die in Art. 23 Abs. 4 VO 1/2003 normierten wettbewerbsbehördlichen Befugnisse.[71] Das Vorliegen einer Zahlungsunfähigkeit wird zwar als Voraussetzung des Art. 23 Abs. 4 VO 1/2003 ausdrücklich benannt[72]; konkretisiert wird der Begriff der Zahlungsunfähigkeit jedoch nicht.[73] Auch das Europäische Gericht, welches infolge der Klageerhebung des »ONP« gegen die Bußgeldentscheidung der Kommission zu entscheiden hatte, geht in seinem Urteil zwar auf Art. 23 Abs. 4 VO 1/2003 ein, stellt aber keine Erwägungen an, wie der Begriff der Zahlungsunfähigkeit auszulegen ist.[74]

Es fehlt also an einer behördlichen und gerichtlichen Anwendungspraxis des Art. 23 Abs. 4 VO 1/2003, aus der Hinweise für die Auslegung des

---

66 *Giese/Heinichen/Janssen/Klumpp/Schelzke u.a.*, NZKart 2020, S. 562, 567; *Vollmer*, in: MüKo-WettbewerbsR, GWB, § 81b GWB, Rn. 1; Art. 23 Abs. 4 VO 1/2003 ein »Dornröschen-Dasein« beimessend, *Mäger/Budde*, DB 2020, S. 378, 380.

67 Komm., Entscheidung v. 08.12.2010 – COMP/39510 – »*ONP*«.

68 Komm., Entscheidung v. 08.12.2010 – COMP/39510, Rn. 750 – »*ONP*«, »Etant donné que la présente affaire pourrait constituter le premier cas d'application de l'article 23, paragraphe 4, du règlement (CE) n° 1/2003 [...]«.

69 *Biermann*, in: Immenga/Mestmäcker, EU-KartellR, Art. 23 VO 1/2003, Rn. 164, Fn. 433.

70 Komm., Entscheidung v. 08.12.2010 – COMP/39510, Rn. 750 f. – »*ONP*«.

71 Komm., Entscheidung v. 08.12.2010 – COMP/39510, Rn. 731–734 – »*ONP*«.

72 Komm., Entscheidung v. 08.12.2010 – COMP/39510, Rn. 731 – »*ONP*«, »[...] et que l'association n'est pas solvable [...]«.

73 Vgl., Komm., Entscheidung v. 08.12.2010 – COMP/39510, Rn. 731 – »*ONP*«.

74 EuG, Urteil v. 10.12.2014 – T-90/11, ECLI:EU:T:2014:1049, Rn. 386 f. – »*ONP*«.

Begriffs der Zahlungsunfähigkeit in § 81b Abs. 1 GWB abgeleitet werden könnten.

2. Bußgeldmindernde Berücksichtigung einer »inability to pay« durch die Europäische Kommission

In Betracht käme daneben, dass ein unionsrechtliches Begriffsverständnis der Zahlungsunfähigkeit aus der in Ziffer 35 der Bußgeldleitlinien 2006[75] geregelten Bußgeldpraxis der Kommission[76] zur bußgeldmindernden Berücksichtigung einer sanktionsbedingten[77] Zahlungsunfähigkeit (sogenannte »inability to pay«) abgeleitet werden kann. Da die Bußgeldleitlinien nicht zu den mit Bindungswirkung ausgestalteten Rechtsakten gemäß Art. 288 AEUV zählen[78], wäre eine Definition des Begriffs der Zahlungsunfähigkeit im Rahmen der Bußgeldleitlinien 2006 gegenüber den Mitgliedstaaten zwar nicht verbindlich, könnte aber zumindest Hinweise auf das Begriffsverständnis der Europäischen Kommission liefern.

a) Begriff der Zahlungsunfähigkeit in Ziffer 35 Bußgeldleitlinien 2006

Ausgangspunkt ist insoweit die Ziffer 35 Bußgeldleitlinien 2006. Danach kann die kartellbehördliche Berücksichtigung der mangelnden Leistungsfähigkeit[79] zur Zahlung der Geldbuße beantragt werden. Aus der englischen[80] und französischen[81] Sprachfassung ergibt sich, dass es insofern auf eine Zahlungsunfähigkeit des Adressaten der festzusetzenden Geldbuße ankommt, deren Eintritt im Falle der ungeminderten Bußgeldfestset-

---

75 Komm., Leitlinien für das Verfahren zur Festsetzung von Geldbußen gemäß Artikel 23 Absatz 2 Buchstabe a) der Verordnung (EG) Nr. 1/2003 v. 01.09.2006 – ABl. EU Nr. C 210/2.

76 Siehe etwa, Komm., Entscheidung v. 20.07.2010 – COMP/38866, Rn. 224–240 – »*Futterphosphate*«; Komm., Entscheidung v. 11.11.2009 – COMP/38589, C(2009)8682 final, Rn. 774–795 (teils geschwärzt) – »*Wärmestabilisatoren*«; Komm., Entscheidung v. 09.11.2010 – COMP/39258, Rn. 1374–1399 (teils geschwärzt) – »*Luftfracht*«; krit., *Stockmann*, ZWeR 2012, S. 20, 22–29; *Palzer*, NZI 2012, S. 67, 71 f.

77 *Stockmann*, ZWeR 2012, S. 20, 21.

78 Vgl. zu Art. 249 EGV, *Thomas*, EuR 2009, S. 423, 424, 426.

79 So die deutsche Fassung der Bußgeldleitlinien, »[…] die Leistungsfähigkeit eines Unternehmens […]«.

80 »[…] inability to pay […]«.

81 »[…] l'absence de capacité contributive […]«.

zung droht. Jedoch wird durch Ziffer 35 Bußgeldleitlinien 2006 nicht ausdrücklich definiert, wann eine Zahlungsunfähigkeit vorliegt. Aus Ziffer 35 S. 2 Bußgeldleitlinien 2006 ergibt sich lediglich, dass eine Ermäßigung der Geldbuße nicht schon aufgrund einer nachteiligen oder defizitären Finanzlage möglich ist. Somit stellt sich die Frage, wann eine wirtschaftliche Notlage besteht, die das Vorliegen einer Zahlungsunfähigkeit im Sinne der Ziffer 35 Bußgeldleitlinien 2006 begründet.

Aufschluss über das maßgebende Verständnis des Begriffs der Zahlungsunfähigkeit könnten die in Ziffer 35 Bußgeldleitlinien 2006 benannten Voraussetzungen geben. Dem liegt die Überlegung zugrunde, dass eine Bußgeldminderung nach Ziffer 35 Bußgeldleitlinien 2006 nur dann möglich ist, wenn der Eintritt einer sanktionsbedingten Zahlungsunfähigkeit des Bußgeldadressaten droht. Insoweit käme in Betracht, dass die in Ziffer 35 S. 3 Bußgeldleitlinien 2006 normierte Voraussetzung einer unwiderruflichen Gefährdung der wirtschaftlichen Überlebensfähigkeit des Unternehmens bestimmt, wann eine Zahlungsunfähigkeit im Sinne der Bußgeldpraxis vorliegt.[82] Für dieses Verständnis spricht der Prüfungsgegenstand dieser Voraussetzung. Zur Feststellung einer unwiderruflichen Gefährdung der wirtschaftlichen Überlebensfähigkeit prüft die Kommission die wirtschaftliche Leistungsfähigkeit des Sanktionsadressaten unter Berücksichtigung der Rentabilität, des Eigenkapitals, der Solvenz und der Liquidität.[83] Auf Grundlage dieser Prüfung nimmt die Kommission eine Gefährdung der wirtschaftlichen Überlebensfähigkeit des Sanktionsadressaten im Sinne der Ziffer 35 Bußgeldleitlinien 2006 an, wenn die Wettbewerbsbehörde im Rahmen der anzustellenden Prognose[84] zu dem Schluss kommt, dass bei Verhängung einer nicht ermäßigten Geldbuße ein unmittelbares Risiko besteht, dass die vertretungsberechtigten Personen des Unternehmensträgers die Insolvenz des Rechtsträgers anmelden müssten.[85] Inwieweit damit be-

82 Dies zugrunde legend, *Grave/Nyberg*, WuW 2011, S. 926, 929–931.

83 Komm., Information Note: Inability to pay v. 12.06.2010 - SEC(2010) 737/2, Ziff. 7.

84 *Palzer*, NZI 2012, S. 67, 70.

85 Komm., Information Note: Inability to pay v. 12.06.2010 - SEC(2010) 737/2, Ziff. 7, »Thus, if there is sufficiently clear evidence that a company is in immediate danger of bankruptcy, the Commission will try to assess whether it ist likely that bankruptcy would indeed be caused by the fine.«; *Grave/Nyberg*, WuW 2011, S. 926, 930; allgemein auf das Insolvenzrisiko abstellend, *Kienapfel/Wils*, Competition Policy Newsletter 2010, S. 3, 5; *Kienapfel/Wils*, ÖZK 2011, S. 83, 84; *Imgrund*, ECLR 2012, S. 560, 563; siehe auch, *Skreti*, Inability to pay, S. 120, die das Vorliegen der mitgliedstaatlichen Insolvenzvoraussetzungen als notwendige, aber nicht hinreichende Bedingung für die Bußgeldermäßigung nach Ziffer 35 der Bußgeldleitlinien 2006 erachtet.

reits das Vorliegen einer Zahlungsunfähigkeit bestimmt wird, ist unter Berücksichtigung der anderen Voraussetzungen der Ziffer 35 Bußgeldleitlinien 2006 zu bestimmen. Zusätzliche Voraussetzung einer berücksichtigungsfähigen Zahlungsunfähigkeit könnte insbesondere sein, dass die Geldbuße zu einem erheblichen[86] Wertverlust der Vermögenswerte des maßgeblichen Unternehmens führen würde. Ob das Vorliegen einer Zahlungsunfähigkeit auch durch diese Voraussetzung definiert wird, lässt sich gegebenenfalls aus dem Zweck der Bedingung folgern. Durch die Feststellung eines drohenden erheblichen Verlusts der Vermögenswerte soll sichergestellt werden, dass eine Ermäßigung der Geldbuße nicht erfolgt, wenn eine Sanierung des Unternehmens[87] im Falle der Verhängung einer nicht ermäßigten Geldbuße wahrscheinlich ist.[88] In diesem Fall wird der verfolgte Zweck der Ermäßigung der Geldbuße, namentlich negative soziale und ökonomische Auswirkungen des Marktaustritts eines wettbewerbsfähigen Unternehmens zu vermeiden[89], auch ohne eine Bußgeldminderung erreicht.[90] Das bedeutet aber zugleich, dass das Erfordernis eines erheblichen Wertverlustes der Vermögenswerte des Unternehmens nicht dazu dient, das Vorliegen einer Zahlungsunfähigkeit näher zu beschreiben, sondern garantieren soll, dass eine Geldbuße im Falle einer Zahlungsunfähigkeit des Sanktionsadressaten nicht ermäßigt wird, wenn ein Marktausscheiden und die damit verbundenen Auswirkungen nicht droht.

Damit ist das Vorliegen einer drohenden, sanktionsbedingten Zahlungsunfähigkeit im Sinne einer »inability to pay« gemäß Ziffer 35 Bußgeldleitlinien 2006 mit der prognostizierten unwiderruflichen Gefährdung der wirtschaftlichen Überlebensfähigkeit des Unternehmensträgers anzunehmen[91], ohne dass es auf den benannten Wertverlust von Vermögenswerten ankäme. Zahlungsunfähigkeit im Sinne dieser Bußgeldpraxis liegt folglich vor,

---

86 Komm., Information Note: Inability to pay v. 12.06.2010 – SEC(2010) 737/2, Ziff. 9.

87 EuG, Urteil v. 14.05.2014 – T-406/09, ECLI:EU:T:2014:254, Rn. 288 – »*Donau Chemie*«, »[Das Unternehmen] kann als solches fortbestehen, sei es im Fall der Rekapitalisierung des für insolvent erklärten Unternehmens als juristische Person, die den Betrieb des Unternehmens sicherstellt, sei es im Fall der Übernahme sämtlicher Vermögenswerte und damit des Unternehmens als Einheit, die eine wirtschaftliche Tätigkeit ausübt, durch eine andere Einheit.«; ebenso, EuG, Urteil v. 12.12.2012 – T-400/09, ECLI:EU:T:2012:675, Rn. 97 – »*Ecka Granulate*«.

88 Komm., Information Note: Inability to pay v. 12.06.2010 – SEC(2010) 737/2, Ziff. 9.

89 Komm., Information Note: Inability to pay v. 12.06.2010 – SEC(2010) 737/2, Ziff. 6.

90 Komm., Information Note: Inability to pay v. 12.06.2010 – SEC(2010) 737/2, Ziff. 9; *Skreti*, Inability to pay, S. 104.

91 Dies zugrunde legend, *Grave/Nyberg*, WuW 2011, S. 926, 929–931.

wenn die Festsetzung der ungeminderten Geldbuße das Risiko begründet, dass die vertretungsberechtigten Personen des Unternehmensträgers einen Antrag auf Insolvenzverfahrenseröffnung stellen müssten.

b) Unionsrechtliches Begriffsverständnis?

Inwieweit aus dieser Bußgeldpraxis Hinweise auf ein unionsrechtliches Begriffsverständnis der Zahlungsunfähigkeit gefolgert werden können, ist allerdings zweifelhaft. Die Kommission stellt bei der Feststellung einer Zahlungsunfähigkeit im Sinne der Ziffer 35 Bußgeldleitlinien 2006 darauf ab, ob die vertretungsberechtigten Personen des Unternehmensträgers bei Verhängung der Geldbuße Insolvenz anmelden müssten, das heißt ob der Schuldner einer ungemindert festgesetzten Geldbuße insolvent zu werden droht. Wann eine Insolvenzantragspflicht besteht, richtet sich jedoch nicht nach dem Unionsrecht, sondern nach dem jeweiligen mitgliedstaatlichen Insolvenzrecht.[92] Das bedeutet, dass für das Vorliegen einer Zahlungsunfähigkeit im Sinne der Ziffer 35 Bußgeldleitlinien 2006 kein eigenständiges unionsrechtliches Begriffsverständnis der Zahlungsunfähigkeit herangezogen wird; vielmehr greift die Kommission der Sache nach auf das nationale Insolvenzrecht zurück[93]. In der Konsequenz lässt sich aus der Praxis der Kommission zur sanktionsbedingten Zahlungsunfähigkeit kein Hinweis auf einen eigenständigen unionsrechtlichen Maßstab ableiten, welcher im Rahmen des § 81b Abs. 1 GWB berücksichtigt werden könnte.

3. Zusammenfassung

Weder aus der kartellbehördlichen und gerichtlichen Anwendungspraxis des Art. 23 Abs. 4 VO 1/2003 noch aus der Bußgeldpraxis der Kommission zur Berücksichtigung einer sanktionsbedingten Zahlungsunfähigkeit resultiert folglich ein unionsrechtliches Begriffsverständnis, das zur Auslegung der Zahlungsunfähigkeit in § 81b Abs. 1 GWB beitragen könnte.

92 Siehe im deutschen Recht, § 15a InsO.
93 *Grave/Nyberg*, WuW 2011, S. 926, 929.

III. Gebot der unionsrechtsautonomen Auslegung

Obwohl es damit derzeit an einem einheitlichen unionsrechtlichen Verständnis der Zahlungsunfähigkeit fehlt, ist unsicher, ob sich die nähere Bestimmung dieser Tatbestandsvoraussetzung des § 81b Abs. 1 GWB allein nach deutschem Recht richten darf. Diese Unsicherheit resultiert aus einem gegebenenfalls bestehenden Gebot eines unionsrechtsautonomen Verständnisses. Das Erfordernis einer unionsrechtsautonomen Auslegung könnte insbesondere aus dem Zweck der »ECN-Plus«-Richtlinie folgen. Wie sich aus der ausdrücklichen Benennung[94] des Art. 114 AEUV als Rechtsgrundlage[95] der »ECN-Plus«-Richtlinie und Erwägungsgrund Nr. 9 »ECN-Plus«-Richtlinie ergibt, verfolgt die Richtlinie auch das Ziel, die wettbewerbsbehördlichen Instrumente der Kommission und mitgliedstaatlichen Wettbewerbsbehörden zur Durchsetzung des Wettbewerbsrechts rechtlich anzugleichen. Zweck der Rechtsangleichung durch Sekundärrecht[96] ist es, einen einheitlichen Maßstab für sämtliche Rechtsunterworfene zu begründen.[97] Mit Blick auf diesen Zweck, kann allein aus dem Umstand, dass die »ECN-Plus-Richtlinie« den auslegungsbedürftigen Rechtsbegriff der Zahlungsunfähigkeit ohne nähere Definition nutzt, nicht zwingend der Schluss gezogen werden, dass die Begriffsbestimmung den Mitgliedstaaten überlassen ist.[98] Um die einheitliche Anwendung von Unionsrecht zu gewährleisten und dem Gleichheitssatz Genüge zu tun, besteht vielmehr die grundsätzliche Vermutung, dass der nicht-definierte Rechtsbegriff der Zahlungsunfähigkeit unionsrechtsautonom auszulegen ist.[99] Damit stellt sich die Frage,

---

94 Siehe, Richtlinie (EU) 2019/1, ABl. L 11, 3.

95 Daneben basiert die »ECN-Plus«-Richtlinie auf der Kompetenzgrundlage des Art. 103 AEUV.

96 Die Richtlinie vornehmlich als Instrument der Rechtsangleichung einordnend, *Biervert*, in: S/B/H/S, EU-Kommentar, Art. 288 AEUV, Rn. 23; vgl. auch, *Vedder*, in: Vedder/Heintschel von Heinegg, EU-Recht, Art. 288 AEUV, Rn. 21.

97 *Riesenhuber*, in: Riesenhuber, Methodenlehre, § 10, Rn. 6 m. w. N.

98 Vgl., *Riesenhuber*, in: Riesenhuber, Methodenlehre, § 10, Rn. 5 f.

99 Allgemein zu nicht näher definierten Begriffen in Richtlinien, EuGH, Urteil v. 03.06.2012 – C-128/11, ECLI:EU:C:2012:407, Rn. 39 – »*UsedSoft*«; EuGH, Urteil v. 27.01.2005 – C-188/03, ECLI:EU:C:2005:59, Rn. 29 – »*Junk*«; EuGH, Urteil v. 19.09.2000 – C-287/98, ECLI:EU:C:2000:468, Rn. 43 – »*Linster*«; EuGH, Urteil v. 22.02.2002 – C-55/02, ECLI:EU:C:2004:605, Rn. 45 – »*Kommission/Portugal*«; in Verordnungen, EuGH, Urteil v. 18.10.2016 – C-135/15, ECLI:EU:C:2016:774, Rn. 28 f. – »*Nikiforidis*«; allgemein, *Riesenhuber*, in: Riesenhuber, Methodenlehre, § 10, Rn. 6; *Martens*, Methodenlehre, S. 336; *Stotz*, in: Riesenhuber, Methodenlehre, § 20, Rn. 19.

inwiefern der Begriff der Zahlungsunfähigkeit unionsrechtsautonom oder nach mitgliedstaatlichem Recht bestimmt werden muss.

1. Ausdrückliche Verweisung auf mitgliedstaatliches Recht

Ein Rückgriff auf das mitgliedstaatliche Recht zur Bestimmung des Begriffs der Zahlungsunfähigkeit wäre geboten, wenn für die Auslegung des Rechtsbegriffs ausdrücklich auf das nationale Recht verwiesen wird.[100] Somit ist zu prüfen, inwieweit sich ein solcher Verweis aus der »ECN-Plus«-Richtlinie ergibt.

Ansatzpunkt ist Art. 14 Abs. 3 »ECN-Plus«-Richtlinie. Die Regelung des Art. 14 Abs. 3 »ECN-Plus«-Richtlinie enthält keinen entsprechenden Verweis, sondern setzt den Begriff der Zahlungsunfähigkeit ohne nähere Definition[101] voraus. Auch durch Erwägungsgrund Nr. 48 »ECN-Plus«-Richtlinie wird nicht ausdrücklich auf die Heranziehung des jeweiligen mitgliedstaatlichen Verständnisses verwiesen. Die Formulierung des Erwägungsgrundes könnte vielmehr dafürsprechen, dass ein unionsrechtsautonomes Verständnis geboten ist. Durch Erwägungsgrund Nr. 48 »ECN-Plus«-Richtlinie wird die Ausgestaltung der einzelnen Voraussetzungen, welche erfüllt sein müssen, damit die nationale Wettbewerbsbehörde von den Mitgliedern einer Unternehmensvereinigung die Bußgeldzahlung verlangen kann, ausdrücklich den Mitgliedstaaten überlassen.[102] Die Beurteilung, unter welchen Voraussetzungen eine Zahlungsunfähigkeit vorliegt, wird durch Erwägungsgrund Nr. 48 »ECN-Plus«-Richtlinie dagegen nicht ausdrücklich den Mitgliedstaaten zugewiesen. Dahingehend könnte im Umkehrschluss gefolgert werden, dass der Begriff der Zahlungsunfähigkeit unionsrechtsautonom auszulegen ist. Insoweit ist allerdings zu beachten, dass sich der ausdrückliche Verweis des Erwägungsgrundes Nr. 48 »ECN-Plus«-Richtlinie auf zusätzliche Voraussetzungen bezieht, welche neben der Zahlungsunfähigkeit des Bußgeldschuldners vorliegen müssen. Das bedeutet, dass der Verweis nicht die inhaltliche Auslegung eines in der Richtlinie genutzten Begriffs betrifft. Infolgedessen kann das Gebot einer unionsrechtsautono-

100 Allgemein, *Riesenhuber*, in: Riesenhuber, Methodenlehre, § 10, Rn. 6.

101 Siehe oben, Teil. 2, C. I. 1. a).

102 »[...] müssen die Voraussetzungen festgelegt werden, unter denen es im Ermessen der nationalen Wettbewerbsbehörden liegt, von den Mitgliedern der Vereinigung die Zahlung der Geldbuße zu verlangen, wenn die Vereinigung selbst zahlungsunfähig ist.«

men Auslegung nicht mithilfe eines Umkehrschlusses zum Verweis in Erwägungsgrund Nr. 48 »ECN-Plus«-Richtlinie begründet werden.

Mangels ausdrücklichen Verweises auf das mitgliedstaatliche Recht gilt somit die grundsätzliche Vermutung, dass eine unionsrechtsautonome Auslegung des Begriffs der Zahlungsunfähigkeit angezeigt ist.

2. Bezweckter Rückgriff auf das mitgliedstaatliche Recht

Der Grundsatz der autonomen Begriffsbildung gilt im Unionsrecht allerdings nicht absolut.[103] Auch wenn es in der »ECN-Plus«-Richtlinie an einer ausdrücklichen Verweisung auf das mitgliedstaatliche Recht fehlt, könnte ausnahmsweise ein Rückgriff auf das nationale Recht geboten sein, um den Begriff der Zahlungsunfähigkeit zu bestimmen.[104] Diesbezüglich ist zu berücksichtigen, dass die Unionsrechtsnormen auch dann, wenn diese nicht ausdrücklich auf das mitgliedstaatliche Recht verweisen, häufig an das Recht der Mitgliedstaaten anknüpfen.[105] Insoweit ist mittels Auslegung der »ECN-Plus«-Richtlinie zu prüfen[106], ob ein Rückgriff auf das mitgliedstaatliche Recht durch den Sekundärrechtsakt bezweckt wird oder ein unionsrechtsautonomes Verständnis geboten ist.[107]

Anknüpfungspunkt dieser Prüfung ist der Zweck der »ECN-Plus«-Richtlinie. Die »ECN-Plus«-Richtlinie soll sicherstellen, dass die nationalen Wettbewerbsbehörden über diejenigen Befugnisse im Bereich der Durchsetzung und Verhängung von Geldbußen verfügen, wie sie der Europäischen Kommission durch die Verordnung 1/2003 eingeräumt werden.[108] Ein unionsrechtsautonomes Verständnis des Begriffs der Zahlungsunfähigkeit hätte insoweit den Vorzug, dass die Begründung der speziellen Durchsetzungsbefugnisse der nationalen Wettbewerbsbehörden und der Europäischen Kommission zur Bußgelddurchsetzung im Falle der Zahlungsunfähigkeit des Bußgeldschuldners von denselben tatsächlichen Voraussetzungen abhängig wäre.

---

103 *Martens*, Methodenlehre, S. 336.

104 Allgemein etwa, EuGH, Urteil v. 06.10.1976 – 12/76, ECLI:EU:C:1976:133, Rn. 14 f. – »*Tessili*«; EuGH, Urteil v. 11.07.1985 – Rs. 105/84, ECLI:EU:C:1985:331, Rn. 20–28 – »*Danmols*«; *Riesenhuber*, in: Riesenhuber, Methodenlehre, § 10, Rn. 7.

105 *Martens*, Methodenlehre, S. 336.

106 Allgemein, *Franzen*, Privatrechtsangleichung, S. 495; *Scheibeler*, Begriffsbildung, S. 284; *Martens*, Methodenlehre, S. 336.

107 Allgemein, *Martens*, Methodenlehre, S. 336.

108 Erwägungsgrund Nr. 3 »ECN-Plus«-Richtlinie.

Allerdings ist zu beachten, dass Art. 14 Abs. 3 und Abs. 4 »ECN-Plus«-Richtlinie darauf abzielt, dass die mitgliedstaatlichen Wettbewerbsbehörden in der Lage sein sollen, eine drittumsatzbezogen bemessene Geldbuße durchzusetzen, wenn die Durchsetzbarkeit der Geldbuße gegenüber dem Bußgeldschuldner aufgrund einer Zahlungsunfähigkeit nicht sichergestellt ist.[109] Wann die (zwangsweise) Beitreibung einer Geldbuße nicht gewährleistet ist, hängt davon ab, welche Grenzen der Durchsetzbarkeit der Bußgeldentscheidung durch das nationale Vollstreckungsrecht gezogen werden.[110] Da das jeweilige Vollstreckungsrecht der Mitgliedsstaaten unterschiedlich ausgestaltet ist, könnte ein unionsrechtsautonomes Verständnis der Zahlungsunfähigkeit im Einzelfall dazu führen, dass die von Art. 14 Abs. 3 und Abs. 4 GWB vorgezeichneten wettbewerbsbehördlichen Befugnisse ausgelöst werden, obwohl die Geldbuße gegen den Bußgeldschuldner mithilfe des nationalen Vollstreckungsrechts durchgesetzt und die Bußgeldzahlung damit sichergestellt werden könnte. Damit würde sich der Anwendungsbereich der wettbewerbsbehördlichen Befugnisse auf Fälle erweitern, deren Erfassung von Art. 14 Abs. 3 und Abs. 4 »ECN-Plus«-Richtlinie nicht bezweckt wird. Um eine derartige Ausweitung der wettbewerbsbehördlichen Befugnisse zu vermeiden und deren Anwendbarkeit auf Fälle der tatsächlich fehlenden Vollstreckbarkeit zu beschränken, ist der Begriff der Zahlungsunfähigkeit somit nicht unionsrechtsautonom zu verstehen.[111]

IV. Ergebnis

Aus dem Unionsrecht ergeben sich damit keine Vorgaben, welche den Begriff der Zahlungsunfähigkeit in § 81b Abs. 1 GWB über die bereits gewonnene Auslegung[112] hinaus präzisieren oder ein anderweitiges Verständnis erfordern.

---

109 Erwägungsgrund Nr. 48 »ECN-Plus«-Richtlinie.

110 Das gilt gemäß Art. 299 Abs. 2 AEUV selbst dann, wenn es um die Vollstreckung eines Bußgeldbescheids der Kommission geht.

111 Vgl., *Biermann*, in: Immenga/Mestmäcker, EU-KartellR, Art. 23 VO 1/2003, Rn. 317, der zur Konkretisierung des Begriffs der Zahlungsunfähigkeit im Sinne des Art. 23 Abs. 4 VO 1/2003 das nationale Insolvenzrecht heranziehen will und darauf abstellt, dass auch die Einzelzwangsvollstreckung von unionsrechtlichen Geldbußen auf Grundlage des nationalen Zivilprozessrechts erfolgt.

112 Siehe oben, Teil 2, B.

D. Hinweise zum Begriffsverständnis aus der systematischen Stellung des § 81b GWB im Wettbewerbsrecht

Es stellt sich somit die Frage, wie das herausgearbeitete Begriffsverständnis der Zahlungsunfähigkeit gemäß § 81b Abs. 1 GWB nach nationalem Recht weiter ausgefüllt werden kann. Gegebenenfalls resultieren aus der systematischen Stellung des § 81b GWB entsprechende Anhaltspunkte. § 81b GWB setzt voraus, dass eine Geldbuße nach § 81c Abs. 4 GWB verhängt wurde. Die Regelung des § 81c Abs. 4 GWB ist nach deren Wortlaut nur anwendbar, wenn eine Ordnungswidrigkeit nach § 81 Abs. 1 GWB sanktioniert werden soll. Mittels § 81 Abs. 1 GWB werden Verstöße gegen Art. 101 f. AEUV als Ordnungswidrigkeit eingestuft, sodass der erweiterte Bußgeldrahmen des § 81c Abs. 4 GWB nur im Falle eines Verstoßes gegen das unionale Wettbewerbsrecht zum Tragen kommt.[113] Da die Unternehmensvereinigung allein Normadressatin[114] des Art. 101 Abs. 1 Var. 2 AEUV ist, verdichtet sich der Anwendungsbereich des § 81c Abs. 4 GWB insoweit auf die Sanktionierung von Ordnungswidrigkeiten nach § 81 Abs. 1 Nr. 1 Var. 2 GWB, das heißt auf wettbewerbswidrige Verhaltensweisen in Gestalt eines Beschlusses gemäß Art. 101 Abs. 1 Var. 2 AEUV.[115] Mit Blick auf den Anwendungsbereich des § 81b GWB folgt daraus, dass die in § 81b GWB normierten wettbewerbsbehördlichen Befugnisse nur anwendbar sind, wenn drittumsatzbezogen eine Geldbuße zur Sanktionierung eines wettbewerbswidrigen Beschlusses gemäß Art. 101 Abs. 1 Var. 2 AEUV nach deutschem Bußgeldrecht

---

113 Etwa, *Breuer/Friedrich*, in: B/K/K/K/O, 10. GWB-Novelle, Kap. 3, Rn. 153, 169, die allerdings trotz mangelnder Normadressatenschaft der Unternehmensvereinigung im Rahmen der Missbrauchskontrolle auch Art. 102 AEUV in Bezug nehmen; so aber auch, BReg, Entwurf 10. GWB-Novelle v. 19.10.2020 – BT-Drs. 19/23492, S. 126; *Heinichen*, in: BeckOK-KartellR (Stand: 01.10.2024), § 81c GWB, Rn. 20.

114 *Schröter/van Vormizeele*, in: von der Groeben/Schwarze/Hatje, Art. 101 AEUV, Rn. 48; *Mestmäcker/Schweitzer*, EU-WettbewerbsR, § 9, Rn. 44; *Paschke*, in: MüKo-EU-WettbewerbsR, Art. 101 AEUV, Rn. 137; die Unternehmensvereinigung mit eigener Rechtspersönlichkeit als Normadressat des Art. 101 Abs. 1 AEUV einordnend, *Stockenhuber*, in: G/H/N, EU-Recht, Bd. 3 (Dokumentstand: 64. EL, 05.2018), Art. 101 AEUV, Rn. 82; *Hengst*, in: Bunte, EU-KartellR, Art. 101 AEUV, Rn. 80; in Art. 101 Abs. 1 Var. 2 AEUV keine echte Erweiterung des Kreises der Normadressaten sehend, *Schröter*, in: S/K/W, EU WettbewerbsR, Vorbemerkungen zu den Art. 101-105 AEUV, Rn. 39.

115 Die alleinige Anwendbarkeit des § 81b GWB im Falle eines wettbewerbswidrigen Beschlusses einer Unternehmensvereinigung infolge einer einschränkenden Auslegung annehmend, *Breuer/Friedrich*, in: B/K/K/K/O, 10. GWB-Novelle, Kap. 3, Rn. 154.

festgesetzt wurde. Damit besteht einerseits ein enger systematischer Zusammenhang zwischen § 81b GWB und Art. 101 Abs. 1 Var. 2 AEUV, andererseits wird die Anwendbarkeit des § 81b GWB vom nationalen Bußgeldrecht bestimmt. Auf Grundlage dieser systematischen Stellung des § 81b GWB kann womöglich geklärt werden, ob ein enges oder weites Verständnis der Tatbestandsvoraussetzung angezeigt ist.

I. Gebot einer weiten Auslegung zur Verwirklichung des Zwecks des Art. 101 Abs. 1 Var. 2 AEUV auf Rechtsfolgenebene

Da § 81b GWB der Durchsetzung einer wegen Verstoßes gegen das unionsrechtliche Kartellverbot gemäß § 81c Abs. 4 GWB festgesetzten Geldbuße dient, könnte der Zweck des Art. 101 Abs. 1 Var. 2 AEUV ein weites Begriffsverständnis der Zahlungsunfähigkeit und damit eine möglichst frühzeitige Anwendbarkeit kartellbehördlicher Befugnisse nach § 81b GWB erfordern.

1. Normzweck des Art. 101 Abs. 1 Var. 2 AEUV

Zunächst ist klärungsbedürftig, warum das Kartellverbot neben Unternehmen die Unternehmensvereinigungen als Normadressaten des Kartellverbots klassifiziert und in Art. 101 Abs. 1 Var. 2 AEUV deren wettbewerbsbeschränkenden Beschlüsse verbietet. Unklarheiten[116] resultieren insbesondere daraus, dass das Kartellverbot als »unternehmensgerichtete Wettbewerbsregel«[117] auf eine Verhaltenskontrolle[118] von Unternehmen abzielt.[119] Unternehmen gemäß Art. 101 AEUV ist jede »[...] eine wirtschaftliche Tätigkeit ausübende Einheit, unabhängig von ihrer Rechtsform und der Art ihrer Finanzierung«.[120] In Abgrenzung dazu kann eine Einheit nur dann

116 Plastisch, *Odudu*, in: Outer Limits of EU Law, S. 239, Fn. 81, »[v]arious issues still require elucidation, such as why Community competition law scrutinises non-economic activity; why is it only the non-economic activity of associations of undertakings that falls within the scope of Art 81 EC [...]«.

117 *Haratsch/C. Koenig/Pechstein*, EuropaR, Rn. 1141.

118 *Berg/Mudrony*, in: Berg/Mäsch, KartellR, Art. 101 AEUV, Rn. 1.

119 Siehe auch die Überschrift zum Dritten Teil, Titel VII, Kapitel 1, Abschnitt 1: »Vorschriften für Unternehmen (Art. 101-106)«.

120 EuGH, Urteil v. 23.04.1991 – C-41/90, ECLI:EU:C:1991:161, Rn. 21 – »*Höfner und Elser*«; EuGH, Urteil v. 19.01.1994 – C-364/92, ECLI:EU:C:1994:7, Rn. 18 – »*Euro-*

als Unternehmensvereinigung nach Art. 101 Abs. 1 Var. 2 AEUV klassifiziert werden, wenn diese auf dem von der Kartellabsprache betroffenen Markt[121] nicht wirtschaftlich tätig[122] und damit nicht schon als Unternehmen einzuordnen ist.[123] Weshalb das Kartellverbot eine Verhaltenskontrolle auch gegenüber solchen nicht wirtschaftlich tätigen Einheiten vorsieht, wird mit Blick auf die weiteren Voraussetzungen des Vorliegens einer Unternehmensvereinigung erkennbar. Kennzeichnend für eine Unternehmensvereinigung ist, dass diese eine verbandsmäßige Organisation[124] von mehreren[125] wirtschaftlich selbstständigen[126] Unternehmen darstellt. Die Vertretungspersonen der Mitglieder bestimmen durch Abstimmungen in der Vereinigung den Willen der Unternehmensvereinigung und fassen folglich die von Art. 101 Abs. 1 Var. 2 AEUV erfassten Beschlüsse.[127] Durch diese Beschlüsse können im Interesse der angeschlossenen Unternehmen und unter Verletzung des Selbstständigkeitspostulats[128] die mit dem Wettbewerb einhergehenden Risiken ausgeschaltet und infolgedessen der Wettbewerb zwischen den Unternehmen beschränkt werden.[129] Art. 101 Abs. 1 Var. 2 AEUV gründet also auf dem Gedanken, dass sich der wettbewerbswidrige Beschluss

---

control«; EuGH, Urteil v. 10.09.2009 – C-97/08 P, ECLI:EU:C:2009:536, Rn. 54 – »*Akzo Nobel*«.

121 Ähnlich, *Jüchser*, Beteiligung am Kartell, S. 38; *Schwarzkopf*, Externe Kartellunterstützer, S. 116; Maßnahmen eines Einzelunternehmens annehmend, wenn die konkrete Einheit in Ausübung der eigenen wirtschaftlichen Betätigung Beschlüsse fasst, *Mestmäcker/Schweitzer*, EU-WettbewerbsR, § 10, Rn. 29.

122 *Jones/Sufrin/Dunne*, EU Competition Law, S. 164; *Odudu*, in: Outer Limits of EU Law, S. 239, Fn. 81; *Odudu*, Boundaries of EC Competition Law, S. 52 f.; *Füller*, in: KK-KartellR, Bd. 3, Art. 101 AEUV, Rn. 103; *Kling/Thomas*, Kartellrecht, § 5, Rn. 45; zu Vereinen, *Scheck*, Tätigkeit von Idealvereinen, S. 211.

123 *Zimmer*, in: Immenga/Mestmäcker, EU-KartellR, Art. 101 Abs. 1 AEUV, Rn. 58; *Grave/Nyberg*, in: L/M/R/K/M, KartellR, Art. 101 Abs. 1 AEUV, Rn. 185.

124 *Roth/Ackermann*, in: FK-KartellR, Bd. 2 (Dokumentstand: 101. EL, 03.2022), Art. 101 AEUV, A. Grundfragen des Art. 101 Abs. 1 AEUV, Rn. 130; ähnlich, *Mestmäcker/Schweitzer*, EU-WettbewerbsR, § 9, Rn. 44; *Zimmer*, in: Immenga/Mestmäcker, EU-KartellR, Art. 101 Abs. 1 AEUV, Rn. 62.

125 *Zimmer*, in: Immenga/Mestmäcker, EU-KartellR, Art. 101 Abs. 1 AEUV, Rn. 61.

126 *Haratsch/C. Koenig/Pechstein*, EuropaR, Rn. 1158.

127 *Otto*, Kartellgehilfe, S. 335.

128 Siehe zum Begriff etwa, EuGH, Urteil v. 16.12.1975 – verb. Rs. 40 bis 48 et al., ECLI:EU:C:1975:174, Rn. 173/174 – »*Suiker Unie*«; EuGH, Urteil v. 31.03.1993 – C-89/85, ECLI:EU:C:1993:120, Rn. 63 – »*Ahlström*«.

129 *Otto*, Kartellgehilfe, S. 335.

der Vereinigung auf die Mitgliedsunternehmen zurückführen lässt.[130] Um zu verhindern, dass Unternehmen sich dem Kartellverbot durch die Verlagerung einer wettbewerbswidrigen Absprache auf die Ebene der Unternehmensvereinigung entziehen und damit die Unternehmensvereinigung als Vehikel[131] zur Koordinierung ihres Wettbewerbsverhaltens nutzen können[132], verbietet das Kartellverbot nicht nur direkte Formen einer Verhaltensabstimmung zwischen Unternehmen, sondern auch institutionalisierte Formen der Zusammenarbeit.[133] Art. 101 Abs. 1 Var. 2 AEUV stellt im Verhältnis zum Verbot wettbewerbsbeschränkender Vereinbarungen (Art. 101 Abs. 1 Var. 1 AEUV) damit einen Umgehungstatbestand dar.[134]

---

130 *Otto*, Kartellgehilfe, S. 335; ähnlich, *Stockenhuber*, in: G/H/N, EU-Recht, Bd. 3 (Dokumentstand: 64. EL, 05.2018), Art. 101 AEUV, Rn. 102.

131 Ähnlich, *van Cleynenbreugel*, ECLR 2015, S. 283; den Beschluss selbst als Vehikel der Koordination einordnend, *Otto*, Kartellgehilfe, S. 334.

132 Etwa, *Stockenhuber*, in: G/H/N, EU-Recht, Bd. 3 (Dokumentstand: 64. EL, 05.2018), Art. 101 AEUV, Rn. 102; *Paschke*, in: MüKo-EU-WettbewerbsR, Art. 101 AEUV, Rn. 137; *Bronett*, in: Schulte/Just, KartellR, Art. 101 AEUV, Rn. 24; *Berg/Mudrony*, in: Berg/Mäsch, KartellR, Art. 101 AEUV, Rn. 80; *Hengst*, in: Bunte, EU-KartellR, Art. 101 AEUV, Rn. 79; *Roth/Ackermann*, in: FK-KartellR, Bd. 2 (Dokumentstand: 101. EL, 03.2022), Art. 101 AEUV, A. Grundfragen des Art. 101 Abs. 1 AEUV, Rn. 133; *Costa/Peers*, Steiner/Woods, EU Law, S. 643; *Frenz*, Hdb EU-Recht, Rn. 695.

133 GA Léger, Schlussanträge zu EuGH Rs. C-309/99 (Wouters) v. 10.06.2001, ECLI: EU:C:2001:390, Rn. 62; *Roth/Ackermann*, in: FK-KartellR, Bd. 2 (Dokumentstand: 101. EL, 03.2022), Art. 101 Abs. 1 AEUV, Rn. 140; *Otto*, Kartellgehilfe, S. 334; *Lange*, Hdb KartellR, Kap. 2, Rn. 25; vgl., EuG, Urteil v. 24.05.2012 – T-111/08, ECLI:EU:T: 2012:260, Rn. 259 – »*Mastercard*«; EuGH, Urteil v. 29.10.1980 – verb. Rs. 209/78 et al., EU:C:1980:248, Rn. 88 – »*Van Landewyck u. a.*«.

134 BGH, Beschluss v. 14.08.2008 – KVR 54/07, WuW 2008, S. 1206, Rn. 26 – »*Lottoblock*«; *Grave/Nyberg*, in: L/M/R/K/M, KartellR, Art. 101 Abs. 1 AEUV, Rn. 210; *Zimmer*, in: Immenga/Mestmäcker, EU-KartellR, Art. 101 Abs. 1 AEUV, Rn. 80; *Füller*, in: KK-KartellR, Bd. 3, Art. 101 AEUV, Rn. 100; *Mestmäcker/Schweitzer*, EU-WettbewerbsR, § 10, Rn. 27; den Umgehungsschutz als »Hauptfunktion« des Beschlusstatbestandes bezeichnend, *Schröter/van Vormizeele*, in: von der Groeben/Schwarze/Hatje, Art. 101 AEUV, Rn. 48; ähnlich, *Paschke*, in: MüKo-EU-WettbewerbsR, Art. 101 AEUV, Rn. 137; *Roth/Ackermann*, in: FK-KartellR, Bd. 2 (Dokumentstand: 101. EL, 03.2022), Art. 101 AEUV, A. Grundfragen des Art. 101 Abs. 1 AEUV, Rn. 130; *Hoffmann*, in: Dauses/Ludwigs, EU-WirtschaftsR (Dokumentstand: 61. EL, 09.2024), H. I. § 2, Rn. 18; in Art. 101 Abs. 1 Var. 2 AEUV nur eine Verdeutlichung dessen sehend, was als Willensübereinstimmung im Sinne des Art. 101 Abs. 1 AEUV zu klassifizieren ist, *Gruber*, ÖZK 2010, S. 43, 45 f.

2. Verwirklichung des Umgehungsschutzes durch § 81b GWB

Bedenken hinsichtlich der wirksamen Durchsetzung der materiell-rechtlichen Anordnung des Art. 101 Abs. 1 Var. 2 AEUV resultieren im Falle der Festsetzung einer Geldbuße gemäß §§ 81 Abs. 1, 81c Abs. 4 GWB i. V. m. § 30 OWiG daraus, dass die Mitgliedsunternehmen in aller Regel Urheber und Nutznießer[135] des sanktionierten wettbewerbswidrigen Beschlusses sind, die Geldbuße aber gegen den Rechtsträger der Unternehmensvereinigung festzusetzen ist[136]. Insofern kann gegebenenfalls eine wirksame Anwendung des Art. 101 Abs. 1 Var. 2 AEUV mittels einer finanziellen Inanspruchnahme der unternehmerisch tätigen Mitglieder der Vereinigung erreicht werden[137], wenn der Begriff der Zahlungsunfähigkeit in § 81b Abs. 1 GWB möglichst weit ausgelegt wird.

a) Befugnisse des Bundeskartellamtes nach § 81b Abs. 1-3 GWB

Inwieweit § 81b GWB eine solche Funktion zugewiesen werden kann, hängt maßgeblich davon ab, wie die Befugnisse des Bundeskartellamtes[138] in § 81b Abs. 1-3 GWB ausgestaltet sind.

Gemäß § 81b Abs. 1 GWB kann[139] die Kartellbehörde im Falle der Zahlungsunfähigkeit des Bußgeldschuldners zur Durchsetzung der Geldbuße eine Frist setzen, innerhalb derer die vertretungsberechtigten Personen des Rechtsträgers der Unternehmensvereinigung von den Mitgliedern[140] Deckungsbeiträge verlangen. Sofern die innerhalb der Frist erlangten Mittel

---

135 Zu Art. 23 VO 1/2003, *Bronett*, EU-KartellverfahrensR, Art. 23 VO 1/2003, Rn. 30.

136 *Paschke*, in: MüKo-EU-WettbewerbsR, Art. 101 AEUV, Rn. 149.

137 Vgl. i. E. zu Art. 23 Abs. 4 VO 1/2003, *Otto*, Kartellgehilfe, S. 334, der in Art. 23 Abs. 4 VO 1/2003 einen Hinweis darauf erkennt, dass die in der Vereinigung organisierten Unternehmensträger im Fokus des Wettbewerbsrechts stehen.

138 Trotz des offenen Wortlauts des § 81b Abs. 1-3 GWB, welcher die Befugnisse der »Kartellbehörde« zuweist, ergibt sich aus der alleinigen Zuständigkeit des Bundeskartellamtes für die Anwendung der Artikel 101 und 102 AEUV (§ 50 Abs. 2 GWB) und der alleinigen Anwendbarkeit der §§ 81c Abs. 4, 81b GWB auf die Sanktionierung von Verstößen gegen das unionsrechtliche Kartellverbot, dass ausschließlich das Bundeskartellamt durch § 81b GWB ermächtigt wird.

139 Es handelt sich hierbei um eine Ermessensentscheidung des Bundeskartellamtes, BReg, Entwurf 10. GWB-Novelle v. 19.10.2020 – BT-Drs. 19/23492, S. 125.

140 Im Gegensatz zu § 81b Abs. 2 und Abs. 3 GWB werden von § 81b Abs. 1 GWB nicht nur unternehmerisch, sondern auch nicht-unternehmerisch tätige Mitglieder erfasst.

nicht zur Befriedigung der Bußgeldforderung genügen, ermöglicht § 81b Abs. 2 bzw. Abs. 3 GWB ein unmittelbares kartellbehördliches Zahlungsverlangen gegenüber den näher konkretisierten Rechtsträgern[141] von Mitgliedsunternehmen. Die Unternehmensträger können demnach infolge einer Einstandspflicht[142] in Höhe von bis zu 10 % des ausstehenden Betrags der Geldbuße (§ 81b Abs. 5 GWB) zur Befriedigung der Bußgeldforderung in Anspruch genommen werden. Ausgenommen von der Einstandspflicht sind Unternehmensträger, die sich gemäß § 81b Abs. 4 GWB exkulpieren[143] können oder gegen die bereits eine Geldbuße im Zusammenhang mit der Ordnungswidrigkeit festgesetzt wurde (§ 81b Abs. 6 Nr. 1 GWB) oder denen die Geldbuße infolge des Kronzeugenprogramms[144] gemäß § 81k GWB erlassen wurde (§ 81b Abs. 6 Nr. 2 GWB).

b) Weite Auslegung des Begriffs der Zahlungsunfähigkeit?

Insbesondere die in § 81b Abs. 2 und Abs. 3 GWB normierte Einstandspflicht bestimmter Unternehmensträger könnte somit dazu führen, dass die Rechtsträger der am wettbewerbswidrigen Beschluss beteiligten Unternehmen im Zuge der Durchsetzung einer gegenüber dem Rechtsträger der Unternehmensvereinigung festgesetzten Geldbuße finanziell getroffen werden.[145] Der finanziellen Inanspruchnahme der Mitglieder könnte insoweit eine ähnliche Wirkung hinsichtlich der Durchsetzung des Kartellverbots zukommen, wie der Bußgeldfestsetzung. Wäre dies der Fall, könnte eine möglichst umfassende Anwendung der in § 81b GWB normierten Befugnisse und damit ein weites Begriffsverständnis der Zahlungsunfähigkeit geboten sein, um den Zweck des Art. 101 Abs. 1 Var. 2 AEUV auf Rechtsfolgenebene zu verwirklichen. Voraussetzung wäre, dass § 81b GWB eine so

---

141 Da passivlegitimiert nur ein Rechtsträger sein kann, ist der Wortlaut des § 81b Abs. 2 und 3 GWB, welcher »Unternehmen« adressiert, ungenau.

142 *Heinichen*, in: BeckOK-KartellR (Stand: 01.10.2024), § 81b GWB, Rn. 3; *Könen*, npoR 2022, S. 163, 164 f.

143 Zu Art. 23 Abs. 4 UAbs. 4 VO 1/2003, *Bronett*, EU-KartellverfahrensR, Art. 23 VO 1/2003, Rn. 43; *Sura*, in: Bunte, EU-KartellR, Art. 23 VO 1/2003, Rn. 20.

144 Siehe zu den Arten der Kronzeugenbehandlung, *Roesen*, in: B/K/K/K/O, 10. GWB-Novelle, Kap. 3, Rn. 226 ff.

145 Vgl. i. E. zu Art. 23 Abs. 4 VO 1/2003, *Otto*, Kartellgehilfe, S. 334, der in Art. 23 Abs. 4 VO 1/2003 einen Hinweis darauf erkennt, dass die in der Vereinigung organisierten Unternehmensträger im Fokus des Wettbewerbsrechts stehen.

verstandene Funktion im Verhältnis zum unionsrechtlichen Kartellverbot beigemessen werden kann.

Zweifel resultieren insoweit aus der alleinigen Anwendbarkeit des § 81b Abs. 1 GWB im Falle der Verhängung einer Geldbuße gemäß § 81c Abs. 4 GWB.[146] Falls § 81b GWB die Funktion zukäme, den Zweck des Art. 101 Abs. 1 Var. 2 AEUV auf Rechtsfolgenebene umzusetzen, wäre klärungsbedürftig, weshalb die kartellbehördlichen Befugnisse nicht zur Durchsetzung der nach § 81c Abs. 2 GWB festgesetzten Geldbuße anwendbar sind. Ein Grund könnte darin gesehen werden, dass der Anwendungsbereich des § 81c Abs. 4 GWB gegebenenfalls sämtliche Fälle erfasst, in denen der Zweck des Art. 101 Abs. 1 Var. 2 AEUV erfordert, die unternehmerisch tätigen Mitglieder der Vereinigung mittels der Ausübung kartellbehördlicher Befugnisse nach § 81b GWB finanziell zu belasten. Ein solches Verständnis lässt sich womöglich unter Verweis auf die speziellen Voraussetzungen des § 81c Abs. 4 GWB begründen. Im Unterschied zu § 81c Abs. 2 GWB fordert die Regelung des § 81c Abs. 4 GWB einen Zusammenhang zwischen der Ordnungswidrigkeit nach § 81 Abs. 1 GWB und der Tätigkeit der Mitglieder der Vereinigung. Wann dieser Zusammenhang vorliegt, wird nicht definiert. Anhaltspunkte ergeben sich allerdings aus der Gesetzesbegründung zu § 81c GWB. Danach soll § 81c Abs. 4 GWB der Kartellbehörde ermöglichen, wirksame Bußgelder gegen den Rechtsträger der Unternehmensvereinigung festsetzten zu können und nicht jeweils einzelne Verfahren gegen die angeschlossenen Unternehmensträger führen zu müssen.[147] Aus diesem Zweck folgt, dass im Anwendungsbereich des § 81c Abs. 4 GWB auch die Bebußung der bezeichneten Mitglieder der Vereinigung in Betracht kommt.[148] Infolgedessen ist § 81c Abs. 4 GWB nur anwendbar, wenn neben dem Beschluss der Unternehmensvereinigung gemäß Art. 101 Abs. 1 Var. 2 AEUV ein wettbewerbswidriges Marktverhalten der Mitgliedsunternehmen, insbesondere in Form der Umsetzung des Beschlusses der Unternehmensvereinigung, im Raum steht.[149] Mit Blick auf ein solches

---

146 Siehe oben, Teil 2, A. und B. II.

147 BReg, Entwurf 10. GWB-Novelle v. 19.10.2020 – BT-Drs. 19/23492, S. 126; so auch, *Breuer/Friedrich*, in: B/K/K/K/O, 10. GWB-Novelle, Kap. 3, Rn. 145; krit., *Meyer-Lindemann*, WuW 2020, S. 16, 17.

148 Bereits, *Stegerer*, Zumessung, S. 17.

149 Vgl., *Achenbach*, in: FK-KartellR, Bd. 6 (Dokumentstand: 103. EL, 09.2022), § 81b GWB, Rn. 13, der davon ausgeht, dass § 81c Abs. 4 GWB stets die Umsetzung des Beschlusses durch die Mitgliedsunternehmen fordert; weiter, *Raum*, in: Bunte, Dt. KartellR, § 81c GWB, Rn. 14, der das Vorliegen eines Zusammenhangs annimmt,

wettbewerbswidrige Marktverhalten könnte es geboten sein, dass letztlich die Mitglieder der Vereinigung als Urheber und Nutznießer des wettbewerbsbeschränkenden Beschlusses mittels einer Inanspruchnahme nach § 81b Abs. 1-3 GWB finanziell getroffen werden.

Selbst wenn ein solches Bedürfnis in den von § 81c Abs. 4 GWB erfassten Fällen vorläge, spräche die gesetzliche Konzeption des § 81b GWB womöglich dagegen, dass die dort normierten kartellbehördlichen Befugnisse auf die Verwirklichung des Normzwecks des Art. 101 Abs. 1 Var. 2 AEUV abzielen. Das Erfordernis einer Zahlungsunfähigkeit des Rechtsträgers der Unternehmensvereinigung nach § 81b Abs. 1 GWB führt dazu, dass die in § 81b Abs. 1-3 GWB normierten Befugnisse generell und unabhängig von einem weiten oder engen Verständnis unter dem Vorbehalt der Zahlungsunfähigkeit des Bußgeldschuldners stehen. Hätte § 81b GWB den Zweck, bei einer Bußgeldverhängung gemäß § 81c Abs. 4 GWB die Rechtsträger bestimmter Mitgliedsunternehmen finanziell zu treffen, ließe sich die mit dem Erfordernis einer Zahlungsunfähigkeit einhergehende Beschränkung des Anwendungsbereichs kartellbehördlicher Befugnisse nach § 81b GWB nicht erklären.

c) Ergebnis

Die Funktion des § 81b GWB kann somit nicht in der Verwirklichung des Umgehungsschutzes des Art. 101 Abs. 1 Var. 2 AEUV auf Rechtsfolgenebene gesehen werden. Eine weite Auslegung des Begriffs der Zahlungsunfähigkeit gemäß § 81b Abs. 1 GWB und damit eine möglichst frühzeitige Begründung der kartellbehördlichen Befugnisse nach § 81b Abs. 1-3 GWB lässt sich folglich nicht mit dem Zweck des Art. 101 Abs. 1 Var. 2 AEUV begründen.

II. Berücksichtigung des Zwecks der festgesetzten Geldbuße

Die systematische Stellung des § 81b GWB könnte dafürsprechen, dass der Begriff der Zahlungsunfähigkeit unter Berücksichtigung des nationalen Bußgeldrechts, insbesondere in Anbetracht Zwecks der Festsetzung einer Geldbuße, auszulegen ist.

---

wenn die Unternehmensvereinigung einen Wettbewerbsrechtsverstoß der Mitgliedsunternehmen in irgendeiner Form zumindest erleichtert hat.

1. Zweck der Verbandsgeldbuße gemäß § 30 OWiG

Somit ist zu klären, welchem Zweck die Festsetzung einer Geldbuße nach §§ 81 Abs. 1 Nr. 1 Var. 2, 81c Abs. 4 GWB i. V. m. § 30 OWiG dient. Diesbezüglich ist zu beachten, dass die kartellbehördliche Bußgeldfestsetzung grundsätzlich nach Maßgabe der Anordnungen des Ordnungswidrigkeitenrechts erfolgt, wenn keine spezialgesetzliche Regelung in §§ 81 ff. GWB normiert ist.[150] Ausgangspunkt zur Beurteilung des Zwecks einer kartellbehördlich festgesetzten Geldbuße sind infolgedessen die Anordnungen des Ordnungswidrigkeitenrechts.

Aus § 1 OWiG ergibt sich insoweit, dass mit der Festsetzung einer Geldbuße im Rahmen des Ordnungswidrigkeitenrechts eine rechtswidrige und vorwerfbare Handlung, die den Tatbestand eines Gesetzes verwirklicht, geahndet werden soll. Der Begriff der Ahndung beschreibt somit die »[...] staatliche Reaktion auf ein vorwerfbares, rechtswidriges [...] und dem Tatbild eines Bußgeldtatbestandes [...] entsprechendes Verhalten [...]«.[151] Welcher Zweck im Falle der Ahndung mittels einer sogenannten Verbandsgeldbuße[152] gemäß § 30 OWiG verfolgt wird, ist damit allerdings noch nicht geklärt. Nach § 30 Abs. 1 OWiG kann gegen eine juristische Person oder Personenvereinigung eine Geldbuße festgesetzt werden, wenn durch vertretungsberechtigte Personen des jeweiligen Verbands eine Ordnungswidrigkeit begangen wurde, durch die entweder eine den Verband treffende Pflicht verletzt worden ist oder infolge derer eine Bereicherung des Verbands erstrebt oder eingetreten ist. Weshalb § 30 OWiG die Festsetzung einer Geldbuße gegenüber einem Verband erlaubt, der selbst weder schuld- noch handlungsfähig[153] ist, erscheint insbesondere mit Blick auf die in § 1 OWiG zum Ausdruck kommende erforderliche Anknüpfung

---

150 Die Regelungen des Allgemeinen Teils des deutschen Ordnungswidrigkeitenrechts bei der Anwendung des § 81 Abs. 1 GWB als maßgeblich einordnend, *Biermann*, in: Immenga/Mestmäcker, GWB, Vorbemerkung vor § 81 GWB, Rn. 28; siehe auch, *Engelhardt*, in: M/G/H, Hdb WirtschaftsstrafR, Rn. 15.130, der daneben auf die Regelungen der StPO verweist; ebenso, *Chmeis*, Kartellsanktionsrecht, S. 223, der eine Einbettung des deutschen wettbewerbsrechtlichen Bußgeldrecht »[...] im Gefüge des Ordnungswidrigkeiten- und des Strafprozessrechts [...]« annimmt.

151 *Achenbach*, ZIS 2012, S. 178, 179.

152 Etwa, *Vollmer*, in: MüKo-WettbewerbsR, GWB, § 81 GWB, Rn. 70; *Labi*, in: Labi, OK-OWiG (Dokumentstand: 01.04.2024), § 30 OWiG, Rn. 1.

153 BT, Entwurf eines Gesetzes über Ordnungswidrigkeiten v. 08.01.1967 – BT-Drs. V/1269, S. 58; *Meyberg*, in: BeckOK-OWiG (Stand: 01.10.2024), § 30 OWiG, Rn. 8; *Mende*, Kartellbußgeldverfahren, S. 25; *Többens*, NStZ 1999, S. 1, 6; die Übertragbar-

der bußgeldrechtlichen Ahndung an ein vorwerfbares Verhalten rechtfertigungsbedürftig. Daneben ist die Erreichung des spezialpräventiven Zwecks der Geldbuße[154] in Frage gestellt, wenn der Verband mangels eigener Handlungsfähigkeit nicht auf die mit der Geldbuße verbundenen nachdrückliche Pflichtenermahnung[155] reagieren kann.

Trotz dieser konstruktiven Schwierigkeiten[156] ist die Normierung der Verbandsgeldbuße nach der Gesetzesbegründung zu § 30 OWiG erforderlich, um »[...] einen Ausgleich dafür [zu] ermöglichen, da[ss] der juristischen Person, die nur durch ihre Organe zu handeln imstande ist, zwar die Vorteile dieser in ihrem Interesse vorgenommenen Betätigung zufließen, da[ss] sie aber beim Fehlen einer Sanktionsmöglichkeit nicht den Nachteilen ausgesetzt wäre, die als Folge der Nichtbeachtung der Rechtsordnung im Rahmen der für sie vorgenommenen Betätigung eintreten können«.[157] Das bedeutet, dass der Gesetzgeber mit § 30 OWiG ein Instrument schaffen wollte, mithilfe dessen der gegenüber den vertretungsberechtigten natürlichen Personen erhobene Vorwurf in eine eigene bußgeldrechtliche Verantwortlichkeit des Verbands übersetzt werden kann.[158] Zweck der Sanktionierung des Verbandes als Adressat einer bußgeldrechtlichen Ahndung[159] ist es insofern, das »[...] zu bestimmten wirtschaftlichen Zwecken eingesetzte, auch gegenüber den Mitgliedern einer juristischen Person verselbstständigte Vermögen [zu] treffen und gegebenenfalls die durch eine Ordnungswidrigkeit erlangten Vorteile [auszugleichen]«.[160] Daneben kommt der Verbandsgeldbuße die präventive Funktion[161] zu, die Mitglieder

keit dieser Anknüpfungspunkte auf Verbände in Frage stellend, *Achenbach*, in: CS Roxin, S. 302.

154 *Mitsch*, in: KarlsK-OWiG, § 17 OWiG, Rn. 9.

155 Zum Wesen der Geldbuße, BVerfG, Beschluss v. 16.07.1969 – 2 BvL 2/69, BVerfGE 27, 18, 33.

156 Etwa, *Többens*, NStZ 1999, S. 1, 6; siehe zur dogmatischen Einbettung, *Rogall*, in: KarlsK-OWiG, § 30 OWiG, Rn. 2–15.

157 BT, Entwurf eines Gesetzes über Ordnungswidrigkeiten v. 08.01.1967 – BT-Drs. V/ 1269, S. 59; ähnlich, OLG Düsseldorf, Beschluss v. 28.11.2012 – V-4 Kart 3/12 (OWi), NZKart 2013, S. 254, 255, Rn. 2.

158 *Brender*, Verbandstäterschaft, S. 122; *Rogall*, in: KarlsK-OWiG, § 30 OWiG, Rn. 3; *Achenbach*, ZIS 2012, S. 178, 181.

159 BGH, Beschluss v. 08.03.2021 – KRB 86/20, NZKart 2021, S. 343, 344, Rn. 12 f. – »*Silostellgebühren*«; *Achenbach*, ZIS 2012, S. 178, 180.

160 BGH, Beschluss v. 11.03.1986 – KRB 8/85, WuW 1986, 747, 749 – »*Bußgeldhaftung*«; OLG Düsseldorf, Beschluss v. 28.11.2012 – V-4 Kart 3/12 (OWi), NZKart 2013, S. 254, 255, Rn. 2.

161 *Fad*, in: R/R/H, OWiG, Bd. 1 (Dokumentstand: 19. EL), Vor § 30 OWiG, Rn. 8.

der juristischen Person oder Personenvereinigung zu veranlassen, »[...] bei der Auswahl ihrer Organe und Leitungspersonen im Sinne von § 30 Abs. 1 Nr. 1-5 OWiG die im Geschäftsleben notwendige Vorsicht walten [zu] lassen und dabei nicht nur auf geschäftliche Tüchtigkeit sondern auch auf Rechtschaffenheit zu achten [...]«.[162] Der Zweck der Verhängung einer Verbandsgeldbuße ist damit zwar nicht deckungsgleich mit dem Zweck der Bußgeldfestsetzung gegenüber natürlichen Personen[163]; trotzdem werden auch durch die Verbandsgeldbuße repressive, reparative und präventive Zwecke[164] verfolgt.

2. Reichweite der Ahndung einer nach §§ 81 Abs. 1 Nr. 1 Var. 2, 81c Abs. 4 GWB i. V. m. § 30 OWiG festgesetzten Geldbuße

Damit stellt sich die Frage, wie der Zweck einer gemäß §§ 81 Abs. 1 Nr. 1 Var. 2, 81c Abs. 4 GWB i. V. m. § 30 OWiG verhängten Geldbuße bestmöglich erreicht werden kann. Die Erreichung der Zwecks kann davon abhängig sein, wer geahndet werden soll. Ob sich die nach § 81b GWB durchsetzbare Geldbuße auf die Ahndung des Rechtsträgers der Unternehmensvereinigung beschränkt oder auch gegenüber den Mitgliedern der Vereinigung Ahndungswirkung entfaltet[165], ist unklar. Je nach Reichweite der Ahndung könnte der Zweck ein enges oder weites Verständnis des Begriffs der Zahlungsunfähigkeit erfordern, um die sanktionierende Wirkung auf den Rechtsträger der Unternehmensvereinigung zu beschränken oder mithilfe der kartellbehördlichen Befugnisse in § 81b GWB auf die Mitglieder zu erstrecken.

---

162 OLG Düsseldorf, Beschluss v. 28.11.2012 – V-4 Kart 3/12 (OWi), NZKart 2013, S. 254, 255 f., Rn. 2; *Fad*, in: R/R/H, OWiG, Bd. 1 (Dokumentstand: 19. EL), vor § 30 OWiG, Rn. 8.

163 Besonders anschaulich, OLG Düsseldorf, Beschluss v. 28.11.2012 – V-4 Kart 3/12 (OWi), NZKart 2013, S. 254, 255 f., das zwischen dem Zweck der Verhängung von Geldbuße gegenüber natürlichen Personen und Verbänden im Sinne des § 30 OWiG differenziert.

164 *Fad*, in: R/R/H, OWiG, Bd. 1 (Dokumentstand: 19. EL), Vor § 30 OWiG, Rn. 8.

165 Eine Teilhabe der Rechtsträger von Mitgliedsunternehmen an der Ahndungsfunktion der gegen den Rechtsträger einer Unternehmensvereinigung festgesetzten Geldbuße im Falle einer Inanspruchnahme nach § 81b Abs. 2 bzw. Abs. 3 GWB annehmend, *Achenbach*, in: FK-KartellR, Bd. 6 (Dokumentstand: 103. EL, 09.2022), § 81b GWB, Rn. 12; ähnlich, *Raum*, in: Bunte, Dt. KartellR, § 81b GWB, Rn. 9.

a) Ahndung der Unternehmensträger als Beteiligte mittels Festsetzung einer nach § 81c Abs. 4 GWB bemessenen Geldbuße

Im Ausgangspunkt ist somit zu prüfen, wer durch die Festsetzung einer Geldbuße nach §§ 81 Abs. 1, 81c Abs. 4 GWB i. V. m. § 30 OWiG geahndet wird. Die Bemessung einer Geldbuße nach § 81c Abs. 4 GWB setzt voraus, dass ein Zusammenhang zwischen der Ordnungswidrigkeit und der Tätigkeit der Mitglieder besteht. Da die Festsetzung einer Geldbuße darauf abzielt, das tatbestandliche Geschehen zu ahnden[166], stellt sich im Anwendungsfall des § 81c Abs. 4 GWB die Frage, ob sich das mittels der Geldbuße geahndete tatbestandliche Geschehen auf ein Verhalten der Unternehmensvereinigung beschränkt oder auch ein Verhalten der Mitglieder erfasst.

Inwieweit die Mitglieder der Vereinigung durch die Bußgeldentscheidung geahndet werden, kann davon abhängig sein, ob im Falle der Anwendbarkeit des § 81c Abs. 4 GWB aus der Perspektive des Ordnungswidrigkeitenrechts überhaupt ein rechtswidriges und vorwerfbares Verhalten der Unternehmensträger vorliegt, das tatbestandlich erfasst wird und damit Bezugspunkt einer Ahndung sein kann. Wird eine Geldbuße gemäß § 81c Abs. 4 GWB verhängt und damit ein Zusammenhang zwischen der geahndeten Ordnungswidrigkeit und der Tätigkeit der Mitglieder festgestellt, könnte ein wettbewerbswidriges Verhalten der Mitgliedsunternehmen, insbesondere in Gestalt der Umsetzung des Beschlusses der Vereinigung[167], ein rechtswidriges und vorwerfbares Verhalten im Sinne des Ordnungswidrigkeitenrechts darstellen. Dieses wettbewerbswidrige Verhalten der Mitgliedsunternehmen ist gegebenenfalls Anknüpfungspunkt einer Ahndung der Rechtsträger der Mitgliedsunternehmen aufgrund deren Beteiligung (§ 14 OWiG) an dem wettbewerbswidrigen Beschluss gemäß Art. 101 Abs. 1 Var. 2 AEUV und damit an der Ordnungswidrigkeit nach § 81 Abs. 1 Nr. 1 Var. 2 GWB.[168] Ein solches Verständnis steht aber unter der Bedingung, dass die gegebenenfalls stattgefundene Umsetzung des kartellverbotswidrigen Beschlusses nach Art. 101 Abs. 1 Var. 2 AEUV als Beteiligung gemäß

---

166 Vgl., BGH, Beschluss v. 08.03.2021 – KRB 86/20, NZKart 2021, S. 343, 344, Rn. 13 – »*Silostellgebühren*«.

167 Siehe oben, Teil 2, D. I. 2. b).

168 Vgl., *Achenbach*, in: FK-KartellR, Bd. 6 (Dokumentstand: 103. EL, 09.2022), § 81b GWB, Rn. 12, der den Grund für die kartellbehördliche Befugnis nach § 81b Abs. 2 und Abs. 3 GWB in der Beteiligung der Mitglieder sieht.

§ 14 Abs. 1 S. 1 OWiG klassifiziert werden kann.[169] Eine Beteiligung nach § 14 Abs. 1 S. 1 OWiG erfordert eine bewusste und gewollte Mitwirkung an der Begehung einer Ordnungswidrigkeit in Form eines vorsätzlichen Beitrags.[170] Der Verstoß gegen Art. 101 Abs. 1 Var. 2 AEUV liegt allerdings bereits zum Zeitpunkt des Zustandekommens des Beschlusses vor, ohne dass eine Umsetzung des Beschlusses durch angeschlossene Unternehmen erforderlich wäre.[171] Ob die zeitlich nachgelagerte Umsetzung als Mitwirkung an dem wettbewerbsrechtswidrigen Beschluss gemäß Art. 101 Abs. 1 Var. 2 AEUV begriffen werden kann[172] und ein Praktizieren des Beschlusses von § 81 Abs. 1 Nr. 1 GWB überhaupt erfasst wird[173], ist zweifelhaft.

Selbst wenn die Umsetzung des Beschlusses als Beteiligung nach § 14 Abs. 1 S. 1 OWiG eingeordnet werden würde, wäre problematisch, ob eine angenommene Beteiligung der Unternehmensträger mit einer gemäß § 81c Abs. 4 GWB bemessenen Geldbuße geahndet werden könnte. § 81c Abs. 4 GWB stellt einen Sonderbußgeldrahmen[174] speziell für die Festsetzung einer Geldbuße gegenüber dem Rechtsträger einer Unternehmensvereinigung dar.[175] Wenn die Ahndung durch die Bußgeldentscheidung erfolgt und eine Geldbuße nach § 81c Abs. 4 GWB nur gegen die Rechtsträger von Un-

169 Befürwortend, *Achenbach*, in: FK-KartellR, Bd. 6 (Dokumentstand: 103. EL, 09.2022), § 81b GWB, Rn. 13.

170 *Coen*, in: BeckOK-OWiG (Stand: 01.10.2024), § 14 OWiG, Rn. 9; *Thoma*, in: Göhler, OWiG, § 14 OWiG, Rn. 3.

171 GA Darmon, Schlussanträge zur Rs. 45/85 (Verband der Sachversicherer) v. 20.11.1986, ECLI:EU:C:1986:436, S. 437; *Füller*, in: KK-KartellR, Bd. 3, Art. 101 AEUV, Rn. 135; *Stockenhuber*, in: G/H/N, EU-Recht, Bd. 3 (Dokumentstand: 64. EL, 05.2018), Art. 101 AEUV, Rn. 104; so zu satzungsgemäßen Beschlüssen, *Zimmer*, in: Immenga/Mestmäcker, EU-KartellR, Art. 101 Abs. 1 AEUV, Rn. 80.

172 Das wettbewerbswidrige Verhalten der Mitgliedsunternehmen den Verhaltensweisen des Art. 101 Abs. 1 Var. 1 oder Var. 3 AEUV zuordnend, *Paschke*, in: MüKo-EU-WettbewerbsR, Art. 101 AEUV, Rn. 149; *Roth/Ackermann*, in: FK-KartellR, Bd. 2 (Dokumentstand: 101. EL, 03.2022), Art. 101 AEUV, A. Grundfragen des Art. 101 Abs. 1 AEUV, Rn. 149; *Jüchser*, Beteiligung am Kartell, S. 70–73; siehe auch, BGH, Beschluss v. 14.08.2008 – KVR 54/07, WuW 2008, S. 1206, 1213 f., Rn. 40–47 – »*Lottoblock*«, der eine abgestimmte Verhaltensweise zwischen den Mitgliedern der Vereinigung aufgrund der erlangten Kenntnis des wettbewerbsbeschränkenden Beschlusses vermutet.

173 Mit Blick auf die enge sprachliche Fassung des § 81 Abs. 1 Nr. 1 Var. 2 GWB krit., *Achenbach*, WuW 2011, S. 810, 815; *Achenbach*, in: FK-KartellR, Bd. 6 (Dokumentstand: 103. EL, 09.2022), § 81 GWB, Rn. 11; für eine Erfassung etwa, *Vollmer*, in: MüKo-WettbewerbsR, GWB, § 81 GWB, Rn. 8, 10.

174 Etwa, *Heinichen*, in: BeckOK-KartellR (Stand: 01.10.2024), § 81c GWB, Rn. 21.

175 Vgl., *Breuer/Friedrich*, in: B/K/K/K/O, 10. GWB-Novelle, Kap. 3, Rn. 142.

ternehmensvereinigungen festgesetzt werden kann, folgt daraus zugleich, dass die ahndende Wirkung der nach § 81b GWB durchsetzbaren Geldbuße auf den Rechtsträger der Unternehmensvereinigung beschränkt sein muss. Auch bei Annahme einer Beteiligung der Mitgliedsunternehmen an einem wettbewerbswidrigen Beschluss gemäß § 14 Abs. 1 S. 1 OWiG könnten die beteiligten Unternehmensträger daher allein mittels einer individuell bemessenen Geldbuße geahndet werden[176].

Somit ist festzustellen, dass sich die Ahndung der gemäß §§ 81 Abs. 1, 81c Abs. 4 GWB i. V. m. § 30 OWiG festgesetzten Geldbuße allein gegen den Rechtsträger der Unternehmensvereinigung richtet.

b) Ahndung der Vereinigungsmitglieder mittels Ausübung kartellbehördlicher Befugnisse nach § 81b Abs. 1-3 GWB

Die Ausübung der kartellbehördlichen Befugnisse nach § 81b GWB könnte allerdings dazu führen, dass die Mitglieder in die Ahndungsfunktion der Geldbuße gegen den Rechtsträger der Unternehmensvereinigung einbezogen werden.[177] Insofern ist der Bußgelddurchsetzung gemäß § 81b GWB womöglich ahndender Charakter beizumessen.[178] Ob die gesetzliche Konzeption des § 81b GWB ein derartiges Verständnis zulässt, ist allerdings unklar. Anhand der Ausgestaltung der kartellbehördlichen Befugnisse nach § 81b GWB ist daher zu prüfen, ob der Bußgelddurchsetzung nach § 81b GWB eine ahndende Funktion gegenüber den Mitgliedern der Vereinigung zukommt.

aa) Verlangen von Deckungsbeiträgen, § 81b Abs. 1 GWB

§ 81b Abs. 1 GWB normiert eine kartellbehördliche Befugnis, die darauf abzielt, die Zahlung der Geldbuße mithilfe von Deckungsbeiträgen der Mitglieder sicherzustellen.[179] Der konkrete Inhalt dieser Befugnis ist allerdings mit Blick auf den Wortlaut des § 81b Abs. 1 GWB nicht eindeutig. Nach

176 Allgemein, *Mitsch*, in: KarlsK-OWiG, § 17 OWiG, Rn. 141.

177 Zu § 81b Abs. 2 und Abs. 3 GWB, *Achenbach*, in: FK-KartellR, Bd. 6 (Dokumentstand: 103. EL, 09.2022), § 81b GWB, Rn. 12.

178 *Raum*, in: Bunte, Dt. KartellR, § 81b GWB, Rn. 9.

179 Allgemein zu § 81b GWB, BReg, Entwurf 10. GWB-Novelle v. 19.10.2020 – BT-Drs. 19/23492, S. 125.

§ 81b Abs. 1 GWB »[...] setzt die Kartellbehörde eine angemessene Frist, binnen derer die Unternehmensvereinigung von ihren Mitgliedern Beiträge zur Zahlung der Geldbuße verlangt«. Dahingehend stellt sich die Frage, ob das Bundeskartellamt mit der Fristsetzung eine ausdrückliche Aufforderung gegenüber den (passiv-)vertretungsberechtigten Personen des Rechtsträgers der Unternehmensvereinigung formulieren darf, Deckungsbeiträge von den Mitgliedern der Vereinigung zu verlangen oder ob sich die Befugnis auf die bloße Fristsetzung beschränkt. Für eine Beschränkung auf die Fristsetzung spricht, dass der Wortlaut des § 81b Abs. 1 GWB die vertretungsberechtigten Personen nicht mit einem »Sollen« zum Verlangen von Deckungsbeiträgen verpflichtet, sondern auf ein tatsächlich erfolgendes Verlangen abstellt. Allerdings ist zu berücksichtigen, dass eine alleinige Fristsetzung, die den vertretungsberechtigten Personen kein Handeln im Sinne eines Verlangens von Deckungsbeiträgen aufgibt, gegebenenfalls nicht zur Erreichung des Normzwecks des § 81b GWB geeignet ist. In diesem Sinne würde die bloße Fristsetzung und der Ablauf der gesetzten Frist nicht zu einer Aufstockung des Vermögens des Bußgeldschuldners führen und folglich nicht die Bußgelddurchsetzung sicherstellen. Mit Blick auf den Normzweck des § 81b GWB, die Zahlung der Geldbuße zu gewährleisten[180], ist folglich davon auszugehen, dass das Bundeskartellamt nach § 81b Abs. 1 GWB befugt wird, die vertretungsberechtigten Personen zum Verlangen von Deckungsbeiträgen innerhalb einer bestimmten Frist aufzufordern. Dementsprechend geht die Gesetzesbegründung zu § 81b GWB davon aus, dass mit der Ausübung der in § 81b Abs. 1 GWB normierten Befugnis eine Verpflichtung zum Rückgriff bei den Mitgliedern einhergeht.[181]

Inwieweit in der Ausübung des § 81b Abs. 1 GWB eine Ahndung der Mitglieder der Unternehmensvereinigung gesehen werden kann, ist allerdings unklar. Der eigentliche Rückgriff bei den Mitgliedern hat nach der gesetzlichen Konzeption des § 81b Abs. 1 GWB nicht durch die Kartellbehörde selbst, sondern durch die vertretungsberechtigten Personen des Rechtsträgers der Unternehmensvereinigung zu erfolgen.[182] Würde dem Verlangen nach Deckungsbeiträgen gemäß § 81b Abs. 1 GWB eine Ahndungsfunktion gegenüber den Mitgliedern der Unternehmensvereinigung beigemessen werden, wäre die Ahndung infolgedessen davon abhängig, dass die vertretungsberechtigten Personen tatsächlich bei den Mitgliedern Rückgriff

180 BReg, Entwurf 10. GWB-Novelle v. 19.10.2020 – BT-Drs. 19/23492, S. 125.
181 BReg, Entwurf 10. GWB-Novelle v. 19.10.2020 – BT-Drs. 19/23492, S. 125.
182 Vgl., BReg, Entwurf 10. GWB-Novelle v. 19.10.2020 – BT-Drs. 19/23492, S. 125.

nehmen. Infolgedessen stünde die Ahndung der Mitglieder zur Disposition der Vertretungspersonen des Rechtsträgers der Unternehmensvereinigung. Die Ahndung stellt aber eine »[...] staatliche Reaktion auf ein vorwerfbares, rechtswidriges [...] und dem Tatbild eines Bußgeldtatbestandes [...] entsprechenden Verhalten [...]«[183] dar und kann infolgedessen nicht von einem privatautonomen Entschluss der Vertretungspersonen abhängig sein.

Der Ausübung der kartellbehördlichen Befugnis gemäß § 81b Abs. 1 GWB kann folglich keine ahndende Wirkung gegenüber den Mitgliedern der Unternehmensvereinigung beigemessen werden.

bb) Einstandspflicht gemäß § 81b Abs. 2 und Abs. 3 GWB

Eine abweichende Beurteilung könnte allerdings hinsichtlich der in § 81b Abs. 2 und Abs. 3 GWB normierten Befugnisse geboten sein. Die Regelungen des § 81b Abs. 2 und Abs. 3 GWB ermächtigen das Bundeskartellamt, zur Bußgelddurchsetzung die Bußgeldzahlung unmittelbar von bestimmten Mitgliedern zu verlangen. Insofern kann in der Inanspruchnahme nach § 81b Abs. 2 oder Abs. 3 GWB gegebenenfalls eine Ahndung[184] der einstandspflichtigen Unternehmensträger gesehen werden. Dem entgegen könnte § 81b Abs. 2 und Abs. 3 GWB eine (Ausfall-[185])Haftung[186] der Unternehmensträger im Sinne von § 81b Abs. 2 und Abs. 3 GWB normieren, die

183 *Achenbach*, ZIS 2012, S. 178, 179.

184 *Achenbach*, in: FK-KartellR, Bd. 6 (Dokumentstand: 103. EL, 09.2022), § 81b GWB, Rn. 12; uneindeutig, *Raum*, in: Bunte, Dt. KartellR, § 81b GWB, Rn. 6–10, der der kartellbehördlichen Inanspruchnahme nach § 81b Abs. 2 und Abs. 3 GWB ahndenden Charakter beimisst, gleichzeitig aber in der Einstandspflicht eine Ausfallhaftung der Unternehmensträger sieht.

185 *Giese/Heinichen/Janssen/Klumpp/Schelzke u.a.*, NZKart 2020, S. 562, 566; *Studienvereinigung Kartellrecht*, Stellungnahme »Bußgeldsachen« (abrufbar im Internet: https://t1p.de/e4l8m [Link gekürzt], zuletzt geprüft: 27.01.2025), Rn. 6, 11; *Paal/Kumkar*, NJW 2021, S. 809, 811, Rn. 9; *Klumpp*, NZKart 2020, S. 9; *Käseberg/Brenner/Fülling*, WuW 2021, S. 269, 274; so zu Art. 23 VO 1/2003 etwa, *Riesenkampff/Steinbarth*, in: BeckOK-KartellR (Stand: 01.10.2024), Art. 23 VO 1/2003, Rn. 27; *Möhlenkamp*, WuW 2008, S. 428, 430; *Bieber*, Gesamtschuldnerische Haftung, S. 60 f.; *Sura*, in: Bunte, EU-KartellR, Art. 23 VO 1/2003, Rn. 19; *Knapowski*, Kartellbußgeldrecht, S. 27.

186 Die Durchsetzung einer Geldbuße gemäß § 81b GWB als Haftungsverfahren bezeichnend, *Breuer/Friedrich*, in: B/K/K/K/O, 10. GWB-Novelle, Kap. 3, Rn. 163; zu Art. 23 Abs. 4 VO 1/2003, *Gruber*, ÖZK 2010, S. 43, 47.

sich auf die Pflicht beschränkt, mit dem Vermögen einstehen zu müssen, ohne dass damit ein Unwerturteil im Sinne eines Tadels verbunden wäre.[187]

(1) Bezeichnung als Haftung durch Art. 15 Abs. 2 S. 2 »ECN-Plus«-Richtlinie

Einem Verständnis, welches die Einstandspflicht nach § 81b Abs. 2 und Abs. 3 GWB als Teil der Ahndung klassifiziert, könnten die unionsrechtlichen Vorgaben der »ECN-Plus«-Richtlinie entgegenstehen. Art. 15 Abs. 2 S. 2 »ECN-Plus«-Richtlinie nimmt Bezug auf die »[...] finanzielle Haftung eines Unternehmens für die Zahlung der Geldbuße [...]«. Diese Bezeichnung deutet darauf hin, dass die Regelung in der »ECN-Plus«-Richtlinie vorgibt, dass die Einstandspflicht im mitgliedstaatlichen Recht als (Ausfall-)Haftung, nicht aber als Ahndung einzuordnen ist.[188]

Inwiefern der Wortlaut des Art. 15 Abs. 2 »ECN-Plus«-Richtlinie eine tragfähige Stütze in Hinblick auf die dogmatische Einordnung der Einstandspflicht des § 81b Abs. 2 und Abs. 3 GWB bildet, ist mit Blick auf gegebenenfalls bestehende Unterschiede im nationalen und unionalen Bußgeldrecht zu hinterfragen. Da das Straf- und Ordnungswidrigkeitenrecht zu den Kernmaterien mitgliedstaatlicher Zuständigkeit gehört und somit der Regelungskompetenz der Europäischen Union entzogen ist[189], ist davon auszugehen, dass die »ECN-Plus«-Richtlinie einen nicht-strafrechtlichen Charakter von Geldbußen zugrunde legt. Damit könnte die sekundärrechtliche Bezeichnung der Einstandspflicht als »Haftung« auch Resultat dessen sein, dass Geldbußen im Unionsrecht kein strafrechtlicher Charakter zukommt.[190] Im deutschen Bußgeldrecht wird der Geldbuße zumindest strafrechtsähnlicher Charakter beigemessen, sodass eine dogmatische Einordnung der Einstandspflicht gegebenenfalls losgelöst von der unionsrecht-

---

187 Allgemein zur Abgrenzung der Begriffe der Ahndung und Haftung, *Achenbach*, ZIS 2012, S. 178.

188 Hierauf verweisend, *Achenbach*, in: FK-KartellR, Bd. 6 (Dokumentstand: 103. EL, 09.2022), § 81b GWB, Rn. 12, der i. E. allerdings für eine Einordnung als Teilhabe an der Ahndungsfunktion der Geldbuße plädiert.

189 *Raum*, GRUR 2021, S. 322, 324; *Schneider/Engelsing*, in: MüKo-EU-WettbewerbsR, Art. 23 VO 1/2003, Rn. 21; *Lampert/Niejahr/Kübler/Weidenbach*, EG-KartellVO, Rn. 478; *Bieber*, Gesamtschuldnerische Haftung, S. 58.

190 In diese Richtung, *Achenbach*, in: FK-KartellR, Bd. 6 (Dokumentstand: 103. EL, 09.2022), § 81b GWB, Rn. 12.

lichen Klassifizierung von Geldbußen zu erfolgen hat.[191] Zu beachten ist allerdings, dass der Geldbuße auch im Unionsrecht überwiegend strafrechtsähnlicher Charakter zugemessen[192] wird und infolgedessen als Strafe im weiteren Sinne[193] einzuordnen ist. Die Geldbuße stellt dementsprechend auch im Unionsrecht eine Maßnahme zur Ahndung[194] von Wettbewerbsverstößen dar und hat folglich Sanktionscharakter.[195] Mit Blick auf die damit nicht bestehende[196] Divergenz zwischen der Rechtsnatur der Geldbuße im Unionsrecht und im deutschen Recht kann somit geschlossen werden, dass die Bezeichnung der Einstandspflicht im Unionsrecht als »Haftung« Ausdruck einer vom nationalen Recht abweichenden Klassifizierung der Rechtsnatur der Geldbuße sei.[197]

Ob aus dem Wortlaut des Art. 15 Abs. 2 S. 2 »ECN-Plus«-Richtlinie und der Art. 23 Abs. 4 UAbs. 4 VO 1/2003 abgeleitet werden kann, dass mit der Bezeichnung der Einstandspflicht als »Haftung« eine dogmatische Einordnung der entsprechenden Pflicht im deutschen Recht (§ 81b Abs. 2 und Abs. 3 GWB) als Ahndung ausscheidet, ist damit allerdings noch nicht geklärt. Anhaltspunkte, dass die »ECN-Plus«-Richtlinie zugleich die dogmatische Rechtsnatur der Einstandspflicht abschließend bestimmen soll, fehlen. Aus der bloßen Bezeichnung als Haftung kann folglich nicht mit Sicherheit gefolgert werden, dass ein Verständnis der Einstandspflicht als Ahndung den Vorgaben der »ECN-Plus«-Richtlinie entgegenstünde.[198] Eine dogmatische Einordnung der Einstandspflicht gemäß § 81b Abs. 2 und Abs. 3 GWB

---

191 *Achenbach*, in: FK-KartellR, Bd. 6 (Dokumentstand: 103. EL, 09.2022), § 81b GWB, Rn. 12.

192 GA Kokott, Schlussanträge v. 23.04.2009 – C-97/08 P, ECLI:EU:C:2009:262, Rn. 39 – »*Akzo Nobel*«; *Sura*, in: Bunte, EU-KartellR, Art. 23 VO 1/2003, Rn. 6; *van der Hout/Wiemer*, in: Berg/Mäsch, KartellR, Art. 23 VO 1/2003, Rn. 131; *Biermann*, in: Immenga/Mestmäcker, EU-KartellR, Art. 23 VO 1/2003, Rn. 338; *Bieber*, Gesamtschuldnerische Haftung, S. 58; *Dannecker*, NZWiSt 2022, S. 85, 89; die Geldbuße im Unionsrecht als »Sanktionsinstrument sui generis« einordnend, *Schneider/Engelsing*, in: MüKo-EU-WettbewerbsR, Art. 23 VO 1/2003, Rn. 27.

193 Etwa, *Biermann*, in: Immenga/Mestmäcker, EU-KartellR, Art. 23 VO 1/2003, Rn. 338; *Dannecker*, NZWiSt 2022, S. 85, 89.

194 Etwa, *Achenbach*, ZIS 2012, S. 178, 181. m. w. N.

195 GA Kokott, Schlussanträge v. 23.04.2009 – C-97/08 P, ECLI:EU:C:2009:262, Rn. 39 – »*Akzo Nobel*«.

196 Ähnlich, *Biermann*, in: Immenga/Mestmäcker, EU-KartellR, Art. 23 VO 1/2003, Rn. 334.

197 In diese Richtung aber, *Achenbach*, in: FK-KartellR, Bd. 6 (Dokumentstand: 103. EL, 09.2022), § 81b GWB, Rn. 12.

198 I. E., *Achenbach*, in: FK-KartellR, Bd. 6 (Dokumentstand: 103. EL, 09.2022), § 81b GWB, Rn. 12.

kann daher nicht allein auf Grundlage der Formulierung des Art. 15 Abs. 2 S. 2 »ECN-Plus«-Richtlinie erfolgen.

(2) Gesetzgeberische Bezeichnung als »Verlangen«

Ein Hinweis auf die Rechtsnatur der in § 81b Abs. 2 und Abs. 3 GWB normierten Einstandspflicht könnte sich allerdings daraus ergeben, dass der Wortlaut der Regelungen dem Bundeskartellamt die Befugnis zuweist, von Unternehmensträgern die Zahlung des ausstehenden Betrags der Geldbuße zu *verlangen*. Die Bezeichnung als »Zahlungsverlangen« deutet darauf hin, dass durch die Inanspruchnahme nach § 81b Abs. 2 und Abs. 3 GWB keine Ahndungswirkung begründet wird, sondern entsprechend dem Normzweck[199] allein die Zahlung der Geldbuße durch eine (Ausfall-)Haftung der angeschlossenen Unternehmensträger sichergestellt werden soll. Eine derartige Argumentation blendet allerdings aus, dass der Gesetzgeber mit § 81b GWB die Regelung des Art. 14 Abs. 3 und Abs. 4 »ECN-Plus«-Richtlinie nahezu wortgleich übernommen und in deutsches Recht überführt hat.[200] Infolgedessen kann nicht mit hinreichender Sicherheit davon ausgegangen werden, dass die Bezeichnung als »Zahlungsverlangen« Ausdruck einer dogmatischen Klassifizierung des deutschen Gesetzgebers ist.

(3) Binnensystematik des § 81b GWB

Die in § 81b Abs. 1-3 GWB normierten Befugnisse sind nur abgestuft anwendbar[201] und werden durch Ausnahmeregelungen in den § 81b Abs. 4 und Abs. 6 GWB begrenzt. Für die Klassifizierung der in § 81b Abs. 2 und Abs. 3 GWB normierten Einstandspflicht kann damit der systematische Zusammenhang zwischen den in § 81b GWB getroffenen Regelungen bedeutend sein.

---

199 BReg, Entwurf 10. GWB-Novelle v. 19.10.2020 – BT-Drs. 19/23492, S. 125.

200 Ähnlich, *Könen*, npoR 2022, S. 163.

201 *Raum*, in: Bunte, Dt. KartellR, § 81b GWB, Rn. 1; *Steinberg/Wirtz*, WuW 2020, S. 8, 12; *Seitz/Riemer*, in: Berg/Mäsch, KartellR, § 81b GWB, Rn. 2; in § 81b GWB ein gestuftes Verfahren sehend, *Mäger/Budde*, DB 2020, S. 378, 380.

(a) Systematik zu § 81b Abs. 4 GWB

Gemäß § 81b Abs. 4 GWB wird die kartellbehördliche Befugnis zur Bußgelddurchsetzung unter bestimmten Voraussetzungen beschränkt. Die Kartellbehörde kann eine Zahlung von einem bestimmten Unternehmensträger nicht gemäß § 81b Abs. 2 oder Abs. 3 GWB verlangen, wenn dieser Unternehmensträger keine (zurechenbare) Kenntnis von dem wettbewerbswidrigen Beschluss der Unternehmensvereinigung hatte oder die vertretungsberechtigten Personen des Rechtsträgers sich vor Einleitung des Bußgeldverfahrens aktiv distanziert haben (§ 81b Abs. 4 Nr. 1 GWB) und der Beschluss nicht umgesetzt wurde (§ 81b Abs. 4 Nr. 2 GWB).

Diese Einschränkung der kartellbehördlichen Befugnis zur Bußgelddurchsetzung gemäß § 81b Abs. 2 und Abs. 3 GWB ließe sich damit begründen, dass bei Vorliegen der Voraussetzungen des § 81b Abs. 4 GWB kein vorwerfbares Verhalten besteht, welches mittels einer Inanspruchnahme des Rechtsträgers der Unternehmensvereinigung gemäß § 81b Abs. 2 oder Abs. 3 GWB geahndet werden könnte.[202] Zwingend ist ein solches Verständnis allerdings nicht. Wurde der wettbewerbswidrige Beschluss durch das Unternehmen nicht umgesetzt, können die Umsätze des Unternehmensträgers im Rahmen der Bemessung einer gemäß § 81c Abs. 4 GWB festgesetzten Geldbuße mangels des dort geforderten Zusammenhangs[203] nicht berücksichtigt werden. Dahingehend kann § 81b Abs. 4 GWB auch einen zur Sicherstellung der Verhältnismäßigkeit[204] erforderlichen, bloßen Haftungsausschluss[205] darstellen. Zweck der Regelung kann es demzufolge auch sein, zu vermeiden, dass ein Unternehmensträger, dessen Umsätze keine Berücksichtigung im Rahmen der Zumessung fanden, durch eine Inanspruchnahme nach § 81b Abs. 2 oder Abs. 3 GWB finanziell belastet wird.

Aus dem Verhältnis zu § 81b Abs. 4 GWB kann infolgedessen weder abgeleitet werden, dass der behördlichen Inanspruchnahme der Rechtsträger

---

202 In diese Richtung, *Achenbach*, in: FK-KartellR, Bd. 6 (Dokumentstand: 103. EL, 09.2022), § 81b GWB, Rn. 13; vgl. zu Art. 23 Abs. 4 VO 1/2003, *Theurer*, Geldbußen, S. 270, welcher davon ausgeht, dass aus der Regelung des Art. 23 Abs. 4 UAbs. 4 VO 1/2003 die Voraussetzung eines schuldhaften Verhaltens für eine Inanspruchnahme folge, welches »in den Mehrzahl der Fällen« auch die Festsetzung von Geldbußen unmittelbar gegenüber den angeschlossenen Unternehmensträgern ermöglichen soll.

203 Siehe oben, Teil 2, D. I. 2. b).

204 So, BReg, Entwurf 10. GWB-Novelle v. 19.10.2020 – BT-Drs. 19/23492, S. 125.

205 *Heinichen*, in: BeckOK-KartellR (Stand: 01.10.2024), § 81b GWB, Rn. 15.

von Mitgliedsunternehmen gemäß § 81b Abs. 2 und Abs. 3 GWB ahndender Charakter zukommt noch, dass es sich bei der dort normierten Einstandspflicht um eine bloße (Ausfall-)haftung handelt.

(b) Systematik zu § 81b Abs. 6 GWB

Hinweise zur Rechtsnatur der Einstandspflicht könnten aber aus dem Verhältnis zu § 81b Abs. 6 GWB folgen. Der Ausnahmetatbestand des § 81b Abs. 6 GWB erklärt die Regelungen des § 81b Abs. 1-5 GWB in Bezug auf solche Mitglieder der Unternehmensvereinigung für unanwendbar, gegen die im Zusammenhang mit der Ordnungswidrigkeit bereits eine Geldbuße festgesetzt worden ist (§ 81b Abs. 6 Nr. 1 GWB) oder zugunsten derer von der Festsetzung einer Geldbuße infolge eines Kronzeugenantrags (§ 81k GWB) abgesehen wurde.

Der Grund für die Unanwendbarkeit der in § 81b Abs. 2 und Abs. 3 GWB normierten Befugnisse könnte darin gesehen werden, dass der kartellbehördlichen Inanspruchnahme von Unternehmensträgern gegenüber der Festsetzung einer Geldbuße eine Ersatzfunktion zukommt. Bei einem derartigen Verständnis würde es in den Fällen des § 81b Abs. 6 GWB an einem Bedürfnis fehlen, Gebrauch von den Befugnissen nach § 81b Abs. 2 und Abs. 3 GWB zu machen, da eine Geldbuße bereits festgesetzt wurde oder erlassen wurde. Insofern läge der Schluss nahe, dass die Einstandspflicht nach § 81b Abs. 2 und Abs. 3 GWB eine mit der Verhängung einer Geldbuße vergleichbare Ahndungswirkung begründen muss.[206]

Der Regelungsgehalt des § 81b Abs. 6 GWB lässt sich aber womöglich auch anderweitig begründen. Die in § 81b Abs. 6 Nr. 1 GWB angeordnete Unanwendbarkeit des § 81b GWB im Falle der bereits erfolgten Bußgeldfestsetzung kann dazu dienen, eine doppelte finanzielle Belastung des einzelnen Unternehmensträgers zu vermeiden. Eine solche Doppelbelastung droht, wenn der maßgebliche Unternehmensträger mittels Geldbuße sanktioniert wurde und gleichzeitig Gefahr läuft, gemäß § 81b Abs. 2 oder Abs. 3 GWB im Rahmen einer (Ausfall-)Haftung finanziell einstehen zu müssen. In Ergänzung zu der Regelung des § 81b Abs. 6 Nr. 1 GWB könnte der Zweck des § 81b Abs. 6 Nr. 2 GWB darin liegen, Widersprüche zwischen

206 Vgl., *Raum*, in: Bunte, Dt. KartellR, § 81b GWB, Rn. 8, welcher in der fehlenden Berücksichtigungsfähigkeit von bereits sanktionierten Unternehmensträgern im Rahmen des § 81c Abs. 4 GWB den Ausschluss einer Doppelahndung sieht.

den wettbewerbsrechtlichen Vorschriften über das sogenannte Kronzeugenprogramm (§§ 81h-81n GWB) und der Regelung des § 81b GWB zu vermeiden. Das Kronzeugenprogramm zielt darauf ab, einen Anreiz gegenüber Kartellbeteiligten (§ 81h Abs. 1 GWB) zur Aufdeckung eines Kartells zu schaffen.[207] Dieser Anreiz würde geschwächt, wenn nach einer Kooperation (§ 81h Abs. 1 GWB) und der dadurch bedingten Aufdeckung des Kartells der als Kronzeuge zu behandelnde Unternehmensträger gegebenenfalls gemäß § 81b Abs. 2 oder Abs. 3 GWB finanziell für die Bußgeldzahlung einstehen müsste. Infolgedessen könnte die Regelung des § 81b Abs. 6 Nr. 2 GWB auch darauf abzielen, zu vermeiden, dass die Anordnungen des Kronzeugenprogramms konterkariert werden.

Dementsprechend kann aus dem Verhältnis des § 81b Abs. 2 und Abs. 3 GWB zu § 81b Abs. 6 GWB nicht mit Sicherheit auf den ahndenden Charakter der behördlichen Inanspruchnahme nach § 81b Abs. 2 und Abs. 3 GWB geschlossen werden. Vielmehr ließe sich die Regelung des § 81b Abs. 6 GWB auch begründen, wenn die Einstandspflicht als (Ausfall-)Haftung der Unternehmensträger klassifiziert wird.

(c) Systematik zu § 81b Abs. 1 GWB

Abschließend ist zu prüfen, inwieweit der systematische Zusammenhang zu § 81b Abs. 1 GWB die Bestimmung der Rechtsnatur der Einstandspflicht erlaubt. Rückschlüsse lassen sich gegebenenfalls aus der Tatbestandsvoraussetzung der Zahlungsunfähigkeit und der in § 81b Abs. 1 GWB geregelten Befugnis ziehen.

Durch die Tatbestandsvoraussetzung der Zahlungsunfähigkeit wird der Anwendungsbereich des § 81b GWB auf Fälle begrenzt, in denen die Bußgeldzahlung nicht durch die Inanspruchnahme des Bußgeldschuldners sichergestellt ist.[208] Wird der kartellbehördlichen Inanspruchnahme nach § 81b Abs. 2 und Abs. 3 GWB eine Ahndungsfunktion beigemessen, wäre rechtfertigungsbedürftig, weshalb eine derartige Ahndung der Unternehmensträger für ein vorwerfbares Verhalten nur im Falle der Zahlungsunfähigkeit und nicht unabhängig von der wirtschaftlichen Leistungsfähigkeit des Rechtsträgers der Unternehmensvereinigung gesetzlich ermöglicht

207 Vgl. hierzu, Erwägungsgrund Nr. 50 der »ECN-Plus«-Richtlinie sowie § 81h Abs. 1 GWB.

208 Vgl., BReg, Entwurf 10. GWB-Novelle v. 19.10.2020 – BT-Drs. 19/23492, S. 125.

wird. Die Ahndung der einstandspflichtigen Unternehmensträger gemäß § 81b Abs. 2 und Abs. 3 GWB hinge bei einem solchen Verständnis zudem davon ab, dass keine hinreichenden Deckungsbeiträge durch die Mitglieder der Unternehmensvereinigung infolge einer Aufforderung[209] gemäß § 81b Abs. 1 GWB gezahlt wurden. Damit wäre Voraussetzung der Ahndung ein erfolgloses kartellbehördliches Vorgehen nach § 81b Abs. 1 GWB. Warum eine Ahndung von Mitgliedern nach § 81b Abs. 2 und Abs. 3 GWB erst in Betracht käme, wenn die Geldbuße nicht nach § 81b Abs. 1 GWB beigetrieben werden konnte, wäre insofern unklar. Wird die Einstandspflicht nach § 81b Abs. 2 und Abs. 3 GWB nicht als staatliche Reaktion auf ein vorwerfbares Verhalten[210], sondern als Reaktion auf die erfolglose Durchsetzung einer Geldbuße mangels hinreichender finanzieller Mittel des Bußgeldschuldners und damit als Ausdruck einer (Ausfall-)Haftung verstanden, lässt sich sowohl die begrenzte Anwendbarkeit des § 81b GWB als auch das systematische Verhältnis zu § 81b Abs. 1 GWB erklären. Folglich ist davon auszugehen, dass § 81b Abs. 2 und Abs. 3 GWB eine (Ausfall-)Haftung der Unternehmensträger begründet.[211]

---

209 Siehe oben, Teil 2, D. II. 2. b) aa).

210 Zu Art. 23 Abs. 4 VO 1/2003, *Dästner*, EU-Kartellbußgeldrecht, S. 131, der betont, dass auch bei einer Inanspruchnahme der angeschlossenen Unternehmensträger gemäß Art. 23 Abs. 4 VO 1/2003 sich der Vorwurf allein an den Rechtsträger der Unternehmensvereinigung richtet; wohl auch in diese Richtung, EuG, Urteil v. 23.02.1994 – verb. Rs. T-39/92 und T-40/92, ECLI:EU:T:1994:20, Rn. 139 – »*Europay und CB*«.

211 Etwa, *Giese/Heinichen/Janssen/Klumpp/Schelzke u.a.*, NZKart 2020, S. 562, 566; *Studienvereinigung Kartellrecht*, Stellungnahme »Bußgeldsachen« (abrufbar im Internet: https://t1p.de/e4l8m [Link gekürzt], zuletzt geprüft: 27.01.2025), Rn. 6, 11; *Bechtold/Bosch*, GWB, § 81b GWB, Rn. 1; *Breuer/Friedrich*, in: B/K/K/K/O, 10. GWB-Novelle, Kap. 3, Rn. 154; *Paal/Kumkar*, NJW 2021, S. 809, 811, Rn. 9; *Klumpp*, NZKart 2020, S. 9; *Käseberg/Brenner/Fülling*, WuW 2021, S. 269, 274; so zu Art. 23 VO 1/2003 etwa, *Riesenkampff/Steinbarth*, in: BeckOK-KartellR (Stand: 01.10.2024), Art. 23 VO 1/2003, Rn. 27; *Möhlenkamp*, WuW 2008, S. 428, 430; *Bieber*, Gesamtschuldnerische Haftung, S. 60 f.; *Sura*, in: Bunte, EU-KartellR, Art. 23 VO 1/2003, Rn. 19; *Knapowski*, Kartellbußgeldrecht, S. 27.

(4) Ergebnis

Der kartellbehördlichen Inanspruchnahme von Unternehmensträgern gemäß § 81b Abs. 2 und Abs. 3 GWB kommt damit keine ahndende Funktion zu.[212]

c) Zusammenfassung

Durch eine gemäß §§ 81c Abs. 4, 81 Abs. 1 GWB i. V. m. § 30 OWiG verhängte Geldbuße wird somit allein der Rechtsträger der Unternehmensvereinigung geahndet. Das gilt auch dann, wenn die Geldbuße gemäß § 81b GWB durchgesetzt wird.

3. Folge für die Auslegung des Begriffs der Zahlungsunfähigkeit in § 81b Abs. 1 GWB

Damit ist die Frage aufgeworfen, wie eine Auslegung des Begriffs der Zahlungsunfähigkeit in § 81b Abs. 1 GWB zu erfolgen hat, um die Sanktionswirkung der nach §§ 81 Abs. 1, 81c Abs. 4 GWB i. V. m. § 30 OWiG festgesetzten Geldbuße bestmöglich zu gewährleisten.

Mit der Festsetzung einer Geldbuße gegenüber dem Rechtsträger der Unternehmensvereinigung gemäß §§ 81 Abs. 1 Nr. 1 Var. 2, 81c Abs. 4 GWB i. V. m. § 30 OWiG soll das Vermögen des Rechtsträgers der Unternehmensvereinigung getroffen und möglicherweise erlangte Vorteile ausgeglichen werden.[213] Daneben sollen die Mitglieder angehalten werden, die Leitungspersonen des Rechtsträgers der Unternehmensvereinigung (künftig) sorgfältig auszuwählen.[214] Die Inanspruchnahme der Unternehmensträger gemäß § 81b Abs. 2 und Abs. 3 GWB führt allerdings dazu, dass das Vermögen des Rechtsträgers der Unternehmensvereinigung in der Höhe des Zahlungsverlangens nach § 81b Abs. 2 oder Abs. 3 GWB nicht belastet wird. Das bedeutet, dass ein Zahlungsverlangen nach § 81b Abs. 2 und Abs. 3

212 Siehe aber, *Achenbach*, in: FK-KartellR, Bd. 6 (Dokumentstand: 103. EL, 09.2022), § 81b GWB, Rn. 12, welcher die Einstandspflicht nach § 81b Abs. 2 und Abs. 3 GWB als Teilhabe an der Ahndungsfunktion der Geldbuße einordnet; uneindeutig, *Raum*, in: Bunte, Dt. KartellR, § 81b GWB, Rn. 6–10.

213 Vgl. oben, Teil 2, D. II. 1.

214 Vgl. oben, Teil 2, D. II. 1.

GWB nicht mehr zur Erreichung des eigentlichen Sanktionszwecks der Verbandsgeldbuße dienen kann. Die präventive, reparative und repressive Funktion[215] der gegenüber dem Rechtsträger einer Unternehmensvereinigung festgesetzten Geldbuße wird somit relativiert, wenn die Bußgeldzahlung mittels Inanspruchnahme der Unternehmensträger gemäß § 81b Abs. 2 und Abs. 3 GWB durchgesetzt wird. Wird der Begriff der Zahlungsunfähigkeit so weit verstanden, dass eine Durchsetzung der Geldbuße gemäß § 81b GWB trotz bestehender Zahlungsfähigkeit des eigentlichen Bußgeldschuldners möglich wäre, stünde ein kartellbehördliches Vorgehen nach § 81b GWB im Widerspruch zum eigentlichen Zweck der Geldbuße. Um die Erreichung des Sanktionszwecks so weit wie möglich sicherzustellen, ist daher eine auf Ausnahmefälle begrenzte Anwendung der in § 81b GWB normierten Befugnisse angezeigt. Da der Anwendungsbereich des § 81b GWB maßgeblich durch die Tatbestandsvoraussetzung der Zahlungsunfähigkeit konturiert wird, ist folglich ein restriktives Verständnis des Begriffs geboten.

III. Ergebnis

Aus dem systematischen Zusammenhang zwischen § 81b GWB und dem nationalen Bußgeldrecht folgt somit, dass der Begriff der Zahlungsunfähigkeit nach § 81b Abs. 1 GWB möglichst restriktiv auszulegen ist.

E. Hinweise zum Verständnis aus dem Insolvenzverfahrensrecht

Wie eine restriktive Auslegung des Begriffs der Zahlungsunfähigkeit in § 81b Abs. 1 GWB zu erfolgen hat, ist damit allerdings noch nicht geklärt. Wird die Zahlungsunfähigkeit als wirtschaftliche Überforderung des Bußgeldschuldners verstanden, drängt sich insoweit eine begriffliche und inhaltliche Nähe zu den Regelungen des nationalen Insolvenzverfahrensrechts auf.[216] Dementsprechend wird zur Begriffsbestimmung der Zahlungsunfähigkeit in Art. 23 Abs. 4 VO 1/2003 im Schrifttum vertreten, dass der Begriff nach Maßgabe der insolvenzverfahrensrechtlichen Anordnun-

---

215 Siehe oben, Teil 2, D. II. 1.

216 Diese Nähe zugrunde legend, *Könen*, npoR 2022, S. 163, der die mangelnde systematische Abstimmung des § 81b GWB mit dem Insolvenzrecht feststellt.

gen der Mitgliedstaaten zu bestimmen sei.[217] Parallel dazu könnte es für die Auslegung der Tatbestandsvoraussetzung in § 81b Abs. 1 GWB auf die Regelungen des deutschen Insolvenzrechts ankommen. Ein solcher Rückgriff läge insbesondere mit Blick auf die bereits herausgearbeitete Begriffsbestimmung[218] nahe. Ob ein Rückgriff auf das Insolvenzrecht zur Auslegung des Begriffs der Zahlungsunfähigkeit in § 81b Abs. 1 GWB möglich ist, hängt davon ab, inwieweit sich die insolvenzverfahrensrechtliche Anordnungen auf § 81b GWB übertragen lassen.

I. Ausgangspunkt: Zweck des Insolvenzverfahrens und des § 81b GWB

Die Heranziehung insolvenzverfahrensrechtlicher Anordnungen zur Auslegung des Begriffs der Zahlungsunfähigkeit in § 81b Abs. 1 GWB könnte methodischen Hürden begegnen, welche sich gegebenenfalls aus dem jeweiligen Zweck des Insolvenzverfahrensrechts und des § 81b Abs. 1 GWB ergeben.

Das Insolvenzverfahrensrecht (formelles Insolvenzrecht[219]) umfasst die Gesamtheit »[...] aller Rechtssätze, mit deren Hilfe beim wirtschaftlichen Zusammenbruch eines Schuldners subjektive Rechte zu Gunsten der Berechtigten realisiert werden«.[220] Im Falle einer näher bestimmten[221] wirtschaftlichen Notlage des Schuldners[222] zielt das Insolvenzverfahrensrecht unter anderem[223] darauf ab, zu vermeiden, dass einzelne, besonders schnelle Gläubiger ihre Forderungen befriedigen können, während die übrigen

217 *Schneider/Engelsing*, in: MüKo-EU-WettbewerbsR, Art. 23 VO 1/2003, Rn. 74, welche allerdings auf die Möglichkeit einer autonomen wirtschaftlichen Betrachtung durch die Kommission bzw. die europäischen Gerichte verweisen; auf § 17 InsO verweisend, *Feddersen*, in: D/F/M, KartellverfahrensVO, Art. 23 VO 1/2003, Rn. 73 f.; zustimmend, *Sura*, in: Bunte, EU-KartellR, Art. 23 VO 1/2003, Rn. 15; *Biermann*, in: Immenga/Mestmäcker, EU-KartellR, Art. 23 VO 1/2003, Rn. 317; a. A., *Klees*, EU-KartellverfR, § 10, Rn. 132.

218 Siehe oben, Teil 2, B.

219 *Ganter/Bruhns*, in: MüKo-InsO, Bd. 1, Vorbemerkungen vor §§ 2 bis 10 InsO, Rn. 1.

220 *Häsemeyer*, Insolvenzrecht, Rn. 3.02; ähnlich, *Pape*, in: Uhlenbruck, InsO, § 1 InsO, Rn. 3.

221 Siehe die Insolvenzgründe der §§ 17-19 InsO.

222 *Pape*, in: Uhlenbruck, InsO, § 1 InsO, Rn. 2; *Vuia*, in: MüKo-InsO, Bd. 1, § 16 InsO, Rn. 2.

223 Siehe zu den Verfahrenszielen etwa, *Pape*, in: Uhlenbruck, InsO, § 1 InsO, Rn. 5–16.

Gläubiger leer ausgehen.[224] Das Insolvenzverfahrensrecht ersetzt insofern den im Einzelzwangsvollstreckungsrecht drohenden »bellum omnium contra omnes«, den »Krieg aller gegen alle«, durch das Prinzip der Gesamtverwertung des schuldnerischen Vermögens zugunsten der Gläubigergesamtheit.[225] Dementsprechend ist primärer Zweck der Durchführung eines Insolvenzverfahrens die bestmögliche *gemeinschaftliche* Gläubigerbefriedigung, § 1 InsO.[226] Normzweck des § 81b GWB ist es, die tatsächliche Zahlung einer gemäß §§ 81 Abs. 1, 81c Abs. 4 GWB i. V. m. § 30 OWiG festgesetzten Geldbuße sicherzustellen, nötigenfalls mithilfe der Inanspruchnahme von Mitgliedern der Unternehmensvereinigung.[227] Während die Durchführung eines Insolvenzverfahrens somit auf eine gemeinschaftliche, quotale Gläubigerbefriedigung ausgerichtet ist[228], dient § 81b GWB allein der Durchsetzung der Geldbuße. Mit § 81b GWB wird damit bezweckt, was das Insolvenzrecht vermeiden will, nämlich einen Gläubiger beim wirtschaftlichen Zusammenbruch des Schuldners zu privilegieren.

Ob diese unterschiedlichen Zwecksetzungen einer Heranziehung insolvenzverfahrensrechtlicher Anordnungen zur Auslegung der Zahlungsunfähigkeit in § 81b Abs. 1 GWB methodisch entgegenstehen, ist damit noch nicht geklärt. Diesbezüglich ist zu beachten, dass eine entsprechende Übertragung auf die Begriffsbestimmung der Tatbestandsvoraussetzung der Zahlungsunfähigkeit in § 81b Abs. 1 GWB beschränkt wäre. Obgleich beide Regelungsrahmen für den Fall einer wirtschaftlichen Überforderung[229] des Schuldners unterschiedliche Rechtsfolgen vorsehen, ist diesen im Ausgangspunkt die tatbestandliche Anknüpfung an die wirtschaftliche Notlage des Schuldners gemein.

Infolgedessen steht die unterschiedliche Zwecksetzung einer Heranziehung der insolvenzrechtlichen Anordnungen zur Auslegung des Begriffs der Zahlungsunfähigkeit in § 81b Abs. 1 GWB methodisch nicht entgegen.

---

224 Etwa, *Bork*, Insolvenzrecht, Rn. 1; vgl., *Häsemeyer*, Insolvenzrecht, Rn. 2.02; *Madaus*, in: BeckOK-InsO (Stand: 15.07.2024), § 1 InsO, Rn. 3; *Prütting*, in: KölSch-InsO, Kap. 1, Rn. 62.

225 *Pape*, in: Uhlenbruck, InsO, § 1 InsO, Rn. 2; *Pape*, in: P/R/S/V, InsolvenzR, § 1, Rn. 1; *Mock*, in: Uhlenbruck, InsO, § 16 InsO, Rn. 2; *Henckel*, in: Jaeger, InsO, Bd. 1, § 1 InsO, Rn. 6.

226 BReg, Entwurf InsO v. 15.04.1992 – BT-Drs. 12/2443, S. 108; siehe auch, *Stürner*, in: MüKo-InsO, Bd. 1, Einleitung, Rn. 1; *Sternal*, in: Kayser/Thole, § 1 InsO, Rn. 3; *Bork*, Insolvenzrecht, Rn. 1.

227 BReg, Entwurf 10. GWB-Novelle v. 19.10.2020 – BT-Drs. 19/23492, S. 125.

228 Etwa, *Bork*, Insolvenzrecht, Rn. 2.

229 Siehe oben, Teil 2, B. II. und III.

II. Wirkungen des Insolvenzverfahrensrechts zur Sicherung des schuldnerischen Vermögens

Eine Zahlungsunfähigkeit des Rechtsträgers einer Unternehmensvereinigung gemäß § 81b Abs. 1 GWB könnte demnach anzunehmen sein, wenn infolge einer wirtschaftlichen Notlage des Rechtsträgers der Unternehmensvereinigung insolvenzrechtliche Wirkungen zur Sicherung des schuldnerischen Vermögens eintreten, die dazu führen, dass der Rechtsträger »[...] nicht zur Zahlung der Geldbuße in der Lage ist [...]«[230] und eine Durchsetzung der Geldbuße mittels Inanspruchnahme des Bußgeldschuldners damit objektiv ausscheidet. Inwiefern durch entsprechende Wirkungen eine Zahlungsunfähigkeit in § 81b Abs. 1 GWB begründet wird, ist von der Ausgestaltung der insolvenzverfahrensrechtlichen Anordnungen, der Vereinbarkeit mit dem bereits gewonnenen Begriffsverständnis[231] und den Vorgaben des Art. 14 Abs. 3 und Abs. 4 »ECN-Plus«-Richtlinie abhängig.

1. Insolvenzverfahrenseröffnung

Die Eröffnung des Insolvenzverfahrens führt zu erheblichen Eingriffen in die Schuldner- und Gläubigerpositionen.[232] Diese können dazu führen, dass der Rechtsträger einer Unternehmensvereinigung als Insolvenzschuldner die gegen ihn festgesetzte Geldbuße nicht zahlen kann. Gleichzeitig kann der insolvenzverfahrensrechtliche Eingriff in Gläubigerrechte bewirken, dass die festgesetzte Geldbuße nicht zwangsweise durchsetzbar ist.

a) Übergang der Verwaltungs- und Verfügungsbefugnis gemäß § 80 Abs. 1 InsO

Der Bußgeldzahlung durch den Bußgeldschuldner könnten insofern insbesondere die Regelungen der §§ 80 f. InsO entgegenstehen. Gemäß § 80 Abs. 1 InsO geht im Regelinsolvenzverfahren[233] mit Verfahrenseröffnung

---

230 So zu § 81b GWB, BReg, Entwurf 10. GWB-Novelle v. 19.10.2020 – BT-Drs. 19/23492, S. 125.

231 Siehe oben, Teil 2, B.

232 *Mock*, in: Uhlenbruck, InsO, § 16 InsO, Rn. 3.

233 Keine Anwendung findet § 80 InsO dagegen, wenn durch das Gericht im Eröffnungsbeschluss die Eigenverwaltung gemäß §§ 270 ff. InsO angeordnet wurde, etwa,

die Verwaltungs- und Verfügungsbefugnis des Schuldners auf den Insolvenzverwalter über. Hieran knüpft die Rechtsfolge, dass gemäß § 81 Abs. 1 S. 1 InsO eine schuldnerische Verfügung, welche die Insolvenzmasse (§ 35 InsO) zumindest mittelbar betrifft[234], grundsätzlich absolut[235] unwirksam ist. Vom Begriff der Verfügung werden sämtliche Verfügungen im materiellrechtlichen Sinne und rechtsgeschäftsähnliche Handlungen erfasst, die auf das Vermögen des Schuldners unmittelbar einwirken.[236] Infolgedessen ist § 81 Abs. 1 S. 1 InsO auch auf Zahlungen anwendbar, welche der Schuldner aus der Masse leistet[237]. Tätigt der Schuldner eine solche Zahlung, kommt dieser keine erfüllende Wirkung zu.[238]

Daraus resultiert, dass der Schuldner einer gemäß §§ 81 Abs. 1, 81c Abs. 4 GWB i. V. m. § 30 OWiG festgesetzten Geldbuße nach §§ 80 f. InsO nicht mehr wirksam verfügen und damit die aus dem Bußgeldbescheid resultierende Zahlungspflicht nicht mehr erfüllen kann, wenn über sein Vermögen ein Insolvenzverfahren eröffnet wurde.

b) Kartellbehördlich festgesetzte Geldbuße als nachrangige Insolvenzforderung (§ 39 Abs. 1 S. 1 Nr. 3 Var. 2 InsO)

Die insolvenzverfahrensrechtliche Anordnung des § 39 InsO könnte zudem zur Folge haben, dass die kartellbehördlich festgesetzte Geldbuße im Rahmen des Insolvenzverfahrens keine Aussicht auf Befriedigung hat.

Gemäß § 39 InsO sind einzelne, inhaltlich dort näher bezeichnete Insolvenzforderungen im Insolvenzverfahren nur nachrangig zu befriedigen. Der insolvenzverfahrensrechtliche Grundsatz der Gläubigergleichbehandlung wird damit insoweit eingeschränkt[239], dass derartige Forderungen erst nach vollständiger Befriedigung sämtlicher Verbindlichkeiten nach

---

Sternal, in: K. Schmidt, InsO, § 80 InsO, Rn. 4a; *Andres*, in: Andres/Leithaus, § 270 InsO, Rn. 12.

234 *Sternal*, in: K. Schmidt, InsO, § 81 InsO, Rn. 4.

235 *Leithaus*, in: Andres/Leithaus, § 81 InsO, Rn. 3 m. w. N.

236 BGH, Urteil v. 19.04.2018 – IX ZR 230/15, NJW 2018, 2049, Rn. 30m. w. N.; *Vuia*, in: MüKo-InsO, Bd. 1, § 81 InsO, Rn. 4 f.; *Mock*, in: Uhlenbruck, InsO, § 81 InsO, Rn. 4 f.

237 *Mock*, in: Uhlenbruck, InsO, § 81 InsO, Rn. 8; *Kuleisa*, in: HambK-InsolvenzR, § 81 InsO, Rn. 6.

238 *Vuia*, in: MüKo-InsO, Bd. 1, § 81 InsO, Rn. 4.

239 *Foerste*, Insolvenzrecht, Rn. 70.

§ 38 InsO zu befriedigen sind.[240] Aus § 174 Abs. 3 InsO folgt zudem, dass die Forderungen nachrangiger Gläubiger nur nach besonderer insolvenzgerichtlicher Aufforderung zur Tabelle angemeldet werden können. Der Nachrang einer Forderung hat insofern in aller Regel zur Konsequenz, dass der Forderungsinhaber nicht mit einer Befriedigung im Insolvenzverfahren rechnen kann.[241]

Die Insolvenzordnung klassifiziert Geldbußen als nachrangige Insolvenzforderungen, § 39 Abs. 1 S. 1 Nr. 3 Var. 2 InsO. Aus dieser gesetzlichen Einordnung folgt, dass auch die kartellbehördlich festgesetzte Geldbuße gegenüber dem Rechtsträger einer Unternehmensvereinigung eine Insolvenzforderung begründet[242], welche im Rahmen des Insolvenzverfahrens nur nachrangig, das heißt nach vollständiger Befriedigung der Insolvenzgläubiger gemäß § 38 InsO, aus der Masse befriedigt werden kann. Im Falle der Eröffnung des Insolvenzverfahrens über das Vermögen des Rechtsträgers der Unternehmensvereinigung ist eine Befriedigung der Bußgeldforderung folglich im Insolvenzverfahren in aller Regel nicht zu erwarten. Dementsprechend scheidet eine Durchsetzung der gemäß §§ 81 Abs. 1 Nr. 1 Var. 2, 81c Abs. 4 GWB i. V. m. § 30 OWiG festgesetzten Geldbuße im Rahmen des Insolvenzverfahrens über das Vermögen des bebußten Rechtsträgers einer Unternehmensvereinigung in aller Regel aus.

c) Verbot von Einzelzwangsvollstreckungsmaßnahmen nach § 89 Abs. 1 S. 1 InsO

Aus § 89 InsO könnte außerdem folgen, dass die Bußgeldzahlung nicht mittels Einzelzwangsvollstreckungsmaßnahmen gegen den Bußgeldschuldner sichergestellt werden kann. Inwieweit die Vollstreckung einer kartellbehördlich festgesetzten Geldbuße von § 89 InsO erfasst wird, ist unter Berücksichtigung der Ausgestaltung der verwaltungsvollstreckungsrechtlichen Einzelzwangsvollstreckung und der Reichweite des § 89 Abs. 1 S. 1 InsO zu beurteilen.

---

240 *Häsemeyer*, Insolvenzrecht, Rn. 17.13; *K. Schmidt/Herchen*, in: K. Schmidt, InsO, § 39 InsO, Rn. 1; *Ehricke/Behme*, in: MüKo-InsO, Bd. 1, § 39 InsO, Rn. 1.

241 *Hirte*, in: Uhlenbruck, InsO, § 39 InsO, Rn. 1.

242 Ausdrücklich auf § 81 GWB verweisend, *Ehricke/Behme*, in: MüKo-InsO, Bd. 1, § 39 InsO, Rn. 24; *Mylich*, in: Jaeger, InsO, Bd. 2, § 39 InsO, Rn. 45.

aa) Einzelzwangsvollstreckung eines kartellbehördlich festgesetzten Bußgeldbescheids

Der kartellbehördliche Bußgeldbescheid nach § 65 OWiG stellt materiellrechtlich einen Verwaltungsakt besonderer Art dar, welcher in einem justizähnlichen Verfahren ergeht.[243] Zur Verwirklichung der in der Bußgeldentscheidung festgesetzten Rechtsfolge[244] kann die kartellbehördlich verhängte Geldbuße nach den allgemeinen Vorschriften des Gesetzes über Ordnungswidrigkeiten, namentlich den §§ 89 ff. OWiG, vollstreckt werden.[245]

Voraussetzung der Zwangsvollstreckung ist, dass die maßgebliche Bußgeldentscheidung vollstreckbar ist. Gemäß § 89 OWiG sind Bußgeldentscheidungen vollstreckbar, sobald diese formell rechtskräftig, das heißt unanfechtbar[246], sind. Liegt Vollstreckbarkeit vor, richtet sich die eigentliche Durchsetzung des Bußgeldbescheids gemäß § 90 Abs. 1 OWiG grundsätzlich nach den Vorschriften des Verwaltungsvollstreckungsgesetzes (im Folgenden: VwVG), wenn eine Verwaltungsbehörde des Bundes den Bußgeldbescheid erlassen hat. Handelt es sich um eine Bußgeldentscheidung des Bundeskartellamtes, erfolgt die Vollstreckung damit grundsätzlich gemäß der Regelungen des VwVG.[247] Um die Vollstreckung der Geldbuße einzuleiten, bedarf es gemäß § 90 Abs. 1 OWiG i. V. m. § 3 Abs. 1 Hs. 1 VwVG einer Vollstreckungsanordnung, das heißt eines Auftrags der Anordnungsbehörde gegenüber der Vollstreckungsbehörde, die Vollstreckung durchzuführen[248]. Diese Vollstreckungsanordnung wird gemäß § 3 Abs. 4 VwVG durch die Behörde erlassen, welche den Anspruch geltend machen darf. Das ist in der Regel die Behörde, welche den Leistungsbescheid erlassen hat.[249] Soll eine Bußgeldentscheidung des Bundeskartellamtes vollstreckt werden,

---

243 *Mende*, Kartellbußgeldverfahren, S. 31; *Biermann*, in: Immenga/Mestmäcker, GWB, Vorbemerkung vor § 81 GWB, Rn. 289; allgemein zum Bußgeldbescheid, *Bauer*, in: Göhler, OWiG, § 84 OWiG, Rn. 3.

244 Hierin das Ziel der Vollstreckung einer Geldbuße sehend, *Mitsch*, in: KarlsK-OWiG, § 89 OWiG, Rn. 1.

245 Vgl., *Bechtold/Bosch*, GWB, § 86a GWB, Rn. 3, welche zusätzlich auf § 82a Abs. 2 GWB und § 86 GWB verweisen.

246 *Nestler*, in: BeckOK-OWiG (Stand: 01.07.2024), § 89 OWiG, Rn. 11; *Gassner*, in: Gassner/Seith, OWiG, § 89 OWiG, Rn. 5; *Vollmer*, in: MüKo-WettbewerbsR, GWB, § 82a GWB, Rn. 11.

247 *Vollmer*, in: MüKo-WettbewerbsR, GWB, § 82a GWB, Rn. 13.

248 *Hüttenbrink*, in: Kuhla/Hüttenbrink, Verwaltungsprozess, Kap. I. Vollstreckung, Rn. 14.

249 *Deusch/Burr*, in: BeckOK-VwVfG (Stand: 01.01.2024), § 3 VwVG, Rn. 15.

ist infolgedessen das Bundeskartellamt gemäß § 90 Abs. 1 OWiG i. V. m. § 3 VwVG Anordnungsbehörde im Sinne des Verwaltungsvollstreckungsgesetzes.[250] Die eigentlichen Vollstreckungsmaßnahmen werden aber nicht durch die Anordnungsbehörde, sondern durch die Vollstreckungsbehörde durchgeführt.[251] Gemäß § 4 lit. b) VwVG sind die Vollstreckungsbehörden der Bundesfinanzverwaltung, das heißt die Hauptzollämter[252], zuständige Vollstreckungsbehörden, wenn kein Fall des § 4 lit. a) VwVG vorliegt. Da es derzeit keine Bestimmung spezieller Vollstreckungsbehörden im Sinne des § 4 lit. a) VwVG gibt und das Bundeskartellamt keine oberste Bundesbehörde[253], sondern eine Bundesoberbehörde ist[254], gilt im Falle der Vollstreckung einer Bußgeldentscheidung des Bundeskartellamtes gemäß § 90 Abs. 1 OWiG i. V. m. § 4 lit. b) VwVG, dass die Hauptzollämter Vollstreckungsbehörden sind und diesen infolgedessen die tatsächliche Durchführung von Vollstreckungsmaßnahmen zugewiesen ist. Mögliche Vollstreckungsmaßnahmen ergeben sich aus § 5 Abs. 1 VwVG, der auf bestimmte Anordnungen der Abgabenordnung (AO) verweist. Die in Bezug genommenen Maßnahmen umfassen die Vollstreckung in das bewegliche Vermögen durch Pfändung von Sachen (§§ 281 ff. AO) sowie Forderungen und sonstigen Vermögensrechten (§§ 309 ff. AO). Eine Vollstreckung in das unbewegliche Vermögen wird daneben mittels Eintragung einer Sicherungshypothek, Zwangsversteigerung oder Zwangsverwaltung (§ 322 AO) ermöglicht. Kann die seitens des Bundeskartellamtes festgesetzte Geldbuße mittels dieser Instrumentarien durchgesetzt werden, fließt die Zahlung gemäß § 90 Abs. 2 Alt. 1 OWiG – mangels anderweitiger spezialgesetzlicher Regelung betreffend den Verbleib der Zahlung[255] – in die Bundeskasse.[256]

---

250 *Vollmer*, in: MüKo-WettbewerbsR, GWB, § 82a GWB, Rn. 13 f., welcher die Anordnungsbehörde allerdings als »Vollstreckungsbehörde« bezeichnet und damit die ordnungswidrigkeitenrechtliche Terminologie des § 92 OWiG nutzt.

251 *Deusch/Burr*, in: BeckOK-VwVfG (Stand: 01.01.2024), § 4 VwVG, Rn. 1.

252 *Troidl*, in: E/A/S, VwVG/VwZG, § 4 VwVG, Rn. 3; *Deusch/Burr*, in: BeckOK-VwVfG (Stand: 01.01.2024), § 4 VwVG, Rn. 3; *Danker*, in: Fehling/Kastner/Störmer, § 4 VwVG, Rn. 2.

253 Vgl., *Deusch/Burr*, in: BeckOK-VwVfG (Stand: 01.01.2024), § 4 VwVG, Rn. 2.

254 *M. Ronellenfitsch/L. Ronellenfitsch*, in: BeckOK-VwVfG (Stand: 01.10.2024), § 1 VwVfG, Rn. 44.

255 Vgl., *Gassner*, in: Gassner/Seith, OWiG, § 90 OWiG, Rn. 13; *Nestler*, in: BeckOK-OWiG (Stand: 01.07.2024), § 90 OWiG, Rn. 54; *Krenberger/Krumm*, OWiG, § 90 OWiG, Rn. 3; *Mitsch*, in: KarlsK-OWiG, § 90 OWiG, Rn. 31.

256 Siehe auch, *BKartA*, Kartellverfolgung 2017 (abrufbar im Internet: https://t1p.de/wqcni [Link gekürzt], zuletzt geprüft: 27.01.2025), S. 8; das gilt gemäß § 82a Abs. 2

bb) Anwendbarkeit des Vollstreckungsverbots des § 89 InsO auf die Vollstreckung einer kartellbehördlich festgesetzten Geldbuße

Der Vollstreckbarkeit der nach §§ 81 Abs. 1, 81c Abs. 4 GWB i. V. m. § 30 OWiG festgesetzten Geldbuße im verwaltungsrechtlichen Einzelzwangsvollstreckungsverfahren könnte allerdings das Vollstreckungsverbot des § 89 InsO entgegenstehen. § 89 Abs. 1 S. 1 InsO verbietet Insolvenzgläubigern Zwangsvollstreckungen in die Masse (§ 35 InsO) oder in das sonstige Vermögen des Schuldners.[257] Von dem Vollstreckungsverbot erfasst wird dabei auch die Durchsetzung öffentlich-rechtlicher Forderungen gegen den Schuldner.[258]

Inwiefern das insolvenzrechtliche Vollstreckungsverbot auch auf Vollstreckungsmaßnahmen nach der Abgabenordnung anwendbar ist, wird unterschiedlich beurteilt. Vereinzelt wird vertreten, dass der Gesetzgeber mit dem Begriff der »Zwangsvollstreckungen« in § 89 InsO nur Maßnahmen des Achten Buches der Zivilprozessordnung meint.[259] Gegen ein solches Verständnis spricht, dass es infolge einer fehlenden Begrenzung durch den Wortlaut des § 89 InsO an einer entsprechenden Stütze im Gesetz fehlt.[260] Daneben ergibt sich aus der Einordnung der Geldbuße als Insolvenzforderung gemäß § 39 Abs. 1 S. 1 Nr. 3 Var. 2 InsO, dass auch Geldbußen in das Insolvenzverfahren einbezogen werden. Diese Einbeziehung würde unterlaufen werden, wenn die Einzelzwangsvollstreckung einer Geldbuße auch nach Insolvenzverfahrenseröffnung weiterhin möglich und somit nicht vom Vollstreckungsverbot des § 89 InsO erfasst wäre.[261] Schließlich zeigt der von § 90 Abs. 1 OWiG, § 5 VwVG in Bezug genommene § 251 Abs. 2 S. 1 AO, der die Vorschriften der Insolvenzordnung für unberührt erklärt, dass die insolvenzverfahrensrechtlichen Ge- und Verbote auch bei Vollstre-

---

GWB selbst dann, wenn eine Gerichtsentscheidung in einem durch das BKartA ausgelösten Bußgeldverfahren ergeht, *Bechtold/Bosch*, GWB, § 82a GWB, Rn. 5.

257 *U. Keller*, in: K. Schmidt, InsO, § 89 InsO, Rn. 16; *Breuer/Flöther*, in: MüKo-InsO, Bd. 2, § 89 InsO, Rn. 19; *App*, DGVZ 2004, S. 67.

258 *Mock*, in: Uhlenbruck, InsO, § 89, Rn. 17; *Kuleisa*, in: HambK-InsolvenzR, § 89 InsO, Rn. 3; *Troidl*, in: E/A/S, VwVG/VwZG, § 251 AO, Rn. 5.

259 *App*, EWiR 2004, S. 187, 188; zustimmend, *Wieser*, DZWir 2007, S. 72, 73.

260 Ähnlich, LG Potsdam, Beschluss v. 22.02.2021 – 24 Qs 71/20, NZI 2021, S. 402, 403; *Laroche*, VIA 2014, S. 17, 18.

261 *Rönnau/Tachau*, NZI 2007, S. 208, 208 f.

ckungsmaßnahmen nach der Abgabenordnung grundsätzlich Beachtung finden.[262]

Infolgedessen ist davon auszugehen, dass das Vollstreckungsverbot des § 89 InsO grundsätzlich[263] auch bei der Durchsetzung einer kartellbehördlich festgesetzten Geldbuße Anwendung findet. Dementsprechend verbietet das Vollstreckungsverbot des § 89 Abs. 1 S. 1 InsO die Einzelzwangsvollstreckung einer nach §§ 81 Abs. 1, 81c Abs. 4 GWB i. V. m. § 30 OWiG festgesetzten Geldbuße nach Eröffnung des Insolvenzverfahrens über das Vermögen des Schuldners.

cc) Zwangsvollstreckung entgegen dem Vollstreckungsverbot des § 89 Abs. 1 InsO

Ob § 89 InsO die verbotswidrige Vollstreckung einer kartellbehördlich festgesetzten Geldbuße tatsächlich verhindert und damit der Bußgelddurchsetzung mittels verwaltungsrechtlicher Einzelzwangsvollstreckungsmaßnahmen im Wege steht, hängt von den Rechtsfolgen des insolvenzrechtlichen Vollstreckungsverbotes ab.

§ 89 Abs. 1 InsO erklärt Zwangsvollstreckungen von Insolvenzgläubigern für unzulässig. Mangels ausdrücklicher Nichtigkeitsanordnung führt § 89 Abs. 1 InsO dazu, dass verbotswidrige Zwangsvollstreckungsmaßnahmen zwar materiell-rechtlich unwirksam, aber nicht nichtig sind.[264] Daraus folgt, dass auch der verbotenen Zwangsmaßnahme eine formelle Beschlag-

262 *Laroche*, VIA 2014, S. 17, 18; LG Potsdam, Beschluss v. 22.02.2021 – 24 Qs 71/20, NZI 2021, S. 402, 403.

263 Umstritten, aber für die vorliegende Untersuchung nicht von Bedeutung, ist die Frage, ob die Anordnung einer Erzwingungshaft im Sinne des § 96 Abs. 1 OWiG (ggf. i. V. m. § 99 Abs. 1 OWiG) eine Zwangsvollstreckungsmaßnahme im Sinne des § 89 InsO darstellt, dafür etwa, LG Potsdam, Beschluss v. 22.02.2021 – 24 Qs 71/20, NZI 2021, S. 402, 402 f.; LG Flensburg, Beschluss v. 26.08.2011 – II Qs 48/11, BeckRS 2011, 22829; LG Hannover, Beschluss v. 07.09.2009 – 48 Qs (OWi) 101/09, BeckRS 2011, 5690; allgemein zur Vollstreckung, *Laroche*, VIA 2014, S. 17, 18; dagegen etwa, LG Berlin, Beschluss v. 03.07.2006 – 505 Qs 54/06, NJW 2007, S. 1541, 1542 f.; LG Deggendorf, Beschluss v. 28.03.2012 – 1 Qs (b) 62/12, BeckRS 2012, 26012, Rn. 17–22; *App*, ZVI 2008, S. 197, 199 f.

264 BGH, Urteil v. 21.09.2017 – IX ZR 40/17, NZI 2017, S. 892, 893; *Mock*, in: Uhlenbruck, InsO, § 89 InsO, Rn. 42.

wirkung zukommt und zur öffentlich-rechtlichen Verstrickung führt.[265] Wird die verbotswidrige Vollstreckungsmaßnahme nicht von Amts wegen aufgehoben, hat im Regelinsolvenzverfahren[266] der Insolvenzverwalter die Unzulässigkeit der Zwangsvollstreckung geltend zu machen.[267] Mangels speziell in der Insolvenzordnung geregelten Rechtsbehelfs sind diesbezüglich die allgemeinen vollstreckungsrechtlichen Vorschriften anwendbar.[268] Demnach ist im Falle der Zwangsvollstreckung in bewegliches Vermögen die Erinnerung nach § 766 ZPO grundsätzlich der statthafte Rechtsbehelf.[269] Dies gilt auch, wenn die nach § 89 Abs. 1 InsO unzulässige Zwangsvollstreckungsmaßnahme eine Verwaltungsvollstreckungsmaßnahme darstellt.[270] Ist die Erinnerung zulässig und begründet, ist die verbotswidrige Vollstreckungsmaßnahme durch das Gericht für unzulässig zu erklären.[271] Der Vollzug dieser Unzulässigkeitserklärung erfolgt durch die Aufhebung.[272] Daraus folgt, dass im Falle einer gegen § 89 Abs. 1 S. 1 InsO verstoßenden Zwangsvollstreckungsmaßnahme deren Aufhebung droht.

dd) Ergebnis

Aufgrund des Vollstreckungsverbotes des § 89 InsO und die daran anknüpfende Möglichkeit der Geltendmachung eines Rechtsbehelfs gegen unzulässige Maßnahmen der Zwangsvollstreckung kann die tatsächliche Zahlung der gemäß §§ 81 Abs. 1, 81c Abs. 4 GWB i. V. m. § 30 OWiG verhängten Geldbuße nach Eröffnung des Insolvenzverfahrens über das Vermögen des Bußgeldschuldners folglich nicht durch verbotswidrige Maßnahmen der Einzelzwangsvollstreckung sichergestellt werden.

---

265 BGH, Urteil v. 21.09.2017 – IX ZR 40/17, NZI 2017, S. 892, 893; *Breuer/Flöther*, in: MüKo-InsO, Bd. 2, § 89 InsO, Rn. 59; *Kruth*, in: Römermann, InsO (Dokumentstand: 36. EL, 06.2018), § 89 InsO, Rn. 22; *Kroth*, in: Braun, InsO, § 89 InsO, Rn. 14.

266 Im Rahmen der Eigenverwaltung ist dagegen der Insolvenzschuldner erinnerungsbefugt, *Cymutta*, in: BeckOK-InsO (Stand: 01.11.2024), § 89 InsO, Rn. 36.

267 BGH, Urteil v. 21.09.2017 – IX ZR 40/17, NZI 2017, S. 892.

268 *Kroth*, in: Braun, InsO, § 89 InsO, Rn. 15.

269 BGH, Beschluss v. 06.05.2004 – IX ZB 104/04, NZI 2004, S. 447, welcher allerdings darauf hinweist, dass im Einzelfall die sofortige Beschwerde nach § 793 ZPO statthaft sein kann, wenn die angegriffene Maßnahme Entscheidungscharakter hat; ebenso, *Kroth*, in: Braun, InsO, § 89 InsO, Rn. 15.

270 *App*, NZI 1999, S. 138, 139.

271 *Kindl*, in: Saenger, ZPO, § 766 ZPO, Rn. 17.

272 *Kindl*, in: Saenger, ZPO, § 766 ZPO, Rn. 17.

2. Insolvenzgerichtliche Anordnung von vorläufigen Sicherungsmaßnahmen im Eröffnungsverfahren

Außerdem könnte zu beachten sein, dass die Bußgelddurchsetzung gegebenenfalls schon vor Verfahrenseröffnung über das Vermögen des Bußgeldschuldners durch insolvenzverfahrensrechtliche Wirkungen beeinträchtigt wird. Gemäß § 21 Abs. 1 InsO hat das Insolvenzgericht im Eröffnungsverfahren, das heißt nach Antragstellung aber vor der Entscheidung über den Insolvenzantrag[273], sämtliche Maßnahmen zu treffen, welche erforderlich sind, um eine den Gläubigern nachteilige Veränderung in der Vermögenslage des Schuldners zu vermeiden. Infolgedessen könnten die insolvenzgerichtlich angeordneten vorläufigen Maßnahmen zur Sicherung des Vermögens des Bußgeldschuldners dazu führen, dass die Bußgelddurchsetzung aufgrund insolvenzverfahrensrechtlicher Wirkungen nicht gewährleistet ist.

Sofern erforderlich, muss das Insolvenzgericht beispielsweise gemäß § 21 Abs. 2 S. 1 Nr. 2 InsO dem Schuldner ein allgemeines Verfügungsverbot auferlegen (Alt. 1) oder einen Zustimmungsvorbehalt des vorläufigen Insolvenzverwalters (§§ 22 f. InsO) anordnen (Alt. 2). Verstößt der Schuldner gegen die im Einzelfall angeordnete und bekanntgemachte (§ 23 Abs. 1 InsO) Verfügungsbeschränkung, hat der Verstoß gemäß §§ 21 Abs. 2 S. 1 Nr. 2, 24 Abs. 1, 81 InsO zur Folge, dass die Verfügung grundsätzlich absolut unwirksam[274] ist. Damit ist die Zahlung einer Geldbuße durch den Bußgeldschuldner bei Anordnung einer Verfügungsbeschränkung gemäß § 21 Abs. 2 S. 1 Nr. 2 InsO aufgrund der Unwirksamkeit der schuldnerischen Verfügungen gefährdet. Bei Erforderlichkeit hat das Insolvenzgericht zudem gemäß § 21 Abs. 1 Nr. 3 InsO Maßnahmen der Zwangsvollstreckung gegen den Schuldner in das bewegliche Vermögen[275] zu untersagen oder einstweilen einzustellen. Eine derartige Anordnung hat dieselbe Wirkung wie das Vollstreckungsverbot des § 89 InsO, wenn sich die Anordnung auf das gesamte schuldnerische Vermögen bezieht.[276] Unzulässigerweise durchgeführte Zwangsvollstreckungsmaßnahmen sind zwar nicht nichtig, aber grundsätzlich mit der Vollstreckungserinnerung gemäß § 766 ZPO an-

---

273 Etwa, *Foerste*, Insolvenzrecht, Rn. 16 f.

274 *Bork*, Insolvenzrecht, Rn. 129.

275 *Leithaus*, in: Andres/Leithaus, § 21 InsO, Rn. 7; *Fuhst*, in: Gogger/Fuhst, § 2, Rn. 210.

276 *Leithaus*, in: Andres/Leithaus, § 21 InsO, Rn. 7.

fechtbar.[277] Dies gilt auch für die Verwaltungsvollstreckung.[278] Dementsprechend kann die Bußgelddurchsetzung auch nicht mittels der Einzelzwangsvollstreckung in das bewegliche Vermögen sichergestellt werden, wenn die Zwangsvollstreckung durch das Insolvenzgericht untersagt oder einstweilen eingestellt wurde, § 21 Abs. 2 S. 1 Nr. 2 InsO.

Infolge insolvenzgerichtlich angeordneter Sicherungsmaßnahmen kann damit bereits im Eröffnungsverfahren die Durchsetzbarkeit der gegen den Rechtsträger nach §§ 81 Abs. 1, 81c Abs. 4 GWB i. V. m. § 30 OWiG festgesetzten Geldbuße beeinträchtigt werden.

3. Insolvenzverfahrensrechtlich begründete Gefährdung der Bußgeldzahlung als Zahlungsunfähigkeit gemäß § 81b Abs. 1 GWB?

Dementsprechend könnte der Begriff der Zahlungsunfähigkeit in § 81b Abs. 1 GWB so zu verstehen sein, dass damit die insolvenzverfahrensrechtlich bedingte Unfähigkeit des Rechtsträgers zur Bußgeldzahlung und die gleichzeitig fehlende Durchsetzbarkeit der Geldbuße aufgrund der insolvenzverfahrensrechtlichen Anordnungen zur Sicherung des schuldnerischen Vermögens gemeint ist. Ein solches Verständnis des Begriffs der Zahlungsunfähigkeit in § 81b Abs. 1 GWB setzt allerdings voraus, dass der Normzweck des § 81b GWB dem nicht entgegensteht und sich ein derartiges Begriffsverständnis in die gesetzliche Konzeption des § 81b GWB einfügt.

a) Abhängigkeit von der Insolvenzverfahrensfähigkeit des Rechtsträgers der Unternehmensvereinigung

Die Wirksamkeit der in § 81b GWB normierten kartellbehördlichen Befugnisse wäre bei einem so verstandenen Begriff der Zahlungsunfähigkeit unter anderem davon abhängig, dass der Bußgeldschuldner als Schuldner in einem Insolvenzverfahren beteiligt sein kann und damit die insolvenzverfahrensrechtlichen Wirkungen in Bezug auf sein Vermögen eintreten können. Eine an den insolvenzverfahrensrechtlichen Wirkungen orientierte

277 BGH, Beschluss v. 06.05.2004 – IX ZB 104/04, NZI 2004, S. 447; *Böhm*, in: Braun, InsO, § 21 InsO, Rn. 49, 78.

278 *App*, NZI 1999, S. 138, 139.

Auslegung des Begriffs der Zahlungsunfähigkeit gemäß § 81b Abs. 1 GWB würde die Wirksamkeit kartellbehördlicher Befugnisse nach § 81b GWB folglich nur dann gewährleisten, wenn dem konkreten Rechtsträger einer Unternehmensvereinigung im Einzelfall Insolvenzfähigkeit im Sinne der Insolvenzverfahrensfähigkeit[279] gemäß §§ 11 f. InsO zukäme. Vom Einzelfall losgelöst ist somit zu prüfen, inwieweit die Rechtsträger von Unternehmensvereinigungen mit Blick auf mögliche (gesellschafts-)rechtliche Strukturierungen im Allgemeinen insolvenzfähig sind.

aa) Grundsätzliche Insolvenzfähigkeit des Rechtsträgers der Unternehmensvereinigung gemäß § 11 InsO

§ 11 Abs. 1 InsO regelt die Insolvenzfähigkeit von Rechtssubjekten.[280] Gemäß § 11 Abs. 1 Alt. 2 InsO kann über das Vermögen einer juristischen Person das Insolvenzverfahren eröffnet werden. Davon werden grundsätzlich sämtliche juristische Personen des Privatrechts und des öffentlichen Rechtes erfasst.[281] Den juristischen Personen gleichgestellt ist der nicht rechtsfähige Verein, § 11 Abs. 1 S. 2 InsO.

Schuldner einer gemäß §§ 81 Abs. 1 Nr. 1 Var. 2, 81c Abs. 4 GWB i. V. m. § 30 OWiG festgesetzten Geldbuße ist der Rechtsträger der Unternehmensvereinigung.[282] Die Zulässigkeit der Eröffnung eines Insolvenzverfahrens über das Vermögen des Rechtsträgers einer Unternehmensvereinigung könnte sich folglich aus § 11 Abs. 1 InsO ergeben. Ob der Rechtsträger eine juristische Person gemäß § 11 Abs. 1 S. 1 Alt. 2 InsO oder einen nicht rechtsfähigen Verein nach § 11 Abs. 1 S. 2 InsO darstellt, ist eine Frage des Einzelfalls. Regelmäßig sind die Rechtsträger einer Unternehmensvereinigung als nicht-wirtschaftliche Vereine gemäß § 21 BGB organisiert.[283] Dann folgt die Insolvenzfähigkeit des Rechtsträgers als juristische Person des

279 *Ehricke*, in: Jaeger, InsO, Bd. 1, § 11 InsO, Rn. 1; *Kexel*, in: Graf-Schlicker, InsO, § 11 InsO, Rn. 1.

280 *K. Schmidt*, in: K. Schmidt, InsO, § 11 InsO, Rn. 1.

281 *Prütting*, in: K/P/B, InsO (Dokumentstand: 45. EL, 08.2011), § 11 InsO, Rn. 12.

282 Siehe oben, Teil 2, A.

283 *Bundesverband der deutschen Industrie e. V.*, Stellungnahme 10. GWB-Novelle 2020 (abrufbar im Internet: https://t1p.de/v4guw [Link gekürzt], zuletzt geprüft: 27.01.2025), S. 37; *Achenbach*, in: FK-KartellR, Bd. 6 (Dokumentstand: 103. EL, 09.2022), § 81b GWB, Rn. 2; so zu Wirtschaftsverbänden, *Brouwer*, CCZ 2009, S. 161; *Angerbauer*, Wirtschaftsverbände, S. 43.

bürgerlichen Rechts aus § 11 Abs. 1 S. 1 Alt. 2 InsO.[284] Wie sich aus § 30 Abs. 1 Nr. 2 OWiG ergibt, kann allerdings auch ein nicht rechtsfähiger Verein (§ 54 BGB) Schuldner einer Geldbuße sein.[285] Wird eine Geldbuße gegen einen nicht rechtsfähigen Verein als Rechtsträger[286] der Unternehmensvereinigung festgesetzt, folgt die Insolvenzfähigkeit des Rechtsträgers aus § 11 Abs. 1 S. 2 InsO. Losgelöst vom Einzelfall ist somit davon auszugehen, dass der bebußte Rechtsträger einer Unternehmensvereinigung in aller Regel gemäß § 11 Abs. 1 S. 1 Alt. 2 oder S. 2 InsO insolvenzfähig ist.

bb) Versagung der Insolvenzfähigkeit gemäß § 12 Abs. 1 Nr. 2 InsO in Verbindung mit einer entsprechenden Landesregelung

Der Insolvenzfähigkeit des Rechtsträgers einer Unternehmensvereinigung könnte jedoch im Einzelfall entgegenstehen, dass es sich um einen öffentlich-rechtlich strukturierten Rechtsträger handelt. Insoweit ist zu beachten, dass § 12 InsO bestimmten juristischen Personen des öffentlichen Rechts die Insolvenzfähigkeit versagt.

(1) Vorliegen einer Unternehmensvereinigung gemäß Art. 101 Abs. 1 Var. 2 AEUV

Da § 12 InsO nur öffentlich-rechtlich strukturierte Rechtsträger erfasst, stellt sich insoweit die Frage, ob der Rechtsträger einer Unternehmensvereinigung überhaupt vom Anwendungsbereich der Regelung erfasst sein kann. Das ist davon abhängig, ob ein öffentlich-rechtlich strukturierter Rechtsträger eine »Unternehmensvereinigung« gemäß Art. 101 Abs. 1 Var. 2 AEUV bilden kann. Die öffentlich-rechtliche Strukturierung eines Rechtsträgers steht nach der Rechtsprechung des Europäischen Gerichtshofs[287] der Klas-

---

284 *Hirte*, in: Uhlenbruck, InsO, § 11 InsO, Rn. 33.

285 Siehe hierzu, *Rogall*, in: KarlsK-OWiG, § 30 OWiG, Rn. 38 f.

286 Die Rechtsfähigkeit des nicht eingetragenen Vereins im Sinne des § 54 BGB wird ganz überwiegend angenommen, siehe hierzu, *Leuschner*, in: MüKo-BGB, Bd. 1, § 54 BGB, Rn. 18–20; *Eckardt*, in: NK-BGB, AT, § 54 BGB, Rn. 4 f.; *K. Schmidt*, GesellschaftsR, § 25 II 1.

287 Siehe etwa, EuGH, Urteil v. 30.01.1985 – 123/83, ECLI:EU:C:1985:33, Rn. 16 f. – »*BNIC/Clair*«; EuGH, Urteil v. 19.02.2002 – C-309/99, ECLI:EU:C:2002:98, Rn. 64 f. – »*Wouters*«; EuGH, Urteil v. 18.06.1998 – C-35/96, ECLI:EU:C:1998:303, Rn. 40 – »*Kommission/Italien*«.

sifizierung als Unternehmensvereinigung gemäß Art. 101 Abs. 1 Var. 2 AEUV nicht entgegen.[288] Wann das Vorliegen eine Unternehmensvereinigung nach Art. 101 Abs. 1 Var. 2 AEUV bei einer öffentlich-rechtlichen Struktur anzunehmen ist, hängt vom Grad der staatlichen Einflussmöglichkeit im Rahmen der Organisation ab.[289] Eine Unternehmensvereinigung im Sinne des unionsrechtlichen Kartellverbots liegt vor, wenn innerhalb der Unternehmensvereinigung eine vom Staat unabhängige Willensbildung möglich ist.[290] In Abgrenzung dazu ist von einer hoheitlichen Tätigkeit eines Organs öffentlicher Gewalt und damit der fehlenden Anwendbarkeit des Kartellverbots auszugehen, wenn eine staatliche Einflussmöglichkeit durch die mehrheitliche Besetzung eines Entscheidungsorgans oder das überproportionale Stimmgewicht staatlicher Vertreter gegeben ist[291] und bei der Entscheidung Belange des Allgemeinwohls[292] zu berücksichtigen sind.[293] Sind die zuletzt genannten Kriterien nicht einschlägig, können öffentlich-rechtliche Verbände[294], wie zum Beispiel Kammern freier Berufe[295] oder Industrie- und Handelskammern[296] als Unternehmensvereinigung gemäß Art. 101 Abs. 1 Var. 2 AEUV klassifiziert werden.[297] Konsequenterweise kön-

---

288 Ebenso, *Grave/Nyberg*, in: L/M/R/K/M, KartellR, Art. 101 Abs. 1 AEUV, Rn. 185; *Ungureanu*, JLASci 2020, S. 54, 56; *Roth/Ackermann*, in: FK-KartellR, Bd. 2 (Dokumentstand: 101. EL, 03.2022), Art. 101 AEUV, A. Grundfragen des Art. 101 Abs. 1 AEUV, Rn. 131a, 135; *Frenz*, Hdb EU-Recht, Rn. 697.

289 *Säcker/Steffens*, in: MüKo-EU-WettbewerbsR, Art. 101 AEUV, Rn. 62.

290 *Säcker/Steffens*, in: MüKo-EU-WettbewerbsR, Art. 101 AEUV, Rn. 62.

291 EuGH, Urteil v. 05.10.1995 – C-96/94, ECLI:EU:C:1995:308, Rn. 23 – »*Centro Servizi Spediporto*«; hierauf verweisend, EuGH, Urteil v. 12.09.2000 – verb. Rs. C-180/98 bis C-184/98, ECLI:EU:C:2000:428, Rn. 87 – »*Pavlov*«; *van Cleynenbreugel*, ECLR 2015, S. 283, 284.

292 Siehe etwa, EuGH, Urteil v. 05.10.1995 – C-96/94, ECLI:EU:C:1995:308, Rn. 24 – »*Centro Servizi Spediporto*«; EuGH, Urteil v. 01.10.1998 – C-38/97, ECLI:EU:C:1998:454, Rn. 34 – »*Librandi*«; EuGH, Urteil v. 17.11.1993 – C-185/91, ECLI:EU:C:1993:886, Rn. 18 – »*Reiff*«; EuGH, Urteil v. 09.06.1994 – C-153/93, ECLI:EU:C:1994:240, Rn. 17 – »*Delta Schifffahrts- und Speditionsgesellschaft*«.

293 Siehe auch, *van Cleynenbreugel*, ECLR 2015, S. 283, 284, der die Kriterien der »Zusammensetzung« und des »Mandats« als wesentliche Abgrenzungsmerkmale in der Rechtsprechung identifiziert; *Roth/Ackermann*, in: FK-KartellR, Bd. 2 (Dokumentstand: 101. EL, 03.2022), A. Grundfragen des Art. 101 Abs. 1 AEUV, Rn. 135; vgl., *Frenz*, Hdb EU-Recht, Rn. 697.

294 *Roth/Ackermann*, in: FK-KartellR, Bd. 2 (Dokumentstand: 101. EL, 03.2022), A. Grundfragen des Art. 101 AEUV, Rn. 135.

295 Zur Einordnung einer Rechtsanwaltskammer als Unternehmensvereinigung, EuGH, Urteil v. 19.02.2002 – C-309/99, ECLI:EU:C:2002:98, Rn. 64 f. – »*Wouters*«.

296 *Rittner/Dreher*, Wirtschaftsrecht, § 15, Rn. 38; *Schwartz*, Kartellgehilfen, S. 13.

297 *Mestmäcker/Schweitzer*, EU-WettbewerbsR, § 9, Rn. 44.

nen Unternehmensvereinigungen, die öffentlich-rechtlich strukturiert sind, von § 12 InsO erfasst werden.

(2) Anordnung der Insolvenzunfähigkeit durch Landesrecht

Aus § 11 Abs. 1 S. 1 Alt 2 InsO ergibt sich, dass juristische Personen des öffentlichen Rechts[298] und damit auch öffentlich-rechtlich strukturierte Rechtsträger von Unternehmensvereinigung grundsätzlich insolvenzfähig sind. Die Versagung der Insolvenzfähigkeit eines öffentlich-rechtlich organisierten Rechtsträgers einer Unternehmensvereinigung könnte sich allerdings aus § 12 Abs. 1 Nr. 2 InsO in Verbindung mit einer entsprechenden landesrechtlichen Regelung ergeben. § 12 Abs. 1 Nr. 2 InsO normiert, dass die Insolvenzfähigkeit von juristischen Personen des öffentlichen Rechts, die der Aufsicht eines Landes unterstehen, durch Landesrecht ausgeschlossen werden kann. Nach den benannten Kriterien steht das alleinige Vorliegen einer staatlichen Aufsicht dem Vorliegen einer Unternehmensvereinigung nach Art. 101 Abs. 1 Var. 2 AEUV nicht entgegen, sodass der Regelung des § 12 Abs. 1 Nr. 2 InsO auch öffentlich-rechtlich organisierte Rechtsträger von Unternehmensvereinigungen unterfallen können. Ob die Insolvenzfähigkeit dem Rechtsträger einer Unternehmensvereinigung im Einzelfall versagt wird, hängt folglich von der Geltung entsprechender Landesregelungen ab. Insoweit finden sich in nahezu allen Bundesländern Generalklauseln, welche die Insolvenzfähigkeit von Körperschaften, Stiftungen oder Anstalten des öffentlichen Rechts ausschließen.[299] Daneben normiert etwa das Landesrecht von Thüringen[300] und Brandenburg[301], dass die Industrie- und Handelskammern gemäß § 12 Abs. 1 Nr. 2 InsO nicht insolvenzfähig sind.[302] In einem solchen Fall, in dem die eigentlich gemäß § 11 Abs. 1 S. 1 Alt. 2 InsO bestehende Insolvenzfähigkeit durch eine landesrechtliche Regelung gemäß § 12 Abs. 1 Nr. 2 InsO ausgeschlossen wird, kann über das Vermögen des jeweiligen Rechtsträgers kein Insolvenzverfahren eröffnet werden. Wird ein Rechtsträger einer Unternehmensvereinigung von einer solchen landesrechtlichen Bestimmung erfasst, kann dieser Rechtsträger

298 *Ehricke*, in: Jaeger, InsO, Bd. 1, § 12 InsO, Rn. 41; *Vuia*, in: MüKo-InsO, Bd. 1, § 12 InsO, Rn. 17; allgemein zu Kammern, *Rieger*, GewA 2011, S. 279, 283–286.

299 Siehe hierzu, *Vuia*, in: MüKo-InsO, Bd. 1, § 12 InsO, Rn. 23; *K. Schmidt*, in: K. Schmidt, InsO, § 12 InsO, Rn. 4.

300 § 7 ThürAGIHKG vom 7. Dezember 1993.

301 § 6 BrandAGIHKG vom 13. September 1991.

302 *Rieger*, GewA 2011, S. 279, 286; *Vuia*, in: MüKo-InsO, Bd. 1, § 12 InsO, Rn. 17.

kraft Versagung der Insolvenzfähigkeit konsequenterweise nicht als Schuldner an einem Insolvenzverfahren beteiligt sein.

(3) Folge für die Wirksamkeit des § 81b GWB

Eine Auslegung der Zahlungsunfähigkeit in § 81b Abs. 1 GWB, die sich an den Wirkungen der insolvenzverfahrensrechtlichen Anordnungen zur Sicherung des schuldnerischen Vermögens orientiert, würde folglich dazu führen, dass bei fehlender Insolvenzfähigkeit des Bußgeldschuldners eine Zahlungsunfähigkeit nicht eintreten könnte. In Fällen, in denen dem Bußgeldschuldner nach § 12 Abs. 1 Nr. 2 InsO die Insolvenzfähigkeit versagt wird, könnte die Geldbuße folglich nicht nach § 81b GWB durchgesetzt werden. Damit ginge eine gesetzlich nicht ausdrücklich vorgesehene Einschränkung des Anwendungsbereichs des § 81b GWB einher, welche die Wirksamkeit der dort normierten Befugnisse beeinträchtigen würde. Eine derartige Beschränkung kartellbehördlicher Befugnisse wäre zugleich mit Blick auf die Anordnungen der »ECN-Plus«-Richtlinie kritisch zu bewerten, die gerade darauf abzielt, den nationalen Wettbewerbsbehörden wirksame Instrumente zur Bußgelddurchsetzung an die Hand zu geben.[303] Somit spricht gegen eine solche Auslegung des Begriffs der Zahlungsunfähigkeit, dass zumindest in Einzelfällen die Wirksamkeit des § 81b GWB nicht gewährleistet wäre.

b) Vereinbarkeit mit dem bereits gewonnene Begriffsverständnis

Außerdem ist zweifelhaft, inwieweit eine derartige Auslegung sich in das bereits herausgearbeitete Begriffsverständnis der Zahlungsunfähigkeit gemäß § 81b Abs. 1 GWB einfügen ließe.

Wie dargelegt[304], spricht das systematische Verhältnis des § 81b Abs. 1 GWB zu § 81c Abs. 4 GWB und der Normzweck des § 81b Abs. 1 GWB dafür, dass eine Zahlungsunfähigkeit nur dann vorliegt, wenn der Rechtsträger der Unternehmensvereinigung aufgrund der Höhe der festgesetzten Geldbuße wirtschaftlich überfordert ist. Damit offenbart sich, dass die mangelnde Durchsetzbarkeit der Geldbuße Folge unzureichender fi-

303 Erwägungsgrund Nr. 3 »ECN-Plus«-Richtlinie.
304 Siehe oben, Teil. 2, B. II. und III.

nanzieller Ressourcen des Bußgeldschuldners sein muss. Die insolvenzverfahrensrechtlichen Wirkungen führen dazu, dass der Schuldner mangels Rechtsmacht nicht wirksam verfügen kann[305] und ein rechtliches Hindernis[306] für die Bußgelddurchsetzung im Zuge der Einzelzwangsvollstreckung besteht. Einer Auslegung der Zahlungsunfähigkeit in § 81b Abs. 1 GWB mittels der insolvenzverfahrensrechtlichen Wirkungen der Verfahrenseröffnung oder der gerichtlichen Anordnung von Sicherungsmaßnahmen steht damit entgegen, dass die Verfahrenswirkungen eine rechtliche Undurchsetzbarkeit begründen und damit nur mittelbarer Ausdruck der wirtschaftlichen Überforderung des Insolvenzschuldners sind.

c) Effektive Durchführung des Art. 14 Abs. 3 und Abs. 4 »ECN-Plus«-Richtlinie?

Die effektive Durchführung[307] des Art. 14 Abs. 3 und Abs. 4 »ECN-Plus«-Richtlinie könnte allerdings erfordern, dass eine insolvenzverfahrensrechtlich bedingte Undurchsetzbarkeit der kartellbehördlich festgesetzten Geldbuße zumindest auch als Zahlungsunfähigkeit in § 81b Abs. 1 GWB zu begreifen ist.

Aus dem Verhältnis des Art. 14 Abs. 3 »ECN-Plus«-Richtlinie zu Art. 15 Abs. 2 und Erwägungsgrund Nr. 48 »ECN-Plus«-Richtlinie kann hergeleitet werden, dass auch der Begriff der Zahlungsunfähigkeit im Sinne der »ECN-Plus«-Richtlinie eine wirtschaftliche Überforderung des Bußgeldschuldners meint.[308] Ein gegenüber den Mitgliedstaaten formuliertes pauschales Gebot, dass die Bußgeldzahlung unabhängig von dem konkreten Durchsetzungsproblem zu gewährleisten ist, enthält der sekundärrechtliche Umsetzungsbefehl des Art. 14 Abs. 3 und Abs. 4 »ECN-Plus«-Richtlinie nicht. Die fehlende Berücksichtigung einer verfahrensrechtlich begründeten Unfähigkeit zur Zahlung der Geldbuße steht folglich nicht im Widerspruch zu Art. 14 Abs. 3 und Erwägungsgrund Nr. 48 »ECN-Plus«-Richtlinie, sondern ist durch den Sekundärrechtsakt vorgezeichnet.

---

305 Zu §§ 80 f. InsO, *Foerste*, Insolvenzrecht, Rn. 172.

306 Zu § 89 InsO, *Breitenbücher*, in: Graf-Schlicker, InsO, § 89 InsO, Rn. 15; *U. Keller*, in: K. Schmidt, InsO, § 89 InsO, Rn. 6.

307 *Schroeder*, in: Streinz, EUV/AEUV, Art. 288 AEUV, Rn. 62.

308 Siehe oben, Teil 2, C. I. 1. b).

4. Ergebnis

Der Begriff der Zahlungsunfähigkeit in § 81b Abs. 1 GWB ist folglich nicht so auszulegen, dass damit die insolvenzverfahrensrechtlich bedingte Unfähigkeit des Bußgeldschuldners zur Bußgeldzahlung und die gleichzeitig fehlende Durchsetzbarkeit der Geldbuße aufgrund insolvenzverfahrensrechtlicher Anordnungen zur Sicherung des schuldnerischen Vermögens erfasst wird.

III. Wirtschaftliche Notlage im Sinne der §§ 17-19 InsO

Unter welchen Voraussetzungen eine Zahlungsunfähigkeit nach § 81b Abs. 1 GWB besteht, könnte sich aus den insolvenzrechtlichen Eröffnungsgründen ergeben. Ob sich die materiellen Voraussetzungen der Insolvenzgründe zur Auslegung des Begriffs der Zahlungsunfähigkeit in § 81b Abs. 1 GWB heranziehen lassen, ist von der inhaltlichen Ausgestaltung der §§ 17-19 InsO und der Übertragbarkeit auf § 81b Abs. 1 GWB abhängig.

1. Zahlungsunfähigkeit (§ 17 Abs. 2 S. 1 InsO)

Durch den Begriff der Zahlungsunfähigkeit wird im Insolvenzrecht der allgemeine Eröffnungsgrund eines Insolvenzverfahrens beschrieben, § 17 Abs. 1 InsO. Mit Blick auf die begriffliche Nähe könnte die Tatbestandsvoraussetzung in § 81b Abs. 1 GWB entsprechend dem insolvenzrechtlichen Verständnis der Zahlungsunfähigkeit nach § 17 Abs. 2 S. 1 InsO auszulegen sein.[309] Dann wäre der Bußgeldschuldner zahlungsunfähig gemäß § 81b Abs. 1 GWB, wenn die materiellen Voraussetzungen des § 17 Abs. 2 S. 1 InsO vorlägen.

---

309 Dies für Art. 23 Abs. 4 UAbs. 1 VO 1/2003 annehmend, *Feddersen*, in: D/F/M, KartellverfahrensVO, Art. 23 VO 1/2003, Rn. 74; *Sura*, in: Bunte, EU-KartellR, Art. 23 VO 1/2003, Rn. 15; zu § 81b GWB, *Könen*, npoR 2022, S. 163, 164.

a) Keine Übertragbarkeit aufgrund der systematischen Stellung des § 17 Abs. 2 S. 1 InsO?

Methodische Probleme könnten allerdings daraus resultieren, dass eine Übertragung des insolvenzrechtlichen Begriffsverständnisses auf § 81b Abs. 1 GWB gegebenenfalls zu einer Überdehnung der definitorischen Grenzen der Zahlungsunfähigkeit nach § 17 Abs. 2 S. 1 InsO führen würde. Falls ein enger Regelungszusammenhang zwischen §§ 11 f. InsO und § 17 InsO besteht, könnte die Definition des § 17 Abs. 2 S. 1 InsO nur für insolvenzfähige Rechtsträger gelten. Die Heranziehung des insolvenzrechtlichen Begriffsverständnisses zur Auslegung des § 81b Abs. 1 GWB würde allerdings dazu führen, dass auch insolvenzunfähige Rechtsträger[310] als zahlungsunfähige Bußgeldschuldner einbezogen würden. Zur Sicherstellung der methodischen Zulässigkeit einer Heranziehung des insolvenzrechtlichen Begriffsverständnisses in § 81b Abs. 1 GWB bedarf es folglich der Feststellung, dass mit dem Begriff der »Zahlungsunfähigkeit« im insolvenzrechtlichen Sinne auch eine wirtschaftliche Überforderung des nach § 12 Abs. 1 Nr. 2 InsO insolvenzunfähigen Rechtsträgers beschrieben werden kann.

Dahingehend ist zunächst zu klären, ob ein systematischer Zusammenhang zwischen § 17 InsO und §§ 11 f. InsO dergestalt besteht, dass die Legaldefinition des § 17 Abs. 2 S. 1 InsO nur das Vorliegen einer Zahlungsunfähigkeit von insolvenzfähigen Rechtsträgern beschreibt. Die Insolvenzfähigkeit (§§ 11 f. InsO) und der Eröffnungsgrund der Zahlungsunfähigkeit (§ 17 InsO) sind beide im Zweiten Teil (»Eröffnung des Insolvenzverfahrens, Erfasstes Vermögen und Verfahrensbeteiligte«), Erster Abschnitt (»Eröffnungsvoraussetzungen und Eröffnungsverfahren«) normiert. Durch §§ 11 f. InsO wird positiv und negativ geregelt, wer Schuldner des Insolvenzverfahrens sein kann, das heißt über wessen Vermögen die Eröffnung eines Insolvenzverfahrens möglich ist.[311] Wird in § 17 Abs. 2 S. 1 InsO zur Definition des allgemeinen Eröffnungsgrundes der Zahlungsunfähigkeit (§ 17 Abs. 1 InsO) auf den »Schuldner« (im Sinne des »Insolvenzschuldners«[312]) Bezug genommen, ist damit derjenige gemeint, über dessen Vermögen ein Insolvenzverfahren zu eröffnen ist.[313] Da ein Insolvenzverfahren nur über das Vermögen eines insolvenzfähigen Subjekts eröffnet werden kann, kann

310 Siehe oben, Teil 2, E. II. 3. a) bb).
311 Vgl. zu § 11 InsO, *Ehricke*, in: Jaeger, InsO, Bd. 1, § 11 InsO, Rn. 2.
312 *Häsemeyer*, Insolvenzrecht, Rn. 6.16.
313 *Häsemeyer*, Insolvenzrecht, Rn. 6.16.

»Schuldner« nach § 17 Abs. 2 S. 1 InsO folglich nur der insolvenzfähige Schuldner (§§ 11 f. InsO) sein. Das bedeutet, dass § 17 Abs. 2 S. 1 InsO nicht allgemeingültig den Begriff der Zahlungsunfähigkeit definiert, sondern die Definition auf insolvenzfähige Schuldner zugeschnitten ist.

Allerdings ist zu beachten, dass es sich im Falle des § 12 Abs. 1 Nr. 2 InsO um Rechtsträger handelt, welchen eigentlich Insolvenzfähigkeit gemäß § 11 Abs. 1 S. 1 Alt. 2 InsO zukäme, denen jedoch kraft landesrechtlicher Regelung die Insolvenzfähigkeit versagt wird.[314] Auch diese Rechtsträger werden damit dem Grunde nach von der Definition der Zahlungsunfähigkeit gemäß § 17 Abs. 2 S. 1 InsO erfasst. Ist das der Fall, kann gegen die Übertragbarkeit der materiellen Voraussetzungen des Begriffs der Zahlungsunfähigkeit aus § 17 Abs. 2 S. 1 InsO zur Auslegung einer fehlenden Zahlungsfähigkeit gemäß § 81b Abs. 1 GWB nicht der methodische Einwand erhoben werden, dass durch die Heranziehung der insolvenzrechtlichen Legaldefinition die definitorischen Grenzen des § 17 Abs. 2 S. 1 InsO überdehnt würden. Der Umstand, dass der maßgebliche Rechtsträger bei fehlender Geltung der speziellen Landesregelung insolvenzfähig wäre, zeigt vielmehr, dass mit dem Begriff der Zahlungsunfähigkeit auch die wirtschaftliche Überforderung eines nach § 12 Abs. 1 Nr. 2 InsO insolvenzunfähigen Rechtsträgers beschrieben werden kann.

Infolgedessen steht der Übertragung der materiellen Anforderungen des Begriffs der Zahlungsunfähigkeit nach § 17 Abs. 2 S. 1 InsO auf § 81b Abs. 1 GWB der definitorische Zuschnitt der insolvenzrechtlichen Legaldefinition nicht entgegen.

b) Begriff der Zahlungsunfähigkeit gemäß § 17 Abs. 2 S. 1 InsO

Wann eine Zahlungsunfähigkeit im insolvenzrechtlichen Sinne gegeben ist, ergibt sich aus der Legaldefinition des § 17 Abs. 2 S. 1 InsO. Danach liegt eine Zahlungsunfähigkeit vor, wenn der Schuldner nicht in der Lage ist, die fälligen Zahlungspflichten zu erfüllen. Wie die Tatbestandsvoraussetzungen des § 17 Abs. 2 S. 1 InsO auszulegen sind und der Begriff der Zahlungsunfähigkeit zu bestimmen ist, ist insbesondere unter Berücksichtigung der gerichtlichen Begriffsbestimmung durch die Zivilsenate[315] des Bundesgerichtshofs zu prüfen.

---

314 *Cranshaw*, Insolvenz- und finanzrechtliche Perspektiven, Rn. 153.
315 Damit sind vor allem der II. und IX. Zivilsenat angesprochen.

aa) Fällige Zahlungspflichten des Schuldners

Auslöser einer Zahlungsunfähigkeit gemäß § 17 Abs. 2 S. 1 InsO sind die bestehenden Zahlungspflichten des Schuldners, das heißt die (zum maßgeblichen Zeitpunkt[316]) gegen den Schuldner gerichteten Geldforderungen[317]. Ausweislich des Wortlauts sind nur fällige Zahlungspflichten des Schuldners zu berücksichtigen. Ob der Maßstab des § 271 BGB zur Auslegung des Begriffs der Fälligkeit nach § 17 Abs. 2 S. 1 InsO herangezogen werden kann, wird nicht einheitlich beurteilt.[318] Im Falle einer Übertragung wäre die jeweilige Zahlungspflicht bereits zu dem Zeitpunkt fällig, zu dem der einzelne Gläubiger die Leistung verlangen darf.[319] Gegen eine inhaltsgleiche Übertragung des Maßstabs des § 271 BGB auf § 17 Abs. 2 S. 1 InsO spricht allerdings, dass die Eröffnung des Insolvenzverfahrens nur dann geboten ist, wenn die Befriedigung bestehender Verbindlichkeiten auch tatsächlich vom einzelnen Gläubiger zum maßgeblichen Zeitpunkt verlangt wird.[320] Aufgrund dessen ist nach der Rechtsprechung des IX.[321] und des II.[322] Zivilsenats des Bundesgerichtshofs über die Voraussetzungen des § 271 BGB hinaus erforderlich, dass die Forderung ernsthaft eingefordert[323] wurde.[324] Ein ernsthaftes Einfordern ist nach der Rechtsprechung allerdings schon in jeder Handlung des Gläubigers zu sehen, aus der sich im Allgemeinen der Wille ergibt, vom Schuldner Erfüllung zu verlan-

316 *Laroche*, in: Kayser/Thole, § 17 InsO, Rn. 5.

317 *Wolfer*, in: BeckOK-InsO (Stand: 01.11.2024), § 17 InsO, Rn. 4; *H.-F. Müller*, in: Jaeger, InsO, Bd. 1, § 17 InsO, Rn. 6; *K. Schmidt/Herchen*, in: K. Schmidt, InsO, § 17 InsO, Rn. 6.

318 Dies für das Insolvenzstrafrecht annehmend, BGH, Beschluss v. 23.05.2007 – 1 StR 88/07, NStZ 2007, S. 643, 644; zum Insolvenzrecht, *Pabst*, Materielle Insolvenz, S. 78–84; anders hingegen, BGH, Urteil v. 16.05.2017 – 2 StR 169/15, BeckRS 2017, 112307, Rn. 32; zur Entwicklung der Rechtsprechung, *Baumert*, NJW 2019, S. 1486, 1487 f.

319 Zum Maßstab des § 271 BGB etwa, *Krüger*, in: MüKo-BGB, Bd. 2, § 271 BGB, Rn. 2; *Stadler*, in: Jauernig, BGB, § 271 BGB, Rn. 2.

320 BGH, Beschluss v. 19.07.2007 – IX ZB 36/07, BGHZ 173, 286, 292, Rn. 18; *Mock*, in: Uhlenbruck, InsO, § 17 InsO, Rn. 123.

321 BGH, Beschluss v. 19.07.2007 – IX ZB 36/07, BGHZ 173, 286, 292, Rn. 18; BGH, Urteil v. 14.05.2009 – IX ZR 63/08, BGHZ 181, 132, 140, Rn. 22.

322 BGH, Urteil v. 19.12.2017 – II ZR 88/16, BGHZ 217, 130, 134, Rn. 16.

323 Die Begrifflichkeit ist irreführend, weil sie das Merkmal der Zahlungsunfähigkeit aus der Gläubigerperspektive konkretisiert, *K. Schmidt/Herchen*, in: K. Schmidt, InsO, § 17 InsO, Rn. 13.

324 Krit., *Brahmstaedt*, Zahlungsunfähigkeit, S. 89–94; *Dittmer*, Zahlungsunfähigkeit GmbH, S. 67–72; *Schulz*, ZIP 2009, S. 2281, 2282–2284.

gen.[325] Eine Rechtshandlung im Sinne eines ausdrücklichen Einforderns ist dagegen nicht erforderlich.[326] Dementsprechend sind an das Vorliegen eines ernsthaften Einforderns keine hohen Anforderungen zu stellen.[327] Das von der Rechtsprechung eingeführte Erfordernis bezweckt lediglich, solche Zahlungspflichten von § 17 Abs. 2 S. 1 InsO auszunehmen, welche rein tatsächlich, das heißt ohne rechtlichen Bindungswillen, gestundet wurden.[328] Somit kann zwar nicht schematisch vom Vorliegen einer Fälligkeit im Sinne des § 271 BGB auf eine Fälligkeit nach § 17 Abs. 2 S. 1 InsO geschlossen werden[329]; allerdings führt das Erfordernis eines ernsthaften Einforderns nur in seltenen Fällen dazu, dass eine Zahlungspflicht bei der Prüfung des Vorliegens einer Zahlungsunfähigkeit nicht zu berücksichtigen ist.[330]

bb) Unvermögen des Schuldners zur Erfüllung der Zahlungspflichten

Eine Zahlungsunfähigkeit liegt nach dem Wortlaut des § 17 Abs. 2 S. 1 InsO nur vor, wenn der Schuldner »[...] nicht in der Lage ist [...]« die fälligen Zahlungspflichten zu begleichen. Aus der Bezugnahme des § 17 Abs. 2 S. 1 InsO auf die Unfähigkeit zur Befriedigung fälliger Verbindlichkeiten ergibt sich, dass zur Bestimmung der Zahlungsunfähigkeit ein von Verkehrsanschauungen losgelöster[331], objektiver Maßstab anzulegen ist.[332]

---

325 BGH, Urteil v. 14.05.2009 – IX ZR 63/08, BGHZ 181, 132, 140, Rn. 22; BGH, Beschluss v. 19.07.2007 – IX ZB 36/07, BGHZ 173, 286, 293, Rn. 19.

326 *Gehrlein*, ZInsO 2018, S. 354, 358; die Übersendung einer Rechnung als ausreichend erachtend, BGH, Beschluss v. 19.07.2007 – IX ZB 36/07, BGHZ 173, 286, 293, Rn. 19; *Kadenbach*, in: A/G/R, InsolvenzR, § 17 InsO, Rn. 13.

327 Zum Verständnis unter Geltung der KO, BGH, Beschluss v. 19.07.2007 – IX ZB 36/07, BGHZ 173, 286, 291, Rn. 15; zur InsO, *Reichelt*, in: P/R/S/V, InsolvenzR, § 17 InsO, Rn. 12; *Josephs*, in: H/H/S, Insolvenzanfechtung, Kap. 3, § 17 InsO, Rn. 19.

328 Zur KO, BGH, Beschluss v. 19.07.2007 – IX ZB 36/07, BGHZ 173, 286, 291, Rn. 15; zur InsO, *Steffek*, in: K/P/B, InsO (Dokumentstand: 78. EL, 11.2018), § 17 InsO, Rn. 35; *Eilenberger*, in: MüKo-InsO, Bd. 1, § 17 InsO, Rn. 7b; *Kadenbach*, in: A/G/R, InsolvenzR, § 17 InsO, Rn. 12; *Baumert*, NJW 2019, S. 1486, 1488.

329 BGH, Beschluss v. 19.07.2007 – IX ZB 36/07, BGHZ 173, 286, 292, Rn. 18; BGH, Urteil v. 14.05.2009 – IX ZR 63/08, BGHZ 181, 132, 140, Rn. 22.

330 Vgl., *Baumert*, NJW 2019, S. 1486, 1488; *Waßmer*, ZInsO 2018, S. 1485, 1488.

331 *Bremen*, in: Graf-Schlicker, InsO, § 17 InsO, Rn. 4.

332 BGH, Beschluss v. 19.07.2007 – IX ZB 36/07, BGHZ 173, 286, 288, Rn. 8; zur Abgrenzung von der Zahlungsstockung, BGH, Urteil v. 19.12.2017 – II ZR 88/16, BGHZ 217, 130, 139, Rn. 33; *Steffek*, in: K/P/B, InsO (Dokumentstand: 78. EL, 11.2018), § 17 InsO, Rn. 41; *H.-F. Müller*, in: Jaeger, InsO, Bd. 1, § 17 InsO, Rn. 13.

Somit kommt es allein auf das objektive Unvermögen zur Befriedigung bestehender Verbindlichkeiten an.[333] Fehlt dem Schuldner dagegen allein der subjektive Wille zur Befriedigung fälliger Verbindlichkeiten trotz bestehender Leistungsfähigkeit, liegt keine Zahlungsunfähigkeit gemäß § 17 Abs. 2 S. 1 InsO vor, sondern eine insolvenzrechtlich unerhebliche[334] Zahlungsunwilligkeit.[335]

Der Wortlaut des § 17 Abs. 2 S. 1 InsO spezifiziert nicht, worauf die objektiv zu verstehende Unfähigkeit des Schuldners zu beruhen hat. Gleichwohl könnte der Zweck der Eröffnungsgründe darauf hindeuten, dass das Unvermögen auf einen Mangel an Zahlungsmitteln, das heißt auf eine Geldilliquidität, rückführbar sein muss. Der Eröffnungsgrund des § 17 InsO soll sicherstellen, dass das insolvenzrechtliche Gesamtvollstreckungsverfahren durchgeführt und eine gemeinschaftliche Gläubigerbefriedigung angestrebt wird, wenn der Schuldner die Verbindlichkeiten der Gläubiger nicht durch Zahlung befriedigen kann.[336] Verfügt der Schuldner über hinreichende Zahlungsmittel, um die Verbindlichkeiten der Gläubiger zu befriedigen, fehlt es an einem Grund, das Gesamtvollstreckungsverfahren durchzuführen, sodass die Gläubiger auf die Einzelzwangsvollstreckung zu verweisen sind.[337] Für das Vorliegen einer objektiven Zahlungsunfähigkeit nach § 17 Abs. 2 S. 1 InsO ist somit erforderlich, dass die schuldnerische Unfähigkeit zur Befriedigung der Verbindlichkeiten auf einer Geldilliquidität beruht.[338] Bei der Prüfung des Vorliegens einer Zahlungsunfähigkeit sind damit grundsätzlich nur liquide Zahlungsmittel des Schuldners, insbesondere in Gestalt von Bargeldbeständen, Bankguthaben sowie kurzfristig abrufbaren Krediten sowie Schecks[339] und Verbindlichkeiten, die auf die Verschaffung

333 BGH, Beschluss v. 19.07.2007 – IX ZB 36/07, BGHZ 173, 286, 288, Rn. 8; *Steffek*, in: K/P/B, InsO (Dokumentstand: 78. EL, 11.2018), § 17 InsO, Rn. 20.

334 BGH, Beschluss v. 10.07.2014 – IX ZR 287/13, ZInsO 2014, S. 1661, 1662.

335 BGH, Beschluss v. 13.06.2006 – IX ZB 214/05, ZIP 2006, S. 1456, 1457; *Steffek*, in: K/P/B, InsO (Dokumentstand: 78. EL, 11.2018), § 17 InsO, Rn. 41; *Mock*, in: Uhlenbruck, InsO, § 17 InsO, Rn. 176; *Bremen*, in: Graf-Schlicker, InsO, § 17 InsO, Rn. 15 f.

336 *K. Schmidt/Herchen*, in: K. Schmidt, InsO, § 17 InsO, Rn. 1.

337 *H.-F. Müller*, in: Jaeger, InsO, Bd. 1, § 17 InsO, Rn. 14.

338 Allgemeine Ansicht, siehe etwa, *H.-F. Müller*, in: Jaeger, InsO, Bd. 1, § 17 InsO, Rn. 14; *U. Keller*, InsolvenzR, Rn. 579; *K. Schmidt/Herchen*, in: K. Schmidt, InsO, § 17 InsO, Rn. 1.

339 Siehe etwa, *H.-F. Müller*, in: Jaeger, InsO, Bd. 1, § 17 InsO, Rn. 16; *Mock*, in: Uhlenbruck, InsO, § 17 InsO, Rn. 43; *Staufenbiel/Hoffmann*, ZInsO 2008, S. 785, 787; *Mylich*, ZIP 2018, S. 514.

eines Geldbetrags in Bar- oder Buchgeld gerichtet sind[340], zu berücksichtigen. Geldwerte Vermögensgegenstände sind dagegen nur in die Prüfung der Zahlungsunfähigkeit miteinzubeziehen, soweit deren kurzfristige Liquidierbarkeit sichergestellt ist.[341]

Dem Wortlaut des § 17 Abs. 2 S. 1 InsO lässt sich außerdem nicht entnehmen, dass das Vorliegen einer Zahlungsunfähigkeit eine bestimmte Größe der schuldnerischen Liquiditätslücke als quantitatives Element[342] voraussetzt. Daher liegt der Schluss nahe, dass eine Zahlungsunfähigkeit bereits dann vorliegt, wenn der Schuldner nicht zur vollständigen Befriedigung sämtlicher Zahlungspflichten in der Lage ist.[343] Dann müsste eine Zahlungsunfähigkeit jedoch bereits angenommen werden, wenn nur ein ganz geringfügiger Teil der fälligen Zahlungspflichten nicht befriedigt werden kann. Aus der Gesetzesbegründung zur Insolvenzordnung ergibt sich jedoch, dass eine Zahlungsunfähigkeit nicht besteht, sofern der Schuldner nur nicht in der Lage ist, einen unwesentlichen Teil fälliger Verbindlichkeiten zu befriedigen.[344] Die Rechtsprechung[345] und Teile der Literatur[346] nehmen dementsprechend an, dass eine wesentliche Liquiditätslücke regelmäßig nur dann vorliegt, wenn mindestens 10 % der fälligen Verbindlichkeiten nicht gedeckt sind. Ist dieser Schwellenwert erreicht, wird das Vorliegen der Zahlungsunfähigkeit gemäß § 17 Abs. 2 S. 1 InsO widerlegbar vermutet.[347] Etwas anderes soll nach der Rechtsprechung des Bundesgerichtshofs nur

340 Siehe etwa, *Steffek*, in: K/P/B, InsO (Dokumentstand: 78. EL, 11.2018), § 17 InsO, Rn. 22; *H.-F. Müller*, in: Jaeger, InsO, Bd. 1, § 17 InsO, Rn. 6.

341 BGH, Urteil v. 03.12.1998 – IX ZR 313/97, NZI 1999, S. 70, 72; OLG Köln, Beschluss v. 03.01.2000 – 2 W 268/99, NZI 2000, S. 174, 176; *Mock*, in: Uhlenbruck, InsO, § 17 InsO, Rn. 46; *K. Schmidt/Herchen*, in: K. Schmidt, InsO, § 17 InsO, Rn. 14.

342 *Mock*, in: Uhlenbruck, InsO, § 17 InsO, Rn. 23; *Ampferl/Kilper*, NZI 2018, S. 191, 191 f.

343 Auf dieses mögliche Verständnis verweisend, *Fallak*, Zahlungsunfähigkeit, S. 61; in der Hinnahme von »geringfügigen Liquiditätslücken« einen Widerspruch zu den Zielsetzungen der InsO sehend, *Eilenberger*, in: MüKo-InsO, Bd. 1, § 17 InsO, Rn. 16.

344 BReg, Entwurf InsO v. 15.04.1992 – BT-Drs. 12/2443, S. 114.

345 BGH, Urteil v. 24.05.2005 – IX ZR 123/04, BGHZ 163, 134, 145 f.

346 Siehe etwa, *Mönning*, in: Römermann, InsO (Dokumentstand: 47. EL, 03.2023), § 17 InsO, Rn. 18; *Mock*, in: Uhlenbruck, InsO, § 17 InsO, Rn. 25; krit. zur Höhe der erforderlichen Liquiditätslücke, *K. Schmidt/Herchen*, in: K. Schmidt, InsO, § 17 InsO, Rn. 23; die Heranziehung eines Schwellenwertes als ungeeignet ansehend, *T. Wolf/Kurz*, DStR 2006, S. 1339, 1340 f.; *Nickert*, in: Nickert/Lamberti, Rn. 165 f.

347 *Mock*, in: Uhlenbruck, InsO, § 17 InsO, Rn. 23; *Frystatzki*, NZI 2010, S. 389, 390.

gelten, wenn zu erwarten ist, dass die Liquiditätslücke demnächst[348] vollständig oder fast vollständig[349] beseitigt sein wird.[350] Für die Beseitigung einer von § 17 Abs. 2 S. 1 InsO erfassten Illiquidität genügt es demzufolge nicht, dass der Schuldner die Liquiditätslücke demnächst auf weniger als 10 % der fälligen Zahlungspflichten verringern kann.[351] Vielmehr statuiert der Bundesgerichtshof ein »Null-Toleranz-Prinzip«[352], wonach der Schuldner die Unterdeckung innerhalb einer überschaubaren Zeit (fast) vollständig ausgleichen muss.[353] Liegt dagegen eine Liquiditätslücke von weniger als 10 % vor, ist eine Zahlungsunfähigkeit grundsätzlich nicht anzunehmen.[354] Ausnahmsweise kann auch in diesem Fall eine Zahlungsunfähigkeit festgestellt werden, falls besondere Umstände vorliegen, welche auf den Eintritt einer solchen schließen lassen.[355] Eine solche Annahme ist etwa möglich, wenn aufgrund der vom Insolvenzgericht zu ermittelnden[356] konkreten Umstände des Einzelfalls absehbar ist, dass sich der Niedergang des schuldnerischen Unternehmens fortsetzen wird.[357]

Die Legaldefinition der Zahlungsunfähigkeit in § 17 Abs. 2 S. 1 InsO beinhaltet auch kein zeitliches Element. Obwohl schon die frühere Rechtsprechung zum damaligen § 102 KO zur Begriffsbestimmung der Zahlungsunfähigkeit einen nicht nur vorübergehenden Mangel an Zahlungsmitteln verlangte[358], ist das Erfordernis einer Dauerhaftigkeit nicht in § 17 Abs. 2 S. 1 InsO gesetzlich normiert worden. Die fehlende gesetzliche Normierung könnte darauf hinweisen, dass eine Zahlungsunfähigkeit nach § 17 Abs. 2 S. 1 InsO bereits vorliegt, wenn der Schuldner zu einem bestimmten Zeitpunkt kurzfristig illiquide ist. Laut der Gesetzesbegründung wurde auf die

---

348 Im Regelfall eine Höchstfrist von grundsätzlich drei Monaten, ausnahmsweise aber bis zu sechs Monaten annehmend, *Fischer*, ZGR 2006, S. 403, 408; ähnlich, *Brahmstaedt*, Zahlungsunfähigkeit, S. 122; drei Monate als Maximum ansehend, *Mock*, in: Uhlenbruck, InsO, § 17 InsO, Rn. 25.

349 Die Unschärfe dieses Maßstabs kritisierend, *T. Wolf/Kurz*, DStR 2006, S. 1339, 1340.

350 BGH, Urteil v. 24.05.2005 – IX ZR 123/04, BGHZ 163, 134, 145.

351 *Frystatzki*, NZI 2010, S. 389, 392.

352 *Frystatzki*, NZI 2010, S. 389, 392.

353 BGH, Urteil v. 24.05.2005 – IX ZR 123/04, BGHZ 163, 134, 145; krit., *Parzinger/Lappe/Meyer-Löwy*, ZIP 2019, S. 2143, 2148.

354 BGH, Urteil v. 24.05.2005 – IX ZR 123/04, BGHZ 163, 134, 145.

355 BGH, Urteil v. 24.05.2005 – IX ZR 123/04, BGHZ 163, 134, 145.

356 *Fischer*, ZGR 2006, S. 403, 408.

357 BGH, Urteil v. 24.05.2005 – IX ZR 123/04, BGHZ 163, 134, 145.

358 BGH, Urteil v. 22.11.1990 – IX ZR 103/90, NJW 1991, S. 980, 981; BGH, Urteil v. 30.04.1992 – IX ZR 176/91, NJW 1992, S. 1960.

ausdrückliche Normierung des Kriteriums der Dauerhaftigkeit aber nur verzichtet, um den Begriff der Zahlungsunfähigkeit nicht über Gebühr einzuengen und durch eine derartige Einengung das Ziel der rechtzeitigen Einleitung des Insolvenzverfahrens zu gefährden.[359] Insoweit sei selbstverständlich, dass eine Zahlungsunfähigkeit im Sinne des Insolvenzrechts nicht vorliegt, wenn dem Schuldner zwar zu einem bestimmten Zeitpunkt liquide Mittel fehlen, er sich diese aber kurzfristig beschaffen kann.[360] Trotz der fehlenden gesetzlichen Normierung des Erfordernisses einer Dauerhaftigkeit ist nach dem gesetzgeberischen Willen somit Voraussetzung der Zahlungsunfähigkeit, dass die Illiquidität nicht nur von vorübergehender Natur ist.[361] Gelingt es dem Schuldner, eine bestehende Liquiditätslücke alsbald wieder zu schließen und ist die Befriedigung von Gläubigeransprüchen somit nicht gefährdet, ist die Einleitung eines Insolvenzverfahrens nicht gerechtfertigt.[362] Die bloß vorübergehende Unfähigkeit, sämtliche aktuell fälligen Verbindlichkeiten zu befriedigen, stellt demnach keine Zahlungsunfähigkeit nach § 17 Abs. 2 S. 1 InsO, sondern eine bloße Zahlungsstockung dar.[363] Damit ist die Frage aufgeworfen, wie lange die Liquiditätslücke des Schuldners anhalten muss, damit eine Zahlungsunfähigkeit nach § 17 Abs. 2 S. 1 InsO anzunehmen ist. Unter Geltung der Konkursordnung wurde diesbezüglich ein Zeitraum von etwa vier Wochen veranschlagt.[364] Allerdings sollte diese Frist laut der Gesetzesbegründung zur Insolvenzordnung verkürzt werden.[365] Der IX. Zivilsenat des Bundesgerichtshofs geht in seiner Leitentscheidung aus dem Jahre 2005[366] davon aus, dass ein kreditwürdiger Schuldner neue Zahlungsmittel innerhalb eines Zeitraums von drei Wochen beschaffen und somit innerhalb von drei Wochen eine Geldilliquidität beseitigen könne.[367] Auf Grundlage dessen ist nach der

359 BReg, Entwurf InsO v. 15.04.1992 – BT-Drs. 12/2443, S. 114.
360 BReg, Entwurf InsO v. 15.04.1992 – BT-Drs. 12/2443, S. 114.
361 BReg, Entwurf InsO v. 15.04.1992 – BT-Drs. 12/2443, S. 114.
362 *Onciul*, Insolvenzverfahren, S. 99.
363 BGH, Urteil v. 24.05.2005 – IX ZR 123/04, BGHZ 163, 134, 139.
364 BGH, Urteil v. 25.10.2001 – IX ZR 17/01, BGHZ 149, 100, 108; BGH, Urteil v. 03.12.1998 – IX ZR 313/97, NZI 1999, S. 70, 72.
365 BReg, Entwurf InsO v. 15.04.1992 – BT-Drs. 12/2443, S. 114; *K. Schmidt*, JuS 2005, S. 1130, 1132.
366 BGH, Urteil v. 24.05.2005 – IX ZR 123/04, BGHZ 163, 134.
367 BGH, Urteil v. 24.05.2005 – IX ZR 123/04, BGHZ 163, 134, 139 f.; zustimmend, *Kadenbach*, in: A/G/R, InsolvenzR, § 17 InsO, Rn. 4; krit., *Gutmann*, NZI 2021, S. 473, 478; *Thonfeld*, NZI 2005, S. 550, 551; *Kamm/Köchling*, ZInsO 2006, S. 732, 735.

Rechtsprechung des Bundesgerichtshofs eine bloße Zahlungsstockung als nur vorübergehende Illiquidität[368] anzunehmen, wenn die Liquiditätslücke innerhalb von drei Wochen geschlossen werden kann; eine Zahlungsunfähigkeit liegt dagegen vor, wenn die Unterdeckung über diesen Zeitraum hinaus fortbesteht.[369]

cc) Zusammenfassung

Eine Zahlungsunfähigkeit gemäß § 17 Abs. 2 S. 1 InsO besteht, wenn durch fällige, das heißt ernsthaft eingeforderte, Zahlungspflichten eine wesentliche und dauerhafte Liquiditätslücke des Schuldners begründet wird. Die Liquiditätslücke ist dauerhaft, wenn der Schuldner diese nicht innerhalb von drei Wochen schließen kann. Die Wesentlichkeit der Liquiditätslücke ist regelmäßig anzunehmen, wenn eine Unterdeckung der fälligen Forderungen in Höhe von mindestens 10 % besteht.

c) Vorliegen einer Zahlungsunfähigkeit gemäß § 81b Abs. 1 GWB

Die Übertragung des insolvenzrechtlichen Begriffsverständnisses auf § 81b Abs. 1 GWB würde dazu führen, dass eine Zahlungsunfähigkeit vorläge, wenn durch fällige, das heißt gegenüber dem Rechtsträger der Unternehmensvereinigung ernsthaft eingeforderte, Zahlungspflichten eine wesentliche Liquiditätslücke beim Bußgeldschuldner eintritt, welche dieser dauerhaft nicht schließen kann. Damit ist zu untersuchen, inwiefern eine solche Auslegung der Zahlungsunfähigkeit in § 81b Abs. 1 GWB geboten ist.

aa) Gesetzliche Bezeichnung

Ausgangspunkt ist die nahezu identische gesetzliche Bezeichnung der wirtschaftlichen Überforderung im Insolvenzrecht und in § 81b Abs. 1 GWB:

---

368 Etwa, *Thonfeld*, NZI 2005, S. 550, 551; *Smid*, Hdb InsolvenzR, § 3, Rn. 13.

369 BGH, Urteil v. 24.05.2005 – IX ZR 123/04, BGHZ 163, 134, 139 f.; BGH, Urteil v. 09.10.2012 – II ZR 298/11, BGHZ 195, 42, 44, Rn. 8; BGH, Urteil v. 27.03.2012 – II ZR 171/10, NZI 2012, S. 567, 568; BGH, Urteil v. 30.06.2011 – IX ZR 134/10, NZI 2011, S. 589, 590; krit., *K. Schmidt/Herchen*, in: K. Schmidt, InsO, § 17 InsO, Rn. 25; ähnlich, *Neumaier*, NJW 2005, S. 3041, 3042.

Während § 17 Abs. 2 S. 1 InsO auf die »Zahlungsunfähigkeit« Bezug nimmt, stellt § 81b Abs. 1 GWB darauf ab, dass der Bußgeldschuldner »nicht zahlungsfähig«[370] ist.

Allein mit dem Wortlaut könnte eine Übertragung des insolvenzrechtlichen Verständnisses der Zahlungsunfähigkeit auf § 81b Abs. 1 GWB allerdings nicht begründet werden, wenn in anderen Teilen der Rechtsordnung der Begriff der Zahlungsunfähigkeit ebenfalls verwendet wird, dort aber abweichend vom insolvenzrechtlichen Verständnis zu verstehen ist. In diesem Fall würde es gerade an einem einheitlichen Verständnis des Begriffs der Zahlungsunfähigkeit in der gesamten Rechtsordnung fehlen, sodass nicht allein aufgrund des ähnlichen Wortlautes von § 81b GWB und § 17 InsO das insolvenzrechtliche Verständnis als maßgebend erachtet werden könnte. Eine Verwendung des Begriffs der Zahlungsunfähigkeit mit einem abweichenden Verständnis könnte sich beispielsweise aus dem Ordnungswidrigkeitengesetz ergeben, welches in engem systematischen Kontext mit dem Wettbewerbsrecht steht[371] und folglich ebenso ein für § 81b GWB maßgebendes Begriffsverständnis zur Verfügung stellen könnte.

Insofern finden sich in § 96 Abs. 1 Nr. 2 und Nr. 4 OWiG gesetzliche Anknüpfungen an den Begriff der Zahlungsunfähigkeit. Aus der Inbezugnahme des § 66 Abs. 2 Nr. 2 b) OWiG ergibt sich, dass eine Zahlungsunfähigkeit im ordnungswidrigkeitenrechtlichen Sinne nur vorliegt, wenn dem Betroffenen die fristgemäße Zahlung nach dessen wirtschaftlichen Verhältnisse nicht zugemutet werden kann.[372] Das bedeutet, dass es für das Vorliegen einer Zahlungsunfähigkeit gemäß § 96 Abs. 1 Nr. 2 und Nr. 4 OWiG nicht genügt, dass dem Betroffenen zur Befriedigung der Bußgeldforderung keine Zahlungsmittel zur Verfügung stehen. Vielmehr muss kumulativ eine

---

370 Die Gesetzesbegründung bezieht sich an einer Stelle ebenfalls auf die »Zahlungsunfähigkeit« der Unternehmensvereinigung, gibt insoweit allerdings nur die sekundärrechtliche Vorgabe wieder, BReg, Entwurf 10. GWB-Novelle v. 19.10.2020 – BT-Drs. 19/23492, S. 125.

371 Vgl., BT, Begr. RegE GWB v. 22.01.1955 – BT-Drucks. II/1158, S. 27 f.; *Engelhardt*, in: M/G/H, Hdb WirtschaftsstrafR, Rn. 15.130; plastisch, *Chmeis*, Kartellsanktionsrecht, S. 223, der eine Einbettung des deutschen wettbewerbsrechtlichen Bußgeldrechts im »Gefüge des Ordnungswidrigkeiten- und des Strafprozessrechts« annimmt.

372 *Bauer*, in: Göhler, OWiG, § 96 OWiG, Rn. 13; *Mitsch*, in: KarlsK-OWiG, § 96 OWiG, Rn. 12; LG Berlin, Beschluss v. 03.07.2006 – 505 Qs 54/06, NJW 2007, S. 1541, 1544.

Unzumutbarkeit der Zahlung vorliegen.[373] Aufgrund dieser zusätzlichen Voraussetzung ist der Begriff der Zahlungsunfähigkeit in § 96 Abs. 1 Nr. 2 und Nr. 4 OWiG nicht deckungsgleich mit dem Begriff der Zahlungsunfähigkeit in § 17 Abs. 2 S. 1 InsO.[374] Bereits hieraus kann abgeleitet werden, dass das insolvenzrechtliche Begriffsverständnis der Zahlungsunfähigkeit nicht einheitlich in der gesamten Rechtsordnung gilt.

Allein aufgrund der ähnlichen gesetzlichen Bezeichnung der wirtschaftlichen Überforderung des Schuldners in § 17 InsO und in § 81b Abs. 1 GWB kann eine Übertragung des insolvenzrechtlichen Verständnisses auf § 81b Abs. 1 GWB somit nicht begründet werden.

bb) Rechtssicherheit

Durch § 81b Abs. 2 und Abs. 3 GWB wird der Kartellbehörde das Recht zugewiesen, nötigenfalls von den Mitgliedern der Vereinigung Zahlungen zu verlangen. Mit Blick auf die damit verbundene drohende (Ausfall-)haftung[375] muss aus Gründen der Rechtssicherheit hinreichend vorhersehbar[376] sein, wann eine Zahlungsunfähigkeit des Rechtsträgers der Unternehmensvereinigung nach § 81b Abs. 1 GWB vorliegt. Die Übertragung der materiellen Anforderungen der Zahlungsunfähigkeit im Sinne des § 17 Abs. 2 S. 1 InsO auf § 81b Abs. 1 GWB ist demzufolge gegebenenfalls aus Gründen der Rechtssicherheit geboten.[377] Eine derartige Argumentation ist aber davon abhängig, dass eine hinreichende Rechtssicherheit nur mithilfe des Rückgriffs auf das insolvenzrechtliche Begriffsverständnis gewährleistet wird. Dem Grundsatz der Rechtssicherheit ist jedoch bereits dann Rechnung getragen, wenn der unbestimmte Rechtsbegriff durch Auslegung

---

373 *Weyand*, ZInsO 2021, S. 1380, 1381; *Nestler*, in: BeckOK-OWiG (Stand: 01.07.2024), § 96 OWiG, Rn. 16; *App*, ZVI 2008, S. 197, 198.

374 LG Potsdam, Beschluss v. 14.09.2006 – 21 Qs 108/06, NStZ 2007, S. 293; *Laroche*, VIA 2014, S. 17, 18; *Schuster*, NZV 2009, S. 538, 540; *Wieser*, DZWir 2007, S. 72, 73 f.; *App*, ZVI 2008, S. 197, 198; *Krenberger/Krumm*, OWiG, § 96 OWiG, Rn. 5.

375 Siehe oben, Teil 2, D. II. 2. b) bb).

376 Zur Vorhersehbarkeit als Element der Rechtssicherheit, *Grzeszick*, in: D/H/S, GG, Bd. 3 (Dokumentstand: 97. EL, 2022), Art. 20 GG, VII. Rechtstaat, Rn. 58.

377 Das Erfordernis einer insolvenzgerichtlichen Feststellung der Zahlungsunfähigkeit aus Gründen der Rechtssicherheit in Art. 23 Abs. 4 VO 1/2003 verlangend, *Feddersen*, in: D/F/M, KartellverfahrensVO, Art. 23 VO 1/2003, Rn. 73; wohl auch, *Sura*, in: Bunte, EU-KartellR, Art. 23 VO 1/2003, Rn. 15; *Biermann*, in: Immenga/Mestmäcker, EU-KartellR, Art. 23 VO 1/2003, Rn. 317.

präzisiert werden kann.[378] Dass ein Begriff in einer bestimmten Weise verstanden werden muss, kann somit nicht mit einem pauschalen Verweis auf die Rechtssicherheit begründet werden.
Die Übertragung des Prüfungsmaßstabs des § 17 Abs. 2 S. 1 InsO auf § 81b Abs. 1 GWB ist folglich nicht zur Herstellung einer hinreichenden Rechtssicherheit erforderlich.

cc) Anknüpfung an eine wirtschaftliche Überforderung

Wie dargelegt[379], lässt der Regelungszusammenhang zwischen § 81b Abs. 1 GWB und § 81c Abs. 4 GWB erkennen, dass die Zahlungsunfähigkeit des Bußgeldschuldners nach § 81b Abs. 1 GWB Ausdruck einer wirtschaftlichen Überforderung ist. Die Heranziehung der materiellen Anforderungen des § 17 Abs. 2 S. 1 InsO zur Auslegung des Begriffs der Zahlungsunfähigkeit in § 81b Abs. 1 GWB könnte sich in diese Auslegung einfügen: Mit § 17 Abs. 2 S. 1 InsO wird eine wirtschaftliche Notlage des Schuldners beschrieben[380], welche einen derartigen Grad[381] erreicht hat, dass ein wesentlicher Teil der fälligen Zahlungspflichten aufgrund eines Mangels an Zahlungsmitteln dauerhaft nicht bezahlt werden kann.[382] Damit steht das systematische Verhältnis des § 81b Abs. 1 GWB zu § 81c Abs. 4 GWB der Übertragung des insolvenzrechtlichen Verständnisses nicht entgegen. Allerdings kann aus diesem systematischen Zusammenhang auch nur abgeleitet werden, dass die fehlende Fähigkeit zur Zahlung einer Geldbuße aus einer wirtschaftlichen Überforderung resultiert. Dass es sich dabei um eine wirtschaftliche Notlage im Sinne des § 17 Abs. 2 S. 1 InsO handelt, kann mit Verweis auf das systematische Verhältnis des § 81b GWB zu § 81c Abs. 4 GWB dagegen nicht begründet werden.

378 Siehe etwa, *Kotzur*, in: von Münch/Kunig, GG, Art. 20 GG, Rn. 148 m. w. N.
379 Siehe oben, Teil 2, B. II. und III.
380 Vgl., *Pape*, in: Uhlenbruck, InsO, § 1 InsO, Rn. 2.
381 *Vuia*, in: MüKo-InsO, Bd. 1, § 16 InsO, Rn. 2.
382 Siehe oben, Teil 2, E. III. 1. b).

dd) Normzweck: Sicherstellung der Durchsetzbarkeit

Abschließend ist die Übertragung des insolvenzrechtlichen Begriffsverständnisses auf § 81b Abs. 1 GWB unter Berücksichtigung des Normzwecks des § 81b GWB zu beurteilen.

§ 81b GWB soll die Zahlung der gegen den Rechtsträger einer Unternehmensvereinigung gemäß § 81c Abs. 4 GWB festgesetzten Geldbuße gewährleisten.[383] Daraus lässt sich ableiten, dass mit dem restriktiv auszulegenden[384] Begriff der Zahlungsunfähigkeit eine Gefährdung der Bußgeldzahlung in einem solchen Maße bezeichnet wird, dass die Beitreibbarkeit der Geldbuße ohne die in § 81b GWB normierten Befugnisse nicht sichergestellt wäre. Für die Auslegung der Zahlungsunfähigkeit in § 81b Abs. 1 GWB kommt es dementsprechend darauf an, den Grad der wirtschaftlichen Überforderung des Bußgeldschuldners zu bestimmen, welcher die Bußgelddurchsetzung außerhalb des § 81b GWB in Frage stellt. Der Begriff der Zahlungsunfähigkeit in § 17 InsO beschreibt den Grad der wirtschaftlichen Krise[385] des Schuldners, der aus Sicht des Insolvenzrechts eine Abkehr vom Prinzip der Einzelzwangsvollstreckung gebietet[386], sowie die Durchführung des Insolvenzverfahrens und die damit verbundenen Eingriffe in Schuldner- und Gläubigerpositionen[387] legitimiert. Ist der Bußgeldschuldner zahlungsunfähig im Sinne des § 17 InsO, könnte ein hinreichender Grad der wirtschaftlichen Überforderung vorliegen, der die Sicherstellung der tatsächlichen Zahlung mittels Ausübung der in § 81b GWB normierten Befugnisse gebietet. Daher ist zu prüfen, inwieweit mit Eintritt der materiellen Voraussetzungen der Zahlungsunfähigkeit nach § 17 Abs. 2 S. 1 InsO ein solcher Grad der wirtschaftlichen Überforderung erreicht ist, dass § 81 GWB Anwendung erfordert.

(1) Wirtschaftliche Überforderung aufgrund der Höhe der festgesetzten Geldbuße

Eine wirtschaftliche Überforderung des Bußgeldschuldners, welche die Voraussetzung des § 17 Abs. 2 S. 1 InsO erfüllt, könnte daraus resultieren,

383 BReg, Entwurf 10. GWB-Novelle v. 19.10.2020 – BT-Drs. 19/23492, S. 125.
384 Siehe oben, Teil 2, D. II. 3.
385 *Vuia*, in: MüKo-InsO, Bd. 1, § 16 InsO, Rn. 2.
386 Siehe oben, Teil 2, E. I.
387 Siehe oben, Teil 2, E. II. 1.

dass die nach § 81c Abs. 4 GWB festgesetzte Geldbuße so hoch ausfällt, dass die Höhe des Bußgelds bereits bei einer isolierten Betrachtung das liquide (und kurzfristig liquidierbare) Vermögen des Rechtsträgers der Unternehmensvereinigung übersteigt und die daraus resultierende wesentliche Liquiditätslücke dauerhaft nicht geschlossen werden kann. In einem solchen Fall könnte die Geldbuße mangels hinreichender finanzieller Mittel nicht vollständig gegen den Bußgeldschuldner mit Maßnahmen der Einzelzwangsvollstreckung durchgesetzt werden, sodass der Normzweck des § 81b GWB die Bußgelddurchsetzung nach § 81b Abs. 1-3 GWB gebietet.

(2) Wirtschaftliche Überforderung aufgrund der Gesamtheit fälliger Zahlungspflichten

Die wirtschaftliche Überforderung des Rechtsträgers der Unternehmensvereinigung würde durch die materiellen Anforderungen des § 17 Abs. 2 S. 1 InsO allerdings auch dann erfasst, wenn zwar die aus dem Bußgeldbescheid resultierende Zahlungspflicht durch das liquide und kurzfristig liquidierbare Vermögen des Rechtsträgers gedeckt werden kann, unter Berücksichtigung weiterer fälliger Zahlungspflichten aber eine wesentliche und dauerhafte Liquiditätslücke anzunehmen ist. Problematisch ist, ob eine Zahlungsunfähigkeit nach § 81b Abs. 1 GWB auch in diesem Fall vorliegt, in dem die nach § 81c Abs. 4 GWB festgesetzte Geldbuße nur mitursächlich für die wirtschaftliche Krise des Bußgeldschuldners ist.

(a) Kausalitätserfordernis?

Eine derartige wirtschaftliche Überforderung ließe sich nicht als Zahlungsunfähigkeit nach § 81b Abs. 1 GWB begreifen, wenn die Festsetzung einer Geldbuße nach § 81c Abs. 4 GWB monokausale Ursache der Gefährdung der Bußgeldzahlung sein müsste.

Gegen das Erfordernis einer Monokausalität könnte der Wortlaut des § 81b Abs. 1 GWB sprechen. § 81b Abs. 1 GWB normiert als kumulative Voraussetzungen der Bußgelddurchsetzung nach § 81b GWB, dass die Geldbuße nach § 81c Abs. 4 GWB festgesetzt wurde und dass der Bußgeldschuldner nicht zahlungsfähig ist. Durch den Wortlaut werden beide Voraussetzungen durch die nebenordnende Konjunktion »[...] und [...]« ins Verhältnis zueinander gesetzt. Die Verwendung des Bindeworts legt insofern das Verständnis nahe, dass es sich bei der Normierung der Voraussetzungen nur um eine Aufzählung zweier Voraussetzungen handelt und folglich keine enge Kausalitätsbeziehung in Gestalt einer Monokausalität zwischen den beiden Bedingungen bestehen muss. Womöglich ergibt sich aus dem engen Regelungszusammenhang zwischen § 81c Abs. 4 GWB und § 81b Abs. 1 GWB allerdings ein derartiges Kausalitätserfordernis. § 81b Abs. 1 GWB normiert, dass die Anwendbarkeit des § 81b GWB auf die Durchsetzung von gemäß § 81c Abs. 4 GWB bemessenen Geldbußen beschränkt ist. Daraus ergibt sich allerdings nur, dass eine Bußgelddurchsetzung nach § 81b GWB allein im Falle einer Bußgeldfestsetzung nach § 81c Abs. 4 GWB in Betracht kommt. Dass die Höhe der konkret festgesetzten Geldbuße so hoch sein muss, dass die Festsetzung monokausale Ursache des Eintritts der Zahlungsunfähigkeit gemäß § 81b Abs. 1 GWB ist, lässt sich aus dem systematischen Zusammenhang dagegen nicht herleiten. Dem Erfordernis einer Monokausalität könnte schließlich der Normzweck des § 81b GWB entgegenstehen. Die Nichtzahlung der Geldbuße durch den Bußgeldschuldner droht unabhängig davon, ob dessen wirtschaftliche Überforderung allein aus der Bußgeldfestsetzung oder aus einer Mehrzahl bestehender Zahlungspflichten resultiert. Das Bedürfnis der Sicherstellung der Bußgeldzahlung[388] besteht somit auch dann, wenn durch die festgesetzte Geldbuße zwar nicht isoliert, aber unter Berücksichtigung weiterer Zahlungspflichten eine objektive Unfähigkeit zur Zahlung der Geldbuße ausgelöst wird.

Somit kann das Erfordernis einer Monokausalität dergestalt, dass die Höhe der nach § 81c Abs. 4 GWB bemessenen Geldbuße einzige Ursache der Zahlungsunfähigkeit sein muss, nicht begründet werden.

(b) Objektive Unfähigkeit zur Bußgeldzahlung?

Wird das Vorliegen der materiellen Voraussetzungen einer Zahlungsunfähigkeit im Sinne des § 17 Abs. 2 S. 1 InsO nicht allein durch die nach § 81c Abs. 4 GWB festgesetzte Geldbuße, sondern nur unter Berücksichtigung weiterer Zahlungspflichten begründet, verfügt der Rechtsträger der Unternehmensvereinigung zumindest über hinreichende Mittel zur Zahlung der Geldbuße. Inwieweit in diesem Fall eine Zahlungsunfähigkeit nach § 81b Abs. 1 GWB angenommen werden kann, ist mit Blick auf die dann beste-

388 BReg, Entwurf 10. GWB-Novelle v. 19.10.2020 – BT-Drs. 19/23492, S. 125.

hende hinreichenden finanziellen Ressourcen zur alleinigen Bußgeldzahlung unsicher.

§ 81b Abs. 1 GWB und die dazugehörige Gesetzesbegründung[389] stellen abstrakt auf das Vorliegen einer Zahlungsunfähigkeit ab, ohne eine darüberhinausgehende begriffliche Eingrenzung vorzunehmen. Aus dem Wortlaut kann damit nicht abgeleitet werden, dass sich die Zahlungsunfähigkeit gemäß § 81b Abs. 1 GWB aus einer isolierten Betrachtung der Unfähigkeit zur Bußgeldzahlung ergeben muss. Etwas anderes würde allerdings gelten, wenn der Bußgeldschuldner dazu verpflichtet wäre, vorrangig die Geldbuße zu bezahlen und dritte Gläubiger infolgedessen ihre Forderungen nur durchsetzen könnten, wenn die Zahlung der Geldbuße sichergestellt ist. Eine derartige Anordnung lässt sich dem Gesetz, insbesondere den §§ 81 ff. GWB, allerdings nicht entnehmen. Zudem könnte ein derartiger Vorrang der Geldbuße zu Widersprüchen gegenüber den Anordnungen des Insolvenzverfahrensrechts führen. Zumindest dann, wenn infolge der wirtschaftlichen Überforderung des Bußgeldschuldners das Insolvenzverfahren eröffnet werden würde, stünde eine derartige Verpflichtung in Konflikt mit dem Gläubigergleichbehandlungsgrundsatz[390] und der in § 39 Abs. 1 S. 1 Nr. 3 Var. 2 InsO[391] angeordneten Nachrangigkeit der Geldbuße. Mangels anderweitigen Hinweises und mit Blick auf gegenläufige insolvenzverfahrensrechtliche Anordnungen, ist folglich davon auszugehen, dass keine Verpflichtung zur vorrangigen Befriedigung der Geldbuße gegenüber dem wirtschaftlich überforderten Bußgeldschuldner besteht.

(c) Ergebnis

Damit erfordert der Normzweck des § 81b GWB, dass auch im Falle einer Zahlungsunfähigkeit im Sinne des § 17 Abs. 2 S. 1 InsO, die nicht allein auf die verhängte Geldbuße zurückzuführen ist, eine Durchsetzung nach § 81b GWB möglich sein muss.

389 Vgl., BReg, Entwurf 10. GWB-Novelle v. 19.10.2020 – BT-Drs. 19/23492, S. 125.
390 Siehe oben, Teil 2, E. I.
391 Siehe oben, Teil 2, E. II. 1. b).

d) Zusammenfassung

Eine Zahlungsunfähigkeit gemäß § 81b Abs. 1 GWB liegt damit vor, wenn der Bußgeldschuldner in einem solchen Ausmaß wirtschaftlich überfordert ist, dass die materiellen Voraussetzungen einer Zahlungsunfähigkeit nach § 17 Abs. 2 S. 1 InsO erfüllt sind.

2. Drohende Zahlungsunfähigkeit (§ 18 Abs. 2 InsO)

Des Weiteren ist zu prüfen, ob das Vorliegen einer Zahlungsunfähigkeit nach § 81b Abs. 1 GWB gegebenenfalls bereits früher und damit nicht erst mit Eintritt der Voraussetzungen des § 17 Abs. 2 S. 1 InsO anzunehmen ist. Insofern stellt sich die Frage, ob durch den Eintritt der materiellen Voraussetzungen einer drohenden Zahlungsunfähigkeit (§ 18 InsO)[392] eine Zahlungsunfähigkeit nach § 81b Abs. 1 GWB begründet wird.

a) Materielle Voraussetzungen der drohenden Zahlungsunfähigkeit, § 18 InsO

Das Vorliegen einer drohenden Zahlungsunfähigkeit gemäß § 18 Abs. 2 InsO setzt voraus, dass die in § 17 Abs. 2 S. 1 InsO normierten Voraussetzungen der Zahlungsunfähigkeit[393] voraussichtlich, das heißt überwiegend wahrscheinlich[394], eintreten werden.[395] Der Eröffnungsgrund der drohenden Zahlungsunfähigkeit bildet damit einen prognostischen Tatbestand[396]: Der wahrscheinlich zahlungsunfähig werdende Schuldner ist zwar aktuell noch nicht zahlungsunfähig, ihm gegenüber bestehen jedoch Zahlungspflichten, welche zum Zeitpunkt der Fälligkeit mit den dann zur Verfügung stehenden Mitteln voraussichtlich nicht befriedigt werden können.[397] Die drohende Zahlungsunfähigkeit beschreibt demzufolge eine Prognose

392 Zur methodischen Übertragbarkeit der Legaldefinition auf nicht insolvenzfähige Rechtsträger, vgl. oben, Teil 2, E. III. 1. a).

393 *Bremen*, in: Graf-Schlicker, InsO, § 18 InsO, Rn. 11 f.

394 BReg, Entwurf InsO v. 15.04.1992 – BT-Drs. 12/2443, S. 115.

395 *Salm-Hoogstraeten*, in: Braun, InsO, § 18 InsO, Rn. 5.

396 *K. Schmidt*, in: K. Schmidt, InsO, § 18 InsO, Rn. 11.

397 *K. Schmidt*, in: K. Schmidt, InsO, § 18 InsO, Rn. 11; *Wolfer*, in: BeckOK-InsO (Stand: 01.11.2024), § 18 InsO, Rn. 8.

über die künftige Finanzkraft des Schuldners.[398] Zur Feststellung einer drohenden Zahlungsunfähigkeit gemäß § 18 InsO ist insoweit zu prüfen, ob innerhalb eines bestimmten Prognosezeitraums der künftige Eintritt einer Zahlungsunfähigkeit überwiegend wahrscheinlich ist.[399] Wie sich aus § 18 Abs. 2 S. 2 InsO ergibt, ist für diese Prognose in aller Regel ein Zeitraum von 24 Monaten zugrunde zu legen.[400]

b) Vorliegen einer Zahlungsunfähigkeit nach § 81b Abs. 1 GWB

Ob der Begriff der Zahlungsunfähigkeit gemäß § 81b Abs. 1 GWB dergestalt zu verstehen ist, dass eine Zahlungsunfähigkeit des Bußgeldschuldners auch bei Eintritt der materiellen Voraussetzungen des § 18 Abs. 2 S. 1 InsO besteht, ist unsicher. Zweifel resultieren aus der gesetzlichen Konzeption des Insolvenzgrundes und dem bereits gewonnenen Begriffsverständnis der Zahlungsunfähigkeit nach § 81b Abs. 1 GWB.

Gegen eine derartige Auslegung des Begriffs der Zahlungsunfähigkeit in § 81b Abs. 1 GWB könnte die in der prognostischen Natur des § 18 InsO zum Ausdruck kommende Zukunftsbezogenheit des Insolvenzgrundes sprechen. Mithilfe der kartellbehördlichen Befugnisse nach § 81b GWB soll eine gegenwärtige Unfähigkeit zur Zahlung der Geldbuße überwunden werden.[401] § 81b Abs. 1 GWB setzt demgemäß voraus, dass zum Zeitpunkt der Durchsetzung nach § 81b GWB eine Bußgeldzahlung durch den Rechtsträger der Unternehmensvereinigung objektiv nicht möglich ist.[402] Im Falle einer bloß drohenden Zahlungsunfähigkeit (§ 18 InsO) verfügt der Rechtsträger gegenwärtig über hinreichende Mittel zur Befriedigung fälliger Verbindlichkeiten, da andernfalls bereits eine eingetretene Zahlungsunfähigkeit gemäß § 17 InsO vorläge. Damit spricht das Erfordernis einer gegenwärtigen Zahlungsunfähigkeit in § 81b Abs. 1 GWB gegen eine Einbeziehung der drohenden Zahlungsunfähigkeit zur Begriffsbestimmung.
Dieser Befund lässt sich gegebenenfalls unter Berücksichtigung des Zwecks von § 18 InsO untermauern. Der Gesetzgeber der Insolvenzordnung woll-

398 *Salm-Hoogstraeten*, in: Braun, InsO, § 18 InsO, Rn. 7; *Pape*, in: K/P/B, InsO (Dokumentstand: 1. EL, 08.1998), § 18 InsO, Rn. 5.
399 *Hess*, in: KK-InsO, Bd. 1, § 18 InsO, Rn. 5.
400 *Salm-Hoogstraeten*, in: Braun, InsO, § 18 InsO, Rn. 9.
401 Siehe oben, Teil 2, B. I. 2 und III.
402 Vgl., BReg, Entwurf 10. GWB-Novelle v. 19.10.2020 – BT-Drs. 19/23492, S. 125.

te dem Schuldner mit § 18 InsO lediglich ein Instrument zur frühzeitigen Durchführung eines Insolvenzverfahrens zur Verfügung stellen.[403] Ausdruck dieses Zwecks ist die Beschränkung der Antragsbefugnis auf Schuldneranträge[404] und die fehlende Antragspflicht nach § 15a InsO[405]. Der Übertragung der materiellen Voraussetzungen des § 18 InsO auf § 81b Abs. 1 GWB steht damit entgegen, dass auch im Insolvenzrecht das Vorliegen einer drohenden Zahlungsunfähigkeit keinen wirtschaftlichen Zustand beschreibt, welcher die Durchführung eines Insolvenzverfahrens zwingend erfordert.[406] Eine Mitberücksichtigung dieser Voraussetzungen in § 81b Abs. 1 GWB hätte insofern eine Ausweitung des Anwendungsbereichs des § 81b GWB zufolge, die mit dem Erfordernis der restriktiven Auslegung[407] der Zahlungsunfähigkeit nicht vereinbar wäre.

Infolgedessen ist der Begriff der Zahlungsunfähigkeit in § 81b Abs. 1 GWB nicht so zu verstehen, dass dieser das Vorliegen der materiellen Voraussetzungen einer drohenden Zahlungsunfähigkeit gemäß § 18 InsO umfasst.[408]

3. Überschuldung (§ 19 Abs. 2 S. 1 InsO)

Die insolvenzrechtlichen Eröffnungsgründe werden durch den speziell für juristische Personen und Gesellschaften gemäß § 19 Abs. 3 InsO geltenden Insolvenzgrund der Überschuldung (§ 19 InsO) vervollständigt. Der auf juristische Personen und bestimmte Gesellschaften ausgerichtete Zuschnitt des § 19 InsO eröffnet Raum für die Überlegung, ob der Schuldner einer gemäß §§ 81 Abs. 1, 81c Abs. 4 GWB i. V. m. § 30 OWiG verhängten Geldbuße eventuell bereits mit Eintritt der Voraussetzungen einer Überschuldung

---

403 BReg, Entwurf InsO v. 15.04.1992 – BT-Drs. 12/2443, S. 114.

404 Siehe hierzu die in der Gesetzesbegründung gegenüber dem ursprünglichen Kommissionsvorschlag vorgenommene Beschränkung des Eröffnungsgrundes auf Schuldneranträge, BReg, Entwurf InsO v. 15.04.1992 – BT-Drs. 12/2443, S. 114.

405 Etwa, *K. Schmidt/Herchen*, in: K. Schmidt, InsO, § 15a InsO, Rn. 25.

406 Vgl., BReg, Entwurf InsO v. 15.04.1992 – BT-Drs. 12/2443, S. 114, die im Eröffnungsgrund der drohenden Zahlungsunfähigkeit allein eine Möglichkeit der Durchführung eines Insolvenzverfahrens sieht.

407 Siehe oben, Teil 2, D. II. 3.

408 Vgl. i. E. auch, *Könen*, npoR 2022, S. 163, 164; vgl. zu Art. 23 Abs. 4 VO 1/2003, *Feddersen*, in: D/F/M, KartellverfahrensVO, Art. 23 VO 1/2003, Rn. 74; a. A., *Vollmer*, in: MüKo-WettbewerbsR, GWB, § 81b GWB, Rn. 3, der generell auf das Vorliegen eines Eröffnungsgrundes abstellt.

(§ 19 InsO)[409] als zahlungsunfähig gemäß § 81b Abs. 1 GWB zu klassifizieren ist.

a) Der Begriff der Überschuldung, § 19 Abs. 2 InsO

Mit Art. 5 FMStG[410] wurde der Begriff der Überschuldung in § 19 Abs. 2 InsO - zunächst befristet[411], dann entfristet[412] - neu definiert.[413] Dabei knüpft der Gesetzgeber an die von *Karsten Schmidt*[414] vorgelegte und vom Bundesgerichtshof[415] vor Inkrafttreten der Insolvenzordnung übernommene[416] Konzeption des sogenannten modifizierten[417] zweistufigen Überschuldungsbegriffs an.[418] Gemäß § 19 Abs. 2 S. 1 InsO liegt eine Überschuldung »[...] vor, wenn das Vermögen des Schuldners die bestehenden Verbindlichkeiten nicht mehr deckt, es sei denn, die Fortführung des Unternehmens in den nächsten zwölf Monaten ist nach den Umständen überwiegend wahrscheinlich«. Demnach setzt sich der Überschuldungsbegriff aus zwei Prüfelementen zusammen[419], welche gleichwertig nebeneinander stehen.[420] Zum einen bedarf es einer rechnerischen Überschuldung im Sinne einer

409 Zur methodischen Übertragbarkeit der Legaldefinition auf nicht insolvenzfähige Rechtsträger, vgl. oben, Teil 2, E. III. 1. a).

410 Gesetz zur Umsetzung eines Maßnahmepakets zur Stabilisierung (Finanzmarktstabilisierungsgesetz) vom 17.10.2008, BGBl. 2008 I, S. 1982.

411 Nach Art. 7 Abs. 2 i. V. m. Art. 6 Abs. 3 FMStG sollte der neu definierte Überschuldungsbegriff zeitlich begrenzt bis zum 01.01.2011 gelten.

412 Art. 6 Abs. 3 FMStG wurde durch Art. 18 des Gesetzes zur Einführung einer Rechtsbehelfsbelehrung im Zivilprozess und zur Änderung anderer Vorschriften vom 05.12.2012 (BGBl. 2012, S. 2418) aufgehoben.

413 So auch, *Drukarczyk*, in: FS Baums, S. 340.

414 *K. Schmidt*, AG 1978, S. 334, 337–339; *K. Schmidt*, ZIP 1980, S. 233, 235 f.; *K. Schmidt*, JZ 1982, S. 165, 170 f.; *K. Schmidt*, Insolvenzrecht der Unternehmen, S. 50–52.

415 BGH, Urteil v. 12.07.1992 – II ZR 269/91, NJW 1992, S. 2891, 2894.

416 *Drukarczyk*, in: FS Baums, S. 340.

417 Siehe zum »alten« zweistufigen Überschuldungsbegriff etwa, *K. Schmidt*, DB 2008, S. 2467, 2468; *Steffek*, in: K/P/B, InsO (Dokumentstand: 69. EL, 11.2016), § 16 InsO, Rn. 14.

418 *K. Schmidt*, DB 2008, S. 2467, 2469; *Drukarczyk/Schüler*, in: MüKo-InsO, Bd. 1, § 19 InsO, Rn. 51; *Möhlmann-Mahlau/Schmitt*, NZI 2009, S. 19, 20; *Harz/Bornmann/Conrad/Ecker*, NZI 2015, S. 737, 741.

419 *Drukarczyk*, in: FS Baums, S. 341.

420 *Nissen*, in: Bork/Hölzle, InsO, Kap. 4, Rn. 111; *Reischl*, InsolvenzR, Rn. 123.

Vermögensinsuffizienz[421] (sogenanntes exekutorisches Element).[422] Eine solche rechnerische Überschuldung liegt vor, wenn ein Überschuldungsstatus[423] (auch: Überschuldungsbilanz[424]) als Vermögensbilanz[425] ergibt, dass das Vermögen des Schuldners bei Ansatz von Liquidationswerten[426] die bestehenden Verbindlichkeiten nicht deckt.[427] Trotz Vorliegens einer rechnerischen Überschuldung ist gemäß § 19 Abs. 2 S. 1 a. E. InsO eine *rechtliche* Überschuldung allerdings nicht anzunehmen, wenn die Fortführung des Unternehmens in den nächsten zwölf Monaten nach den Umständen überwiegend wahrscheinlich ist (sogenanntes prognostisches Element[428]). Nach der Rechtsprechung des Bundesgerichtshofs »[...] setzt eine positive Fortführungsprognose in subjektiver Hinsicht den Fortführungswillen des Schuldners bzw. seiner Organe und in objektiver Hinsicht die sich aus einem aussagekräftigen Unternehmenskonzept herzuleitende Lebensfähigkeit des Unternehmens voraus«.[429] Auf Grundlage des Unternehmenskonzepts muss damit eine Prognose darüber aufgestellt werden, ob eine überwiegende Wahrscheinlichkeit besteht, dass das Unternehmen innerhalb der anzusetzenden zwölf Monate Einnahmeüberschüsse in einer solchen Höhe erwirtschaften wird, dass gegenwärtige und künftige Verbindlichkeiten des Schuldners[430] gedeckt werden können.[431] Inhalt dieser Prognose ist nach wohl herrschender Auffassung keine Ertragsfähigkeitsprognose[432], sondern eine Prognose über die Zahlungsfähigkeit des Schuldners[433], bei der sämtli-

421 *Drukarczyk/Schüler*, in: MüKo-InsO, Bd. 1, § 19 InsO, Rn. 40.

422 *Drukarczyk/Schüler*, in: MüKo-InsO, Bd. 1, § 19 InsO, Rn. 51; *Mock*, in: Uhlenbruck, InsO, § 19 InsO, Rn. 39.

423 *Kühne*, in: Nickert/Lamberti, Rn. 362; *Laroche*, in: Kayser/Thole, § 19 InsO, Rn. 12.

424 *Bork*, Insolvenzrecht, Rn. 110; *Kühne*, in: Nickert/Lamberti, Rn. 362.

425 *Mock*, in: Uhlenbruck, InsO, § 19 InsO, Rn. 27; *Kühne*, in: Nickert/Lamberti, Rn. 365.

426 *K. Schmidt/Herchen*, in: K. Schmidt, InsO, § 19 InsO, Rn. 22; *Leithaus*, in: Andres/Leithaus, § 19 InsO, Rn. 9; *Laroche*, in: Kayser/Thole, § 19 InsO, Rn. 13.

427 So vor Inkrafttreten der InsO, BGH, Urteil v. 12.07.1992 – II ZR 269/91, NJW 1992, S. 2891, 2894; zu § 19 InsO, *Ampferl/Kilper*, in: Beck/Depré, InsO, § 2, Rn. 138.

428 Etwa, *Reichelt*, in: P/R/S/V, InsolvenzR, § 17, Rn. 32.

429 BGH, Urteil v. 13.07.2021 – II ZR 84/20, BGHZ 230, 255, 281, Rn. 68; BGH, Urteil v. 23.01.2018 – II ZR 246/15, NZI 2018, S. 407, 408.

430 Eine rechtsträgerbezogene Prüfung fordernd, *K. Schmidt*, ZIP 2013, S. 485, 490, 493; *K. Schmidt/Herchen*, in: K. Schmidt, InsO, § 19 InsO, Rn. 46; *Mock*, in: Uhlenbruck, InsO, § 19 InsO, Rn. 217; *Nissen*, in: Bork/Hölzle, InsO, Kap. 4, Rn. 117.

431 *Reichelt*, in: P/R/S/V, InsolvenzR, § 17, Rn. 45.

432 So aber, AG Hamburg, Beschluss v. 02.12.2011 – 67 c IN 421/11, NZI 2012, S. 85, 86 f.

433 Etwa, *K. Schmidt/Herchen*, in: K. Schmidt, InsO, § 19 InsO, Rn. 48; *Reischl*, InsolvenzR, Rn. 126; *Wolfer*, in: BeckOK-InsO (Stand: 01.11.2024), § 19 InsO, Rn. 10; *Leit-*

che Finanzquellen, das heißt neben den selbst erwirtschafteten Mitteln (sogenannte Innenfinanzierung) auch Möglichkeiten der Außenfinanzierung berücksichtigt werden können[434]. Zu prognostizieren ist demgemäß, ob der Schuldner im Falle der Fortführung des Unternehmens mit einer Wahrscheinlichkeit von über 50 %, das heißt überwiegend wahrscheinlich[435], zur Schuldendeckung in der Lage sein wird.[436] Fällt diese Prognose negativ aus, ist der künftige Eintritt einer Zahlungsunfähigkeit wahrscheinlich.[437]

Der Schuldner ist damit gemäß § 19 Abs. 2 InsO überschuldet, wenn eine rechnerische Überschuldung vorliegt und die Fortführungsprognose negativ ausfällt.

b) Vorliegen einer Zahlungsunfähigkeit gemäß § 81b Abs. 1 GWB

Damit stellt sich die Frage, ob das Vorliegen der materiellen Voraussetzungen des § 19 InsO als Zahlungsunfähigkeit nach § 81b Abs. 1 GWB begriffen werden kann.

Liegen die Voraussetzungen einer Überschuldung nach § 19 InsO vor, wird damit nur der Eintritt einer künftigen Illiquidität prognostiziert. Demzufolge verfügt der Schuldner einer nach §§ 81 Abs. 1, 81c Abs. 4 GWB i. V. m. § 30 OWiG verhängten Geldbuße, der nach § 19 InsO überschuldet, aber nicht gemäß § 17 InsO zahlungsunfähig ist, gegenwärtig über hinreichende Liquidität zur Zahlung der Geldbuße. Verlangt der Begriff der Zahlungsunfähigkeit in § 81b Abs. 1 GWB eine gegenwärtige Unfähigkeit zur Bußgeldzahlung[438], folgt daraus zugleich, dass das Vorliegen der materiellen Voraussetzungen einer Überschuldung nicht von der Tatbestandsvoraussetzung des § 81b Abs. 1 GWB erfasst werden kann. Daneben gebietet der

---

haus, in: Andres/Leithaus, § 19 InsO, Rn. 6; *Drukarczyk/Schüler*, in: MüKo-InsO, Bd. 1, § 19 InsO, Rn. 56; *Gutmann*, NZI 2022, S. 457, 462; *Fischer*, NZI 2016, S. 665, 665 f.; *Bitter/Kresser*, ZIP 2012, S. 1733, 1741 f.; OLG Hamburg, Urteil v. 08.11.2013 – 11 U 192/11, ZInsO 2013, S. 2447, 2449.

434 *Henkel*, in: Vallender/Undritz, Praxis InsolvenzR, § 4 InsO, Rn. 108; *Drukarczyk/Schüler*, in: MüKo-InsO, Bd. 1, § 19 InsO, Rn. 56; *Frystatzki*, NZI 2011, S. 173, 174; *Ampferl/Kilper*, in: Beck/Depré, InsO, § 2, Rn. 145.

435 Etwa, *Nissen*, in: Bork/Hölzle, InsO, Kap. 4, Rn. 119; *Fischer*, NZI 2016, S. 665, 666.

436 *Ampferl/Kilper*, in: Beck/Depré, InsO, § 2, Rn. 145; *K. Schmidt/Herchen*, in: K. Schmidt, InsO, § 19 InsO, Rn. 48.

437 BGH, Urteil v. 03.03.2022 – IX ZR 53/19, NJW 2022, S. 1457, 1459, Rn. 18.

438 Siehe oben, Teil 2, B. I 2.

Normzweck des § 81b GWB, die Bußgeldzahlung sicherzustellen[439], kein kartellbehördliches Vorgehen nach § 81b GWB, wenn der Bußgeldschuldner gegenwärtig über hinreichende Mittel zur Bußgeldzahlung verfügt und die Geldbuße infolgedessen (zwangsweise) gegen den Schuldner durchgesetzt werden könnte.

Konsequenterweise ist der Begriff der Zahlungsunfähigkeit in § 81b Abs. 1 GWB nicht so auszulegen, dass dieser das Vorliegen der materiellen Voraussetzungen einer Überschuldung gemäß § 19 InsO einbezieht.[440]

4. Zusammenfassung

Eine Zahlungsunfähigkeit nach § 81b Abs. 1 GWB liegt somit nur vor, wenn die wirtschaftliche Überforderung des Bußgeldschuldners einen derartigen Grad erreicht hat, dass die materiellen Voraussetzungen einer Zahlungsunfähigkeit nach § 17 Abs. 2 S. 1 InsO erfüllt sind.

IV. Kontrollüberlegungen: Regelungskonflikte zwischen dem § 81b GWB und dem Insolvenzverfahrensrecht

Ein solches Verständnis der Zahlungsunfähigkeit nach § 81b Abs. 1 GWB könnte allerdings dazu führen, dass Regelungskonflikte zwischen dem Insolvenzverfahrensrecht und der Ausübung kartellbehördlicher Befugnisse nach § 81b Abs. 1-3 GWB entstehen.[441] Diese Gefahr resultiert daraus, dass aufgrund der einheitlichen Auslegung des Begriffs der Zahlungsunfähigkeit ein kartellbehördliches Vorgehen nach § 81b GWB nur in Betracht kommt, wenn auch die Voraussetzungen einer Zahlungsunfähigkeit gemäß § 17 Abs. 2 S. 1 InsO vorliegen. Mit Eintritt der Zahlungsunfähigkeit des insolvenzfähigen[442] Bußgeldschuldners nach § 17 InsO hat das Insolvenzgericht bei hinreichender Masse zur Deckung der Verfahrenskosten (vgl.,

---

439 BReg, Entwurf 10. GWB-Novelle v. 19.10.2020 – BT-Drs. 19/23492, S. 125.

440 Vgl. i. E. auch, *Könen*, npoR 2022, S. 163, 164; vgl. zu Art. 23 Abs. 4 VO 1/2003, *Feddersen*, in: D/F/M, KartellverfahrensVO, Art. 23 VO 1/2003, Rn. 74; a. A., *Vollmer*, in: MüKo-WettbewerbsR, GWB, § 81b GWB, Rn. 3, der generell auf das Vorliegen eines Eröffnungsgrundes abstellt.

441 Eine fehlende Abstimmung annehmend, *Könen*, npoR 2022, S. 163, 164.

442 Siehe oben, Teil 2, E. II. 3. a) aa).

§ 26 Abs. 1 S. 1 InsO) das Insolvenzverfahren zu eröffnen.[443] Insbesondere die mit der Eröffnung eines Insolvenzverfahrens über das Vermögen des Rechtsträgers der Unternehmensvereinigung einhergehenden insolvenzverfahrensrechtlichen Wirkungen könnten die kartellbehördliche Durchsetzbarkeit einer nach § 81c Abs. 4 GWB bemessenen Geldbuße gemäß § 81b GWB in Frage stellen. Insofern ist klärungsbedürftig, inwieweit sich mögliche Beeinträchtigungen der Bußgelddurchsetzung nach § 81b GWB, die sich gegebenenfalls aus den insolvenzverfahrensrechtlichen Wirkungen ergeben, durch eine abweichende Auslegung des Begriffs der Zahlungsunfähigkeit auflösen lassen.

1. Insolvenzbeschlag

Die Durchsetzbarkeit einer Geldbuße nach § 81b GWB könnte durch den Insolvenzbeschlag beeinträchtigt werden. Mit der Eröffnung des Insolvenzverfahrens ist das zum Zeitpunkt der Verfahrenseröffnung vollstreckungsbefangene Vermögen des Insolvenzschuldners nach §§ 35 f. InsO beschlagnahmt.[444] Dieser Insolvenzbeschlag ist Ausdruck der haftungsrechtlichen Zuweisung des verbliebenen schuldnerischen Vermögens zugunsten der Gläubigergemeinschaft.[445] Die Rechtsfolgen des Insolvenzbeschlags sind gegenüber dem Schuldner und den Gläubigern gravierend: Aus der Sicht des Insolvenzschuldners ist im Regelinsolvenzverfahren[446] mit dem Insolvenzbeschlag insbesondere der Verlust der Verwaltungs- und Verfügungsbefugnis (§ 80 Abs. 1 InsO) verbunden.[447] Aus der Perspektive der Gläubiger resultiert aus dem Insolvenzbeschlag, dass das schuldnerische Vermögen allein der gemeinschaftlichen Befriedigung dient.[448] Beide Folgen des Insolvenzbeschlags können die Durchsetzbarkeit einer kartellbehördlich festgesetzten Geldbuße nach § 81b Abs. 1-3 GWB in Frage stellen.

---

443 Vgl., *Bork*, Insolvenzrecht, Rn. 101.

444 *Voigt-Salus*, in: P/R/S/V, InsolvenzR, § 21, Rn. 1.

445 Vgl. etwa, *H.-F. Müller*, in: Jaeger, InsO, Bd. 2, § 35 InsO, Rn. 2, 5 m. w. N.

446 Bei Anordnung der Eigenverwaltung behält der Insolvenzschuldner dagegen die Verwaltungs- und Verfügungsbefugnis, hat diese aber verfahrensspezifisch auszuüben (§ 270 InsO), *Hirte/Praß*, in: Uhlenbruck, InsO, § 35, Rn. 5; *H.-F. Müller*, in: Jaeger, InsO, Bd. 2, § 35 InsO, Rn. 5.

447 *Hirte/Praß*, in: Uhlenbruck, InsO, § 35 InsO, Rn. 5.

448 *Hirte/Praß*, in: Uhlenbruck, InsO, § 35 InsO, Rn. 5.

a) Verlangen von Deckungsbeiträgen gemäß § 81b Abs. 1 GWB

Ein möglicher Regelungskonflikt zwischen dem Insolvenzverfahrensrecht und § 81b Abs. 1 GWB ergibt sich daraus, dass die vertretungsberechtigten Personen des Rechtsträgers der Unternehmensvereinigung infolge des § 80 Abs. 1 InsO nach Verfahrenseröffnung gegebenenfalls nicht zu einem Verlangen zur Zahlung von Deckungsbeiträgen befugt sind. Außerdem könnte die tatsächliche Zahlung solcher Deckungsbeiträge an den Bußgeldschuldner dazu führen, dass die aufgewandten Zahlungsmittel durch den Insolvenzbeschlag erfasst werden und damit nicht mehr der alleinigen Befriedigung der Bußgeldforderung, sondern der gemeinschaftlichen Befriedigung der Gläubigergemeinschaft dienen.

aa) Geltendmachung von massezugehörigen Forderungen

Der Übergang der Verwaltungs- und Verfügungsbefugnis des Schuldners auf den Insolvenzverwalter gemäß § 80 Abs. 1 InsO hat zur Folge, dass nur der Insolvenzverwalter Ansprüche des Schuldners gegenüber Dritten geltend machen darf.[449] Ob das Verlangen von Deckungsbeiträgen nach § 81b Abs. 1 GWB die Geltendmachung einer vom Insolvenzbeschlag erfassten massezugehörigen Forderung darstellt, ist davon abhängig, inwieweit das Verlangen auf einer rechtlich durchsetzbaren Forderung des Bußgeldschuldners basiert. Damit ist die Frage nach der rechtlichen Grundlage des Verlangens von Deckungsbeiträgen nach § 81b Abs. 1 GWB aufgeworfen.

(1) Rechtsgrundlage eines Verlangens von Deckungsbeiträgen gemäß § 81b Abs. 1 GWB

Nach § 81b Abs. 1 GWB hat sich das Verlangen auf die Zahlung von »Beiträgen« zu beziehen. Die gesetzgeberische Bezeichnung der einzufordernden Zahlungen als »Beiträge« legt das Verständnis nahe, dass eine (gesellschaftsrechtliche) Pflicht zur Deckung der Geldbuße bei einem entsprechenden Verlangen und damit ein Anspruch des Rechtsträgers der Unternehmensvereinigung auf Zahlung des ausstehenden Betrags der Geldbuße gegenüber den Mitgliedern der Vereinigung besteht. Woraus ein der-

449 *Foerste*, Insolvenzrecht, Rn. 177.

artiges, rechtlich durchsetzbares Verlangen resultieren könnte, lassen § 81b Abs. 1 GWB und die Gesetzesbegründung jedoch offen.

Naheliegend ist insoweit das Bestehen einer gesellschaftsrechtlichen Verpflichtung der angeschlossenen Mitglieder zur Zahlung von Deckungsbeiträgen kraft Organisationsakt (z. B. auf Grundlage der Satzung eines Vereins) oder einer entsprechenden Nebenabrede. Das Bestehen einer solchen Anspruchsgrundlage setzt allerdings voraus, dass die Mitglieder dem maßgeblichen Organisationsakt und damit der Pflicht zur Zahlung von Deckungsbeiträgen zugestimmt haben.[450] Mit Blick auf das erhebliche wirtschaftliche Risiko, durch den Rechtsträger der Unternehmensvereinigung für die Zahlung von Deckungsbeiträgen zur Zahlung einer nach § 81c Abs. 4 GWB verhängten Geldbuße in Anspruch genommen zu werden, scheint es allerdings unwahrscheinlich, dass die Mitglieder eine derartige Zustimmung erteilen oder beitrittswillige Rechtsträger eine derartige Pflicht als Voraussetzung einer Mitgliedschaft anerkennen. Infolgedessen ist davon auszugehen, dass eine Zustimmung zu einer Zahlungspflicht von Deckungsbeiträgen im Falle eines Verlangens nach § 81b Abs. 1 GWB in der Regel nicht vorliegen wird.[451] Damit fehlt es in aller Regel an einer Rechtsgrundlage kraft Organisationsakt, welche mittels Verlangens gemäß § 81b Abs. 1 GWB geltend gemacht werden könnte.[452]

Die gesetzliche Anordnung des § 81b Abs. 1 GWB könnte aber selbst eine Anspruchsgrundlage des Rechtsträgers der Unternehmensvereinigung gegenüber den angeschlossenen Mitgliedern begründen. Dafür spricht,

---

450 Vgl. hierzu, *Bechtold/Bosch*, GWB, § 81b GWB, Rn. 2, welche das Bestehen eines Anspruchs auf Leistung von Deckungsbeiträgen von entsprechenden internen Regelungen oder einer bestimmten Organisationsform abhängig machen; ähnlich zu Art. 23 Abs. 4 VO 1/2003, *Sauer*, in: Schulte/Just, KartellR, Art. 23 VO 1/2003, Rn. 250.

451 Sollte im Ausnahmefall eine derartige Pflicht der Mitglieder zur Leistung von Deckungsbeiträgen im Organisationsakt vorgesehen sein, müsste unter Berücksichtigung des anwendbaren gesetzlichen Regelungsrahmens im Einzelfall geprüft werden, inwieweit eine solche (unbeschränkte und gegenüber allen Mitgliedern bestehende) Zahlungspflicht überhaupt wirksam ist. Außerdem müsste die Frage geklärt werden, ob die in § 81b Abs. 1-3 GWB vorgesehenen Befugnisse ausgeübt werden dürfen, wenn ein (nötigenfalls zwangsweise) durchsetzbarer Anspruch gerichtet auf die Zahlung von Deckungsbeiträgen zugunsten des Rechtsträgers der Unternehmensvereinigung aus dessen Organisationsakt resultiert. Da diese Fragen wohl hauptsächlich theoretischer Natur sind und letztendlich nur unter Berücksichtigung des konkreten Einzelfalls geklärt werden können, wird auf eine weitergehende Untersuchung dieser Fragestellungen an dieser Stelle verzichtet.

452 So i. E. auch, *Könen*, npoR 2022, S. 163, 164.

dass andernfalls die Zahlung von Deckungsbeiträgen zur Disposition der Mitglieder stünde, wenn eine wirksame Rechtsgrundlage zur Inanspruchnahme der Mitglieder nicht ausnahmsweise aus dem Organisationsakt abgeleitet werden kann. Die fehlende Zahlungswilligkeit der Mitglieder hätte zur Folge, dass § 81b Abs. 1 GWB regelmäßig nicht zur wirksamen Durchsetzung der Geldbuße verhelfen würde[453] und folglich die Wirksamkeit der Regelung sehr eingeschränkt wäre. Insbesondere wäre eine solche Zahlungsunwilligkeit in Bezug auf jene Mitglieder zu besorgen, die nicht unmittelbar durch die Kartellbehörde gemäß § 81b Abs. 2 und Abs. 3 GWB in Anspruch genommen werden und damit von vornherein nur im Rahmen des § 81b Abs. 1 GWB zahlungspflichtig sein können.[454]

Allerdings scheint bereits der Wortlaut des § 81b Abs. 1 GWB einer Klassifizierung als Anspruchsgrundlage entgegen zu stehen. Die Formulierung des § 81b Abs. 1 GWB legt im Gegensatz zu § 81b Abs. 2 GWB[455] weder ein »rechtliches Können«[456], also eine Ermächtigung des Bußgeldschuldners, noch eine rechtliche Verpflichtung der Mitglieder[457] zugrunde. Vielmehr wird allein auf ein Verlangen von Beiträgen zur Zahlung der Geldbuße Bezug genommen. Der Wortlaut deutet somit darauf hin, dass § 81b Abs. 1 GWB keine Anspruchsgrundlage, sondern lediglich eine Verpflichtung des Rechtsträgers der Unternehmensvereinigung zur Aufforderung der freiwilligen Entrichtung von Beiträgen gegenüber allen Mitgliedern normiert. Außerdem könnte das Verhältnis des § 81b Abs. 1 GWB zu § 81b Abs. 2 und Abs. 3 GWB einen Hinweis darauf geben, dass § 81b Abs. 1 GWB nicht als Anspruchsgrundlage zu klassifizieren ist. § 81b Abs. 1 GWB ist im Gegensatz zu § 81b Abs. 2 und Abs. 3 GWB nicht auf die Rechtsträger konkreter Mitgliedsunternehmen als potenzielle Anspruchsgegner begrenzt, sondern bezieht sämtliche Mitglieder mit ein, also auch angeschlossene Rechtsträger von Nicht-Unternehmen[458]. Die Rechtsträger von Nicht-Unternehmen

453 Vgl. zu Art. 23 VO 1/2003, *Bronett*, EU-KartellverfahrensR, Art. 23 VO 1/2003, Rn. 32.

454 Vgl. zu Art. 23 VO 1/2003, *Bronett*, EU-KartellverfahrensR, Art. 23 VO 1/2003, Rn. 32.

455 »[...] binnen derer die Unternehmensvereinigung von ihren Mitgliedern die Zahlung der Geldbuße verlangt«.

456 So zum Beispiel: »[...] binnen derer die Unternehmensvereinigung von ihren Mitgliedern die Beiträge zur Zahlung der Geldbuße verlangen *kann* [...]«.

457 So zum Beispiel: »[...] binnen derer die Mitglieder zur Entrichtung der Beiträge *verpflichtet sind*«.

458 Eine Beteiligung von Nicht-Unternehmen steht der Einordnung als Unternehmensvereinigung im Sinne des Art. 101 Abs. 1 Var. 2 AEUV nicht entgegen, etwa, *Zimmer*,

sind allerdings nicht Adressaten der Inanspruchnahme durch die Kartellbehörde gemäß § 81b Abs. 2 und Abs. 3 GWB. Würde § 81b Abs. 1 GWB als Anspruchsgrundlage eingeordnet werden, wäre nicht nachvollziehbar, weshalb eine durchsetzbare Inanspruchnahme sämtlicher Mitglieder nach § 81b Abs. 1 GWB, nicht aber nach § 81b Abs. 2 und Abs. 3 GWB möglich wäre. Gegen das Bestehen einer Rechtspflicht der Mitglieder zur Entrichtung von Beiträgen könnte zudem das systematische Verhältnis zu § 81b Abs. 4 GWB sprechen, der die Möglichkeit einer Haftungsbefreiung von Unternehmensträgern allein im Falle einer Inanspruchnahme nach § 81b Abs. 2 und Abs. 3 GWB vorsieht. Die mit § 81b Abs. 4 GWB normierte Haftungsbeschränkung würde unterlaufen werden, wenn § 81b Abs. 1 GWB auch eine Anspruchsgrundlage gegenüber Mitgliedern begründet, denen die Darlegung der haftungsbefreienden Umstände nach § 81b Abs. 4 GWB gelingt.

Dementsprechend kann § 81b Abs. 1 GWB nicht als eigenständige Anspruchsgrundlage angesehen werden.[459] Eine Anspruchsgrundlage des Rechtsträgers der Unternehmensvereinigung gegen die angeschlossenen Mitglieder gerichtet auf Zahlung von Deckungsbeiträgen besteht damit in aller Regel nicht.[460] Das Verlangen nach § 81b Abs. 1 GWB kann demnach grundsätzlich nur als Aufforderung zur freiwilligen Zahlung von Deckungsbeiträgen – etwa um den Rechtsträger der Unternehmensvereinigung zu erhalten[461] – verstanden werden.

(2) Befugnis zum Verlangen freiwilliger Deckungsbeiträge

Daran anknüpfend ist zu prüfen, inwieweit ein solches Verlangen nach § 81b Abs. 1 GWB im Regelinsolvenzverfahren durch den Insolvenzverwalter oder durch die vertretungsberechtigten Personen des Rechtsträgers der Unternehmensvereinigung zu formulieren ist. Entscheidend für die Beant-

in: Immenga/Mestmäcker, EU-KartellR, Art. 101 AEUV, Rn. 61; *Roth/Ackermann*, in: FK-KartellR, Bd. 2 (Dokumentstand: 101. EL, 03.2022), A. Grundfragen des Art. 101 Abs. 1 AEUV, Rn. 131.

459 So zu Art. 23 VO 1/2003 i. E. auch, *Bronett*, EU-KartellverfahrensR, Art. 23 VO 1/2003, Rn. 32.

460 Das Bestehen eines eigenen gesetzlichen oder satzungsmäßigen Forderungsrechts im Sinne des § 81b Abs. 1 GWB ablehnend, *Könen*, npoR 2022, S. 163, 164.

461 Vgl., *Studienvereinigung Kartellrecht*, Stellungnahme »Bußgeldsachen« (abrufbar im Internet: https://t1p.de/e4l8m [Link gekürzt], zuletzt geprüft: 27.01.2025), Rn. 8.

wortung dieser Frage ist der Zweck des § 80 InsO. Zweck des Übergangs des Verwaltungs- und Verfügungsrechts auf den Insolvenzverwalter ist es, masseschmälernde Einwirkungen durch den Schuldner zu vermeiden und damit die Sicherung der Insolvenzmasse zu gewährleisten.[462] In dem Regelfall, dass der Rechtsträger der Unternehmensvereinigung keinen Anspruch auf die Zahlung von Deckungsbeiträgen gegen die Mitglieder hat, kann in dem Verlangen nach § 81b Abs. 1 GWB keine Geltendmachung eines massezugehörigen Anspruchs gesehen werden. Das Verlangen nach § 81b Abs. 1 GWB kann insofern allenfalls dazu führen, dass infolge der freiwilligen Zahlung von Deckungsbeiträgen an den Insolvenzschuldner die Insolvenzmasse vergrößert wird. Eine Schmälerung der Insolvenzmasse droht dagegen nicht, sodass der Zweck des § 80 InsO nicht gebietet, dass der Insolvenzverwalter die Zahlung von Deckungsbeiträgen nach § 81b Abs. 1 GWB zu verlangen hat.

Mangels Bedürfnisses einer Zuweisung an den Insolvenzverwalter sind folglich die vertretungsberechtigten Personen des Bußgeldschuldners gemäß § 81b Abs. 1 GWB dazu berufen, freiwillig zu entrichtende Deckungsbeiträge von den Mitgliedern zu verlangen.

(3) Zusammenfassung

Da eine Aufforderung nach § 81b Abs. 1 GWB in aller Regel nicht die Geltendmachung eines massezugehörigen Anspruchs darstellt, sind die vertretungsberechtigten Personen des Bußgeldschuldners somit grundsätzlich auch nach Insolvenzverfahrenseröffnung ermächtigt, von den Mitgliedern der Vereinigung Deckungsbeiträge zu verlangen.

bb) Insolvenzbeschlag erlangter Zahlungsmittel

Hat der Bußgeldschuldner infolge eines Verlangens nach § 81b Abs. 1 GWB hinreichende Zahlungsmittel zur Deckung der Geldbuße empfangen, sollen diese Mittel nach der gesetzlichen Konzeption des § 81b GWB zur Befriedigung der Bußgeldforderung dienen. Nach Eröffnung des Insolvenzverfahrens über das Vermögen des Rechtsträgers der Unternehmensvereinigung

462 Etwa, *Sternal*, in: K. Schmidt, InsO, § 80 InsO, Rn. 1; *Mock*, in: Uhlenbruck, InsO, § 80 InsO, Rn. 4; *Kroth*, in: Braun, InsO, § 80 InsO, Rn. 1.

droht der Insolvenzbeschlag neu erworbener Zahlungsmittel der Bußgelddurchsetzung nach § 81b GWB allerdings im Wege zu stehen.[463]

(1) Neuerwerb des Rechtsträgers der Unternehmensvereinigung

Gemäß § 35 Abs. 1 a. E. InsO gehört auch der sogenannte Neuerwerb des Schuldners zur Insolvenzmasse.[464] Der Neuerwerb umfasst Vermögensgegenstände[465], welche der Schuldner nach Eröffnung des Insolvenzverfahrens erworben hat.[466] Werden infolge eines Verlangens nach § 81b Abs. 1 GWB Deckungsbeiträge an den Bußgeldschuldner als Insolvenzschuldner geleistet, können die aufgewandten Zahlungsmittel dem Insolvenzbeschlag unterfallen.[467] Das bedeutet, dass empfangene Zahlungsmittel als Teil der Insolvenzmasse gemäß § 35 Abs. 1 InsO klassifiziert werden müssten und damit haftungsrechtlich der gesamten Gläubigergemeinschaft zuzuordnen[468] wären. Die erlangten Zahlungsmittel würden danach der quotalen gemeinschaftlichen Befriedigung der Insolvenzgläubiger (§§ 38 f. InsO) dienen.[469] Selbst wenn die Mitglieder infolge eines Verlangens gemäß § 81b Abs. 1 GWB hinreichende Zahlungen zur Deckung der Geldbuße leisten würden, wäre somit zu besorgen, dass die aus der kartellbehördlichen Bußgeldentscheidung resultierende Forderung nicht oder allenfalls teilweise befriedigt wird. Die Durchsetzbarkeit der kartellbehördlichen Geldbuße gemäß § 81b Abs. 1 GWB wäre damit infolge des Insolvenzbeschlags des schuldnerischen Vermögens nach §§ 35 f. InsO wesentlich beeinträchtigt.

---

463 Zu Art. 23 VO 1/2003, *Feddersen*, in: D/F/M, KartellverfahrensVO, Art. 23 VO 1/2003, Rn. 77.

464 *Leithaus*, in: Andres/Leithaus, § 35 InsO, Rn. 11.

465 *H.-F. Müller*, in: Jaeger, InsO, Bd. 2, § 35 InsO, Rn. 102.

466 *Leithaus*, in: Andres/Leithaus, § 35 InsO, Rn. 11.

467 Vgl. zu Art. 23 VO 1/2003, *Feddersen*, in: D/F/M, KartellverfahrensVO, Art. 23 VO 1/2003, Rn. 77.

468 Allgemein zur haftungsrechtlichen Zuweisung infolge des Insolvenzbeschlags, etwa, *Häsemeyer*, Insolvenzrecht, Rn. 1.15; *Peters*, in: MüKo-InsO, Bd. 1, § 35 InsO, Rn. 22; *H.-F. Müller*, in: Jaeger, InsO, Bd. 2, § 35 InsO, Rn. 5 f.; *Hirte/Praß*, in: Uhlenbruck, InsO, Rn. 6 f., 9.

469 Ähnlich zu Art. 23 Abs. 4 VO 1/2003, *Feddersen*, in: D/F/M, KartellverfahrensVO, Art. 23 VO 1/2003, Rn. 77.

(2) Vermeidung eines Insolvenzbeschlags durch unmittelbare Zahlungen an die Kartellbehörde

Damit ist die Frage aufgeworfen, inwieweit sich ein solcher Insolvenzbeschlag sich vermeiden lässt oder im Falle eines insolvenzrechtlich verstandenen Begriffs der Zahlungsunfähigkeit nach § 81b Abs. 1 GWB vorprogrammiert ist. Der Insolvenzbeschlag ließe sich verhindern, wenn die vertretungsberechtigten Personen des Bußgeldschuldners die Mitglieder zur unmittelbaren Zahlung von Deckungsbeiträgen an die Kartellbehörde und damit an die Bundeskasse[470] gemäß § 81b Abs. 1 GWB auffordern dürften. Ob die vertretungsberechtigten Personen das Verlangen nach Deckungsbeiträgen dergestalt formulieren können, ist davon abhängig, ob § 81b Abs. 1 GWB und die Regelungen des Insolvenzverfahrensrechts Raum für eine derartige inhaltliche Ausgestaltung des Verlangens lassen.

(a) Wortlaut und Gesetzesbegründung

Ausgangspunkt der Prüfung ist der Wortlaut des § 81b Abs. 1 GWB und die Gesetzesbegründung. Der Wortlaut des § 81b Abs. 1 GWB bezeichnet die Zahlung als »Beitrag«. Die Gesetzesbegründung sieht in der Aufforderung zur Zahlung von Deckungsbeiträgen einen »Rückgriff« des Bußgeldschuldners bei den Mitgliedern.[471] Beide Formulierungen könnten so verstanden werden, dass die Deckungsbeiträge durch die Mitglieder an den Rechtsträger der Vereinigung zu zahlen sind. Zwingend ist ein derartiges Verständnis jedoch nicht. Auch eine unmittelbare Zahlung der Mitglieder an die Kartellbehörde kann als »Beitrag« zur Zahlung der Geldbuße begriffen werden, den der Bußgeldschuldner nicht selbst, sondern unter »Rückgriff« auf die angeschlossenen Mitglieder leistet. Dementsprechend kann allein auf Grundlage des Wortlauts und der Gesetzesbegründung zu § 81b GWB nicht mit Sicherheit ausgeschlossen werden, dass die vertretungsberechtigten Personen eine unmittelbare Zahlung von Deckungsbeiträgen (§ 81b Abs. 1 GWB) an die Kartellbehörde verlangen dürfen.[472]

---

470 Siehe oben, Teil 2, E. II. 1. c) aa).

471 BReg, Entwurf 10. GWB-Novelle v. 19.10.2020 – BT-Drs. 19/23492, S. 125.

472 Vgl. zu Art. 23 VO 1/2003, *Feddersen*, in: D/F/M, KartellverfahrensVO, Art. 23 VO 1/2003, Rn. 77, welcher den Wortlaut dahingehend auslegt, dass die Vereinigung verpflichtet ist, ihre Mitglieder zur unmittelbaren Leistung von Deckungsbeiträgen an die Kartellbehörde aufzufordern.

(b) Umgehung des Insolvenzverfahrensrechts

Aus der Perspektive des Insolvenzverfahrensrechts stellt sich die Frage, ob in der Aufforderung zur unmittelbaren Zahlung von freiwilligen Deckungsbeiträgen an die Kartellbehörde eine insolvenzverfahrensrechtlich missbilligte Umgehung zu sehen wäre.

Damit ist zu klären, inwieweit die zur Leistung von Deckungsbeiträgen aufgewandten Zahlungsmittel haftungsrechtlich den Gläubigern des Rechtsträgers der Unternehmensvereinigung zuzuordnen sind. Die haftungsrechtliche Zuordnung wird zugunsten der Gläubiger bewirkt, wenn es zu einem Neuerwerb des Insolvenzschuldners gemäß § 35 Abs. 1 a. E. InsO kommt. Selbst wenn infolge der Zahlung von Deckungsbeiträgen nach § 81b Abs. 1 GWB ein Neuerwerb stattfindet, resultiert die haftungsrechtliche Zuordnung der Mittel in aller Regel nicht aus der Einziehung eines massezugehörigen Anspruchs[473], sondern aus der Zufälligkeit, dass gleichzeitig zum Insolvenzverfahren über das Vermögen des Rechtsträgers einer Unternehmensvereinigung ein kartellbehördliches Vorgehen nach § 81b GWB stattfindet. Der Schutz der Insolvenzmasse vor masseschmälernden Eingriffen erfordert damit keine Zahlung freiwilliger Deckungsbeiträge an den Rechtsträger der Unternehmensvereinigung. Vielmehr würde es zu einer zufälligen Besserstellung der Insolvenzgläubiger kommen, wenn Zahlungen an den Bußgeldschuldner zur Deckung der Bußgeldforderung freiwillig geleistet werden, die dem Insolvenzbeschlag unterfallen. Daraus folgt, dass das Insolvenzverfahrensrecht zumindest dann, wenn es sich um die freiwillige Leistung von Deckungsbeiträgen nach § 81b Abs. 1 GWB handelt, der Aufforderung zur unmittelbaren Zahlung von Deckungsbeiträgen an die Kartellbehörde nicht entgegensteht.

(c) Effektive Durchführung der »ECN-Plus«-Richtlinie

Gegebenenfalls ist ein Verständnis des § 81b Abs. 1 GWB, welches eine Aufforderung zur unmittelbaren Zahlung von Deckungsbeiträgen an die Kartellbehörde zulässt, zur effektiven Durchführung des Art. 14 Abs. 3 und Abs. 4 »ECN-Plus«-Richtlinie sogar geboten. Wie sich aus Erwägungsgrund Nr. 48 der Richtlinie ergibt, soll mithilfe der in Art. 14 Abs. 3 und Abs. 4 »ECN-Plus«-Richtlinie vorgezeichneten Befugnisse gewährleistet

473 Siehe oben, Teil 2, E. IV. 1 a) aa).

werden, dass die Geldbuße tatsächlich bezahlt wird. Der ohnehin schwache Anreiz der Mitglieder zur Entrichtung freiwilliger Beiträge gemäß § 81b Abs. 1 GWB würde jedoch noch weiter geschwächt, wenn die zur Zahlung der Geldbuße aufgewandten Mittel gegebenenfalls durch den Insolvenzbeschlag erfasst und infolgedessen nicht in voller Höhe zur Zahlung der festgesetzten Geldbuße dienen würden.

Um zu vermeiden, dass die Durchsetzung der Geldbuße mittels der Zahlung von Deckungsbeiträgen gemäß § 81b Abs. 1 GWB durch das Insolvenzrecht konterkariert wird, ist § 81b Abs. 1 GWB folglich so zu verstehen, dass die vertretungsberechtigten Personen des Bußgeldschuldners die Mitglieder der Vereinigung dazu auffordern können, Beiträge unmittelbar an die Kartellbehörde zu leisten.[474]

b) Kartellbehördliche Inanspruchnahme nach § 81b Abs. 2 bzw. Abs. 3 GWB

Ein ähnlich gelagerter Regelungskonflikt zwischen dem Insolvenzverfahrensrecht und § 81b GWB könnte entstehen, wenn das Bundeskartellamt die in § 81b Abs. 2 bzw. Abs. 3 GWB normierten Befugnisse ausübt. Eine Beeinträchtigung der Bußgelddurchsetzung nach § 81b GWB würde dann drohen, wenn die adressierten Mitglieder infolge einer Aufforderung nach § 81b Abs. 2 oder Abs. 3 GWB dazu verpflichtet wären, das Vermögen des Rechtsträgers der Unternehmensvereinigung durch Zahlungen aufzustocken. Bei gleichzeitiger Durchführung eines Insolvenzverfahrens über das Vermögen des Bußgeldschuldners würde sich der Insolvenzbeschlag insofern auf die geleisteten Zahlungsmittel als Neuerwerb des Insolvenzschuldners gemäß § 35 Abs. 1 Hs. 2 InsO erstrecken.[475] Damit stellt sich die Frage, ob die einstandspflichtigen Mitglieder durch ein kartellbehördliches Zahlungsverlangen zur Leistung an den Rechtsträger der Unternehmensvereinigung verpflichtet werden oder ob § 81b Abs. 2 und Abs. 3 GWB eine unmittelbare Zahlung an die Kartellbehörde vorsieht[476].

474 Dies zugrundelegend, *Könen*, npoR 2022, S. 163, 164; zu Art. 23 Abs. 4 VO 1/2003, *Feddersen*, in: D/F/M, KartellverfahrensVO, Art. 23 VO 1/2003, Rn. 77; ähnlich, *Biermann*, in: Immenga/Mestmäcker, EU-KartellR, Art. 23 VO 1/2003, Rn. 318; *Sura*, in: Bunte, EU-KartellR, Art. 23 VO 1/2003, Rn. 15.

475 Vgl. oben, Teil 2, E. IV. 1. a) bb) (1).

476 Ein derartiges Verständnis im Rahmen des Art. 23 Abs. 4 UAbs. 2 VO 1/2003 zugrunde legend, *Bronett*, EU-KartellverfahrensR, Art. 23 VO 1/2003, Rn. 39.

aa) Wortlaut und Binnensystematik

Hinweise könnten sich aus dem Wortlaut der § 81b Abs. 2 und Abs. 3 GWB und deren Verhältnis zu § 81b Abs. 1 GWB ergeben. § 81b Abs. 2 GWB normiert, dass die Kartellbehörde unter bestimmten Voraussetzungen »[...] die Zahlung des ausstehenden Betrags der Geldbuße direkt von jedem Unternehmen verlangen [kann] [...]«. Hieran knüpft § 81b Abs. 3 GWB an, der regelt, dass die Kartellbehörde die Zahlung »[...] auch von jedem Mitglied der Unternehmensvereinigung verlangen [kann] [...]«. Die Formulierung, dass die Kartellbehörde »direkt« Zahlung von den Einstandspflichtigen fordern darf, lässt verschiedene Interpretationen zu. Einerseits kann der Wortlaut dahingehend gedeutet werden, dass mit der Einstandspflicht der benannten Unternehmensträger auch die Pflicht zur direkten Zahlung an die Kartellbehörde einhergeht. Andererseits liegt mit Blick auf die Ausgestaltung des § 81b Abs. 1 GWB das Verständnis nahe, dass der Kartellbehörde allein die Befugnis eingeräumt werden soll, die einstandspflichtigen Mitglieder nach § 81b Abs. 2 und Abs. 3 GWB zur Aufstockung des Vermögens des Bußgeldschuldners auffordern zu können. Von größerer Bedeutung könnte mit Blick auf den Wortlaut sein, dass § 81b Abs. 2 und Abs. 3 GWB jeweils die Befugnis normieren, die »Zahlung des ausstehenden Betrags« zu verlangen. In Abweichung zu § 81b Abs. 1 GWB wird das verlangte Etwas nicht als »Beitrag«, sondern als »Zahlung« bezeichnet. Daraus kann womöglich gefolgert werden, dass die Einstandspflichtigen nach § 81b Abs. 2 und Abs. 3 GWB unmittelbar zur Zahlung an die Kartellbehörde verpflichtet werden. Würden § 81b Abs. 2 und Abs. 3 GWB eine Zahlung an den Rechtsträger der Unternehmensvereinigung verlangen, obläge die eigentliche Zahlung des ausstehenden Betrags der Geldbuße entgegen dem Wortlaut des § 81b Abs. 2 GWB nicht den Unternehmensträgern selbst. Die Bezeichnung des konkreten kartellbehördlichen Verlangens als Zahlungsverlangen deutet somit daraufhin, dass die kartellbehördliche Befugnis nach § 81b Abs. 2 und Abs. 3 GWB auch die Befugnis zur Aufforderung gegenüber den angeschlossenen Unternehmensträger zur unmittelbaren Zahlung an die Kartellbehörde umfasst.

bb) Sicherstellung der Bußgeldzahlung

Die Auslegung des § 81b Abs. 2 und Abs. 3 GWB bemisst sich letztlich danach, welches Verständnis die Erreichung des Normzwecks bestmöglich gewährleistet. Damit kommt es entscheidend darauf an, wie die Bußgelddurchsetzung nach § 81b Abs. 2 und Abs. 3 GWB sichergestellt[477] werden kann.

Wird die in § 81b Abs. 2 und Abs. 3 GWB normierte Befugnis so verstanden, dass die Unternehmensträger zur Aufstockung des Vermögens des Bußgeldschuldners verpflichtet werden, müssten diese Zahlungsmittel in Höhe der Inanspruchnahme an den Rechtsträger der Unternehmensvereinigung leisten, welcher diese an das Bundeskartellamt »weiterzuleiten« hätte. Wurde über das Vermögen des Bußgeldschuldners das Insolvenzverfahren eröffnet, würden die Zahlungsmittel infolge eines Neuerwerbs nach § 35 Abs. 1 Hs. 2 InsO dem Insolvenzbeschlag unterfallen und könnten folglich nicht zur alleinigen Befriedigung der Bußgeldzahlung an die Kartellbehörde verwandt werden. Selbst wenn die Insolvenzverfahrenseröffnung – beispielsweise mangels hinreichender Masse (§ 26 Abs. 1 S. 1 InsO) – ausbliebe, bestünde die Gefahr, dass die Zahlungen der Mitglieder infolge eines Zugriffs anderer Gläubiger des Bußgeldschuldners nicht vollständig zur Zahlung der Geldbuße genutzt werden könnten. Wird § 81b Abs. 2 und Abs. 3 GWB dagegen so ausgelegt, dass die Unternehmensträger zur unmittelbaren Zahlung an die Kartellbehörde verpflichtet sind, besteht die Gefahr einer Beeinträchtigung der wirksamen Bußgelddurchsetzung nicht.

Um dem Normzweck des § 81b GWB gerecht zu werden, ist § 81b Abs. 2 und Abs. 3 GWB infolgedessen so zu verstehen, dass damit eine kartellbehördliche Befugnis zur unmittelbaren Inanspruchnahme der einstandspflichtigen Unternehmensträger normiert wird.

c) Ergebnis

Mögliche Regelungskonflikte, die aus dem Insolvenzbeschlag des Vermögens des Bußgeldschuldners resultieren können, lassen sich somit vermeiden, ohne dass eine vom insolvenzrechtlichen Verständnis abweichende Auslegung des Begriffs der Zahlungsunfähigkeit in § 81b Abs. 1 GWB erforderlich wäre.

---

477 BReg, Entwurf 10. GWB-Novelle v. 19.10.2020 – BT-Drs. 19/23492, S. 125.

2. Grundsatz der Gläubigergleichbehandlung

Die nach Maßgabe des § 17 Abs. 2 S. 1 InsO erfolgende Auslegung des Begriffs der Zahlungsunfähigkeit in § 81b Abs. 1 GWB könnte außerdem Regelungskonflikte zwischen § 81b GWB und dem Insolvenzverfahrensrecht auslösen, welche womöglich auf den Grundsatz der Gläubigergleichbehandlung zurückzuführen sind.

Kernstück des Insolvenzrechts[478] ist das Gerechtigkeitspostulat[479] des Grundsatzes der Gläubigergleichbehandlung.[480] Der Grundsatz der Gläubigergleichbehandlung formuliert einen Ordnungssatz, der zur Sicherung des sozialen Friedens[481] die Chancengleichheit aller Gläubiger hinsichtlich deren Rechtsverwirklichung gewährleistet.[482] Damit ist das Gebot einer gemeinschaftlichen und gleichmäßigen Befriedigung sämtlicher Gläubiger eines Schuldners aus dem Haftungsvermögen bzw. aus dem Verwertungserlös angesprochen.[483] Außerhalb des Insolvenzverfahrens ist eine Bevorzugung einzelner Gläubiger infolge privatautonomer Entscheidungen des Schuldners oder deren Befriedigung im Zuge von Maßnahmen der Einzelzwangsvollstreckung hinzunehmen.[484] Dagegen findet eine Privilegierung von Gläubigern oder Gläubigergruppen im Insolvenzverfahren grundsätzlich nicht statt.[485] Eine – nur in engen Grenzen zulässige – Ausnahme vom Grundsatz der Gläubigergleichbehandlung setzt demgemäß eine entsprechende gesetzgeberische Entscheidung voraus[486] und bedarf einer besonderen Rechtfertigung. Insofern muss an der Besserstellung einzelner Gläubiger im Insolvenzverfahren ein überwiegendes Interesse bestehen,

---

478 Zur KO, BGH, Urteil v. 13.07.1983 – VIII ZR 246/82, BGHZ 88, 147, 151; zur InsO, *Bork*, Insolvenzrecht, Rn. 2; ähnlich, *Schultz*, in: P/R/S/V, InsolvenzR, § 12, Rn. 10; *Stürner*, in: MüKo-InsO, Bd. 1, Einl., Rn. 1.

479 Siehe zur KO, *Häsemeyer*, KTS 1982, S. 507, 521 f., der den Gleichbehandlungsgrundsatz als Prinzip eines gerechten Ausgleichs zwischen den Konkursgläubigern einordnet.

480 *Ehricke/Behme*, in: MüKo-InsO, Bd. 1, § 38 InsO, Rn. 5; vgl., BReg, Entwurf InsO v. 15.04.1992 – BT-Drs. 12/2443, S. 108.

481 Hierzu, *Häsemeyer*, Insolvenzrecht, Rn. 2.01.

482 *Weiland*, in: LD Martinek, S. 774 m. w. N.

483 *Schultz*, in: P/R/S/V, InsolvenzR, § 12, Rn. 10; *A. Schmidt*, in: HambK-InsolvenzR, § 1 InsO, Rn. 33.

484 *Häsemeyer*, Insolvenzrecht, Rn. 2.01; *Humberg*, in: BK-InsO (Dokumentstand: 11.2022), § 1 InsO, Rn. 15.

485 *Häsemeyer*, Insolvenzrecht, Rn. 2.02.

486 *Ehricke/Behme*, in: MüKo-InsO, Bd. 1, § 38 InsO, Rn. 5.

welches dem Interesse an einer möglichst umfangreichen und gleichmäßigen Befriedigung sämtlicher Gläubiger vorgeht.[487]

Damit ist die Frage aufgeworfen, ob die Bußgelddurchsetzung nach § 81b GWB im Falle der Eröffnung eines Insolvenzverfahrens über das Vermögen des Bußgeldschuldners eine aus Sicht des Grundsatzes der Gläubigergleichbehandlung insolvenzverfahrensrechtlich zu missbilligende Privilegierung begründet.

a) Sicherstellung der Durchsetzbarkeit einer als nachrangig eingeordneten Insolvenzforderung

Ein möglicher Regelungskonflikt könnte insofern zwischen § 81b GWB und § 39 InsO entstehen. Ausprägung des Grundsatzes der Gläubigergleichbehandlung ist, dass Gleiches gleich, Ungleiches dagegen ungleich zu behandeln ist.[488] Die in § 39 InsO vorgesehenen Nachrangigkeit bestimmter Insolvenzforderungen knüpft an diesen Grundgedanken an.[489] § 39 InsO basiert auf der gesetzgeberischen Vorstellung, dass bestimmte Verbindlichkeiten zwar nicht von vornherein vollständig vom Insolvenzverfahren ausgeschlossen werden sollen[490], aber aufgrund verschiedener sachlicher Gründe[491] nur bei einer vorherigen Berichtigung sämtlicher Forderungen der Insolvenzgläubiger nach § 38 InsO zu befriedigen sind[492].

Die im Gesetz angelegte und aufgrund sachlicher Gründe gebotene Ungleichbehandlung von nicht-nachrangigen (§ 38 InsO) und nachrangigen (§ 39 InsO) Insolvenzforderungen droht allerdings durch die in § 81b GWB normierten kartellbehördlichen Befugnisse zur Durchsetzung der Bußgeldforderung unterlaufen zu werden. Ein möglicher Wertungswiderspruch zwischen § 81b GWB und § 39 InsO könnte dahingehend daraus resultieren, dass nach § 81b GWB eine Bußgeldforderung durchsetzbar sein soll[493], die im Insolvenzverfahren gemäß § 39 Abs. 1 S. 1 Nr. 3 InsO nur nachrangig zu befriedigen ist.

---

487 *Ehricke/Behme*, in: MüKo-InsO, Bd. 1, § 38 InsO, Rn. 5.

488 *Schultz*, in: P/R/S/V, InsolvenzR, § 12, Rn. 10 m. w. N.

489 *Schultz*, in: P/R/S/V, InsolvenzR, § 12, Rn. 10.

490 So noch die Rechtslage unter Geltung der Konkurs- und Vergleichsordnung (§ 63 KO und § 29 VglO).

491 Siehe hierzu, *Ehricke/Behme*, in: MüKo-InsO, Bd. 1, § 39 InsO, Rn. 9.

492 Etwa, *Hirte*, in: Uhlenbruck, InsO, § 39 InsO, Rn. 1.

493 BReg, Entwurf 10. GWB-Novelle v. 19.10.2020 – BT-Drs. 19/23492, S. 125.

Dieser mögliche Wertungswiderspruch lässt sich allerdings unter Umständen unter Berücksichtigung des Zwecks von § 39 Abs. 1 S. 1 Nr. 3 Var. 2 InsO auflösen. Grundgedanke des § 39 Abs. 1 S. 1 Nr. 3 Var. 2 InsO ist, dass der pönale Charakter, der von einer Geldbuße ausgeht, den Schuldner, nicht aber die Insolvenzgläubiger durch die Belastung der Insolvenzmasse, treffen soll.[494] Die Nachrangigkeit von Geldbußen im Insolvenzverfahren lässt sich somit nicht dadurch erklären, dass mit Eröffnung des Insolvenzverfahrens kein weiteres gesetzgeberisches Interesse an der Durchsetzung der Bußgeldforderung bestünde. Vielmehr soll verhindert werden, dass die gegenüber dem Schuldner verhängte Geldbuße eine Sanktionswirkung gegenüber den am Insolvenzverfahren beteiligten Gläubigern entfaltet.[495] Wird die Geldbuße gemäß § 81b Abs. 1-3 GWB und damit außerhalb des Insolvenzverfahrens durchgesetzt, wird die Insolvenzmasse von vornherein nicht durch die Geldbuße belastet. Der die Nachrangigkeit von Geldbußen im Insolvenzverfahren rechtfertigende sachliche Grund, die nicht-nachrangigen und ranghöheren nachrangigen Insolvenzgläubiger nicht durch eine Belastung der Insolvenzmasse zu treffen, entfällt somit bei einer Bußgelddurchsetzung gemäß § 81b GWB.

Infolgedessen besteht kein Wertungswiderspruch zwischen der Anordnung der Nachrangigkeit einer Geldbuße gemäß § 39 Abs. 1 S. 1 Nr. 3 InsO und der gesetzgeberisch anvisierten Gewährleistung der vollständigen Durchsetzbarkeit einer nach §§ 81 Abs. 1, 81c Abs. 4 GWB i. V. m. § 30 OWiG verhängten Geldbuße.

b) Schaffung eines sogenannten »Fiskusprivilegs« durch § 81b Abs. 1-3 GWB nach Eröffnung des Insolvenzverfahrens

Zudem könnte ein gegebenenfalls in § 81b GWB zu sehendes sogenanntes »Fiskusprivileg« insolvenzverfahrensrechtlich zu missbilligen sein. Dem liegt die Überlegung zu Grunde, dass der Grundsatz der Gläubigergleichbehandlung durch Vorrechte in Frage gestellt wird, die sich der Staat zur

---

494 BGH, Urteil v. 14.10.2010 – IX ZR 16/10, NZI 2011, S. 189; *Häsemeyer*, Insolvenzrecht, Rn. 17.15; *Ehricke/Behme*, in: MüKo-InsO, Bd. 1, § 39 InsO, Rn. 23; *Könen*, in: K/P/B, InsO (Dokumentstand: 93. EL, 09.2022), § 39 InsO, Rn. 19.

495 *K. Schmidt/Herchen*, in: K. Schmidt, InsO, § 39 InsO, Rn. 15; *Ehricke/Behme*, in: MüKo-InsO, Bd. 1, § 39 InsO, Rn. 23.

bestmöglichen Befriedigung seiner eigenen Forderungen im Insolvenzverfahren einräumt.[496]

Mit § 81b GWB werden staatliche Befugnisse geschaffen, die eine Bußgelddurchsetzung im Falle der Zahlungsunfähigkeit des Bußgeldschuldners auch nach Eröffnung des Insolvenzverfahrens sicherstellen sollen. Vor diesem Hintergrund erscheint die Gewährleistung der Durchsetzbarkeit einer Bußgeldzahlung durch § 81b GWB als ein insolvenzrechtlich zu missbilligendes Vorrecht des Staates, das mit dem Grundsatz der Gläubigergleichbehandlung nicht zu vereinbaren ist. Ob diese Privilegierung in Konflikt mit dem insolvenzrechtlichen Grundsatz der Gläubigergleichbehandlung steht, ist mit Blick auf die gegenständliche Reichweite des insolvenzrechtlichen Verfahrensgrundsatzes allerdings in Zweifel zu ziehen. Das im Grundsatz der Gläubigergleichbehandlung zum Ausdruck kommende Postulat der gleichmäßigen Befriedigung von Insolvenzgläubigern bezieht sich auf das haftende Vermögen des Schuldners.[497] Es geht damit um die gerechte, am Anteil der jeweiligen Insolvenzforderung bemessene, Befriedigung der Insolvenzgläubiger aus der verwerteten Insolvenzmasse.[498] Da die gegenständliche Reichweite des Grundsatzes der Gläubigergleichbehandlung auf die Insolvenzmasse begrenzt ist, folgt daraus zugleich, dass der Verfahrensgrundsatz einer Befriedigung einzelner Insolvenzforderungen durch einen Eingriff in Vermögenspositionen Dritter nicht entgegensteht.[499] Für die Frage, inwieweit die durch § 81b Abs. 2 und Abs. 3 GWB ermöglichte Inanspruchnahme der konkretisierten Unternehmensträger dem insolvenzverfahrensrechtlichen Grundsatz der Gläubigergleichbehandlung zuwiderläuft, kann insoweit nichts anderes gelten. Mangels Schmälerung der Insolvenzmasse steht die Bußgelddurchsetzung gemäß § 81b GWB auch nach Eröffnung des Insolvenzverfahrens über das Vermögen des Bußgeldschuldners nicht in Konflikt mit dem Grundsatz der Gläubigergleichbehandlung.

---

496 Vgl. zu § 55 Abs. 4 InsO, *Ehricke/Behme*, in: MüKo-InsO, Bd. 1, § 38 InsO, Rn. 7.

497 *A. Schmidt*, in: HambK-InsolvenzR, § 1 InsO, Rn. 33.

498 *A. Schmidt*, in: HambK-InsolvenzR, § 1 InsO, Rn. 33; *Bork*, Insolvenzrecht, Rn. 2.

499 Parallel hierzu verstößt es beispielsweise nicht gegen den insolvenzrechtlichen Grundsatz der Gläubigergleichbehandlung, wenn der durch einen Bürgschaftsvertrag gesicherte Insolvenzgläubiger nach Eröffnung des Insolvenzverfahrens im Zuge der Inanspruchnahme des Bürgens die gesicherte Forderung (vollständig) durchsetzen kann, siehe zur Inanspruchnahme des Bürgen im Falle der Insolvenz des Hauptschuldners etwa, *Beckmann*, in: Dauner-Lieb/Langen, BGB Schuldrecht, § 765 BGB, Rn. 76, 78.

c) Ergebnis

Aus dem Grundsatz der Gläubigergleichbehandlung resultiert folglich kein Regelungskonflikt zwischen § 81b GWB und dem Insolvenzverfahrensrecht. Das hat zur Folge, dass sich insofern kein Gebot einer abweichenden Auslegung des Begriffs der Zahlungsunfähigkeit ergibt.

3. Drohende Vollbeendigung des Rechtsträgers der Unternehmensvereinigung

Unsicherheiten hinsichtlich eines kartellbehördlichen Vorgehens nach § 81b GWB bestehen allerdings, wenn der Bußgeldschuldner infolge der Durchführung eines Insolvenzverfahrens vollbeendigt wurde. Es ist daher zu prüfen, inwiefern eine gegebenenfalls insolvenzverfahrensrechtlich bedingte Vollbeendigung des Bußgeldschuldners dazu führt, dass eine Bußgelddurchsetzung nach § 81b GWB ausscheidet.

a) Wirkung der Eröffnung des Insolvenzverfahrens am Beispiel des Vereins

Regelmäßig ist der nach deutschem Recht strukturierte Rechtsträger einer Unternehmensvereinigung als Verein gemäß § 21 BGB organisiert.[500] Aufgrund dessen soll die Wirkung der Eröffnung eines Insolvenzverfahrens am Beispiel des Vereins untersucht werden.

Ist der Bußgeldschuldner ein Verein, führt die Eröffnung des Insolvenzverfahrens oder der Eintritt der Rechtskraft des Abweisungsbeschlusses mangels Masse (§ 26 Abs. 1 S. 1 InsO) gemäß § 42 Abs. 1 S. 1 BGB dazu, dass der Rechtsträger aufgelöst wird. Die Auflösung hat zur Folge, dass der Verein gemäß § 49 Abs. 2 BGB zum Zweck der Abwicklung bis zur Vollbeendigung weiterhin als rechtsfähiger Verein existiert.[501] Verfügt der Verein

---

500 *Bundesverband der deutschen Industrie e. V.*, Stellungnahme 10. GWB-Novelle 2020 (abrufbar im Internet: https://t1p.de/v4guw [Link gekürzt], zuletzt geprüft: 27.01.2025), S. 37; *Achenbach*, in: FK-KartellR, Bd. 6 (Dokumentstand: 103. EL, 09.2022), § 81b GWB, Rn. 2; so zu Wirtschaftsverbänden, *Brouwer*, CCZ 2009, S. 161; *Angerbauer*, Wirtschaftsverbände, S. 43.

501 *Leuschner*, in: MüKo-BGB, Bd. 1, § 42 BGB, Rn. 7; *Schöpflin*, in: BeckOK-BGB (Stand: 01.08.2024), § 42 BGB, Rn. 3; *Schwennicke*, in: Staudinger, BGB, §§ 21-79, § 42 BGB, Rn. 12.

nach Aufhebung des Insolvenzverfahrens gemäß § 200 Abs. 1 InsO über kein Vermögen mehr, ist die Aufhebung des Insolvenzverfahrens durch das Registergericht von Amts wegen in das Vereinsregister einzutragen (§ 74 Abs. 1 S. 2 Nr. 4 BGB) und der Verein im Register zu löschen.[502] Spätestens nach der Liquidation und Löschung aus dem Vereinsregister[503] ist der Verein vollbeendigt, verliert seine Rechtspersönlichkeit[504] und ist damit nicht mehr rechtlich existent[505].

b) Folge der Vollbeendigung für die Bußgelddurchsetzung nach § 81b GWB

Ob ein kartellbehördliches Vorgehen gemäß § 81b GWB nach Vollbeendigung des Bußgeldschuldners durchgeführt werden kann, ist davon abhängig, inwieweit das (Fort-)Bestehen der rechtlichen Existenz des Bußgeldschuldners Voraussetzung des § 81b Abs. 1-3 GWB ist.[506]

aa) Vollbeendigung vor der kartellbehördlichen Fristsetzung gemäß § 81b Abs. 1 GWB

Wurde der Bußgeldschuldner vollbeendigt, bevor das Bundeskartellamt eine Frist gemäß § 81b Abs. 1 GWB gesetzt hat, ist die Bußgelddurchsetzung nach § 81b GWB womöglich konstruktiven Hürden ausgesetzt. Es fehlt dann an einem Adressaten, gegenüber dessen vertretungsberechtigte Personen eine Frist gesetzt werden könnte. In diesem Fall kann eine kar-

502 *Stöber*, in: BeckOGK-BGB (Stand: 01.11.2024), § 42 BGB, Rn. 23.

503 Ob der Eintragung der Löschung im Vereinsregister konstitutive Wirkung zukommt und damit auch im Vereinsrecht die Lehre vom (erweiterten) Doppeltatbestand gilt, ist umstritten, siehe hierzu etwa, *Könen*, in: BeckOGK-BGB (Stand: 01.10.2024), § 49 BGB, Rn. 11–13.2 m. w. N., der die Annahme einer konstitutiven Wirkung befürwortet; ebenso, *Leuschner*, in: MüKo-BGB, Bd. 1, Vorbemerkung (Vor § 41 BGB), Rn. 33 f.; zu § 41 BGB, *Stöber*, in: BeckOGK-BGB (Stand: 01.08.2024), § 41 BGB, Rn. 31; *Westermann*, in: Erman, BGB, § 41 BGB, Rn. 1; a. A. etwa, *Eckardt*, in: NK-BGB, AT, § 41 BGB, Rn. 19.

504 *Schöpflin*, in: BeckOK-BGB (Stand: 01.11.2024), § 41 BGB, Rn. 11.

505 *Eckardt*, in: NK-BGB, AT, § 47 BGB, Rn. 21; vgl., *Leuschner*, in: MüKo-BGB, Bd. 1, § 42 BGB, Rn. 7; *Ellenberger*, in: Grüneberg, BGB, § 41 BGB, Rn. 3.

506 Diese Voraussetzung wohl annehmend, *Breuer/Friedrich*, in: B/K/K/K/O, 10. GWB-Novelle, Kap. 3, Rn. 170, welche auf das Risiko hinweisen, dass die Regelungen der §§ 81c Abs. 4, 81b GWB durch eine strategisch motivierte Auflösung der Unternehmensvereinigung umgangen werden.

tellbehördliche Aufforderung nach § 81b Abs. 1 GWB folglich nicht formuliert werden. Ob unter diesen Umständen trotzdem die Geldbuße gemäß § 81b Abs. 2 oder Abs. 3 GWB mittels Inanspruchnahme der spezifizierten Unternehmensträger durchgesetzt werden kann, ist unklar. Gegen die Durchsetzbarkeit der Geldbuße gemäß § 81b GWB nach einer Vollbeendigung des Bußgeldschuldners spricht, dass der Wortlaut des § 81b Abs. 2 GWB ausdrücklich an die fehlende vollständige Zahlung »[...] innerhalb der nach Absatz 1 gesetzten Frist [...]« anknüpft. Auch nach § 81b Abs. 2 GWB ist demzufolge die bereits erfolgte kartellbehördliche Fristsetzung gegenüber dem Rechtsträger der Unternehmensvereinigung Voraussetzung. Somit scheidet eine Inanspruchnahme nach § 81b Abs. 2 GWB im Falle der Vollbeendigung des Rechtsträgers der Unternehmensvereinigung vor erfolgter Fristsetzung aus. § 81b Abs. 3 GWB knüpft unmittelbar an »[...] [ein] Verlangen nach Absatz 2 [...]« an, sodass die fehlende Möglichkeit einer Inanspruchnahme nach § 81b Abs. 2 GWB zugleich dazu führt, dass die Durchsetzung der Geldbuße auch nach § 81b Abs. 3 GWB ausscheidet.

Die Vollbeendigung des Rechtsträgers der Unternehmensvereinigung steht damit zumindest dann der Bußgelddurchsetzung gemäß § 81b GWB entgegen, wenn der Bußgeldschuldner schon vor erfolgter Fristsetzung (§ 81b Abs. 1 GWB) seine rechtliche Existenz verloren hat.

bb) Vollbeendigung vor Inanspruchnahme gemäß § 81b Abs. 2 oder Abs. 3 GWB

Ob die Bußgelddurchsetzung mittels einer Inanspruchnahme nach § 81b Abs. 2 und Abs. 3 GWB erfolgen kann, ist allerdings auch dann unsicher, wenn der Bußgeldschuldner vollbeendigt wurde, nachdem eine Frist gemäß § 81b Abs. 1 GWB gesetzt wurde.

Bedenken ergeben sich daraus, dass die Einstandspflicht des § 81b Abs. 2 oder Abs. 3 GWB Kehrseite einer (Ausfall-)Haftung der konkretisierten Unternehmensträger ist.[507] Die Unternehmensträger haften dementsprechend gemäß § 81b Abs. 2 oder Abs. 3 GWB nur dann, wenn die Befriedigung der Bußgeldforderung aufgrund eines »Ausfalls« des Bußgeldschuldners nicht sichergestellt ist.[508] Ist der Rechtsträger der Unternehmensvereinigung vollbeendet und damit rechtlich nicht mehr existent, fehlt es an einem Träger

507 Siehe oben, Teil 2, D. II. 2. b) bb).
508 Vgl. oben, Teil 2, D. II. 3.

von Rechten und Pflichten, gegenüber dem die Zahlungspflicht weiterhin bestehen könnte. Mit der Vollbeendigung des Rechtsträgers der Unternehmensvereinigung erlischt damit auch die aus der Geldbuße resultierende Bußgeldforderung. Das hat wiederum zur Folge, dass mangels fortbestehender Zahlungspflicht ein »Ausfall« und damit eine Einstandspflicht gemäß § 81b Abs. 2 und Abs. 3 GWB nicht mehr begründet werden kann.

cc) Ergebnis

Die Vollbeendigung des Bußgeldschuldners vor Abschluss einer Bußgelddurchsetzung nach § 81b Abs. 1-3 GWB führt somit dazu, dass die Zahlung der Geldbuße nicht mithilfe des § 81b GWB sichergestellt werden kann.

c) Berücksichtigung im Rahmen der Auslegung des Begriffs der Zahlungsunfähigkeit nach § 81b Abs. 1 GWB?

Vor diesem Hintergrund stellt sich die Frage, ob mithilfe eines anderweitigen Begriffsverständnisses die Bußgelddurchsetzung gemäß § 81b GWB auch nach Vollbeendigung des Bußgeldschuldners sichergestellt werden könnte. Problematisch ist insoweit, dass die Vollbeendigung des Bußgeldschuldners Folge der Durchführung eines Insolvenzverfahrens ist. Eine anderweitige Begriffsbestimmung der Tatbestandsvoraussetzung des § 81b Abs. 1 GWB hätte insofern keine Auswirkung auf die Frage, ob aus Sicht des Insolvenzverfahrensrechts eine Zahlungsunfähigkeit nach § 17 InsO vorliegt und damit die Verfahrenseröffnung geboten ist. Damit wäre auch bei einer alternativen Auslegung der Zahlungsunfähigkeit in § 81b Abs. 1 GWB die Gefahr einer insolvenzverfahrensrechtlich bedingten Vollbeendigung des Bußgeldschuldners vor der Bußgelddurchsetzung nach § 81b GWB begründet. Eine abweichende Auslegung des Begriffs der Zahlungsunfähigkeit ist dementsprechend nicht geeignet, um die Bußgelddurchsetzung nach § 81b GWB im Falle der Vollbeendigung des Rechtsträgers der Unternehmensvereinigung sicherzustellen.

4. Ergebnis

Gegen die am insolvenzrechtlichen Maßstab orientierte Auslegung des Begriffs der Zahlungsunfähigkeit (§ 81b Abs. 1 GWB) kann folglich nicht eingewandt werden, dass durch eine derartige Begriffsbestimmung Regelungskonflikte zwischen § 81b GWB und dem Insolvenzverfahrensrecht geschaffen würden. Soweit derartige Regelungskonflikte entstehen, sind diese auf die Konzeption des § 81b GWB, nicht aber auf das Verständnis der Zahlungsunfähigkeit in § 81b Abs. 1 GWB zurückzuführen.

F. Zusammenfassung

Der Begriff der Zahlungsunfähigkeit in § 81b Abs. 1 GWB beschreibt eine gegenwärtige, objektiv zu beurteilende wirtschaftliche Überforderung des Schuldners einer gemäß §§ 81 Abs. 1 Nr. 1, 81c Abs. 4 GWB i. V. m. § 30 OWiG festgesetzten Geldbuße, die einen derartigen Grad erreicht, dass die materiellen Voraussetzungen des § 17 Abs. 2 S. 1 InsO vorliegen. Zahlungsunfähigkeit nach § 81b Abs. 1 GWB liegt somit vor, wenn durch fällige, das heißt gegenüber dem bebußten Rechtsträger der Unternehmensvereinigung ernsthaft eingeforderte Zahlungspflichten, eine wesentliche Liquiditätslücke verursacht wird, welche der Bußgeldschuldner dauerhaft nicht schließen kann.

Teil 3: Die Prüfung und Feststellung des Vorliegens einer Zahlungsunfähigkeit nach § 81b Abs. 1 GWB

Der Grundsatz der Gesetzesbindung der vollziehenden Gewalt erfordert als Herzstück der rechtstaatlichen Ordnung[509], dass gesetzlich festgelegte Voraussetzungen und Inhalte im Rahmen des behördlichen Handelns beachtet werden.[510] Die kartellbehördliche Ausübung der in § 81b GWB normierten Befugnisse darf somit nur dann erfolgen, wenn sichergestellt ist, dass die tatbestandlichen Voraussetzungen des § 81b GWB vorliegen. Daraus folgt, dass die rechtmäßige Ausübung der Befugnisse von einer vorherigen Prüfung und Feststellung der Zahlungsunfähigkeit gemäß § 81b Abs. 1 GWB abhängig ist. Insofern ist zu untersuchen, welche Anforderungen an die Prüfung und Feststellung einer Zahlungsunfähigkeit nach § 81b Abs. 1 GWB zu stellen sind und welche Instrumente dahingehend durch die Rechtsordnung zur Verfügung gestellt werden.

A. Zuweisung der Feststellungskompetenz

Der Wortlaut des § 81b Abs. 1 GWB und die dazugehörige Gesetzesbegründung[511] bestimmen nicht ausdrücklich, wer über das (Nicht-)Vorliegen einer Zahlungsunfähigkeit nach § 81b Abs. 1 GWB zu entscheiden hat, also wem die Feststellungskompetenz hinsichtlich der Tatbestandsvoraussetzung zugewiesen ist. Parallel dazu, nehmen Art. 14 Abs. 3 und Erwägungsgrund Nr. 48 »ECN-Plus«-Richtlinie allein Bezug auf eine (bereits festgestellte) Zahlungsunfähigkeit, ohne die Feststellungskompetenz konkret zuzuweisen. Somit ist klärungsbedürftig, ob die Feststellung der Tatbestandsvoraussetzung in § 81b Abs. 1 GWB dem Bundeskartellamt oder einer anderen Stelle zugewiesen ist.

509 *Herdegen*, in: D/H/S, GG, Bd. 5 (Dokumentstand: 72. EL, 07.2014), Art. 79 GG, Rn. 154 m. w. N.

510 *Sachs*, in: Stelkens/Bonk/Sachs, § 40 VwVfG, Rn. 12; *Sachs/von Coelln*, in: Sachs, GG, Art. 20 GG, Rn. 114.

511 Vgl., BReg, Entwurf 10. GWB-Novelle v. 19.10.2020 – BT-Drs. 19/23492, S. 125.

Wird die Tatbestandsvoraussetzung des § 81b Abs. 1 GWB entsprechend dem insolvenzverfahrensrechtlichen Verständnis der Zahlungsunfähigkeit nach § 17 Abs. 2 S. 1 InsO ausgelegt[512], ist die Feststellungskompetenz gegebenenfalls den Insolvenzgerichten dergestalt zugewiesen, dass ein kartellbehördliches Vorgehen nach § 81b GWB von der Eröffnung eines Insolvenzverfahrens über das Vermögen des Bußgeldschuldners wegen Zahlungsunfähigkeit (§ 17 InsO) abhängig ist.[513] Für eine derartige Zuweisung könnte das Bedürfnis einer hinreichenden Rechtssicherheit des Vorliegens einer Zahlungsunfähigkeit sprechen.[514] Dahingehend ist zu beachten, dass § 81b GWB kartellbehördliche Befugnisse normiert, die nötigenfalls einen Eingriff in das Vermögen bestimmter Unternehmensträger legitimieren, um die festgesetzte Geldbuße durchzusetzen.[515] Mithilfe einer alleinigen insolvenzgerichtlichen Feststellungskompetenz über das (Nicht-)Vorliegen einer Zahlungsunfähigkeit, ließe sich gegebenenfalls sicherstellen, dass derartige Vermögenseingriffe nur auf Grundlage einer belastbaren Prüfung und einer rechtlich verbindlichen gerichtlichen Feststellung ausgeübt werden.[516] Allerdings ist zu beachten, dass dem Gebot der Rechtssicherheit womöglich auch anderweitig Rechnung getragen werden kann. Insoweit könnten beispielsweise hohe Anforderungen an die Prüfung und Feststellung einer Zahlungsunfähigkeit nach § 81b Abs. 1 GWB gestellt werden, um die Ausübung der in § 81b GWB normierten Befugnisse zu legitimieren. Allein mit dem Verweis auf das Erfordernis einer rechtssicheren Feststellung einer Zahlungsunfähigkeit lässt sich folglich nicht begründen, dass die Feststellungskompetenz allein den Insolvenzgerichten zugewiesen ist.

Einer Feststellungskompetenz der Insolvenzgerichte könnte entgegenstehen, dass das Insolvenzgericht damit nicht allein über die Eröffnung eines

512 Siehe oben, Teil 2, E. III. 1.

513 Dies im Rahmen des Art. 23 VO 1/2003 annehmend, *Feddersen*, in: D/F/M, KartellverfahrensVO, Art. 23 VO 1/2003, Rn. 74 f.; *van der Hout/Wiemer*, in: Berg/Mäsch, KartellR, Art. 23 VO 1/2003, Rn. 125; uneindeutig, ob allein eine Übertragung der insolvenzrechtlichen Voraussetzungen einer Zahlungsunfähigkeit aus Gründen der Rechtssicherheit oder auch eine entsprechende insolvenzgerichtliche Feststellung aus Gründen der Rechtssicherheit verlangt wird, *Biermann*, in: Immenga/Mestmäcker, EU-KartellR, Art. 23 VO 1/2003, Rn. 317; *Sura*, in: Bunte, EU-KartellR, Art. 23 VO 1/2003, Rn. 15.

514 Zu Art. 23 Abs. 4 VO 1/2003, *Feddersen*, in: D/F/M, KartellverfahrensVO, Art. 23 VO 1/2003, Rn. 73–75.

515 Siehe oben, Teil 2, D. I. 2. a).

516 Ähnlich zu Art. 23 Abs. 4 VO 1/2003, *Feddersen*, in: D/F/M, KartellverfahrensVO, Art. 23 VO 1/2003, Rn. 73–75.

Insolvenzverfahrens, sondern rein tatsächlich auch über die Eröffnung des Anwendungsbereichs kartellbehördlicher Befugnisse nach § 81b GWB entscheiden würde. Insoweit wäre unklar, inwieweit Rechtsschutzmöglichkeiten hinsichtlich der insolvenzgerichtlich festgestellten Zahlungsunfähigkeit auch zugunsten derjenigen bestünden, gegen die sich kartellbehördliche Maßnahmen nach § 81b GWB richten können. Da eine insolvenzgerichtliche Feststellung einer Zahlungsunfähigkeit im Rahmen eines Eröffnungsbeschlusses nur mittels einer sofortigen Beschwerde des Schuldners gerichtlich angegriffen werden kann (§ 34 Abs. 2 InsO), hätte die Annahme einer alleinigen Feststellungskompetenz der Insolvenzgerichte zur Folge, dass beispielsweise die Rechtsträger der in § 81b Abs. 2 und Abs. 3 GWB bezeichneten Unternehmen die festgestellte Zahlungsunfähigkeit nicht gerichtlich angreifen könnten und damit ein Rechtsschutzdefizit zu besorgen wäre. Zugleich wäre § 81b GWB bei einer derartigen Zuweisung nur anwendbar, wenn es zu einer insolvenzgerichtlichen Feststellung einer materiell vorliegenden Zahlungsunfähigkeit im Rahmen eines Eröffnungsbeschlusses käme. Die Eröffnung des Insolvenzverfahrens über das Vermögen des Bußgeldschuldners und damit die insolvenzgerichtliche Feststellung einer Zahlungsunfähigkeit (§ 17 InsO) scheidet jedoch von vornherein aus, wenn der Rechtsträger nicht insolvenzfähig ist.[517] Daneben käme es nicht zur formellen Feststellung der Zahlungsunfähigkeit des Bußgeldschuldners im Rahmen eines insolvenzgerichtlichen Eröffnungsbeschlusses, wenn das Insolvenzverfahren vor Eintritt der materiellen Zahlungsunfähigkeit (§ 17 InsO) bereits wegen drohender Zahlungsunfähigkeit (§ 18 InsO) oder Überschuldung (§ 19 InsO) eröffnet worden ist oder die Verfahrenseröffnung zuvor mangels Masse (§ 26 Abs. 1 InsO) abgewiesen wurde. Die Annahme einer alleinigen Feststellungskompetenz der Insolvenzgerichte würde in diesen Fällen dazu führen, dass ein kartellbehördliches Vorgehen nach § 81b GWB mangels festgestellter Zahlungsunfähigkeit ausscheiden würde. Insofern wäre die von Art. 14 Abs. 3 und Erwägungsgrund Nr. 48 »ECN-Plus«-Richtlinie verlangte und vom Gesetzgeber bezweckte[518] Sicherstellung der Bußgeldzahlung nicht gewährleistet.

Vor diesem Hintergrund ist die Kompetenz zur Feststellung einer Zahlungsunfähigkeit nach § 81b Abs. 1 GWB womöglich dem Bundeskartellamt zuzuweisen. Entsprechende Anhaltspunkte könnten daraus resultieren,

517 Siehe oben, Teil 2, E. II. 3. a) bb).

518 BReg, Entwurf 10. GWB-Novelle v. 19.10.2020 – BT-Drs. 19/23492, S. 125.

dass § 81b GWB Befugnisse des Bundeskartellamtes normiert, eine Feststellungskompetenz einer anderen Stelle allerdings nicht ausdrücklich regelt. Insofern liegt nahe, dass die Kartellbehörde das Vorliegen der Tatbestandsvoraussetzung selbst festzustellen hat, sofern diese die in § 81b GWB geregelten Befugnisse ausüben will. Ein derartiges Verständnis hätte zudem den Vorzug, dass die Anwendbarkeit des § 81b GWB nicht von einer entsprechenden Feststellung einer Zahlungsunfähigkeit durch ein Insolvenzgericht abhängig wäre. Infolgedessen könnte die Durchsetzung einer Geldbuße auch dann sichergestellt werden, wenn es zu keiner formellen insolvenzgerichtlichen Feststellung einer materiell vorliegenden Zahlungsunfähigkeit des Bußgeldschuldners kommt. Um der gesetzlichen Konzeption des § 81b GWB Rechnung zu tragen und die Wirksamkeit kartellbehördlicher Befugnisse nach § 81b GWB sicherzustellen, ist folglich dem Bundeskartellamt die Kompetenz zur Feststellung des Vorliegens einer Zahlungsunfähigkeit zuzuweisen.[519]

B. Prüfung und Feststellung der Zahlungsunfähigkeit

Verbunden mit der Zuweisung der Feststellungskompetenz über das Vorliegen einer Zahlungsunfähigkeit nach § 81b Abs. 1 GWB ist die Frage, wie das Vorliegen einer Zahlungsunfähigkeit durch das Bundeskartellamt geprüft bzw. festgestellt werden kann. Hinweise ergeben sich weder aus § 81b GWB noch aus der Gesetzesbegründung[520].

I. Erklärung über das Vorliegen der Zahlungsunfähigkeit

Zur Feststellung einer Zahlungsunfähigkeit könnten nähere kartellbehördliche Erhebungen über die wirtschaftlichen Verhältnisse des Bußgeldschuldners entbehrlich sein, wenn die vertretungsberechtigten Personen des Rechtsträgers der Unternehmensvereinigung in zurechenbarer Weise erklären, dass der Bußgeldschuldner zahlungsunfähig sei.[521] Insoweit stellt

---

519 I. E. auch, *Könen*, npoR 2022, S. 163, 164; *Heinichen*, in: BeckOK-KartellR (Stand: 01.10.2024), § 81b GWB, Rn. 5.

520 Vgl., BReg, Entwurf 10. GWB-Novelle v. 19.10.2020 – BT-Drs. 19/23492, S. 125.

521 Vgl., *Raum*, in: Bunte, Dt. KartellR, § 81b GWB, Rn. 2, welcher es für ausreichend hält, dass »die Unternehmensvereinigung sich selbst grundsätzlich als zahlungsunfähig bezeichnet«; *Achenbach*, in: FK-KartellR, Bd. 6 (Dokumentstand: 103.

sich die Frage, ob das Bundeskartellamt das Vorliegen einer Zahlungsunfähigkeit nach § 81b Abs. 1 GWB auf Grundlage einer derartigen Erklärung über das Vorliegen einer Zahlungsunfähigkeit feststellen kann.

Die Beurteilung dieser Frage hängt davon ab, welche Anforderungen an die Prüfung und Feststellung einer Zahlungsunfähigkeit nach § 81b Abs. 1 GWB zu stellen sind. Rückschlüsse können gegebenenfalls aus dem herausgearbeiteten Begriffsverständnis der Zahlungsunfähigkeit gezogen werden. Wie dargelegt, ist der Begriff der Zahlungsunfähigkeit restriktiv auszulegen.[522] Das Erfordernis einer restriktiven Auslegung des Begriffs der Zahlungsunfähigkeit droht allerdings ausgehöhlt zu werden, wenn im Rahmen der Feststellung einer Zahlungsunfähigkeit nach § 81b Abs. 1 GWB auf eine tatsächliche Prüfung des Vorliegens der Voraussetzungen einer Zahlungsunfähigkeit verzichtet wird. Dahingehend bestünde die Gefahr, dass die Geldbuße gemäß § 81b GWB durchgesetzt wird, obwohl der eigentliche Bußgeldschuldner zur Bußgeldzahlung in der Lage wäre. Dann wäre die Erreichung des Zwecks der festgesetzten Geldbuße, die auf eine möglichst weitgehende finanzielle Belastung des Rechtsträgers der Unternehmensvereinigung abzielt, in Frage gestellt. Außerdem müssten die nach § 81b Abs. 2 bzw. Abs. 3 GWB einstandspflichtigen Unternehmensträger womöglich mit ihrem Vermögen haften[523], obwohl ein »Ausfall« des Bußgeldschuldners nicht vorläge. Um eine derartig verfrühte Inanspruchnahme zu vermeiden und die Anwendung des § 81b GWB entsprechend dem Normzweck auf Fälle zu beschränken, in denen die Bußgelddurchsetzung nicht mittels (zwangsweiser) Inanspruchnahme des Bußgeldschuldners durchgesetzt werden kann, ist zu fordern, dass das Vorliegen einer Zahlungsunfähigkeit infolge einer belastbaren Prüfung festgestellt wird. Damit sind hohe Anforderungen an die Prüfung und Feststellung der Tatbestandsvoraussetzung in § 81b Abs. 1 GWB zu stellen.[524]

Ob eine kartellbehördliche Feststellung auf Grundlage der Erklärung über das Vorliegen einer Zahlungsunfähigkeit des Bußgeldschuldners zulässig ist, ist damit allerdings noch nicht entschieden. Für die Zulässigkeit eines solchen Vorgehens spricht, dass die zur Vertretung berechtigten

---

EL, 09.2022), § 81b GWB, Rn. 3; a. A., *Heinichen*, in: BeckOK-KartellR (Stand: 01.10.2024), § 81b GWB, Rn. 5.

522 Siehe oben, Teil 2, D. II. 3.

523 Siehe oben, Teil 2, D. II. 2. b).

524 Vgl. zu Art. 23 VO 1/2003, *Feddersen*, in: D/F/M, KartellverfahrensVO, Art. 23 VO 1/2003, Rn. 73–75, der infolgedessen allerdings eine alleinige Feststellungskompetenz der Insolvenzgerichte annimmt.

Personen regelmäßig Einblick in die Vermögensverhältnisse des Rechtsträgers der Unternehmensvereinigung haben und das Vorliegen einer wirtschaftlichen Überforderung des Bußgeldschuldners aufgrund dieser besonderen Kenntnisse beurteilen können. Insofern stellt die kartellbehördliche Feststellung auf Grundlage einer derartigen Erklärung gegebenenfalls keinen Verzicht auf die Prüfung des Vorliegens der Voraussetzungen einer Zahlungsunfähigkeit, sondern die Heranziehung einer erfolgten Prüfung durch die Vertreter dar. Gegen die Zulässigkeit einer solchen Heranziehung spricht allerdings, dass nicht sichergestellt ist, dass die Vertreter eine entsprechende Erklärung nur abgeben, wenn der Bußgeldschuldner tatsächlich zahlungsunfähig nach § 81b Abs. 1 GWB ist. Neben einer möglicherweise fehlerhaften Beurteilung des Vorliegens einer Zahlungsunfähigkeit bestünde bei einem derartigen Vorgehen das Risiko, dass eine entsprechende Erklärung durch die vertretungsberechtigten Personen abgegeben wird, um eine (zwangsweise) Inanspruchnahme des Bußgeldschuldners abzuwenden. Um zu vermeiden, dass eine Geldbuße trotz Zahlungsfähigkeit des Bußgeldschuldners nach § 81b GWB durchgesetzt wird, kann die erforderliche Prüfung der wirtschaftlichen Verhältnisse des Bußgeldschuldners somit nicht dadurch ersetzt werden, dass eine Erklärung der vertretungsberechtigten Personen über das Vorliegen einer Zahlungsunfähigkeit des Bußgeldschuldners herangezogen wird.

Infolgedessen kann das Vorliegen einer Zahlungsunfähigkeit gemäß § 81b Abs. 1 GWB nicht allein auf Grundlage einer dem Rechtsträger der Unternehmensvereinigung zuzurechnenden Erklärung über das Vorliegen der Zahlungsunfähigkeit festgestellt werden.[525]

II. Ausbleibende Zahlung der Geldbuße

Eine Zahlungsunfähigkeit gemäß § 81b Abs. 1 GWB kann durch die Kartellbehörde unter Umständen festgestellt werden, wenn die Bußgeldzahlung ausbleibt.[526] Ein kartellbehördlicher Schluss von der Nichtzahlung der

525 Vgl. i. E. auch, *Heinichen*, in: BeckOK-KartellR (Stand: 01.10.2024), § 81b GWB, Rn. 5, welcher davon ausgeht, dass die Kartellbehörde im Zweifel die tatsächlichen Grundlagen der Zahlungsunfähigkeit zu ermitteln hat.

526 Dies annehmend, *Raum*, in: Bunte, Dt. KartellR, § 81b GWB, Rn. 2; *Achenbach*, in: FK-KartellR, Bd. 6 (Dokumentstand: 103. EL, 09.2022), § 81b GWB, Rn. 3; a. A., *Vollmer*, in: MüKo-WettbewerbsR, GWB, § 81b GWB, Rn. 3.

Geldbuße auf das Vorliegen einer Zahlungsunfähigkeit nach § 81b Abs. 1 GWB wäre zulässig, wenn die alleinige Ursache für die Nichtzahlung der Geldbuße in einer Zahlungsunfähigkeit des Bußgeldschuldners nach § 81b Abs. 1 GWB gesehen werden könnte und sich damit ausschließen ließe, dass die ausbleibende Zahlung nicht auf anderen Gründen beruht. Inwieweit ein solcher Rückschluss möglich ist, könnte sich aus der Auslegung des Begriffs der Zahlungsunfähigkeit ergeben. Wie sich bereits aus dem Wortlaut und der daran anknüpfenden Gesetzesbegründung ableiten lässt, ist die Tatbestandsvoraussetzung objektiv zu verstehen und klammert folglich subjektive Gesichtspunkte aus.[527] Dementsprechend wird eine Zahlungsunwilligkeit, das heißt der fehlende Wille zur Bußgeldzahlung trotzt bestehender Fähigkeit, nicht erfasst. Würde von der Nichtzahlung der Geldbuße auf das Vorliegen einer Zahlungsunfähigkeit nach § 81b Abs. 1 GWB geschlossen, bestünde insoweit die Gefahr, dass die Nichtzahlung Ausdruck einer fehlenden Zahlungswilligkeit, nicht aber einer Zahlungsunfähigkeit ist. Konsequenterweise kann auf Grundlage der bloßen Nichtzahlung der Geldbuße nicht ausgeschlossen werden, dass es dem Bußgeldschuldner allein am fehlenden Zahlungswillen fehlt. Um zu vermeiden, dass eine Geldbuße nach § 81b GWB allein aufgrund der fehlenden Zahlungswilligkeit des Bußgeldschuldners durchgesetzt wird, kann aus der bloßen Nichtzahlung nicht auf das Vorliegen einer Zahlungsunfähigkeit nach § 81b Abs. 1 GWB geschlossen werden.

Folglich kann das Bundeskartellamt eine Zahlungsunfähigkeit des Bußgeldschuldners nicht auf Grundlage der ausbleibenden Bußgeldzahlung feststellen.[528]

III. Erfolgloser Beitreibungsversuch im Rahmen der verwaltungsrechtlichen Einzelzwangsvollstreckung

Wie dargelegt[529], kann die Durchsetzung einer kartellbehördlich festgesetzten Geldbuße grundsätzlich mithilfe von Maßnahmen der verwaltungsrechtlichen Einzelzwangsvollstreckung erfolgen. Dahingehend ist zu prüfen, ob das Bundeskartellamt das Vorliegen einer Zahlungsunfähigkeit nach § 81b Abs. 1 GWB feststellen kann, wenn ein Beitreibungsversuch der Geld-

527 Siehe oben, Teil 2, B. I.

528 I. E. auch, *Vollmer*, in: MüKo-WettbewerbsR, GWB, § 81b GWB, Rn. 3.

529 Siehe oben, Teil 2, E. II. 1. c) aa).

buße im Rahmen der verwaltungsrechtlichen Einzelzwangsvollstreckung erfolglos blieb.[530] Das hängt davon ab, ob der Erfolglosigkeit eines Beitreibungsversuchs ein entsprechender Aussagegehalt beigemessen werden kann.

Die Erfolglosigkeit eines Beitreibungsversuchs bezeichnet, dass die konkrete Vollstreckungsmaßnahme fruchtlos verlief. Beispielsweise kann eine Vollstreckung in das bewegliche Vermögen des Vollstreckungsschuldners (§§ 90 Abs. 1 OWiG i. V. m. § 5 VwVG i. V. m. § 281 AO) durch Pfändung einer Geldforderung (§ 309 AO) erfolglos sein, wenn die Geldforderung materiell-rechtlich nicht dem Vollstreckungsschuldner zusteht und die Pfändung infolgedessen ins Leere geht.[531] Inwieweit andere Maßnahmen der Einzelzwangsvollstreckung die Durchsetzung der Bußgeldforderung sicherstellen können, ergibt sich aus der Erfolglosigkeit der einzelnen Vollstreckungsmaßnahme allerdings nicht. Das bedeutet, dass aus der Erfolglosigkeit eines Beitreibungsversuchs nicht mit Sicherheit abgeleitet werden kann, dass eine Zahlungsunfähigkeit des Vollstreckungsschuldners die Ursache für die Erfolglosigkeit des Beitreibungsversuchs war.

Konsequenterweise kann das Bundeskartellamt das Vorliegen einer Zahlungsunfähigkeit nach § 81b Abs. 1 GWB nicht auf Grundlage eines erfolglosen Beitreibungsversuchs feststellen.

IV. Insolvenzgerichtliche Feststellung einer Zahlungsunfähigkeit gemäß § 17 InsO im Rahmen des Eröffnungsbeschlusses

Wird über das Vermögen des Bußgeldschuldners das Insolvenzverfahren wegen Zahlungsunfähigkeit (§ 17 Abs. 2 S. 1 InsO) eröffnet, stellt sich die Frage, ob das Bundeskartellamt auf Grundlage der insolvenzgerichtlichen Feststellung des Insolvenzgrundes das Vorliegen einer Zahlungsunfähigkeit nach § 81b Abs. 1 GWB annehmen kann. Die Zulässigkeit eines derartigen Vorgehens hängt vom Inhalt der insolvenzgerichtlichen Prüfung und den Anforderungen ab, die an eine kartellbehördliche Feststellung der Tatbestandsvoraussetzung nach § 81b Abs. 1 GWB zu stellen sind.

530 Vgl. zu Art. 23 Abs. 4 VO 1/2003, *Klees*, EU-KartellverfR, § 10, Rn. 132, der das Vorliegen einer Zahlungsunfähigkeit annimmt, wenn die Geldbuße tatsächlich nicht beigetrieben werden konnte.

531 Vgl., *Klüger*, in: Koenig, AO, § 309 AO, Rn. 32.

1. Insolvenzgerichtliche Prüfung des Vorliegens einer Zahlungsunfähigkeit gemäß § 17 Abs. 2 S. 1 InsO

Gemäß § 16 InsO darf ein Insolvenzverfahren nur eröffnet werden, wenn ein Insolvenzgrund vorliegt.[532] In Ausprägung dessen muss das Insolvenzgericht im Eröffnungsverfahren gemäß § 5 Abs. 1 InsO von Amts wegen[533] sorgfältig und kritisch[534] ermitteln, ob ein Eröffnungsgrund tatsächlich vorliegt.[535] Dahingehend ist klärungsbedürftig, wie und mithilfe welcher Instrumente das Insolvenzgericht die ihm kraft Insolvenzverfahrensrecht zugewiesene Prüfung über das (Nicht-)Vorliegen einer Zahlungsunfähigkeit (§ 17 Abs. 2 S. 1 InsO) vorzunehmen hat und welche Anforderungen an die insolvenzgerichtliche Feststellung einer Zahlungsunfähigkeit zu stellen sind.

a) Methodische Vorgehensweise

Verbindliche Vorgaben zur methodischen Vorgehensweise der insolvenzgerichtlichen Prüfung des (Nicht-)Vorliegens einer Zahlungsunfähigkeit ergeben sich aus der Insolvenzordnung, insbesondere aus den §§ 16 f. InsO, nicht. Insoweit ist zu prüfen, wie das Insolvenzgericht methodisch vorgehen kann, um das Vorliegen des Insolvenzgrundes zu prüfen und festzustellen.

aa) Vermutung des Vorliegens einer Zahlungsunfähigkeit infolge einer Zahlungseinstellung gemäß § 17 Abs. 2 S. 2 InsO

Die Regelung des § 17 Abs. 2 S. 2 InsO normiert, dass eine Zahlungsunfähigkeit in der Regel anzunehmen ist, wenn der Schuldner seine Zahlungen

532 Im Vorliegen eines Insolvenzgrundes die materielle Rechtfertigung der mit dem Insolvenzverfahren verbundenen Eingriffe sehend, *K. Schmidt*, in: K. Schmidt, InsO, § 16, Rn. 1; *Salm-Hoogstraeten*, in: Braun, InsO, § 16 InsO, Rn. 1; *Mönning*, in: Römermann, InsO (Dokumentstand: 38. EL, 01.2019), § 16 InsO, Rn. 5.

533 *K. Schmidt*, in: K. Schmidt, InsO, § 16 InsO, Rn. 6; *Vuia*, in: MüKo-InsO, Bd. 1, § 16 InsO, Rn. 34.

534 *Zipperer*, NZI 2003, S. 590, 591.

535 *Steffek*, in: K/P/B, InsO (Dokumentstand: 69. EL, 11.2016), § 16, Rn. 22; *Salm-Hoogstraeten*, in: Braun, InsO, § 16 InsO, Rn. 10.

eingestellt hat. Liegt eine Zahlungseinstellung vor, begründet § 17 Abs. 2 S. 2 InsO eine Beweishilfe[536], kraft derer eine Zahlungsunfähigkeit widerlegbar vermutet wird.[537]

Voraussetzung des § 17 Abs. 2 S. 2 InsO ist, dass aus einem Verhalten des Schuldners oder einem dem Schuldner zurechenbaren Verhalten[538] das Vorliegen einer Zahlungsunfähigkeit abgeleitet werden kann. Dahingehend muss das Verhalten geeignet sein, den Schluss auf das Vorliegen einer Zahlungsunfähigkeit gemäß § 17 Abs. 2 S. 1 InsO zuzulassen.[539] Diesbezüglich hat insbesondere der IX. Zivilsenat des Bundesgerichtshofs[540] Indizien[541] entwickelt, welche einzeln oder in einer Gesamtschau zur Annahme einer Zahlungseinstellung herangezogen werden können.[542] So genügt etwa die tatsächliche Nichtzahlung eines erheblichen Teils fälliger Verbindlichkeiten, um das Vorliegen einer Zahlungseinstellung gemäß § 17 Abs. 2 S. 2 InsO anzunehmen.[543] Nicht erforderlich ist, dass der Schuldner überhaupt keine Zahlungen mehr tätigt. Eine Zahlungseinstellung kann dementsprechend schon dann vorliegen, wenn der Schuldner noch namhafte Forderungen befriedigt.[544] Befriedigt der Schuldner jedoch Zahlungspflichten, welche den wesentlichen Teil der Forderungen ausmachen, liegt keine Zahlungseinstellung nach § 17 Abs. 2 S. 2 InsO vor[545], sodass das Vorliegen einer Zahlungsunfähigkeit nicht vermutet wird. Lässt ein Verhalten des Schuldners oder ein dem Schuldner zurechenbares Verhalten auf das Vorliegen einer

---

536 *K. Schmidt/Herchen*, in: K. Schmidt, InsO, § 17 InsO, Rn. 39.

537 BReg, Entwurf InsO v. 15.04.1992 – BT-Drs. 12/2443, S. 114; *Mock*, in: Uhlenbruck, InsO, § 17 InsO, Rn. 153; *Steffek*, in: K/P/B, InsO (Dokumentstand: 78. EL, 11.2018), § 17 InsO, Rn. 1.

538 *K. Schmidt/Herchen*, in: K. Schmidt, InsO, § 17 InsO, Rn. 42; ähnlich, *Laroche*, in: Kayser/Thole, § 17 InsO, Rn. 27.

539 *K. Schmidt/Herchen*, in: K. Schmidt, InsO, § 17 InsO, Rn. 44.

540 Etwa, zur schleppenden Zahlung von Gehältern und Löhnen, BGH, Urteil v. 14.02.2008 – IX ZR 38/04, NZI 2008, S. 299, 300; zur eigenen Erklärung des Schuldners, eine fällige Verbindlichkeit nicht begleichen zu können, BGH, Urteil v. 12.10.2006 – IX ZR 228/03, NZI 2007, S. 36, 37.

541 Siehe etwa die umfangreiche Auflistung bei, *Neuhof*, in: FS Beck, S. 362–365 m. w. N.; *Kriegel*, in: Nickert/Lamberti, Rn. 59; *IDW*, IDW Life 2022, S. 107, Rn. 20.

542 *Reichelt*, in: P/R/S/V, InsolvenzR, § 17 InsO, Rn. 19.

543 BGH, Urteil v. 08.01.2015 – IX ZR 203/12, NZI 2015, S. 369, 370; BGH, Versäumnisurteil v. 24.01.2012 – II ZR 119/10, ZInsO 2012, S. 648, 649.

544 BGH, Urteil v. 12.10.2006 – IX ZR 228/03, NZI 2007, S. 36, 37; BGH, Urteil v. 12.10.2017 – IX ZR 50/15, NJW 2018, S. 396, 397; *Steffek*, in: K/P/B, InsO (Dokumentstand: 78. EL, 11.2018), § 17 InsO, Rn. 64; *Gehrlein*, ZInsO 2018, S. 354.

545 Vgl., BGH, Urteil v. 21.06.2007 – IX ZR 231/04, NJW-RR 2007, S. 1419, 1421; BGH, Urteil v. 12.10.2017 – IX ZR 50/15, NJW 2018, S. 396, 397.

Zahlungsunfähigkeit schließen, ist weitere Voraussetzung des Vorliegens einer Zahlungseinstellung nach § 17 Abs. 2 S. 2 InsO, dass das Verhalten für die relevanten Verkehrskreise äußerlich erkennbar wird. Das bedeutet allerdings nicht, dass das relevante Verhalten allgemein bekannt geworden sein muss.[546] Vielmehr genügt es, dass das Verhalten gegenüber einem einzelnen Gläubiger, wäre es allgemein bekannt, dazu geeignet wäre, sämtliche Gläubiger auf die Zahlungsunfähigkeit des Schuldners hinzuweisen.[547] Sind diese Voraussetzungen erfüllt, wird das Vorliegen einer Zahlungsunfähigkeit gemäß § 17 Abs. 2 S. 1 InsO gesetzlich vermutet. Die Vermutung kann allerdings widerlegt werden. Insoweit kann der Gegenbeweis gemäß § 292 ZPO geführt werden. Der Gegenbeweis erfordert, dass der Nachweis über die Zahlungsfähigkeit des Schuldners erbracht wird.[548] Dahingehend ist regelmäßig die Erstellung (und gegebenenfalls der Beweis) einer Liquiditätsrechnung für den relevanten Zeitraum erforderlich, aus der sich ergibt, dass eine Liquiditätslücke in Höhe von mindestens 10 % nicht besteht.[549]

Liegen die Voraussetzungen des § 17 Abs. 2 S. 2 InsO vor und wurde die gesetzliche Vermutung der Zahlungsunfähigkeit nicht widerlegt, kann die Zahlungseinstellung durch das Insolvenzgericht herangezogen werden, um die Überzeugung des Vorliegens eines Eröffnungsgrundes zu gewinnen (§ 4 InsO i. V. m. § 286 Abs. 1 S. 1 ZPO).[550] Zwar wird in der Praxis das Vorliegen einer Zahlungsunfähigkeit regelmäßig umfassend geprüft; allerdings kann die insolvenzgerichtliche Eröffnungsentscheidung auch allein auf die gesetzliche Vermutung des § 17 Abs. 2 S. 2 InsO gestützt werden.[551]

---

546 *Mönning*, in: Römermann, InsO (Dokumentstand: 47. EL, 03.2023), § 17 InsO, Rn. 25.

547 *K. Schmidt/Herchen*, in: K. Schmidt, InsO, § 17 InsO, Rn. 43.

548 BGH, Urteil v. 15.03.2012 – IX ZR 239/09, ZInsO 2012, S. 696, 698; *Baumert*, NZI 2015, S. 589, 590; *Höpker*, EWiR 2012, S. 353, 354.

549 *Schröder*, in: HambK-InsolvenzR, § 17 InsO, Rn. 36; *Kadenbach*, in: A/G/R, InsolvenzR, § 17 InsO, Rn. 19.

550 BGH, Beschluss v. 13.04.2006 – IX ZB 118/04, NZI 2006, S. 405, 406; *Kadenbach*, in: A/G/R, InsolvenzR, § 17 InsO, Rn. 20.

551 *Kadenbach*, in: A/G/R, InsolvenzR, § 17 InsO, Rn. 20; a. A., *Andresen*, Zahlungsunfähigkeit, S. 33, der eine Liquiditätsprüfung schon mit Blick auf bestehende Haftungsrisiken für erforderlich hält.

bb) Liquiditätsprüfung zur Ermittlung einer wesentlichen Liquiditätslücke

Greift die gesetzliche Vermutung des § 17 Abs. 2 S. 2 InsO nicht, stellt sich die Frage, auf welcher Grundlage das Vorliegen einer Zahlungsunfähigkeit gemäß § 17 Abs. 2 S. 1 InsO angenommen werden kann. Aus der Legaldefinition des § 17 Abs. 2 S. 1 InsO resultiert, dass für die Feststellung einer Zahlungsunfähigkeit die relevanten Verbindlichkeiten des Schuldners und die ihm zuzuordnenden Zahlungsmittel verglichen werden müssen.[552]

(1) Einzubeziehende Zahlungsmittel und Verbindlichkeiten

Insoweit ist zunächst klärungsbedürftig, welche Zahlungsmittel und Verbindlichkeiten in die Liquiditätsprüfung einzubeziehen sind. Dahingehend kommt es auf den Begriff der Zahlungsunfähigkeit in § 17 Abs. 2 S. 1 InsO an. Die Zahlungsunfähigkeit beschreibt das schuldnerische Unvermögen, mangels verfügbarer Zahlungsmittel, die fälligen Verbindlichkeiten befriedigen zu können.[553] Daraus folgt, dass für die Ermittlung einer Zahlungsunfähigkeit gemäß § 17 Abs. 2 S. 1 InsO im Ausgangspunkt die zum Stichtag verfügbaren Zahlungsmittel (sogenannte Aktiva I[554]) und die bereits fälligen Verbindlichkeiten (sogenannte Passiva I[555]) zu berücksichtigen sind. Zur Abgrenzung der Zahlungsunfähigkeit von einer unbeachtlichen bloßen Zahlungsstockung[556], kann außerdem die Berücksichtigung künftig zufließender Zahlungsmittel und fällig werdenden Verbindlichkeiten erforderlich werden. Insoweit sind auf Aktivseite sämtliche innerhalb von drei Wochen verfügbar werdende Zahlungsmittel (sogenannte Aktiva II[557]) bei der Prüfung des Vorliegens einer Zahlungsunfähigkeit zu berücksichtigen.[558] Inwiefern auf Passivseite künftig fällig werdende Zahlungspflichten in die Liquiditätsprüfung einzubeziehen sind, war dagegen lange Zeit un-

552 *Steffek*, in: K/P/B, InsO (Dokumentstand: 78. EL, 11.2018), § 17 InsO, Rn. 18.
553 Siehe oben, Teil 2, E. III. 1.
554 Siehe zur Terminologie etwa, *Bork*, ZIP 2008, S. 1749, 1750; darauf verweisend, dass die Terminologie untechnisch zu verstehen ist, *Thole*, GmbHR 2022, R53.
555 Siehe zur Terminologie etwa, *Bork*, ZIP 2008, S. 1749, 1751.
556 Siehe oben, Teil 2, E. III. 1. b) bb).
557 Siehe zur Terminologie auch, *Bork*, ZIP 2008, S. 1749, 1750.
558 Vgl., BReg, Entwurf InsO v. 15.04.1992 – BT-Drs. 12/2443, S. 114; BGH, Urteil v. 24.05.2005 – IX ZR 123/04, BGHZ 163, 134, 138.

klar. Diese Unklarheit resultierte aus einer zumindest missverständlichen[559] Formulierung des IX. Zivilsenats des Bundesgerichtshofs in seiner Grundsatzentscheidung aus dem Jahr 2005[560]. In der Entscheidung erläutert der Senat, dass zur Feststellung einer Zahlungsunfähigkeit »[...] die aktuell verfügbaren und kurzfristig verfügbar werdenden Mittel in Beziehung [...] zu den an demselben Stichtag fälligen und eingeforderten Verbindlichkeiten [...]« zu setzen sind.[561] Dementsprechend wurde teils vertreten, dass eine Berücksichtigung der Passiva II bei der Prüfung des Vorliegens einer Zahlungsunfähigkeit nach § 17 Abs. 2 S. 1 InsO nicht geboten sei und der Schuldner die fällig werdenden Verbindlichkeiten ohne zahlungsunfähig zu werden – gleich einer »Bugwelle« – vor sich her schieben könne[562], solange der Schuldner die Verbindlichkeiten bei eintretender Fälligkeit befriedigen kann.[563] Dieser Auffassung ist der II. Zivilsenat des Bundesgerichtshofs in seiner Grundsatzentscheidung aus dem Jahr 2017[564] entgegengetreten. Nach den Erwägungen des II. Zivilsenats sind die sogenannten Passiva II bei der Ermittlung einer Zahlungsunfähigkeit, insbesondere um dem gesetzgeberischen Ziel einer frühzeitigen Verfahrenseröffnung[565] und den Wertungen der höchstrichterlichen Rechtsprechung zur Zahlungseinstellung[566] gerecht zu werden, in der anzustellenden Liquiditätsprüfung einzubeziehen.[567]

Daraus ergibt sich, dass sowohl verfügbare (Aktiva I) und innerhalb von 21 Tagen verfügbar werdende (Aktiva II) als auch fällige (Passiva I) und innerhalb von 21 Tagen fällig werdende (Passiva II) Verbindlichkeiten im Rahmen der Liquiditätsprüfung zu berücksichtigen sind.

---

559 *C. Keller*, WuB 2018, S. 257; *Baumert*, NJW 2019, S. 1486, 1487; siehe auch, *Ganter*, ZInsO 2011, S. 2297, 2298, der in den Ausführungen des Zivilsenats allein eine Wiedergabe des Meinungsstandes und damit keine eigene Stellungnahme des Gerichts sieht; anders, *Haas*, in: N/S/H, GmbHG, vor § 64 GmbHG a. F., Rn. 16b, der aus der Entscheidung ableitet, dass der Zivilsenat die Passiva II ursprünglich wohl nicht berücksichtigen wollte.

560 BGH, Urteil v. 24.05.2005 – IX ZR 123/04, BGHZ 163, 134.

561 BGH, Urteil v. 24.05.2005 – IX ZR 123/04, BGHZ 163, 134, 138.

562 Plastisch, *Knolle/Tetzlaff*, ZInsO 2005, S. 897, 900, die i. E. aber eine Einbeziehung der Passiva II befürworten; ebenso, *T. Wolf/Kurz*, DStR 2006, S. 1339, 1342; *Ganter*, ZInsO 2011, S. 2297, 2300.

563 *Fischer*, in: FS Ganter, S. 158–160.

564 BGH, Urteil v. 19.12.2017 – II ZR 88/16, BGHZ 217, 130, 140.

565 So bereits, *Bork*, ZIP 2008, S. 1749, 1753; *Ganter*, ZInsO 2011, S. 2297, 2300.

566 Vgl. zur Insolvenzanfechtung nach § 130 InsO und zur Beseitigung der Zahlungsunfähigkeit, *Bork*, ZIP 2008, S. 1749, 1753.

567 BGH, Urteil v. 19.12.2017 – II ZR 88/16, BGHZ 217, 130, 140–149, Rn. 34–60.

(2) Gegenüberstellung von Aktiva und Passiva

Wie die konkrete Gegenüberstellung zur Prüfung der schuldnerischen Liquidität auszusehen hat, ist allerdings gesetzlich nicht vorgeschrieben[568] und infolgedessen unsicher.

(a) Einstufige Prüfung

Zur Ermittlung einer Zahlungsunfähigkeit nach § 17 Abs. 2 S. 1 InsO kommt eine einstufige[569] Prüfung in Betracht, in der die summierten Aktiva I und II mit den addierten Passiva I und II im Rahmen einer Liquiditätsbilanz[570] in Beziehung gesetzt werden.

Eine derartige einstufige Prüfung hat zum Gegenstand, dass die zum Stichtag verfügbaren Zahlungsmittel (Aktiva I) mit den innerhalb von drei Wochen verfügbar werdenden Zahlungsmittel (Aktiva II) summiert werden.[571] Parallel dazu müssen auf der Passivseite die unmittelbar zum Stichtag fälligen (Passiva I) mit den innerhalb von drei Wochen fällig werdenden Zahlungspflichten (Passiva II[572]) addiert werden.[573] Indem die Summe der Aktiva I und II durch die Summe der Passiva I und II dividiert wird, kann ein Quotient gebildet werden.[574] Aus diesem Quotient ergibt sich die insolvenzrechtliche Liquiditätskennzahl[575]. Liegt die Liquiditätskennzahl am Ende des Dreiwochenzeitraums bei mehr als 0,9 (oder 90 %), folgt daraus im Umkehrschluss, dass die Liquiditätslücke kleiner als 10 % ist und folglich regelmäßig das Vorliegen der Zahlungsfähigkeit des Schuldners anzunehmen ist.[576] Überschreitet die insolvenzrechtliche Liquiditätskennzahl dagegen nicht 0,9 (bzw. 90 %), ergibt sich daraus, dass eine Liquiditätslücke

568 So auch, *Ampferl/Kilper*, in: Beck/Depré, InsO, § 2, Rn. 66; *Humberg*, in: BK-InsO (Dokumentstand: 82. EL, 12.2023), § 17 InsO, Rn. 29.

569 Die Einstufigkeit bezieht sich darauf, dass von Anfang an neben den Aktiva I und den Passiva I auch die Aktiva II und Passiva II berücksichtigt werden, siehe hierzu, *Steffek*, in: K/P/B, InsO (Dokumentstand: 78. EL, 11.2018), § 17 InsO, Rn. 56.

570 *Hölzle*, in: Bork/Hölzle, InsO, Kap. 3, Rn. 108.

571 *Eilenberger*, in: MüKo-InsO, Bd. 1, § 17 InsO, Rn. 20.

572 Siehe zur Terminologie auch, *Bork*, ZIP 2008, S. 1749, 1751.

573 *Eilenberger*, in: MüKo-InsO, Bd. 1, § 17 InsO, Rn. 20.

574 *Eilenberger*, in: MüKo-InsO, Bd. 1, § 17 InsO, Rn. 20; *Kuna*, DStR 2018, S. 693, 696.

575 *Eilenberger*, in: MüKo-InsO, Bd. 1, § 17 InsO, Rn. 20; *Kuna*, DStR 2018, S. 693, 696.

576 *Weber/Kütung/Eichenlaub*, GmbHR 2014, S. 1009, 1010.

von mindestens 10 % vorliegt, sodass in der Regel das Vorliegen einer Zahlungsunfähigkeit gemäß § 17 Abs. 2 S. 1 InsO festzustellen ist.[577]

Ob diese einstufige Prüfung zur Ermittlung einer wesentlichen Liquiditätslücke als Voraussetzung der Feststellung einer Zahlungsunfähigkeit methodisch geeignet ist, ist jedoch unsicher. Gegenläufige Hinweise könnten sich aus dem Wortlaut des § 17 Abs. 2 S. 1 InsO ergeben. Nach § 17 Abs. 2 S. 1 InsO ist der Schuldner zahlungsunfähig, »[...] wenn [dieser] nicht in der Lage ist, die Zahlungspflichten zu erfüllen«. Der im Präsens formulierte Tatbestand legt insoweit das Verständnis nahe, dass eine Zahlungsunfähigkeit nur gegeben ist, wenn der Schuldner die im Prüfungszeitpunkt fälligen Verbindlichkeiten nicht erfüllen kann.[578] Dementsprechend kann aus der Formulierung des § 17 Abs. 2 S. 1 InsO gefolgert werden, dass für die Liquiditätsprüfung des Schuldners im Ausgangspunkt die zum Zeitpunkt der Prüfung verfügbaren Zahlungsmittel und die bereits fälligen Verbindlichkeiten maßgeblich sind.[579] Eine einstufige Prüfung, welche von Anfang an künftig verfügbar werdende Zahlungsmittel und künftig fällig werdende Zahlungspflichten miteinbezieht und folglich zu einer Kombination von Zeitpunkt- und Zeitraumbetrachtung[580] führt, erscheint folglich vom Wortlaut des § 17 Abs. 2 S. 1 InsO nicht gedeckt zu sein.

Eine einstufige Prüfung könnte zudem systematische Abgrenzungsschwierigkeiten zwischen dem Insolvenzgrund der bereits eingetretenen Zahlungsunfähigkeit (§ 17 Abs. 2 S. 1 InsO) und der drohenden Zahlungsunfähigkeit (§ 18 InsO) begründen.[581] Derartige Abgrenzungsschwierigkeiten könnten sich insbesondere ergeben, wenn aus der Gegenüberstellung der Aktiva I und Passiva I keine wesentliche Liquiditätslücke resultiert, eine relevante Unterdeckung aber infolge der Einbeziehung von Aktiva II und Passiva II festgestellt werden kann.[582] Die Durchführung einer einstufigen Prüfung hätte insoweit zur Folge, dass das Vorliegen einer Zahlungsunfähigkeit nach § 17 Abs. 2 S. 1 InsO aufgrund der fällig werdenden Verbindlichkeiten angenommen werden müsste, obwohl der Schuldner gegenwärtig

577 *Laroche*, in: Kayser/Thole, § 17 InsO, Rn. 24.

578 *Parzinger/Lappe/Meyer-Löwy*, ZIP 2019, S. 2143, 2144 f.; *Haneke*, NZI 2018, S. 209, 210.

579 *Parzinger/Lappe/Meyer-Löwy*, ZIP 2019, S. 2143, 2145.

580 *Kriegel*, in: Nickert/Lamberti, Rn. 51.

581 Ebenfalls auf einen systematischen Widerspruch zu § 18 InsO hinweisend, *Ampferl/Kilper*, NZI 2018, S. 191, 194; ähnlich, *Haneke*, NZI 2018, S. 209, 210; hierin kein zwingendes Argument sehend, *Fallak*, ZIP 2018, S. 1860, 1862.

582 Vgl., *Brahmstaedt/Klopp*, DB 2018, S. 875, 880; *Haneke*, NZI 2018, S. 209, 210.

zahlungsfähig ist und bloß künftig fällig werdende Verbindlichkeiten voraussichtlich nicht bedienen kann. Infolgedessen würde eine prognostizierte Zahlungsunfähigkeit des Schuldners, die eigentlich als drohende Zahlungsunfähigkeit nach § 18 InsO einzuordnen wäre, als bereits eingetretene Zahlungsunfähigkeit behandelt werden. Somit wäre der Anwendungsbereich des Insolvenzgrundes der drohenden Zahlungsunfähigkeit beschnitten. Die damit einhergehende Ausweitung des Anwendungsbereich des § 17 InsO wäre insbesondere mit Blick auf die daran anknüpfenden Rechtsfolgen problematisch. Ist der Schuldner eine juristische Person oder Gesellschaft ohne Rechtspersönlichkeit, würde im Falle der Klassifizierung einer voraussichtlich eintretenden wesentlichen Liquiditätslücke als Zahlungsunfähigkeit (§ 17 InsO) gemäß § 15a Abs. 1-3 InsO eine strafbewehrte (§ 15a Abs. 4 InsO) Insolvenzantragspflicht der näher bezeichneten natürlichen Personen[583] ausgelöst werden. Im Falle der Annahme einer drohenden Zahlungsunfähigkeit nach § 18 InsO, wären die Vertreter des Schuldners dagegen nicht zur Antragstellung verpflichtet, sondern nur berechtigt[584]. Das bedeutet, dass die Durchführung einer einstufigen Prüfung nicht nur dazu führen kann, dass der Anwendungsbereich des § 18 InsO entgegen der gesetzlichen Konzeption wesentlich eingeschränkt wird; vielmehr kann damit zugleich eine gesetzlich nicht vorgesehene Verschärfung der Insolvenzantragspflicht im Falle einer künftig zu besorgenden Zahlungsunfähigkeit einhergehen. Das systematische Verhältnis des § 17 InsO zu § 18 InsO spricht somit ebenfalls gegen die methodische Ermittlung des (Nicht-)Vorliegens einer Zahlungsunfähigkeit mittels einer einstufigen Prüfung.[585]

Abschließend ist der Zweck der Einbeziehung von Aktiva II und Passiva II im Rahmen der Prüfung des (Nicht-)Vorliegens einer Zahlungsunfähigkeit zu berücksichtigen. Mittels Einbeziehung der innerhalb von drei Wochen fällig werdenden Verbindlichkeiten und der kurzfristig verfügbaren Zahlungsmittel soll sichergestellt werden, dass ein Insolvenzverfahren nicht eröffnet wird, wenn lediglich eine vorübergehende Illiquidität im Sinne einer Zahlungsstockung vorliegt.[586] Damit kommt der Einbeziehung von Aktiva II und Passiva II die Funktion eines Korrektivs zu, wenn im Ausgangspunkt das Vorliegen einer wesentlichen Liquiditätslücke zum maßgeblichen Zeitpunkt festgestellt wurde, diese aber gegebenenfalls inner-

583 Siehe hierzu im Einzelnen etwa, *Hirte*, in: Uhlenbruck, InsO, § 15a InsO, Rn. 7–11.

584 *Wolfer*, in: BeckOK-InsO (Stand: 01.11.2024), § 18 InsO, Rn. 1.

585 I. E. auch, *Ampferl/Kilper*, NZI 2018, S. 191, 194; *Haneke*, NZI 2018, S. 209, 210.

586 *Parzinger/Lappe/Meyer-Löwy*, ZIP 2019, S. 2143, 2145.

halb von drei Wochen geschlossen werden kann.[587] Soll die Berücksichtigung der Aktiva II und der Passiva II allein gewährleisten, dass nicht vorschnell von einer bestehenden Liquiditätslücke auf das Vorliegen einer Zahlungsunfähigkeit gemäß § 17 Abs. 2 S. 1 InsO geschlossen wird, besteht kein Bedürfnis, die Aktiva II und Passiva II schon bei der Ermittlung einer Liquiditätslücke im Ausgangspunkt heranzuziehen.[588] Die Durchführung einer einstufigen Prüfung könnte entgegen des Zwecks der Berücksichtigung von Aktiva II und Passiva II sogar zu Verzerrungen führen: Insoweit würde eine einstufige Prüfung die Gefahr begründen, dass eine zum Stichtag eigentlich bestehende Liquiditätslücke in Höhe von mindestens 10 % dadurch *relativ* kleiner wird, dass die innerhalb des Dreiwochenzeitraums zu erwartenden Einzahlungen und fällig werdenden Verbindlichkeiten hinzuaddiert werden.[589] Selbst wenn Einzahlungen und fällig werdende Verbindlichkeiten in identischer Höhe zu erwarten sind und sich die *absolute* Höhe der gegenwärtigen Liquiditätslücke nicht verändert, kann eine einstufige Prüfung insoweit dazu führen, dass der Anteil der nicht gedeckten Fälligkeiten eine relative Höhe von 10 % nicht mehr erreicht.[590] Die Prüfung der »Dauerhaftigkeit« der Liquiditätslücke mittels unmittelbarer Einbeziehung von Aktiva II und Passiva II hätte in diesem Fall zur Folge, dass eine Zahlungsunfähigkeit nach § 17 Abs. 2 S. 1 InsO nicht anzunehmen wäre, obwohl sich die absolute Höhe der nicht gedeckten Fälligkeiten und damit die wirtschaftliche Notlage des Schuldners nicht verändert hat. Dementsprechend würde die Prüfung der »Dauerhaftigkeit« der Liquiditätslücke dazu führen, dass eine Zahlungsunfähigkeit nicht festgestellt werden könnte, obwohl zum Stichtag eine wesentliche Unterdeckung besteht. In diesem Fall hätte die Berücksichtigung von Aktiva II und Passiva II zur Folge, dass der Einbeziehung nicht nur für die Beurteilung der »Dauerhaftigkeit«, sondern auch für die Beurteilung der »Wesentlichkeit« der Liquiditätslücke zum Stichtag Bedeutung zukäme. Auch der Zweck der Berücksichtigung von innerhalb der Drei-Wochen-Frist verfügbar werdenden Zahlungsmitteln und fällig werdenden Verbindlichkeiten gebietet es folglich nicht, die Aktiva II und Passiva II schon im Ausgangspunkt einzubeziehen.

---

587 *Parzinger/Lappe/Meyer-Löwy*, ZIP 2019, S. 2143, 2145; ähnlich, *Haneke*, NZI 2018, S. 209, 210.

588 Vgl., *Ampferl/Kilper*, NZI 2018, S. 191, 194.

589 *Thole*, GmbHR 2022, S. R52, R53.

590 *Thole*, GmbHR 2022, S. R52, R53.

Infolgedessen spricht der Wortlaut des § 17 Abs. 2 S. 1 InsO, der systematische Zusammenhang mit § 18 InsO und die zugedachte Funktion der Einbeziehung von Aktiva II und Passiva II gegen die Durchführung einer einstufigen Prüfung zur Ermittlung einer Zahlungsunfähigkeit nach § 17 Abs. 2 S. 1 InsO.

(b) Mehrstufige Prüfung

In Anbetracht dessen ist unter Umständen zur Ermittlung des (Nicht-)Vorliegens einer Zahlungsunfähigkeit eine Prüfung erforderlich, welche für die Ermittlung einer wesentlichen Liquiditätslücke und damit der Feststellung einer Zahlungsunfähigkeit (§ 17 Abs. 2 S. 1 InsO) strikt zwischen einer Zeitpunkt- und einer Zeitraumbetrachtung trennt. Damit könnte eine mehrstufige Prüfung angezeigt sein, die das (Nicht-)Vorliegen einer Zahlungsunfähigkeit auf Grundlage eines stichtagsbezogenen Liquiditätsstatus[591] (auch: stichtagsbezogene Liquiditätsbilanz[592], Liquiditätsbilanz im engeren Sinne[593] oder Finanzstatus[594]) bestimmt, der gegebenenfalls um einen Finanzplan[595] (auch: [dynamische] Liquiditätsbilanz[596]) zu ergänzen ist.[597]

---

591 *Schröder*, in: HambK-InsolvenzR, § 17 InsO, Rn. 49.

592 *Salm-Hoogstraeten*, in: Braun, InsO, § 17 InsO, Rn. 12; *Josephs*, in: H/H/S, Insolvenzanfechtung, Kap. 3, § 17 InsO, Rn. 42.

593 *Weber/Kütung/Eichenlaub*, GmbHR 2014, S. 1009, 1012.

594 *Pabst*, Materielle Insolvenz, S. 156; *IDW*, IDW Life 2022, S. 107, 111, Rn. 23.

595 *Josephs*, in: H/H/S, Insolvenzanfechtung, Kap. 3, § 17 InsO, Rn. 43; *Pabst*, Materielle Insolvenz, S. 156.

596 *Reischl*, InsolvenzR, Rn. 102; krit. zum Begriff, *Schröder*, in: HambK-InsolvenzR, § 17 InsO, Rn. 49, der darauf hinweist, dass eine Bilanz definitionsgemäß nur stichtagsbezogen aufgestellt wird.

597 Befürwortend, *IDW*, IDW Life 2022, S. 107, 111, Rn. 23; *Mönning*, in: Römermann, InsO (Dokumentstand: 47. EL, 03.2023), § 17 InsO, Rn. 36 f.; *Wolfer*, in: BeckOK-InsO (Stand: 01.11.2024), § 17 InsO, Rn. 14; *Knolle/Tetzlaff*, ZInsO 2005, S. 897, 900; *Parzinger*, GWR 2018, S. 163; *Haneke*, NZI 2018, S. 209, 210; *Baumert*, NJW 2019, S. 1486, 1487; *Schröder*, in: HambK-InsolvenzR, § 17 InsO, Rn. 49; *Josephs*, in: H/H/S, Insolvenzanfechtung, § 17 InsO, Rn. 42 f.; *Humberg*, in: BK-InsO (Dokumentstand: 82. EL, 12.2023), § 17 InsO, Rn. 31; *Frystatzki*, NZI 2010, S. 389, 391; *Brahmstaedt*, Zahlungsunfähigkeit, 159 f.; *Pabst*, Materielle Insolvenz, S. 153–156; *Hübert*, Vorfeld der Insolvenz, S. 85 f.; *Ampferl/Kilper*, NZI 2018, S. 191, 194; *Zabel/Pütz*, ZIP 2015, S. 912, 914; *Steffek*, in: K/P/B, InsO (Dokumentstand: 78. EL, 11.2018), § 17 InsO, Rn. 56.

Bei einer derartigen mehrstufigen Prüfung ist in einem ersten Schritt der Liquiditätsstatus für einen bestimmten Stichtag auf Grundlage der Ist-Zahlen des Schuldners zu ermitteln.[598] Im Rahmen einer Zeitpunktbetrachtung[599] muss demgemäß auf Grundlage der sich unmittelbar aus der Finanzbuchhaltung und der sonstigen Datenerhebung[600] des Schuldners ergebenden Zahlen ermittelt werden, inwiefern die zum Stichtag verfügbaren Zahlungsmittel zur Deckung der am Stichtag fälligen Verbindlichkeiten des Schuldners genügen.[601] Hierfür sind die am konkreten Stichtag verfügbaren Zahlungsmittel den bereits fälligen Verbindlichkeiten gegenüberzustellen.[602] Genügen die zum Stichtag verfügbaren Zahlungsmittel eindeutig[603], um sämtliche zum Stichtag fälligen Verbindlichkeiten zu decken, stellt sich die Frage, ob die (dann tatsächlich nicht bestehende) Liquiditätslücke in den nächsten drei Wochen geschlossen werden kann, von vornherein nicht.[604] Damit scheidet die Feststellung einer Zahlungsunfähigkeit nach § 17 Abs. 2 S. 1 InsO von Anfang an aus, wenn eine Liquiditätsdeckung zum Stichtag[605] besteht.[606] Ergibt sich aus der Gegenüberstellung dagegen, dass zum Stichtag eine Unterdeckung vorliegt, ist zu klären, ob lediglich eine Zahlungsstockung im Sinne einer vorübergehenden Illiquidität oder eine Zahlungsunfähigkeit nach § 17 Abs. 2 S. 1 InsO gegeben ist.[607] Um diese Abgrenzung vornehmen zu können, ist der Liquiditätsstatus um eine Zeitraumbetrachtung durch einen Liquiditätsplan zu erweitern.[608] Diesbezüglich ist für den insolvenzrechtlich relevanten Zeitraum zu prognostizieren, ob Einzahlungen in einer solchen Höhe zu erwarten sind, dass bereits fällige und fällig werdende Verbindlichkeiten ausgeglichen werden können.[609] In diesem Sinne ist der konkrete Liquiditätsverlauf durch die Erfassung

---

598 *Hermanns/Wachter*, ZInsO 2018, S. 1589, 1591.
599 *Zabel/Pütz*, ZIP 2015, S. 912, 914.
600 *Hermanns/Wachter*, ZInsO 2018, S. 1589, 1591; *Plagens/Wilkes*, ZInsO 2010, S. 2107, 2112.
601 *Zabel/Pütz*, ZIP 2015, S. 912, 914 f.
602 *Hölzle*, in: Bork/Hölzle, InsO, Kap. 3, Rn. 103.
603 *Hermanns/Wachter*, ZInsO 2018, S. 1589, 1591.
604 *Fallak*, ZIP 2018, S. 1860, 1862.
605 *Zabel/Pütz*, ZIP 2015, S. 912, 914.
606 *K. Schmidt/Herchen*, in: K. Schmidt, InsO, § 17 InsO, Rn. 34; *Ampferl/Kilper*, NZI 2018, S. 191, 194.
607 Vgl., *Frystatzki*, NZI 2010, S. 389, 391.
608 *Bork*, Insolvenzrecht, Rn. 103a; *Hölzle*, in: Bork/Hölzle, InsO, Kap. 3, Rn. 103 f.; *Hermanns/Wachter*, ZInsO 2018, S. 1589, 1591 f.
609 *Ampferl/Kilper*, NZI 2018, S. 191, 195.

der Liquiditätszu- und -abflüsse und dem Verlauf der fälligen und fällig werdenden Zahlungspflichten zu prognostizieren.[610] Zur Erfassung der relevanten Aktiva sind die im Liquiditätsstatus in Bezug genommenen verfügbaren Zahlungsmittel und die innerhalb des Prognosezeitraums verfügbar werdenden Zahlungsmittel einzubeziehen.[611] Auf der Passivseite sind die im Liquiditätsstatus aufgenommenen bereits fälligen und die innerhalb des Prognosezeitraums fällig werdenden Verbindlichkeiten zu berücksichtigen.[612] Die erforderliche Gegenüberstellung erfolgt dann mithilfe einer Division der relevanten Aktiva und Passiva. Aus der Division ergibt sich die prozentuale Deckung der fälligen und innerhalb von drei Wochen fällig werdenden Verbindlichkeiten.[613] Anhand der so ermittelten Deckung kann abschließend beurteilt werden, inwiefern die zum Stichtag festgestellte wesentliche Liquiditätslücke unter Berücksichtigung der Aktiva II und Passiva II geschlossen werden kann.[614]

Die Durchführung einer mehrstufigen Prüfung erlaubt somit, dass zunächst stichtagsbezogen das Vorliegen einer wesentlichen Liquiditätslücke durch Gegenüberstellung der Aktiva I und der Passiva I geprüft wird und nur bei Vorliegen einer relevanten Unterdeckung eine Abgrenzung der Zahlungsunfähigkeit nach § 17 Abs. 2 S. 1 InsO zur bloßen Zahlungsstockung erfolgt.

(c) Vereinbarkeit mit der Rechtsprechung des Bundesgerichtshofs

Inwieweit die Durchführung einer mehrstufigen Prüfung für die Ermittlung des (Nicht-)Vorliegens einer Zahlungsunfähigkeit mit der Rechtsprechung des Bundesgerichtshofs vereinbar ist, hängt davon ab, inwieweit sich aus der Entscheidungspraxis der Zivilsenate des Bundesgerichtshofs konkrete Vorgaben zur methodischen Prüfung und Feststellung einer Zahlungsunfähigkeit ableiten lassen.

---

610 *Fallak*, Zahlungsunfähigkeit, S. 93 f.

611 *Schröder*, in: HambK-InsolvenzR, § 17 InsO, Rn. 49; *Parzinger/Lappe/Meyer-Löwy*, ZIP 2019, S. 2143, 2145.

612 *Schröder*, in: HambK-InsolvenzR, § 17 InsO, Rn. 49; *Parzinger/Lappe/Meyer-Löwy*, ZIP 2019, S. 2143, 2145.

613 Vgl., *Plagens/Wilkes*, ZInsO 2010, S. 2107, 2115.

614 IDW, Entwurf, IDW ES 11 n. F.; Stand: 27.09.2022, (abrufbar im Internet: https://tlp.de/gu7fx [Link gekürzt], zuletzt geprüft: 27.01.2025), Rn. 25.

Methodische Vorgaben zur Feststellung einer Zahlungsunfähigkeit könnten sich aus der Grundsatzentscheidung des IX. Zivilsenats aus dem Jahr 2005[615] ergeben. Die in der Entscheidung getroffene Formulierung, dass zur Feststellung einer Zahlungsunfähigkeit »[...] im Rahmen einer Liquiditätsbilanz die aktuell verfügbaren und kurzfristig verfügbar werdenden Mittel in Beziehung [...] zu den an demselben Stichtag fälligen und eingeforderten Verbindlichkeiten [gesetzt werden] [...]«[616], deutet darauf hin, dass der Senat keine Trennung zwischen Zeitpunkt- und Zeitraumbetrachtung vornimmt und infolgedessen einstufig das Vorliegen einer Zahlungsunfähigkeit prüft.[617] Aus den Ausführungen des Senats kann allerdings gefolgert werden, dass es sich dabei allein um die Wiedergabe einer verbreiteten Auffassung[618] handelt, ohne dass der Senat selbst Stellung nimmt.[619] Folglich kann hieraus nicht geschlossen werden, dass der IX. Senat die Durchführung einer einstufigen Prüfung zur Ermittlung einer Zahlungsunfähigkeit konkret vorgibt.[620] Die methodische Vorgabe, dass die Feststellung einer Zahlungsunfähigkeit auf Grundlage einer einstufigen Prüfung zu erfolgen hat, folgt aber gegebenenfalls aus Entscheidungen des IX. Zivilsenats aus dem Jahr 2006[621] und aus dem Jahr 2012[622]. Im Rahmen dieser Entscheidungen führt der Senat aus, dass »[z]ur Feststellung der Zahlungsunfähigkeit i. S. des § 17 [Abs. 2 S.] 1 InsO [...] eine Liquiditätsbilanz aufzustellen sein [kann]« und »[d]abei die im maßgeblichen Zeitpunkt verfügbaren und innerhalb von drei Wochen flüssig zu machenden Mittel [...] zu den am selben Stichtag fälligen und eingeforderten Verbindlichkeiten [in Beziehung zu setzen sind]«.[623] Die ausdrückliche Einbeziehung der Aktiva II in die Gegenüberstellung kann dafür sprechen, dass der IX. Senat für die Prüfung des Vorliegens einer Zahlungsunfähigkeit eine einstufige Prüfung zugrunde legt.[624] Allerdings stellt der Zivilsenat nur fest, dass die Aktiva I

615 BGH, Urteil v. 24.05.2005 – IX ZR 123/04, BGHZ 163, 134.

616 BGH, Urteil v. 24.05.2005 – IX ZR 123/04, BGHZ 163, 134, 138.

617 Die Entscheidung so interpretierend, *T. Wolf/Kurz*, DStR 2006, S. 1339, 1341 f.; *Mylich*, ZIP 2018, S. 514, 518; *Schmitz*, IBR 2006, S. 1016.

618 »Demgemäß wird verbreitet davon ausgegangen [...]«, BGH, Urteil v. 24.05.2005 – IX ZR 123/04, BGHZ 163, 134, 139.

619 Ähnlich, *Ganter*, ZInsO 2011, S. 2297, 2298; *Kriegel*, in: Nickert/Lamberti, Rn. 51.

620 Vgl., *Humberg*, in: BK-InsO (Dokumentstand: 54. EL, 11.2015), § 17 InsO, Rn. 30.

621 BGH, Urteil v. 12.10.2006 – IX ZR 228/03, NZI 2007, S. 36.

622 BGH, Urteil v. 29.03.2012 – IX ZR 40/10, NZI 2012, S. 663.

623 BGH, Urteil v. 12.10.2006 – IX ZR 228/03, NZI 2007, S. 36, 38; ähnlich, BGH, Urteil v. 29.03.2012 – IX ZR 40/10, NZI 2012, S. 663, 664.

624 Vgl., *Hübert*, Vorfeld der Insolvenz, S. 86 f.

und II mit den Passiva I »[...] in Beziehung zu setzen [...]« sind.[625] Wie der damit erforderliche Vergleich methodisch zu erfolgen hat, wird seitens des Zivilsenats nicht näher konkretisiert. Auch aus diesen Entscheidungen des IX. Zivilsenats können infolgedessen keine konkreten methodischen Vorgaben zur Prüfung des (Nicht-)Vorliegens einer Zahlungsunfähigkeit gemäß § 17 Abs. 2 S. 1 InsO abgeleitet werden. In einer Entscheidung aus dem Jahr 2022[626] stellt der IX. Zivilsenat schließlich fest, »[...] dass die Zahlungsunfähigkeit auch durch einen Liquiditätsstatus festgestellt werden kann [...]«.[627] Damit billigt der Zivilsenat die Vorgehensweise des OLG Zweibrücken[628] als Berufungsgericht, welches zur Feststellung einer Zahlungsunfähigkeit unter anderem[629] einen Liquiditätsstatus herangezogen hat, der nach Feststellung einer wesentlichen Liquiditätslücke um einen Finanzplan erweitert wurde.[630] Aus dieser Entscheidung des IX. Zivilsenats kann somit zumindest gefolgert werden, dass eine methodische Trennung der Zeitpunkt- und Zeitraumbetrachtung zur Feststellung der Zahlungsunfähigkeit nach § 17 Abs. 2 S. 1 InsO nicht in Widerspruch zur aktuellen Rechtsprechung des IX. Zivilsenats steht.

Damit stellt sich die Frage, ob sich aus der Rechtsprechung des II. Zivilsenats anderweitige Vorgaben zur methodischen Vorgehensweise hinsichtlich der Prüfung des (Nicht-)Vorliegens einer Zahlungsunfähigkeit nach § 17 Abs. 2 S. 1 InsO ergeben. Der II. Zivilsenat hat in seiner Grundsatzentscheidung aus dem Jahr 2017 entschieden, dass »[i]n die zur Feststellung der Zahlungsunfähigkeit aufzustellende Liquiditätsbilanz [...] auf der Aktivseite neben den verfügbaren Zahlungsmitteln (sog. Aktiva I) die innerhalb von drei Wochen flüssig zu machenden Mittel (sog. Aktiva II) einzubeziehen und zu den am Stichtag fälligen und eingeforderten Verbindlichkeiten (sog. Passiva II) in Beziehung zu setzen [sind]«.[631] Dieser Passus legt das Verständnis nahe[632], dass nach dieser Entscheidung des II. Zivilsenats für die Feststellung einer wesentlichen Liquiditätslücke im Rahmen einer

625 BGH, Urteil v. 12.10.2006 – IX ZR 228/03, NZI 2007, S. 36, 38; BGH, Urteil v. 29.03.2012 – IX ZR 40/10, NZI 2012, S. 663, 664.
626 BGH, Urteil v. 28.04.2022 – IX ZR 48/21, NZI 2022, S. 733.
627 BGH, Urteil v. 28.04.2022 – IX ZR 48/21, NZI 2022, S. 733, 734.
628 OLG Zweibrücken, Urteil v. 17.03.2021 – 7 U 20/19, BeckRS 2021, 54322.
629 Siehe zu den daneben berücksichtigten Indizien, OLG Zweibrücken, Urteil v. 17.03.2021 – 7 U 20/19, BeckRS 2021, 54322, Rn. 62 f.
630 OLG Zweibrücken, Urteil v. 17.03.2021 – 7 U 20/19, BeckRS 2021, 54322, Rn. 59, 64.
631 BGH, Urteil v. 19.12.2017 – II ZR 88/16, BGHZ 217, 130, 139, Rn. 33.
632 Die Entscheidung so interpretierend, *Thole*, GmbHR 2022, S. R52, R53.

einstufigen Prüfung die insolvenzrechtlich relevanten Aktiva mit den insolvenzrechtlich maßgeblichen Passiva ins Verhältnis zueinander zu setzen sind. Ein abweichendes Verständnis könnte sich aber aus den Ausführungen des Senats zur Abgrenzung der Zahlungsunfähigkeit (§ 17 InsO) von der bloß drohenden Zahlungsunfähigkeit (§ 18 InsO) ergeben. Insofern geht der II. Zivilsenat davon aus, dass eine Zahlungsunfähigkeit nach § 17 Abs. 2 S. 1 InsO vorliegt, »[...] wenn der Schuldner eine bereits am Stichtag vorhandene Liquiditätslücke von 10 % oder mehr nicht innerhalb von drei Wochen schließen kann [...]«.[633] Diese Ausführungen könnten darauf hindeuten, dass nach der Rechtsprechung des II. Zivilsenats zunächst zum Stichtag eine Liquiditätslücke festgestellt werden muss, bevor die weitere Entwicklung der Liquidität innerhalb der nächsten drei Wochen und damit die Aktiva II und Passiva II einbezogen werden.[634] Allerdings bezieht der II. Zivilsenat in der konkreten Überprüfung der Liquidität des Schuldners sowohl Aktiva I und Passiva I als auch Aktiva II und Passiva II mit ein, um auf Grundlage der gebildeten Liquiditätskennzahl[635] eine wesentliche Liquiditätslücke festzustellen.[636] Damit beurteilt der Senat im Ergebnis das Vorliegen einer Zahlungsunfähigkeit auf Grundlage einer einstufigen Prüfung.[637] Ob der II. Zivilsenat hiermit konkrete Vorgaben zur methodischen Vorgehensweise für die Ermittlung einer Zahlungsunfähigkeit im insolvenzrechtlichen Sinne tätigen wollte, scheint allerdings mit Blick auf die fehlende Entscheidungserheblichkeit im konkreten Fall zweifelhaft.[638] In dem vom II. Zivilsenat entschiedenen Fall hätte sich offensichtlicherweise[639] auch für eine stichtagsbezogene Gegenüberstellung von Aktiva I und Passiva I eine wesentliche Liquiditätslücke ergeben[640], welche unter Einbeziehung einer Zeitraumbetrachtung nicht hätte geschlossen werden können. Für die konkrete Ermittlung einer Zahlungsunfähigkeit war es dementsprechend nicht entscheidungserheblich, ob eine ein- oder mehr-

633 BGH, Urteil v. 19.12.2017 – II ZR 88/16, BGHZ 217, 130, 143, Rn. 45.

634 *Parzinger/Lappe/Meyer-Löwy*, ZIP 2019, S. 2143, 2145.

635 Im konkreten Fall wurde eine Deckung von lediglich 69,89 % festgestellt, BGH, Urteil v. 19.12.2017 – II ZR 88/16, BGHZ 217, 130, 149 f., Rn. 62.

636 BGH, Urteil v. 19.12.2017 – II ZR 88/16, BGHZ 217, 130, 149 f., Rn. 62.

637 So auch, *Fallak*, Zahlungsunfähigkeit, S. 87.

638 So auch, *Fallak*, Zahlungsunfähigkeit, S. 123.

639 *Fallak*, Zahlungsunfähigkeit, S. 123.

640 Zum Stichtag bestand eine Unterdeckung von 3.449.811,48 Euro, vgl., BGH, Urteil v. 19.12.2017 – II ZR 88/16, BGHZ 217, 130, 149 f., Rn. 62.

stufige Prüfung durchgeführt wird.[641] Eine eindeutige Vorgabe, wie die Ermittlung der Zahlungsunfähigkeit gemäß § 17 Abs. 2 S. 1 InsO methodisch durchzuführen ist, lässt sich mangels Entscheidungsrelevanz folglich aus der Grundsatzentscheidung aus dem Jahr 2017 nicht ableiten.[642] Konkrete methodische Vorgaben zur Feststellung einer Zahlungsunfähigkeit könnten allerdings aus einem Urteil des II. Zivilsenats[643] aus dem Jahr 2022 folgen. In diesem Urteil stellt der II. Zivilsenat ausdrücklich fest, dass es in der Rechtsprechung des Bundesgerichtshofs anerkannt sei, dass das Vorliegen einer Zahlungsunfähigkeit »[...] durch einen Liquiditätsstatus auf den Stichtag in Verbindung mit einem Finanzplan für die auf den Stichtag folgenden drei Wochen [...]« dargetan werden kann.[644] Damit bezieht sich der II. Zivilsenat allerdings nur auf die Anforderungen der Darlegung einer Zahlungsunfähigkeit im Rahmen einer möglichen Insolvenzverschleppungshaftung (§ 64 GmbHG a. F.) und stellt dementsprechend keine allgemeinen Ausführungen zur methodischen Ermittlung der Zahlungsunfähigkeit an. Ob eine solche methodische Vorgehensweise auch für die gerichtliche Feststellung einer Zahlungsunfähigkeit durch den Zivilsenat gebilligt wird, bleibt damit mangels ausdrücklicher Vorgaben weiterhin unklar.[645] In Ermangelung anderweitiger konkreter Anforderungen kann aus der Rechtsprechung des II. Zivilsenats aber zumindest nicht abgeleitet werden, dass eine mehrstufige Prüfung zur Feststellung einer Zahlungsunfähigkeit methodisch unzulässig sei. Somit ist die Durchführung einer mehrstufigen Prüfung zur Feststellung einer Zahlungsunfähigkeit mit der Rechtsprechung des Bundesgerichtshofs vereinbar, wenn nicht sogar geboten[646].

---

641 Ähnlich, *Brahmstaedt/Klopp*, DB 2018, S. 875, 880.

642 *Haneke*, NZI 2018, S. 209, 210; vgl., *Parzinger/Lappe/Meyer-Löwy*, ZIP 2019, S. 2143, 2145; a. A., *Baumert*, NJW 2019, S. 1486, 1487, der davon ausgeht, dass der II. Zivilsenat ebenfalls eine zweistufige Prüfung vornimmt, jedoch auf eine sprachlich genaue Differenzierung zwischen der Zeitpunkt- und Zeitraumbetrachtung unterlässt.

643 BGH, Urteil v. 28.06.2022 – II ZR 112/21, NJW-RR 2022, S. 1131.

644 BGH, Urteil v. 28.06.2022 – II ZR 112/21, NJW-RR 2022, S. 1131, 1132, Rn. 14.

645 A. A., *Baumert*, LMK 2022, 812022, der aus der Entscheidung des II. Zivilsenats ableitet, dass es zur Feststellung einer Zahlungsunfähigkeit genügt, mehrfach einen Finanzstatus im Prognosezeitraum zu erstellen.

646 Eine entsprechende Vorgabe zur Durchführung einer mehrstufigen Prüfung seitens der Rechtsprechung annehmend, *Kolmann*, in: Saenger/Inhester, GmbHG, Vorbemerkung vor § 64 GmbHG, Rn. 107.

(3) Befugnisse zur Ermittlung der Vermögensverhältnisse

Unabhängig von der konkreten methodischen Vorgehensweise erfordert die insolvenzgerichtliche Liquiditätsprüfung des Schuldners, dass das zuständige Insolvenzgericht im Eröffnungsverfahren über die maßgeblichen Informationen in Hinblick auf die wirtschaftlichen Verhältnisse des Schuldners verfügt. Damit stellt sich die Frage, welche Instrumente dem Gericht zur Prüfung des (Nicht-)Vorliegens einer Zahlungsunfähigkeit nach § 17 Abs. 2 S. 1 InsO zur Verfügung gestellt werden.

(a) Auskunftsrecht gemäß §§ 20 Abs. 1 S. 1 und S. 2, 97 Abs. 1 S. 1, 101 Abs. 1 InsO

Durch § 97 Abs. 1 S. 1 Var. 1 InsO wird ein Auskunftsrecht des Insolvenzgerichts[647] gegenüber dem Schuldner oder gegenüber den Mitgliedern des Vertretungs- oder Aufsichtsorgans bzw. den persönlich haftenden Gesellschafter einer Gesellschaft (§ 101 Abs. 1 S. 1 InsO) und bestimmten Angestellten des Schuldners (§ 101 Abs. 2 InsO) normiert, welches gemäß § 20 Abs. 1 S. 1 und S. 2 InsO auch im Eröffnungsverfahren anwendbar ist[648].

Inwiefern mithilfe dieses Auskunftsrechts die zur Prüfung des (Nicht-)Vorliegens einer Zahlungsunfähigkeit erforderlichen Informationen eingeholt werden können, ergibt sich aus dem Umfang des Auskunftsrechts, der durch den Wortlaut des § 97 Abs. 1 S. 1 InsO bestimmt wird. Danach bezieht sich die Auskunftspflicht gegenständlich auf alle das Verfahren betreffenden Verhältnisse des Schuldners. Die Auskunftspflicht umfasst dementsprechend alle wirtschaftlichen, rechtlichen und tatsächlichen Verhältnisse des Schuldners, welche für das Verfahren von Bedeutung sein können.[649] Insoweit ist über sämtliche rechtliche und tatsächliche Umstände Auskunft zu erteilen, welche in irgendeiner Weise für die Entscheidung über die Eröffnung des Insolvenzverfahrens maßgeblich sind.[650] Die Auskunftspflicht erstreckt sich folglich insbesondere auf solche Tatsachen, aus

647 *Morgen*, in: HambK-InsolvenzR, § 20 InsO, Rn. 8.

648 Etwa, *Böhm*, in: Braun, InsO, § 97 InsO, Rn. 3.

649 BGH, Beschluss v. 22.11.2012 – IX ZB 23/10, BeckRS 2012, 24886, Rn. 4; *Hölzle*, in: K. Schmidt, InsO, § 20 InsO, Rn. 10.

650 *Vuia*, in: MüKo-InsO, Bd. 1, § 20 InsO, Rn. 25; *Laroche*, in: Kayser/Thole, § 20 InsO, Rn. 8.

denen sich das Vorliegen eines Insolvenzgrundes ergibt.[651] Das Auskunftsrecht nach §§ 20 Abs. 1 S. 1 und S. 2, 97 Abs. 1 S. 1, 101 Abs. 1 InsO erlaubt dem Insolvenzgericht somit die für die Prüfung des (Nicht-)Vorliegens einer Zahlungsunfähigkeit relevanten Informationen zu erlangen.

(b) Weitere Informationsrechte des Insolvenzgerichts nach der Zivilprozessordnung

Die Regelung des § 4 InsO erklärt die Vorschriften der Zivilprozessordnung grundsätzlich für entsprechend anwendbar, sodass sich zusätzliche Informationsrechte des Insolvenzgerichts aus der Zivilprozessordnung ergeben könnten. Der Verweis hat zur Folge, dass das Insolvenzgericht sämtliche Beweismittel der Zivilprozessordnung mit Ausnahme der Parteivernehmung[652] nutzen kann.[653] Zur Ermittlung der wirtschaftlichen Verhältnisse des Schuldners kann das Insolvenzgericht somit beispielsweise gemäß § 4 S. 1 InsO i. V. m. § 142 S. 1 ZPO die Vorlage bestimmter Urkunden anordnen.[654] Gegenstand einer solchen Anordnung können etwa die Geschäftsunterlagen des Schuldners sein, aus denen sich wichtige Erkenntnisse hinsichtlich der wirtschaftlichen Tätigkeit des Schuldners herleiten lassen.[655] Damit kann das Insolvenzgericht prinzipiell auch mithilfe der nach § 4 InsO in Bezug genommenen Befugnisse der Zivilprozessordnung Informationen gewinnen, welche für die Prüfung des (Nicht-)Vorliegens einer Zahlungsunfähigkeit bedeutend sind.

651 *Zipperer*, in: Uhlenbruck, InsO, § 20 InsO, Rn. 21; vgl., BayObLG, Beschluss v. 23.03.2000 – 5 St RR 36/00, NZI 2001, 50, 51.
652 *Prütting*, in: K/P/B, InsO (Dokumentstand: 59. EL, 06.2014), § 5 InsO, Rn. 48.
653 *Andres*, in: Andres/Leithaus, § 5 InsO, Rn. 12.
654 *Stephan*, in: K. Schmidt, InsO, § 5 InsO, Rn. 25.
655 *Stephan*, in: K. Schmidt, InsO, § 5 InsO, Rn. 25.

(c) Beauftragung eines Sachverständigen

Gemäß § 5 Abs. 1 S. 2 Var. 2 InsO kann[656] das Insolvenzgericht zudem einen Sachverständigen als »verlängerten Arm« des Gerichts[657] beauftragen, ein Gutachten über das (Nicht-)Bestehen eines Insolvenzgrundes anzufertigen.[658]

Wie der beauftragte Sachverständige seinerseits Informationen über die wirtschaftlichen Verhältnisse des Schuldners zur Erstellung des Gutachtens gewinnen kann, hängt davon ab, wen das Insolvenzgericht als Sachverständigen bestellt hat. Das Insolvenzgericht kann entweder gesondert einen Sachverständigen gemäß § 4 InsO i. V. m. §§ 402 ff. ZPO bestellen (sogenannter »isolierter Sachverständiger«[659]) oder aber den bereits bestellten vorläufigen Insolvenzverwalter mit der Anfertigung eines Gutachtens betrauen.[660] Wurde der bereits bestellte vorläufige Insolvenzverwalter mit der Anfertigung eines Sachverständigengutachtens beauftragt, ergeben sich Befugnisse aus § 22 Abs. 3 InsO, mithilfe derer der vorläufige Insolvenzverwalter als Sachverständiger Informationen über die wirtschaftlichen Verhältnisse des Schuldners gewinnen kann. Gemäß § 22 Abs. 3 InsO kann der vorläufige Insolvenzverwalter die Geschäftsräume des Schuldners betreten und dort Nachforschungen anstellen (S. 1), Einsicht in die Bücher und Geschäftspapiere des Schuldners verlangen (S. 2) und Auskunft gemäß §§ 97 Abs. 1 S. 1 InsO vom Schuldner oder der zur Auskunft gemäß § 101 Abs. 1 oder Abs. 2 InsO verpflichteten Personen verlangen (S. 3). Daraus folgt, dass der Sachverständige, der zugleich vorläufiger Insolvenzverwalter ist, vom Schuldner Auskunft und Mitwirkung gemäß § 22 Abs. 3 InsO verlangen kann.[661] Dagegen wird der isoliert bestellte Sachverständige, der nicht zugleich vorläufiger Insolvenzverwalter ist, durch § 22 Abs. 3 InsO nicht berechtigt, sodass diesem die aus § 22 Abs. 3 InsO folgenden Befugnisse nicht

---

656 Zumindest bei unternehmerisch tätigen Schuldnern ist die Bestellung eines Sachverständigen regelmäßig erforderlich, um der gerichtlichen Amtsermittlungspflicht nach § 5 Abs. 1 S. 1 InsO nachzukommen, *Vuia*, in: Gottwald/Haas, Hdb InsolvenzR, § 13, Rn. 7.

657 *Uhlenbruck*, in: FS Greiner, 325; *Haarmeyer/Suvacarevic*, ZInsO 2006, S. 953.

658 *Steffek*, in: K/P/B, InsO (Dokumentstand: 69. EL, 11.2016), § 16 InsO, Rn. 22.

659 *Wessel*, DZWir 1999, S. 230, 231; *Steffek*, in: K/P/B, InsO (Dokumentstand: 69. EL, 11.2016), § 16 InsO, Rn. 25; ähnlich, *Uhlenbruck*, in: FS Greiner, S. 318 f.

660 *Vallender*, ZInsO 2010, S. 1457; *Haarmeyer/Schildt*, in: MüKo-InsO, Bd. 1, § 22 InsO, Rn. 35.

661 *Vallender*, in: Uhlenbruck, InsO, § 22 InsO, Rn. 253.

zustehen.[662] Der »isolierte« Sachverständige ist insofern auf die insolvenzgerichtliche Vernehmung nach §§ 20 Abs. 1 S. 2, 97, 101 InsO angewiesen, in deren Rahmen der Sachverständige aber auch selbst Fragen stellen kann.[663] Im Ergebnis kann dementsprechend sowohl der bereits als vorläufiger Insolvenzverwalter bestellte Sachverständige, als auch der isolierte Sachverständige, die zur Erstellung eines Gutachtens erforderlichen Informationen hinsichtlich der wirtschaftlichen Verhältnisse des Schuldners gewinnen.

Auf Grundlage der so gewonnenen Informationen hat der Sachverständige das Gutachten anzufertigen. Hauptfunktion eines solchen Sachverständigengutachtens ist die Vorbereitung der gerichtlichen Eröffnungsentscheidung.[664] Um dieser Funktion gerecht zu werden, muss das Sachverständigengutachten insbesondere die möglichst[665] umfassende[666] Feststellung der Vermögensverhältnisse des Schuldners beinhalten, auf deren Grundlage entschieden werden kann, ob ein Insolvenzgrund vorliegt oder nicht.[667] Das Insolvenzgericht kann demzufolge auch mithilfe eines Sachverständigengutachtens das (Nicht-)Vorliegen einer Zahlungsunfähigkeit ermitteln.

b) Insolvenzgerichtliche Überzeugung des Vorliegens einer Zahlungsunfähigkeit

Inwieweit auf Grundlage der ermittelten Vermögensverhältnisse das Insolvenzverfahren zu eröffnen ist, bestimmt sich danach, welche Anforderungen an die insolvenzgerichtliche Feststellung eines Insolvenzgrundes zu stellen sind. Es ist zu berücksichtigen, dass mit der Eröffnung eines Insolvenzverfahrens schwerwiegende Eingriffe in Schuldner- und Gläubigerpositionen[668] verbunden sind. Diese Rechtsfolgen der Verfahrenseröffnung

---

662 *Blankenburg*, in: K/P/B, InsO (Dokumentstand: 96. EL., 06.2023), § 22 InsO, Rn. 334; *Vallender*, in: Uhlenbruck, InsO, § 22 InsO, Rn. 253; *Uhlenbruck*, in: FS Greiner, 325.

663 *Haarmeyer/Schildt*, in: MüKo-InsO, Bd. 1, § 22 InsO, Rn. 35.

664 *Nissen*, in: Bork/Hölzle, InsO, Kap. 4, Rn. 152; *Haarmeyer/Suvacarevic*, ZInsO 2006, S. 953.

665 *Steffek*, in: K/P/B, InsO (Dokumentstand: 69. EL, 11.2016), § 16 InsO, Rn. 24.

666 Zum Vollständigkeitsgrundsatz, *Haarmeyer/Suvacarevic*, ZInsO 2006, S. 953, 956.

667 *Vallender*, ZInsO 2010, S. 1457, 1464.

668 *Mock*, in: Uhlenbruck, InsO, § 16 InsO, Rn. 3.

gebieten[669], dass das Insolvenzgericht das Vorliegen einer Zahlungsunfähigkeit im Eröffnungsbeschluss nur feststellt, wenn es im Zuge sorgfältiger und kritischer[670] Ermittlungen zu der Überzeugung (§ 4 InsO i. V. m. § 286 Abs. 1 ZPO) gelangt, dass ein Insolvenzgrund gegeben ist[671]. Um diesen Anforderungen gerecht zu werden, muss das Insolvenzgericht zumindest einen für das praktische Leben brauchbaren Grad an Gewissheit bezüglich des Vorliegens eines Insolvenzgrundes haben.[672] Das Gericht muss das Vorliegen des Eröffnungsgrundes dementsprechend für wahr erachten, wenn es das Insolvenzverfahren eröffnet.[673]

c) Zusammenfassung

Das Insolvenzgericht kann das Vorliegen einer Zahlungsunfähigkeit demnach gemäß § 17 Abs. 2 S. 1 InsO auf Grundlage der unwiderlegten Vermutung des § 17 Abs. 2 S. 2 InsO bzw. einer (mehrstufigen) Prüfung der Liquidität des Schuldners feststellen. Dem Insolvenzgericht kommen insofern umfassende Befugnisse zu, um die wirtschaftlichen Verhältnisse des Insolvenzschuldners zu ermitteln. Die Feststellung des Insolvenzgrundes setzt voraus, dass das Gericht vom Vorliegen einer Zahlungsunfähigkeit nach § 17 Abs. 2 S. 1 InsO überzeugt ist.

2. Zulässigkeit der kartellbehördlichen Feststellung einer Zahlungsunfähigkeit gemäß § 81b Abs. 1 GWB auf Grundlage eines Eröffnungsbeschlusses

Inwiefern die im Eröffnungsbeschluss festgestellte Zahlungsunfähigkeit nach § 17 InsO die Grundlage der Feststellung einer Zahlungsunfähigkeit

---

669 Vgl., *K. Schmidt*, in: K. Schmidt, InsO, § 16 InsO, Rn. 1; *Bork*, Insolvenzrecht, Rn. 101, welcher darauf verweist, dass die Durchführung eines Insolvenzverfahrens nur bei Vorliegen einer (materiellen) Insolvenz gerechtfertigt ist.

670 *Zipperer*, NZI 2003, S. 590, 591.

671 Siehe etwa, BGH, Beschluss v. 13.04.2006 – IX ZB 118/04, NZI 2006, S. 405; zur KO, OLG Köln, Beschluss v. 03.01.2000 – 2 W 268/99, NZI 2000, S. 174, 175; AG Köln, Beschluss v. 07.03.2007 – 71 IN 609/06, NZI 2007, S. 666; *Vuia*, in: MüKo-InsO, Bd. 1, § 16 InsO, Rn. 34; *Laroche*, in: Kayser/Thole, § 16 InsO, Rn. 9.

672 406BGH, Beschluss v. 13.04.2006 – IX ZB 118/04, NZI 2006, S. 405; *Laroche*, in: Kayser/Thole, § 16 InsO, Rn. 9.

673 *Zipperer*, NZI 2003, S. 590, 591.

gemäß § 81b Abs. 1 GWB bilden kann, ist angesichts der Reichweite der insolvenzgerichtlichen Entscheidung zweifelhaft. Die im Eröffnungsbeschluss getroffene Feststellung einer Zahlungsunfähigkeit beschränkt sich auf das Vorliegen des Insolvenzgrundes des § 17 InsO.[674] Ob eine Zahlungsunfähigkeit nach § 81b Abs. 1 GWB vorliegt, ist dagegen nicht Inhalt der insolvenzgerichtlichen Entscheidung. Damit ist zu untersuchen, inwiefern und unter welchen Voraussetzungen die kartellbehördliche Heranziehung der insolvenzgerichtlichen Feststellung einer Zahlungsunfähigkeit nach § 17 InsO zulässig ist[675], um das Vorliegen der Tatbestandsvoraussetzung in § 81b Abs. 1 GWB festzustellen.

a) Grundsätzliche Zulässigkeit

Der grundsätzlichen Zulässigkeit eines derartigen Vorgehens würde entgegenstehen, wenn in § 81b Abs. 1 GWB ein abweichender Prüfungsmaßstab zur Ermittlung des (Nicht-)Vorliegens einer Zahlungsunfähigkeit zugrunde gelegt werden müsste. Insoweit ist allerdings zu beachten, dass es für das Vorliegen der Tatbestandsvoraussetzung nach § 81b Abs. 1 GWB auf dieselben materiellen Voraussetzungen ankommt, die auch vorliegen müssen, damit eine Zahlungsunfähigkeit nach § 17 Abs. 2 S. 1 InsO begründet wird.[676] Stellt das Insolvenzgericht das Vorliegen einer Zahlungsunfähigkeit fest, nimmt es damit das Vorliegen der materiellen Voraussetzungen an, die auch für die Prüfung der Zahlungsunfähigkeit nach § 81b Abs. 1 GWB entscheidend sind. Das bedeutet, dass der Zulässigkeit der kartellbehördlichen Feststellung einer Zahlungsunfähigkeit gemäß § 81b Abs. 1 GWB auf Grundlage einer insolvenzgerichtlichen Feststellung der Zahlungsunfähigkeit (§ 17 InsO) kein abweichender Prüfungsinhalt entgegensteht.

---

674 Vgl. zur Begründetheit eines Insolvenzantrags, *Vuia*, in: MüKo-InsO, Bd. 1, § 16 InsO, Rn. 4, 34.

675 Siehe zu Art. 23 Abs. 4 VO 1/2003, *Feddersen*, in: D/F/M, KartellverfahrensVO, Art. 23 VO 1/2003, Rn. 73 f., der die Feststellung der Zahlungsunfähigkeit allein auf Grundlage einer insolvenzgerichtlichen Entscheidung für zulässig erachtet; ebenso, *van der Hout/Wiemer*, in: Berg/Mäsch, KartellR, Art. 23 VO 1/2003, Rn. 125; zu § 81b GWB, *Könen*, npoR 2022, S. 163, 164, der die Zulässigkeit der kartellbehördlichen Feststellung einer Zahlungsunfähigkeit auf Grundlage eines insolvenzgerichtlichen Eröffnungsbeschlusses – wohl ohne Differenzierung im Hinblick auf den festgestellten Insolvenzgrund – annimmt; wohl auch, *Vollmer*, in: MüKo-WettbewerbsR, GWB, § 81b GWB, Rn. 3.

676 Siehe oben, Teil 2, E. III. 1. c).

Probleme könnten allerdings daraus resultieren, dass das Insolvenzgericht im Eröffnungsbeschluss allein das Vorliegen eines Insolvenzgrundes zum Zeitpunkt der Eröffnungsentscheidung feststellt.[677] Ob die angenommene Zahlungsunfähigkeit zu einem späteren Zeitpunkt noch besteht, ergibt sich aus der insolvenzgerichtlichen Eröffnungsentscheidung folglich nicht. Dementsprechend ist unsicher, inwieweit die Kartellbehörde das Vorliegen einer Zahlungsunfähigkeit gemäß § 81b Abs. 1 GWB auf Grundlage des Eröffnungsbeschlusses feststellen kann, wenn die Geldbuße gemäß § 81b GWB nach der insolvenzgerichtlichen Entscheidung durchgesetzt werden soll.

Gegen die Zulässigkeit könnte sprechen, dass der Eröffnungsgrund gegebenenfalls nach Verfahrenseröffnung entfallen ist und der Bußgeldschuldner folglich zum späteren Zeitpunkt wieder zahlungsfähig ist. Allerdings ist zu beachten, dass eine im Eröffnungsbeschluss insolvenzgerichtlich festgestellte Zahlungsunfähigkeit aufgrund der hohen Anforderungen[678], welche an die Beseitigung einer einmal eingetretenen Zahlungsunfähigkeit zu stellen sind[679], in der Praxis nur in den seltensten Fällen[680] nachträglich beseitigt werden kann. Die im Eröffnungsbeschluss festgestellte Zahlungsunfähigkeit des Insolvenzschuldners besteht somit in aller Regel während der Durchführung des Insolvenzverfahrens fort. Die insolvenzgerichtliche Feststellung einer Zahlungsunfähigkeit im Eröffnungsbeschluss begründet damit grundsätzlich eine hinreichend rechtssichere Grundlage, um das Vorliegen einer Zahlungsunfähigkeit nach § 81b Abs. 1 GWB auch zu einem der Eröffnungsentscheidung nachgelagerten Zeitpunkt feststellen zu können.

Konsequenterweise ist die kartellbehördliche Feststellung einer Zahlungsunfähigkeit gemäß § 81b Abs. 1 GWB auf Grundlage des insolvenzgerichtlichen Eröffnungsbeschlusses über das Vermögen des Bußgeldschuldners wegen Zahlungsunfähigkeit (§ 17 Abs. 2 S. 1 InsO) grundsätzlich zulässig.

---

677 Vgl., *Laroche*, in: Kayser/Thole, § 16 InsO, Rn. 16.

678 Nach höchstrichterlicher Rechtsprechung setzt die Beseitigung einer eingetretenen Zahlungsunfähigkeit grundsätzlich die schuldnerische Wiederaufnahme der Zahlungen im Allgemeinen voraus, BGH, Urteil v. 19.12.2017 – II ZR 88/16, BGHZ 217, 130, 147, Rn. 55; vgl. zur Zahlungseinstellung, BGH, Urteil v. 20.11.2001 – IX ZR 48/01, BGHZ 149, 178, 188.

679 Siehe zu möglichen Maßnahmen, um eine eingetretene Zahlungsunfähigkeit wieder zu beseitigen, etwa, *Mock*, in: Uhlenbruck, InsO, § 17 InsO, Rn. 141–150.

680 Allgemein zur praktischen Bedeutung der Regelung des § 212 InsO, *Pauls*, in: KK-InsO, Bd. 3, § 212 InsO, Rn. 5; zustimmend, *Ries*, in: Uhlenbruck, InsO, § 212 InsO, Rn. 2.

b) Konkrete Zulässigkeitsvoraussetzungen

Daran anknüpfend ist zu klären, welche konkreten Voraussetzungen an den Eröffnungsbeschluss zu stellen sind, damit dieser eine rechtssichere Grundlage für die kartellbehördliche Feststellung der Zahlungsunfähigkeit nach § 81b Abs. 1 GWB zu begründet.

aa) Keine Nichtigkeit des insolvenzgerichtlichen Eröffnungsbeschlusses aufgrund schwerwiegender Mängel

Zulässigkeitsvoraussetzung der kartellbehördlichen Heranziehung des insolvenzgerichtlichen Eröffnungsbeschlusses könnte sein, dass der Beschluss nicht wegen insolvenzverfahrensrechtlicher Mängel nichtig ist. Zwar werden grundsätzlich alle Mängel des Eröffnungsverfahrens durch den Eintritt der Rechtskraft des Eröffnungsbeschlusses geheilt.[681] Der Eröffnungsbeschluss ist allerdings nichtig, wenn ein Mangel so gravierend ist, dass dieser bereits äußerlich dem Beschluss den Charakter einer gerichtlichen Entscheidung entzieht.[682] Ein solcher schwerwiegender Mangel liegt insbesondere vor, wenn der Beschluss nicht durch den Richter unterschrieben[683] oder von einer gemäß § 18 Abs. 1 Nr. 1 RPflG funktionell nicht zuständigen[684] Stelle oder Person erlassen wurde[685]. Führen Mängel dazu, dass die Entscheidung nichtig ist, kann der Eröffnungsbeschluss lediglich als unvollendeter Entwurf[686] angesehen werden. Damit stellt sich die Frage, inwieweit der nichtige Eröffnungsbeschluss eine Grundlage für die Feststellung einer Zahlungsunfähigkeit nach § 81b Abs. 1 GWB darstellen kann. Insofern ließe sich für die Zulässigkeit der Heranziehung des nichtigen

681 *Zipperer*, in: Uhlenbruck, InsO, § 27 InsO, Rn. 21; *Schilken*, in: Jaeger, InsO, Bd. 1, § 27 InsO, Rn. 47; abweichend, *Pape*, ZInsO 1998, S. 61, 63, der auf den Erlass des Beschlusses abstellt.

682 BGH, Urteil v. 22.01.1998 – IX ZR 99/97, ZIP 1998, S. 477, 478; *Busch*, in: MüKo-InsO, Bd. 1, § 34 InsO, Rn. 114; *Bork*, Insolvenzrecht, Rn. 138.

683 BGH, Urteil v. 23.10.1997 – IX ZR 249/96, BGHZ 137, S. 49, 51; *Häsemeyer*, Insolvenzrecht, Rn. 7.49; *Zipperer*, in: Uhlenbruck, InsO, § 27 InsO, Rn. 21.

684 Siehe zur funktionellen Zuständigkeit des Insolvenzrichters etwa, *Frege/U. Keller/Riedel*, in: Hdb InsolvenzR, Teil 1, Rn. 352; *U. Keller*, in: K. Schmidt, InsO, § 27 InsO, Rn. 51.

685 *U. Keller*, in: K. Schmidt, InsO, § 27 InsO, Rn. 61.

686 So bezüglich einer fehlenden Unterschrift, BGH, Urteil v. 23.10.1997 – IX ZR 249/96, BGHZ 137, S. 49, 51, 56.

Eröffnungsbeschlusses argumentieren, dass aus der Nichtigkeitsanordnung nicht zwingend der Schluss gezogen werden kann, dass die insolvenzgerichtliche Feststellung der Zahlungsunfähigkeit fehlerhaft ist. Allerdings ist zu berücksichtigen, dass die Nichtigkeit des Eröffnungsbeschlusses zur völligen Wirkungslosigkeit[687] der insolvenzgerichtlichen Entscheidung führt. Das hat zur Folge, dass auch der Feststellung des Insolvenzgrundes kein Bedeutungsgehalt beigemessen werden kann. In diesem Fall kann das Bundeskartellamt aus dem Eröffnungsbeschluss mangels wirksamer Feststellung eines Insolvenzgrundes nicht folgern, dass eine Zahlungsunfähigkeit vorliegt. Somit darf der insolvenzgerichtliche Eröffnungsbeschluss, auf dessen Grundlage eine kartellbehördliche Feststellung der Zahlungsunfähigkeit gemäß § 81b Abs. 1 GWB erfolgen soll, nicht nichtig sein.

bb) Keine (erfolgreiche) sofortige Beschwerde gemäß § 34 Abs. 2 InsO

Daneben käme in Betracht, dass die Erhebung eines Rechtsbehelfs gegen den Eröffnungsbeschluss dazu führt, dass die kartellbehördliche Heranziehung des Eröffnungsbeschlusses unzulässig ist. Der Insolvenzschuldner kann gemäß § 6 Abs. 1 i. V. m. § 34 Abs. 2 InsO eine sofortige Beschwerde gegen die Insolvenzverfahrenseröffnung erheben und das Fehlen der Eröffnungsvoraussetzungen des Insolvenzverfahrens bzw. verfahrensrechtliche Mängel geltend machen.[688] Insofern stellt sich die Frage, inwieweit die Feststellung einer Zahlungsunfähigkeit nach § 81b Abs. 1 GWB nur dann auf Grundlage des Eröffnungsbeschlusses erfolgen kann, wenn keine sofortige Beschwerde gegen die Eröffnungsentscheidung erhoben wurde.

(1) Aufschiebende Wirkung

Der Zulässigkeit der kartellbehördlichen Heranziehung eines Eröffnungsbeschlusses könnte die mit der sofortigen Beschwerde gegebenenfalls einhergehende aufschiebende Wirkung entgegenstehen. Insoweit ist allerdings zu beachten, dass der Erhebung der sofortigen Beschwerde nach § 4 InsO i. V. m. § 570 Abs. 1 ZPO grundsätzlich keine aufschiebende Wirkung zu-

687 BGH, Urteil v. 23.10.1997 – IX ZR 249/96, BGHZ 137, S. 49, 56.
688 *Schilken*, in: Jaeger, InsO, Bd. 1, § 27, Rn. 46.

kommt.[689] Zwar können das Insolvenz- und das Beschwerdegericht (§ 570 Abs. 2 bzw. Abs. 3 ZPO) die Vollziehung des Eröffnungsbeschlusses aussetzen[690]; eine derartige Aussetzung bewirkt aber nur, dass die Vollziehung der angeordneten Maßnahmen einstweilen eingeschränkt oder aufgeschoben wird.[691] Dagegen kann der Eröffnungsbeschluss mittels Aussetzung nicht einstweilen außer Kraft gesetzt werden, da eine solche Aussetzung im Ergebnis der Entscheidung über die Beschwerde gleichkäme.[692] Sofern aber der Eröffnungsbeschluss nicht durch die Aussetzung suspendiert werden kann, betrifft dies auch die eigentliche Feststellung des Vorliegens eines Insolvenzgrundes. Das hat wiederum zur Folge, dass die bloße Erhebung der sofortigen Beschwerde gegen den Eröffnungsbeschluss keine Auswirkung auf die Frage hat, ob das Bundeskartellamt das Vorliegen einer Zahlungsunfähigkeit nach § 81b Abs. 1 GWB auf Grundlage der insolvenzgerichtlichen Entscheidung feststellen darf.

(2) Gerichtliche Aufhebung des Eröffnungsbeschlusses

Etwas anderes könnte allerdings gelten, wenn über die sofortige Beschwerde des Insolvenzschuldners bereits gerichtlich entschieden wurde.

Erhebt der Schuldner eine sofortige Beschwerde gegen den Eröffnungsbeschluss, wird dem Insolvenzgericht zunächst die Möglichkeit eröffnet, gemäß § 4 InsO i. V. m. § 572 Abs. 1 ZPO Abhilfe zu schaffen. Hält das Insolvenzgericht das Rechtsmittel für zulässig und begründet, hat das Gericht den angefochtenen Beschluss aufzuheben und gegebenenfalls über den Sachverhalt oder den Antrag erneut zu entscheiden.[693] Falls das Insolvenzgericht der sofortigen Beschwerde nicht abhilft, muss das Beschwerdegericht über den Rechtsbehelf entscheiden, § 572 Abs. 2-4 ZPO. Das Beschwerdegericht kann die sofortige Beschwerde als unzulässig bzw.

---

689 BGH, Beschluss v. 27.07.2006 – IX ZB 204/04, BGHZ 169, 17, 29, Rn. 30; *Pape*, in: K/P/B, InsO (Dokumentstand: 86. EL, 12.2020), § 34 InsO, Rn. 100; *U. Keller*, in: K. Schmidt, InsO, § 34 InsO, Rn. 31.

690 *Graf-Schlicker/Kexel*, in: Graf-Schlicker, InsO, § 34 InsO, Rn. 4; *Pape*, in: K/P/B, InsO (Dokumentstand: 86. EL, 12.2020), § 34 InsO, Rn. 100; *Busch*, in: MüKo-InsO, Bd. 1, § 34 InsO, Rn. 16; *Pape*, in: Uhlenbruck, InsO, § 6 InsO, Rn. 17; *Laroche*, in: Kayser/Thole, § 34 InsO, Rn. 27; *U. Keller*, in: K. Schmidt, InsO, § 34 InsO, Rn. 32.

691 *Pape*, in: Uhlenbruck, InsO, § 34 InsO, Rn. 18; *Graf-Schlicker/Kexel*, in: Graf-Schlicker, InsO, § 34 InsO, Rn. 4; *Laroche*, in: Kayser/Thole, § 34 InsO, Rn. 27.

692 *Pape*, in: Uhlenbruck, InsO, § 34 InsO, Rn. 18.

693 *Frege/U. Keller/Riedel*, in: Hdb InsolvenzR, Teil 1, Rn. 394.

unbegründet zurückweisen oder den insolvenzgerichtlichen Eröffnungsbeschluss aufheben.[694]

Inwieweit die Aufhebung des Eröffnungsbeschlusses durch das Insolvenz- oder Beschwerdegericht der Feststellung der Zahlungsunfähigkeit gemäß § 81b Abs. 1 GWB auf Grundlage der insolvenzgerichtlichen Entscheidung entgegensteht, hängt davon ab, welche Rechtswirkungen mit der Aufhebung einhergehen. Wird der Eröffnungsbeschluss durch das Insolvenz- oder Beschwerdegericht wirksam aufgehoben[695], entfallen sämtliche Rechtswirkungen der Eröffnung von Anfang an.[696] Insoweit ist der Insolvenzschuldner mit Eintritt der Rechtskraft der Aufhebung so zu stellen, als habe die Verfahrenseröffnung nicht stattgefunden.[697] Die rückwirkende Beseitigung des Eröffnungsbeschlusses hat damit auch zur Folge, dass die insolvenzgerichtliche Feststellung einer Zahlungsunfähigkeit hinfällig ist. Infolgedessen kann die Kartellbehörde den beseitigten Eröffnungsbeschluss nicht mehr heranziehen, um das Vorliegen der Tatbestandsvoraussetzung in § 81b Abs. 1 GWB anzunehmen.

(3) Ergebnis

Die Zulässigkeit einer kartellbehördlichen Feststellung der Zahlungsunfähigkeit nach § 81b Abs. 1 GWB auf Grundlage des insolvenzgerichtlichen Eröffnungsbeschlusses setzt damit voraus, dass die insolvenzgerichtliche Entscheidung nicht infolge einer sofortigen Beschwerde gemäß § 6 Abs. 1 i. V. m. § 34 Abs. 2 InsO rechtskräftig aufgehoben wurde.

694 *Pape*, in: Uhlenbruck, InsO, § 34 InsO, Rn. 24; allgemein, *Ball*, in: Musielak/Voit, ZPO, § 572 ZPO, Rn. 16.

695 Die Wirksamkeit der Aufhebung ist grundsätzlich vom Eintritt der Rechtskraft der beschwerdegerichtlichen Entscheidung abhängig (§ 6 Abs. 3 S. 1 InsO), etwas anderes gilt jedoch, sofern das Beschwerdegericht die sofortige Wirksamkeit anordnet (§ 6 Abs. 3 S. 2 InsO).

696 *Busch*, in: MüKo-InsO, Bd. 1, § 34 InsO, Rn. 87; *Schilken*, in: Jaeger, InsO, Bd. 1, § 34 InsO, Rn. 28.

697 *Leithaus*, in: Andres/Leithaus, § 34 InsO, Rn. 9.

cc) Keine Einstellung des Verfahrens nach § 212 InsO

Eine weitere Zulässigkeitsvoraussetzung könnte sich aus § 212 InsO ergeben. Die Regelung des § 212 InsO gewährt dem Insolvenzschuldner die Möglichkeit, einen Antrag gerichtet auf Verfahrenseinstellung wegen Wegfalls oder Nichtbestehens[698] eines Insolvenzgrundes zu stellen. Damit ist die Frage aufgeworfen, ob ein Eröffnungsbeschluss zur Feststellung einer Zahlungsunfähigkeit nach § 81b Abs. 1 GWB auch dann noch zulässig ist, wenn das eröffnete Insolvenzverfahren nach § 212 InsO eingestellt wurde.

Das ist davon abhängig, wann ein Insolvenzverfahren nach § 212 InsO einzustellen ist. Das Insolvenzgericht hat[699] das bereits eröffnete Verfahren über das Vermögen des Schuldners einzustellen, wenn ein Einstellungsantrag gemäß § 212 InsO zulässig und begründet ist.[700] Der zulässige Einstellungsantrag gemäß § 212 InsO ist begründet, wenn gewährleistet ist, dass nach Einstellung beim Schuldner weder Zahlungsunfähigkeit noch drohende Zahlungsunfähigkeit oder eine Überschuldung vorliegt, § 212 Abs. 1 S. 1 InsO.[701] Damit erfordert eine Verfahrenseinstellung nach § 212 InsO das Nichtbestehen oder den nachträglichen Wegfall sämtlicher Insolvenzgründe nach Verfahrenseröffnung. Eine Einstellung des Insolvenzverfahrens gemäß § 212 InsO darf deshalb nur erfolgen, wenn das Gericht zu der Überzeugung[702] gelangt, dass zum Zeitpunkt der Entscheidung über den Einstellungsantrag[703] keine Insolvenzgründe (mehr) bestehen und auch in naher Zukunft nicht wieder eintreten werden[704]. Wird das wegen Zahlungsunfähigkeit eröffnete Insolvenzverfahren gemäß § 212 InsO eingestellt, stellt das Insolvenzgericht damit unter anderem fest, dass zum Zeitpunkt

---

698 § 212 InsO ist – entgegen der zu eng gefassten amtlichen Überschrift – auch dann anwendbar, wenn ein Eröffnungsgrund nie bestand und dessen Vorliegen irrtümlich angenommen wurde, etwa, *Ries*, in: Uhlenbruck, InsO, § 212 InsO, Rn. 2; *Flösing*, ZInsO 2016, S. 1506, 1509; *Rozijn*, in: Braun, InsO, § 212 InsO, Rn. 4; *Pape*, in: K/P/B, InsO (Dokumentstand: 8. EL, 11.2000), § 212 InsO, Rn. 1.

699 Dem Insolvenzgericht kommt insoweit kein Ermessen zu, *Henning*, in: A/G/R, InsolvenzR, § 212 InsO, Rn. 17; *Andres*, in: Andres/Leithaus, § 214 InsO, Rn. 5.

700 *Westphal*, in: Römermann, InsO (Dokumentstand: 29. EL, 01.2016), § 214 InsO, Rn. 12.

701 Vgl., *Hefermehl*, in: MüKo-InsO, Bd. 2, § 214 InsO, Rn. 15; *Jungmann*, in: K. Schmidt, InsO, § 214 InsO, Rn. 11.

702 *Jungmann*, in: K. Schmidt, InsO, § 212 InsO, Rn. 12; *Ruland*, in: BeckOK-InsO (Stand: 15.07.2024), § 212 InsO, Rn. 6.

703 BGH, Beschluss v. 07.10.2010 – IX ZB 1/10, NZI 2011, S. 20, 21, Rn. 6.

704 *Ruland*, in: BeckOK-InsO (Stand: 15.07.2024), § 212 InsO, Rn. 6.

der Entscheidung über den Einstellungsantrag keine Zahlungsunfähigkeit nach § 17 InsO vorliegt. Spätestens mit Eintritt der formellen Rechtskraft[705] eines nach § 215 Abs. 1 S. 1 InsO öffentlich bekanntgemachten Einstellungsbeschlusses scheidet dementsprechend eine kartellbehördliche Feststellung des Vorliegens einer gegenwärtigen[706] Zahlungsunfähigkeit nach § 81b Abs. 1 GWB auf Grundlage des insolvenzgerichtlichen Eröffnungsbeschlusses aus.

c) Zusammenfassung

Die kartellbehördliche Feststellung der Zahlungsunfähigkeit gemäß § 81b Abs. 1 GWB auf Grundlage der insolvenzgerichtlichen Feststellung der Zahlungsunfähigkeit im Eröffnungsbeschluss ist folglich zulässig, wenn der Eröffnungsbeschluss nicht infolge eines schwerwiegenden Mangels nichtig ist, nicht aufgrund einer sofortigen Beschwerde (§ 6 i. V. m. § 34 Abs. 2 InsO) aufgehoben wurde und das Insolvenzverfahren nicht infolge eines Antrags gemäß § 212 InsO eingestellt worden ist.

3. Antrag des Bundeskartellamtes gerichtet auf Insolvenzverfahrenseröffnung

Es stellt sich die Frage, ob das Bundeskartellamt eine insolvenzgerichtliche Prüfung und Feststellung einer Zahlungsunfähigkeit gemäß § 17 InsO selbst provozieren kann. Da das Insolvenzverfahren als Antragsverfahren ausgestaltet ist[707], könnte die Kartellbehörde gegebenenfalls eine entsprechende insolvenzgerichtliche Entscheidung mithilfe der Stellung eines Gläubigerantrags gemäß §§ 13 Abs. 1 S. 2 Alt. 1, 14 Abs. 1 S. 1 InsO herbeiführen.[708]

---

705 Gemäß § 216 Abs. 1 InsO ist die sofortige Beschwerde gegen den Einstellungsbeschluss statthafter Rechtsbehelf.

706 Siehe oben, Teil 2, B. I. 2.

707 *Wegener*, in: Uhlenbruck, InsO, § 13 InsO, Rn. 12; *Bork*, Insolvenzrecht, Rn. 94.

708 Dies annehmend, *Vollmer*, in: MüKo-WettbewerbsR, GWB, § 81b GWB, Rn. 3; zu Art. 23 Abs. 4 VO 1/2003, *Feddersen*, in: D/F/M, KartellverfahrensVO, Art. 23 VO 1/2003, Rn. 75; *Biermann*, in: Immenga/Mestmäcker, EU-KartellR, Art. 23 VO 1/2003, Rn. 317; *van der Hout/Wiemer*, in: Berg/Mäsch, KartellR, Art. 23 VO 1/2003, Rn. 125; a. A., *Könen*, npoR 2022, S. 163, 164.

a) Berechtigung zur Stellung eines Antrags

Ob das Bundeskartellamt – vertreten durch die im Einzelfall zuständigen Personen – einen Gläubigerantrag gemäß §§ 13 Abs. 1 S. 2 Alt. 1, 14 Abs. 1 S. 1 InsO stellen kann, ist mit Blick auf die Berechtigung der Kartellbehörde zur Antragstellung zu klären. Das Bundeskartellamt wäre zur Antragstellung berechtigt, wenn die Kartellbehörde eine Forderung sowie einen Insolvenzgrund glaubhaft machen kann und ein rechtliches Interesse an der Durchführung des Insolvenzverfahrens besteht, § 14 Abs. 1 S. 1 InsO.

aa) Forderungsinhaberschaft

Die gegebenenfalls zur Insolvenzantragstellung berechtigende Forderung könnte aus der kartellbehördlichen Bußgeldfestsetzung gegenüber dem Rechtsträger der Unternehmensvereinigung (§§ 81 Abs. 1 Nr. 1 Var. 2, 81c Abs. 4 GWB i. V. m. § 30 OWiG) resultieren. Ob die Kartellbehörde Inhaber dieser Forderung und damit Gläubiger nach § 14 InsO ist, scheint mit Blick auf die organisatorische Einbindung des Bundeskartellamtes in der staatlichen Ordnung allerdings zweifelhaft. Das Bundeskartellamt ist als Bundesoberbehörde (§ 51 Abs. 1 S. 1 GWB)[709] Teil der unmittelbaren Bundesverwaltung und folglich kein selbstständiger Rechtsträger.[710] Fehlt es dem Bundeskartellamt an eigener Rechtsfähigkeit, ist die Kartellbehörde – mangels Fähigkeit, Träger von Rechten und Pflichten zu sein[711] – nicht Inhaber der Forderung. Aus der Zugehörigkeit des Bundeskartellamtes zur unmittelbaren Bundesverwaltung folgt vielmehr, dass eine Zahlungsforderung, welche aus der kartellbehördlichen Festsetzung einer Geldbuße resultiert, der Bundesrepublik Deutschland als Rechtsträger des Bundeskar-

---

709 *M. Ronellenfitsch/L. Ronellenfitsch*, in: BeckOK-VwVfG (Stand: 01.10.2024), § 1 VwVfG, Rn. 44.

710 *Ibler*, in: D/H/S, GG, Bd. 5 (Dokumentstand: 64. EL, 01.2012), Art. 87 GG, Rn. 254; *Kment*, in: Jarass/Pieroth, GG, Art. 87 GG, Rn. 8; *Suerbaum*, in: BeckOK-GG (Stand: 15.09.2024), Art. 87 GG, Rn. 27.

711 Vgl. zum Begriff der Rechtsfähigkeit, allgemein, *Kannowski*, in: Staudinger, BGB, Einl., §§ 1-14; VerschG, Vorbemerkungen zu § 1 BGB, Rn. 2; *Ellenberger*, in: Grüneberg, BGB, Vorbemerkung zu § 1 BGB, Rn. 1; *Behme*, in: BeckOGK-BGB (Stand: 01.09.2024), § 1 BGB, Rn. 2; *Poseck*, in: BeckOK-BGB (Stand: 01.08.2024), § 1 BGB, Rn. 10.

tellamtes[712] zuzuordnen ist. Damit kann das Bundeskartellamt nicht selbst Forderungsinhaber und damit Gläubiger gemäß § 14 InsO sein.

bb) Kartellbehördliche Insolvenzantragstellung für den Bund

Allerdings hat die Zugehörigkeit der Kartellbehörde zur unmittelbaren Bundesverwaltung zugleich zur Folge, dass das Bundeskartellamt dem Rechtsträger »Bundesrepublik Deutschland« angehört.[713] Das Bundeskartellamt ist folglich eine für den Bund handelnde Stelle.[714] Damit ist die Frage aufgeworfen, ob die Kartellbehörde für den Bund einen Insolvenzantrag gerichtet auf die Eröffnung des Insolvenzverfahrens über das Vermögen des Bußgeldschuldners gemäß §§ 13 Abs. 1 S. 2 Alt. 1, 14 Abs. 1 S. 1 InsO stellen kann, um eine insolvenzgerichtliche Entscheidung über das Vorliegen einer Zahlungsunfähigkeit nach § 81b Abs. 1 GWB zu provozieren.

Inwieweit das Bundeskartellamt zur Stellung eines Insolvenzantrags gemäß §§ 13 Abs. 1 S. 2 Alt. 1, 14 Abs. 1 S. 1 InsO in Vertretung des Bundes befugt ist, hängt davon ab, inwiefern der Kartellbehörde eine entsprechende Berechtigung zukommt. Der Bund wird innerhalb des im Einzelfall betroffenen Ressorts durch den jeweils zuständigen Bundesminister vertreten.[715] Folglich stellt sich die Frage, in welches Ressort die Stellung eines Insolvenzantrags fiele, der darauf abzielt, eine insolvenzgerichtliche Feststellung einer Zahlungsunfähigkeit zu provozieren, um Befugnisse nach § 81b GWB auszuüben. Für die Zuständigkeit des Wirtschaftsministeriums spräche, dass der Antrag auf einer kartellbehördlich festgesetzten Geldbuße beruhen würde und § 81b GWB dem Bundeskartellamt, das heißt einer dem Geschäftsbereich des Bundeswirtschaftsministeriums zugehörigen Behörde[716], Befugnisse zuweist. In diesem Fall obläge die Vertretung des Bundes grundsätzlich dem Bundesminister der Wirtschaft.[717] Allerdings ist zu beachten, dass in der Praxis die zum Geschäftsbereich des Bundes-

---

712 Vgl., *Gassner*, in: Gassner/Seith, OWiG, § 90 OWiG, Rn. 12.
713 Vgl., *Ibler*, in: D/H/S, GG, Bd. 5 (Dokumentstand: 52. EL, 05.2008), Art. 86 GG, Rn. 67; *Wolff*, in: Hömig/Wolff, GG, Art. 86 GG, Rn. 2.
714 Vgl., *Ibler*, in: D/H/S, GG, Bd. 5 (Dokumentstand: 52. EL, 05.2008), Art. 86 GG, Rn. 67.
715 BGH, Urteil v. 15.06.1967 – III ZR 137/64, NJW 1967, S. 1755; *Touissant*, in: BeckOK-ZPO (Stand: 01.09.2024), § 18 ZPO, Rn. 5.
716 *Stockmann/Picht*, in: Immenga/Mestmäcker, GWB, § 51 GWB, Rn. 4.
717 Vgl., *Patzina*, in: MüKo-ZPO, Bd. 1, § 18 ZPO, Rn. 22.

wirtschaftsministeriums gehörenden Behörden den Bund vertreten, wenn der Geschäftsbereich der jeweiligen Behörde betroffen ist.[718] Somit wäre das Bundeskartellamt zur Stellung des Insolvenzantrags in Vertretung des Bundes berechtigt, wenn das Ressort des Wirtschaftsministeriums betroffen wäre. Inwieweit tatsächlich eine Betroffenheit des Wirtschaftsministeriums vorliegt, ist jedoch von der konkreten und jeweils aktuell geltenden Abgrenzung der Ressorts abhängig und lässt sich an dieser Stelle folglich nicht abschließend klären.

b) Glaubhaftmachung

Unter der Prämisse, dass das Bundeskartellamt den Insolvenzantrag in Vertretung des Bundes stellen darf, ist die Zulässigkeit des Antrags an den weiteren Voraussetzungen des §§ 13 Abs. 1 S. 2 Alt. 1, 14 Abs. 1 S. 1 InsO zu messen. Erforderlich ist danach, dass sowohl die Forderung des Gläubigers als auch das Vorliegen eines Eröffnungsgrundes glaubhaft gemacht werden können, wobei der Begriff der Glaubhaftmachung wie in § 294 ZPO zu verstehen ist[719]. Im Rahmen des §§ 13 Abs. 1 S. 2 Alt. 1, 14 Abs. 1 S. 1 InsO ist somit erforderlich, dass eine überwiegende Wahrscheinlichkeit für das Bestehen der Gläubigerforderung und für das Vorliegen eines Insolvenzgrundes gegeben ist.[720]

aa) Zahlungsforderung des Bundes infolge der Bußgeldfestsetzung

Hat das Bundeskartellamt gegen den Rechtsträger der Unternehmensvereinigung eine Geldbuße festgesetzt, könnte die Zahlungsforderung gegebenenfalls mithilfe des kartellbehördlichen Bußgeldbescheids glaubhaft gemacht werden. Die konkreten Anforderungen an die Glaubhaftmachung einer Forderung mithilfe eines Bußgeldbescheids bestimmen sich insoweit danach, ob der Bescheid bereits rechtskräftig ist. Hat der Bußgeldbescheid

718 Vgl., *Patzina*, in: MüKo-ZPO, Bd. 1, § 18 ZPO, Rn. 22.
719 *Grundlach*, in: K. Schmidt, InsO, § 14 InsO, Rn. 19; *Leithaus*, in: Andres/Leithaus, § 14 InsO, Rn. 4; *Kexel/Paul*, in: Graf-Schlicker, InsO, § 14 InsO, Rn. 16.
720 *Grundlach*, in: K. Schmidt, InsO, § 14 InsO, Rn. 19.

Rechtskraft erlangt, stellt der Bescheid einen Vollstreckungstitel dar.[721] In diesem Fall sind an die Glaubhaftmachung im Rahmen des §§ 13 Abs. 1 S. 2 Alt. 1, 14 Abs. 1 S. 1 InsO geringe Anforderungen zu stellen.[722] Es genügt bereits die genaue Bezeichnung des Vollstreckungstitels und der Forderung.[723] Falls der Bußgeldbescheid noch nicht rechtskräftig und die Forderung infolgedessen nicht tituliert ist, ist eine vollständige und geordnete Darstellung des Sachverhalts erforderlich, die sämtliche haftungs- und anspruchsbegründenden Umstände beinhaltet.[724] Mit Verweis auf das Bußgeldverfahren und die Bußgeldentscheidung wird dem Bundeskartellamt auch in diesem Fall die Glaubhaftmachung der Forderung des Bundes regelmäßig gelingen.

bb) Vorliegen eines Eröffnungsgrundes

Für die Glaubhaftmachung eines Eröffnungsgrundes genügt beispielsweise die Vorlage eines Protokolls über einen fruchtlosen Vollstreckungsversuch[725] im Rahmen der Zwangsvollstreckung.[726] Das Bundeskartellamt kann damit das Vorliegen eines Eröffnungsgrundes zum Beispiel unter Verweis auf einen erfolglosen Beitreibungsversuch der Geldbuße im verwaltungsrechtlichen Einzelzwangsvollstreckungsverfahren[727] glaubhaft machen.

c) Vorliegen eines rechtlichen Interesses gemäß § 14 Abs. 1 S. 1 InsO

Unsicherheiten hinsichtlich der Zulässigkeit eines kartellbehördlichen Insolvenzantrags nach §§ 13 Abs. 1 S. 2 Alt. 1, 14 Abs. 1 S. 1 InsO bestehen allerdings mit Blick auf das Erfordernis eines rechtlichen Interesses an der

---

721 *Sackreuther*, in: BeckOK-OWiG (Stand: 01.10.2024), § 66 OWiG, Rn. 36; *Kurz*, in: KarlsK-OWiG, § 65 OWiG, Rn. 7; *Gassner*, in: Gassner/Seith, OWiG, § 65 OWiG, Rn. 8; *Krenberger/Krumm*, OWiG, § 65 OWiG, Rn. 15.

722 *Grundlach*, in: K. Schmidt, InsO, § 14 InsO, Rn. 20.

723 *Vuia*, in: MüKo-InsO, Bd. 1, § 14 InsO, Rn. 71.

724 *Vuia*, in: MüKo-InsO, Bd. 1, § 14 InsO, Rn. 71.

725 *Wegener*, in: Uhlenbruck, InsO, § 14 InsO, Rn. 65; einen vorherigen Vollstreckungsversuch auch bei öffentlich-rechtlichen Gläubigern empfehlend, *Frind*, ZInsO 2011, S. 412, 415.

726 *Vuia*, in: MüKo-InsO, Bd. 1, § 14 InsO, Rn. 104; *Dahl*, NJW-Spezial 2009, S. 741.

727 Siehe oben, Teil 3, B. III.

Verfahrensdurchführung. Ein rechtliches Interesse an der Durchführung eines Insolvenzverfahrens ist grundsätzlich bei jedem Gläubiger anzunehmen, dessen Forderung gegen den insolventen Schuldner noch nicht befriedigt wurde.[728] Der Antrag gemäß §§ 13 Abs. 1 S. 2 Alt. 1, 14 Abs. 1 S. 1 InsO ist folglich grundsätzlich zulässig, wenn der antragstellende Gläubiger an einem späteren Insolvenzverfahren beteiligt wäre.[729]

aa) Fehlende Aussicht auf Befriedigung

Das Bestehen eines Rechtsschutzbedürfnisses des Bundes ist allerdings zu hinterfragen, weil die Bußgeldforderung im Falle der Verfahrenseröffnung als nachrangige Forderung (§ 39 Abs. 1 S. 1 Nr. 3 InsO) einzuordnen wäre[730] und der Bund infolgedessen nicht mit der Befriedigung der Bußgeldforderung im Insolvenzverfahren rechnen könnte.[731] Dahingehend erscheint es naheliegend, ein rechtliches Interesse des Gläubigers einer als nachrangig einzuordnenden Forderung nur dann anzunehmen, wenn davon ausgegangen werden kann, dass nach der Befriedigung sämtlicher Insolvenzgläubiger nach § 38 InsO die Insolvenzmasse noch nicht vollständig aufgezehrt ist.[732]

Einem derartigen Verständnis könnte jedoch entgegenstehen, dass für die Annahme eines rechtlichen Interesses gegebenenfalls nicht erforderlich ist, dass der Antragsteller durch die Durchführung des Insolvenzverfahrens wirtschaftlich bessergestellt wird.[733] Mit der Normierung des § 39 InsO verfolgt der Gesetzgeber den Zweck, die Gläubiger von nachrangigen Forderungen in das Insolvenzverfahren einzubeziehen; gleichzeitig aber mittels des Erfordernisses einer insolvenzgerichtlichen Aufforderung zur Anmeldung der nachrangingen Forderungen sicherzustellen, dass das Verfahren

728 BGH, Beschluss v. 29.06.2006 – IX ZB 245/05, NJW-RR 2006, S. 1482, 1483; *Grundlach*, in: K. Schmidt, InsO, § 14 InsO, Rn. 24.

729 BReg, Entwurf InsO v. 15.04.1992 – BT-Drs. 12/2443, S. 113.

730 *Ehricke/Behme*, in: MüKo-InsO, Bd. 1, § 39 InsO, Rn. 24.

731 Siehe zur fehlenden Aussicht auf Befriedigung nachrangiger Insolvenzforderungen, BReg, Entwurf InsO v. 15.04.1992 – BT-Drs. 12/2443, S. 123; *Andres*, in: Römermann, InsO, § 39 InsO, Rn. 3; *Ehricke/Behme*, in: MüKo-InsO, Bd. 1, § 39 InsO, Rn. 6.

732 Vgl., *Gerhardt*, in: Jaeger, InsO, Bd. 1, § 14 InsO, Rn. 13 m. w. N.; *Dahl*, NJW-Spezial 2009, S. 741, 742.

733 So, *Grundlach*, in: K. Schmidt, InsO, § 14 InsO, Rn. 26.

nicht trotz der niedrigen Befriedigungsaussichten dieser Gläubiger verzögert wird.[734] Nach dem gesetzgeberischen Willen sollen die Gläubiger von Forderungen nach § 39 InsO demzufolge ebenso als Insolvenzgläubiger am Insolvenzverfahren teilnehmen wie die Gläubiger von Forderungen gemäß § 38 InsO.[735] Insoweit entspricht es dem Gesetzeszweck, dass neben den Gläubigern von Forderungen nach § 38 InsO auch Gläubiger nachrangiger Forderungen (§ 39 InsO) die Insolvenzverfahrenseröffnung beantragen können.[736] Gegen den Entfall des Rechtsschutzinteresses bei fehlender Aussicht auf Befriedigung kann zudem ein Umkehrschluss zu § 26 Abs. 1 S. 1 InsO sprechen. Aus § 26 Abs. 1 S. 1 InsO ergibt sich, dass auch dann ein Insolvenzverfahren zu eröffnen ist, wenn allein die Verfahrenskosten voraussichtlich gedeckt werden können.[737] Daraus folgt, dass bei voraussichtlich alleiniger Deckung der Verfahrenskosten auch der Insolvenzantrag eines Gläubigers im Sinne des § 38 InsO nicht mangels Rechtsschutzinteresses abzulehnen wäre, sondern das Insolvenzverfahren eröffnet werden müsste. Ist in diesem Fall ein Insolvenzverfahren zu eröffnen, kann das Vorliegen eines Rechtsschutzinteresses aber generell nicht davon abhängig sein, dass die Gläubiger in dem Verfahren voraussichtlich eine Befriedigung erlangen. Fehlt es den Gläubigern nachrangiger Forderungen nach § 39 InsO an einer Aussicht auf Befriedigung, kann folglich nichts anderes gelten.[738] Damit kommt auch Gläubigern, deren Forderungen im Insolvenzverfahren als nachrangige Forderung (§ 39 InsO) einzuordnen sind, grundsätzlich ein rechtliches Interesse gemäß § 14 Abs. 1 S. 1 InsO zu.[739]

Die Nachrangigkeit der kartellbehördlich festgesetzten Geldbuße (§ 39 Abs. 1 S. 1 Nr. 3 InsO) steht folglich dem rechtlichen Interesse an der Durchführung eines Insolvenzverfahrens nicht entgegen.

---

734 BReg, Entwurf InsO v. 15.04.1992 – BT-Drs. 12/2443, S. 123; so auch, BGH, Beschluss v. 23.09.2010 – IX ZB 282/09, ZInsO 2010, S. 2091, 2092.

735 BGH, Beschluss v. 23.09.2010 – IX ZB 282/09, ZInsO 2010, S. 2091, 2092.

736 BGH, Beschluss v. 23.09.2010 – IX ZB 282/09, ZInsO 2010, S. 2091, 2092 f.

737 BGH, Beschluss v. 23.09.2010 – IX ZB 282/09, ZInsO 2010, S. 2091, 2093.

738 BGH, Beschluss v. 23.09.2010 – IX ZB 282/09, ZInsO 2010, S. 2091, 2093; *Grundlach*, in: K. Schmidt, InsO, § 14 InsO, Rn. 26.

739 BGH, Beschluss v. 23.09.2010 – IX ZB 282/09, ZInsO 2010, S. 2091; *Kadenbach*, in: A/G/R, InsolvenzR, § 14 InsO, Rn. 22.

bb) Verfolgung eines verfahrensfremden Zwecks

Ein rechtliches Interesse an der Durchführung eines Insolvenzverfahrens ist jedoch auch dann nicht gegeben, wenn mit der Antragstellung ein verfahrensfremder Zweck verfolgt wird.[740] Ein verfahrensfremder Zweck wird verfolgt, wenn der Insolvenzantrag nach dem zu erforschenden Willen des Antragstellers gestellt wird, um eine ausschließlich eigene, anstelle einer gemeinschaftlichen, Befriedigung zu erreichen.[741] Damit ist die Frage aufgeworfen, ob das Bundeskartellamt für den Bund einen zulässigen Antrag auf Insolvenzverfahrenseröffnung stellen kann, um auf Grundlage der insolvenzgerichtlichen Entscheidung gegebenenfalls das Vorliegen einer Zahlungsunfähigkeit nach § 81b Abs. 1 GWB feststellen zu können.[742] Dagegen spricht, dass das Bundeskartellamt in diesem Fall den Insolvenzantrag gerade nicht stellt, um eine gemeinschaftliche Befriedigung sämtlicher Gläubiger zu erreichen, sondern um die aus der Bußgeldentscheidung resultierende Forderung des Bundes nach § 81b GWB durchzusetzen.[743] Damit läuft der mit der Insolvenzantragstellung verfolgte Zweck der Zwecksetzung des Insolvenzverfahrens[744] zuwider. Aufgrund der Verfolgung eines verfahrensfremden Zwecks fehlt es in diesem Fall an einem rechtlichen Interesse an der Durchführung des Insolvenzverfahrens.[745] Ein derartiger Antrag ist dementsprechend mangels Zulässigkeit durch das Insolvenzgericht abzuweisen.

d) Praktische Folge

Die Unzulässigkeit eines entsprechenden kartellbehördlichen Gläubigerantrags bewirkt, dass die Kartellbehörde nicht selbst die insolvenzgerichtli-

740 BGH, Beschluss v. 24.09.2020 – IX ZB 71/19, ZIP 2020, S. 2291, 2292 f.; *Humberg*, in: BK-InsO (Dokumentstand: 75. EL, 04.2021), § 14 InsO, Rn. 10; *Onciul*, Insolvenzverfahren, S. 21.

741 *Lang*, Rechtsschutzinteresse, S. 129.

742 Dies in Bezug auf Art. 23 VO 1/2003 annehmend, *Feddersen*, in: D/F/M, KartellverfahrensVO, Art. 23 VO 1/2003, Rn. 75; *Biermann*, in: Immenga/Mestmäcker, EU-KartellR, Art. 23 VO 1/2003, Rn. 317; *van der Hout/Wiemer*, in: Berg/Mäsch, KartellR, Art. 23 VO 1/2003, Rn. 125; zu § 81b GWB, *Vollmer*, in: MüKo-WettbewerbsR, GWB, § 81b GWB, Rn. 3.

743 So auch, *Könen*, npoR 2022, S. 163, 164.

744 Siehe oben, Teil 2, E. I.

745 So auch, *Könen*, npoR 2022, S. 163, 164.

che Feststellung einer Zahlungsunfähigkeit gemäß § 17 InsO herbeiführen kann, um auf Grundlage des Eröffnungsbeschlusses eine Zahlungsunfähigkeit nach § 81b Abs. 1 GWB annehmen zu können. Damit ist aber nicht gesagt, dass es in der Praxis von vornherein zu keiner insolvenzgerichtlichen Feststellung einer Zahlungsunfähigkeit des Bußgeldschuldners kommen wird. Neben einem möglichen Gläubigerantrag (§§ 13 Abs. 1 S. 2 Alt. 1, 14 InsO) eines anderen Forderungsinhabers, kann insbesondere ein Schuldnerantrag nach § 13 Abs. 1 S. 2 Alt. 2 InsO zu einer insolvenzgerichtlichen Feststellung der Zahlungsunfähigkeit des Rechtsträgers einer Unternehmensvereinigung führen.

Mit der Stellung eines Schuldnerantrags wäre insbesondere zu rechnen, wenn eine entsprechende Antragspflicht der Vertreter des Bußgeldschuldners gesetzlich vorgesehen ist. Das Bestehen einer entsprechenden Verpflichtung hängt von der rechtlichen Strukturierung des Bußgeldschuldners im Einzelfall ab. Regelmäßig ist der Rechtsträger einer Unternehmensvereinigung als nicht-wirtschaftlicher Verein nach § 21 BGB organisiert.[746] Bei einer derartigen Strukturierung folgt aus § 42 Abs. 2 S. 1 BGB die nicht straf-[747], aber zumindest haftungsbedrohte Pflicht der Vorstandsmitglieder, einen Schuldnerantrag bei Vorliegen einer Zahlungsunfähigkeit zu stellen. Dementsprechend müssen die Mitglieder des Vorstands eines Vereins gemäß § 42 Abs. 2 S. 1 BGB im Falle der Zahlungsunfähigkeit oder der Überschuldung unverzüglich einen Eröffnungsantrag stellen, um sich nicht gemäß § 42 Abs. 2 S. 2 BGB infolge der speziell geregelten Insolvenzverschleppungshaftung[748] schadensersatzpflichtig zu machen.[749] Aufgrund der in § 42 Abs. 2 S. 1 InsO normierten Antragspflicht und der damit einhergehenden Haftungsandrohung des § 42 Abs. 2 S. 2 InsO wird es dementsprechend zumindest bei einem als Verein organisierten Rechtsträger einer Unternehmensvereinigung regelmäßig zu einer insolvenzgerichtlichen Entscheidung über das (Nicht-)Vorliegen eines Insolvenzgrundes kommen, wenn der Verein zahlungsunfähig ist.

---

746 Allgemein, *Bundesverband der deutschen Industrie e. V.*, Stellungnahme 10. GWB-Novelle 2020 (abrufbar im Internet: https://t1p.de/v4guw [Link gekürzt], zuletzt geprüft: 27.01.2025), S. 37; *Achenbach*, in: FK-KartellR, Bd. 6 (Dokumentstand: 103. EL, 09.2022), § 81b GWB, Rn. 2.

747 § 15a Abs. 4 InsO ist unanwendbar, *Brand/Reschke*, NJW 2009, S. 2343.

748 *Leuschner*, in: MüKo-BGB, Bd. 1, § 42 BGB, Rn. 25; *Schöpflin*, in: BeckOK-BGB (Stand: 01.11.2024), § 42 BGB, Rn. 11.

749 *Eckardt*, in: NK-BGB, AT, § 42 BGB, Rn. 43.

Daraus folgt, dass das Insolvenzgericht in der Regel auch dann über das (Nicht-)Vorliegen einer Zahlungsunfähigkeit des Bußgeldschuldners nach § 17 InsO entscheiden wird, wenn die Kartellbehörde mangels rechtlichem Interesse an der Verfahrensdurchführung keinen zulässigen Insolvenzantrag stellen kann.

V. Zulässiger Schuldner- oder Gläubigerantrag gemäß § 13 Abs. 1 S. 2 InsO

Daneben käme in Betracht, dass das Bundeskartellamt das Vorliegen einer Zahlungsunfähigkeit nach § 81b Abs. 1 GWB auf Grundlage eines zulässigen Schuldner- oder Gläubigerantrags feststellen kann. Insofern könnte das Vorliegen einer Zahlungsunfähigkeit nach § 81b Abs. 1 GWB womöglich schon vor der eigentlichen insolvenzgerichtlichen Feststellung einer Zahlungsunfähigkeit erfolgen, wenn im Rahmen eines zulässigen Antrags das Vorliegen einer Zahlungsunfähigkeit als Insolvenzgrund geltend gemacht wird.

1. Schuldnerantrag gemäß § 13 Abs. 1 S. 2 Alt. 2 InsO

Ob ein zulässiger Schuldnerantrag eine rechtssichere Grundlage zur Feststellung einer Zahlungsunfähigkeit nach § 81b Abs. 1 GWB begründet, ist mit Blick auf die konkreten Zulässigkeitsvoraussetzungen unklar. Die Zulässigkeit eines Schuldnerantrags nach § 13 Abs. 1 S. 2 InsO setzt unter anderem voraus, dass der Schuldner einen Eröffnungsgrund gemäß § 4 InsO i. V. m. § 253 Abs. 2 Nr. 2 ZPO in substanziierter und nachvollziehbarer Form darlegt.[750] Zur Darlegung und Substantiierung eines Insolvenzgrundes hat der Schuldner Tatsachen mitzuteilen, welche die wesentlichen Merkmale eines Eröffnungsgrundes gemäß §§ 17-19 InsO erkennen lassen.[751] Mit der Feststellung der Zulässigkeit eines Schuldnerantrags geht damit allein die Feststellung einher, dass ein Insolvenzgrund dargelegt und substantiiert wurde. Ein Nachweis, dass der dargelegte Insolvenzgrund tatsächlich vorliegt, folgt daraus nicht. Infolgedessen ergeben sich bereits

750 BGH, Beschluss v. 12.07.2007 – IX ZB 82/04, ZIP 2007, S. 1868; BGH, Beschluss v. 12.12.2002 – IX ZB 426/02, BGHZ 153, 205, 207 f.; *Kexel*, in: Graf-Schlicker, InsO, § 13 InsO, Rn. 20; *Sternal*, in: Kayser/Thole, § 13 InsO, Rn. 22.

751 *Kexel*, in: Graf-Schlicker, InsO, § 13 InsO, Rn. 20; *Sternal*, in: Kayser/Thole, § 13 InsO, Rn. 22.

aus der konkreten Ausgestaltung der Zulässigkeitsvoraussetzung Bedenken, dass die Kartellbehörde das Vorliegen einer Zahlungsunfähigkeit nach § 81b Abs. 1 GWB allein auf Grundlage eines zulässigen Schuldnerantrags rechtssicher feststellen kann.

Unabhängig davon ist unklar, inwieweit dem zulässigen Schuldnerantrag gegenüber der insolvenzgerichtlichen Entscheidung über das (Nicht-)Vorliegen einer Zahlungsunfähigkeit eigenständige Bedeutung beigemessen werden kann. Das Insolvenzgericht prüft die Zulässigkeit des Antrags im Zulassungsverfahren, welches einen unselbstständigen Teil des Eröffnungsverfahrens darstellt.[752] Dementsprechend wird das Zulassungsverfahren nicht durch eine eigenständige und öffentlich bekanntzumachende Zwischenentscheidung abgeschlossen, welche die Zulässigkeit des Antrags feststellt.[753] Die gerichtlich festgestellte Zulässigkeit eines Schuldnerantrags ergibt sich folglich erst aus der insolvenzgerichtlichen Entscheidung über den Antrag.[754] Dann könnte jedoch für die kartellbehördliche Feststellung einer Zahlungsunfähigkeit nach § 81b Abs. 1 GWB die gleichzeitig insolvenzgerichtlich festgestellte (fehlende) Begründetheit und damit die Entscheidung über das (Nicht-)Vorliegen eines Insolvenzgrundes dergestalt maßgeblich sein, dass es auf die Feststellung der Zulässigkeit des Antrags nicht ankäme. Wird das Insolvenzverfahren aufgrund einer Zahlungsunfähigkeit des Bußgeldschuldners eröffnet, kann das Bundeskartellamt das Vorliegen der Tatbestandsvoraussetzung nach § 81b Abs. 1 GWB unmittelbar aus der Eröffnungsentscheidung ableiten. Wurde dem entgegen im Eröffnungsbeschluss allein das Vorliegen einer drohenden Zahlungsunfähigkeit (§ 18 InsO) bzw. einer Überschuldung (§ 19 InsO) durch das Insolvenzgericht festgestellt oder das Verfahren mangels Insolvenzgrundes nicht eröffnet, folgt daraus im Umkehrschluss, dass eine Zahlungsunfähigkeit nicht zur Überzeugung des Insolvenzgerichts festgestellt werden konnte. Einem kartellbehördlichen Rückgriff auf den zulässigen Schuldnerantrag zur Feststellung einer Zahlungsunfähigkeit stünde infolgedessen die insolvenzgerichtlich angenommene schuldnerische Fähigkeit zur Zahlung entgegen. Demzufolge könnte in der Entscheidung über die Zulässigkeit des Schuldnerantrags keine rechtssichere Grundlage gesehen werden, um das Vorliegen einer Zahlungsunfähigkeit anzunehmen. Das hat zur Folge, dass der Entscheidung über die Zulässigkeit des Schuldnerantrags in beiden Fällen

752 *Wegener*, in: Uhlenbruck, InsO, § 13 InsO, Rn. 142, 144.
753 BGH, Beschluss v. 13.06.2006 – IX ZB 214/05, ZIP 2006, S. 1456.
754 Vgl., *Busch*, in: MüKo-InsO, Bd. 1, § 27 InsO, Rn. 7–9.

keine eigenständige Bedeutung im Verhältnis zur eigentlichen insolvenzgerichtlichen Feststellung des (Nicht-)Vorliegens einer Zahlungsunfähigkeit beigemessen werden könnte, um das Vorliegen einer Zahlungsunfähigkeit nach § 81b Abs. 1 GWB festzustellen.

Somit kann ein zulässiger Schuldnerantrag (§ 13 Abs. 1 S. 2 InsO), in dem das Vorliegen einer Zahlungsunfähigkeit des Rechtsträgers der Unternehmensvereinigung substantiiert dargelegt wurde, für die kartellbehördliche Feststellung einer Zahlungsunfähigkeit gemäß § 81b Abs. 1 GWB nicht herangezogen werden.

2. Gläubigerantrag gemäß §§ 13 Abs. 1 S. 2 Alt. 1, 14 Abs. 1 InsO

Ähnliche Bedenken könnten sich hinsichtlich der kartellbehördlichen Heranziehung eines zulässigen Gläubigerantrags ergeben. Die Zulässigkeit des Gläubigerantrags setzt voraus, dass ein Eröffnungsgrund glaubhaft gemacht wird, § 14 Abs. 1 S. 1 InsO. Eine Zahlungsunfähigkeit kann glaubhaft gemacht werden, indem Tatsachen dargelegt und belegt werden, welche das Vorliegen des Insolvenzgrundes wahrscheinlicher machen als dessen Nichtvorliegen.[755] Damit sind die Anforderungen an die Zulässigkeit eines Gläubigerantrags zwar höher als die Voraussetzungen eines Schuldnerantrags; auch die Glaubhaftmachung einer Zahlungsunfähigkeit stellt allerdings keinen Nachweis über das Vorliegen des Insolvenzgrundes dar[756]. Infolgedessen kann auf Grundlage der Zulässigkeit des Gläubigerantrags nicht der sichere Schluss auf das Vorliegen einer Zahlungsunfähigkeit nach § 81b Abs. 1 GWB gezogen werden. Außerdem wird auch die Zulässigkeit eines Gläubigerantrags nicht gesondert, sondern erst im Rahmen der insolvenzgerichtlichen Entscheidung über die Eröffnung des Insolvenzverfahrens gerichtlich festgestellt.[757] Auch im Falle eines Gläubigerantrags kommt der festgestellten Zulässigkeit damit keine eigenständige Bedeutung für die kartellbehördliche Feststellung der Tatbestandsvoraussetzung des § 81b Abs. 1 GWB zu. Die kartellbehördliche Feststellung einer Zahlungsunfähigkeit kann folglich nicht auf Grundlage eines zulässigen Gläubigerantrags erfolgen.

755 Allgemein, *Prütting*, in: MüKo-ZPO, Bd. 1, § 294 ZPO, Rn. 24; krit. zum Maß der Wahrscheinlichkeit, *Greger*, in: Zöller, ZPO, § 294 ZPO, Rn. 6.

756 Vgl., *Saenger*, in: Saenger, ZPO, § 294 ZPO, Rn. 2.

757 Allgemein, *Wegener*, in: Uhlenbruck, InsO, § 13 InsO, Rn. 144.

VI. Abweisungsbeschluss gemäß § 26 Abs. 1 S. 1 InsO

Als Grundlage einer kartellbehördlichen Feststellung der Zahlungsunfähigkeit nach § 81b Abs. 1 GWB kommt des Weiteren ein insolvenzgerichtlicher Beschluss in Betracht, welcher die Nichteröffnung des Insolvenzverfahrens über das Vermögen des Bußgeldschuldners mangels Masse (§ 26 Abs. 1 S. 1 InsO) abweist. Mittels Abweisungsbeschlusses stellt das Insolvenzgericht fest, dass ein Insolvenzverfahren über das Vermögen des Schuldners trotz Zulässigkeit[758] des Insolvenzantrags und Vorliegens eines Insolvenzgrundes[759] aufgrund der voraussichtlich fehlenden Verfahrenskostendeckung nicht zu eröffnen ist.

1. Insolvenzgerichtliche Feststellung einer Zahlungsunfähigkeit

Zu untersuchen ist, ob die Kartellbehörde das Vorliegen einer Zahlungsunfähigkeit nach § 81b Abs. 1 GWB aus dem insolvenzgerichtlichen Abweisungsbeschluss ableiten könnte, falls der abgewiesene Insolvenzantrag wegen Zahlungsunfähigkeit gemäß § 17 InsO begründet ist.

a) Insolvenzgerichtliche Pflicht zur Begründung des Abweisungsbeschlusses

Diesbezüglich kommt es darauf an, inwieweit das Insolvenzgericht im Rahmen des bekannt zu machenden (§ 26 Abs. 1 S. 3 i. V. m. § 9 Abs. 1 S. 1 Hs. 1 InsO) Abweisungsbeschlusses dazu verpflichtet ist, den festgestellten Insolvenzgrund genau zu bezeichnen. Zwar besteht die insolvenzgerichtliche Pflicht, den Abweisungsbeschluss zu begründen[760]; allerdings genügt hierzu die Feststellung, dass die Ermittlungen des Insolvenzgerichts kein die Verfahrenskosten deckendes Schuldnervermögen ergeben haben und ein Kostenvorschuss nicht geleistet wurde.[761] Eine Pflicht des Insolvenzgerichts zur genauen Bezeichnung des festgestellten Insolvenzgrundes besteht dem-

---

758 *Laroche*, in: Kayser/Thole, § 26 InsO, Rn. 17.

759 BGH, Beschluss v. 13.04.2006 – IX ZB 118/04, NZI 2006, S. 405.

760 *U. Keller*, in: K. Schmidt, InsO, § 26 InsO, Rn. 43; *Vallender*, in: Uhlenbruck, InsO, § 26 InsO, Rn. 33.

761 *Frege/U. Keller/Riedel*, in: Hdb InsolvenzR, Teil 2, Rn. 559, 562.

zufolge nicht. Sofern der bekannt gemachte Abweisungsbeschluss eine darüberhinausgehende Begründung zum Vorliegen eines Insolvenzgrundes beinhaltet, wird sich diese Begründung regelmäßig auf allgemeine Ausführungen zum Vorliegen eines Insolvenzgrundes beschränken: In einem beispielhaften Beschluss des AG Aachen wird etwa ausgeführt, dass »[n]ach den Feststellungen des Gerichts bei der Schuldnerin zwar ein Eröffnungsgrund [vorliegt], doch das schuldnerische Vermögen voraussichtlich nicht ausreichen [wird], um nach der Eröffnung die Kosten des Insolvenzverfahrens (§ 54 InsO) zu decken«[762]. Die mangelnde insolvenzgerichtliche Pflicht zur konkreten Bezeichnung und die in der Praxis vorzufindende allgemeine Feststellung des Vorliegens eines Insolvenzgrundes, führt dazu, dass das Bundeskartellamt auf Grundlage des Abweisungsbeschlusses in aller Regel nicht nachvollziehen kann, ob das Insolvenzgericht eine Begründetheit des Insolvenzantrags aufgrund des Vorliegens einer Zahlungsunfähigkeit (§ 17 InsO), einer Überschuldung (§ 19 InsO) oder einer drohenden Zahlungsunfähigkeit (§ 18 InsO) angenommen hat.

b) Rechts- oder Amtshilfeersuchen im Sinne des Art. 35 Abs. 1 GG

Die staatliche Zugehörigkeit der Insolvenzgerichte und des Bundeskartellamtes könnte allerdings dazu führen, dass das Bundeskartellamt mithilfe eines Rechts- oder Amtshilfeersuchens[763] im Sinne des Art. 35 Abs. 1 GG vom Insolvenzgericht Informationen darüber verlangen kann, ob der mangels Masse abgewiesene Antrag aufgrund des Vorliegens einer Zahlungsunfähigkeit gemäß § 17 InsO begründet ist.

Mit der Rechts- und Amtshilfe gemäß Art. 35 Abs. 1 GG wird der Beistand beschrieben, den eine Behörde aufgrund eines Ersuchens einer anderen Behörde leistet, damit der ersuchenden Behörde die Durchführung öffentlicher Aufgaben ermöglicht oder zumindest erleichtert wird.[764] Aufgrund eines weit auszulegenden Behördenbegriffs werden hiervon neben

762 AG Aachen, Beschluss v. 30.03.2021 – 93 IN 156/22.

763 Siehe zur Begrifflichkeit, etwa, *Dederer*, in: D/H/S, GG, Bd. 3 (Dokumentstand: 83. EL, 04.2018), Art. 35 GG, Rn. 52 f., der zugleich die Entbehrlichkeit einer Unterscheidung feststellt.

764 BGH, Urteil v. 16.01.1961 – III ZR 210/59, BGHZ 34, 184, 187; *Gubelt/Goldhammer*, in: von Münch/Kunig, GG, Art. 35 GG, Rn. 22; *Bauer*, in: Dreier, GG, Art. 35 GG, Rn. 13; *Epping*, in: BeckOK-GG (Stand: 15.09.2024), Art. 35 GG, Rn. 4; *Wolff*, in: Hömig/Wolff, GG, Art. 35 GG, Rn. 2.

Verwaltungsbehörden auch Gerichte erfasst[765], sodass das Insolvenzgericht als ersuchte staatliche Stelle eine Behörde nach Art. 35 Abs. 1 GG darstellt. Allerdings normiert Art. 35 Abs. 1 GG nur eine Rahmenvorschrift[766], welche die grundsätzliche Verpflichtung zur Hilfe begründet.[767] Durch Art. 35 Abs. 1 GG wird jedoch keine eigenständige Anspruchsgrundlage zur Rechts- oder Amtshilfe normiert.[768] Vielmehr erfordert der im Einzelfall mit der Übermittlung von Informationen begründete hoheitliche Eingriff in Grundrechte[769], dass die Rechts- oder Amtshilfe auf Grundlage einer einfach-gesetzlichen Ermächtigungsnorm erfolgt.[770]

Entscheidend ist damit, inwieweit eine einfach-gesetzliche Ermächtigungsnorm besteht, auf Grundlage derer die Kartellbehörde gegenüber dem Insolvenzgericht Auskunft über den festgestellten Insolvenzgrund verlangen kann. Eine derartige Rechtsgrundlage könnte sich aus § 50f Abs. 1 und Abs. 2 GWB ergeben, welcher den gegenseitigen Informationsaustausch zwischen den Kartellbehörden und anderen konkret bezeichneten Behörden legitimiert. Allerdings werden von § 50f Abs. 1 und Abs. 2 GWB Gerichte und damit auch Insolvenzgerichte nicht mit einbezogen. Infolgedessen kann § 50f Abs. 1 und Abs. 2 GWB keine Ermächtigungsgrundlage für ein Rechts- oder Amtshilfeersuchen gegenüber einem Insolvenzgericht darstellen. Eine entsprechende Ermächtigung zur Übermittlung der kartellbehördlich verlangten Informationen könnte aber aus §§ 12, 13 Abs. 2 S. 1, 17 Nr. 1 Alt. 2 EGGVG resultieren. Gemäß § 12 Abs. 1 S. 1 EGGVG gelten die §§ 12 ff. EGGVG unter anderem für die Übermittlung personenbezogener Daten durch Gerichte der ordentlichen Gerichtsbarkeit an öffentliche Stellen des Bundes. Nach §§ 13 Abs. 2 S. 1, 17 Nr. 1 Alt. 2 EGGVGV ist eine gerichtliche Übermittlung von solchen Daten durch die Gerichte auch zur Verfolgung von Ordnungswidrigkeiten zulässig. Von den personenbezogenen Daten gemäß § 12 Abs. 1 S. 1 EGGVG werden allerdings nur Daten

765 Siehe zum Behördenbegriff etwa, *Dederer*, in: D/H/S, GG, Bd. 3 (Dokumentstand: 83. EL, 04.2018), Art. 35 GG, Rn. 32–41.

766 *Gubelt/Goldhammer*, in: von Münch/Kunig, GG, Art. 35 GG, Rn. 29; *Zipperer*, NZI 2002, S. 244, 245.

767 *Epping*, in: BeckOK-GG (Stand: 15.09.2023), Art. 35 GG, Rn. 9.

768 *Zipperer*, NZI 2002, S. 244, 245.

769 Inwieweit der Rechtsträger einer Unternehmensvereinigung durch Grundrechte geschützt wird, hängt von der Organisation des Rechtsträgers im Einzelfall ab; regelmäßig wird ein grundrechtlicher Schutz aber zumindest aus Art. 12 GG bzw. Art. 14 GG resultieren, vgl., *Zipperer*, NZI 2002, S. 244, 246.

770 Vgl., *Zipperer*, NZI 2002, S. 244, 245.

natürlicher Personen erfasst.[771] Informationen, welche sich auf den Rechtsträger einer Unternehmensvereinigung beziehen, können folglich nicht Gegenstand einer Rechts- oder Amtshilfe gemäß §§ 12 ff. EGGVG sein. Des Weiteren steht einem Rechts- oder Amtshilfeersuchen nach §§ 12, 13 Abs. 2 S. 1, 17 Nr. 1 Alt. 2 EGGVG entgegen, dass das Bundeskartellamt die Daten nicht zur Verfolgung einer Ordnungswidrigkeit, sondern zur Durchsetzung der bereits festgesetzten Geldbuße verlangen würde. § 17 Nr. 1 Alt. 2 EGGVG bildet aber keine Rechtsgrundlage, um Daten zur Durchsetzung verhängter Sanktionen zu verlangen.[772] Daraus folgt, dass die §§ 12, 13, 17 Nr. 1 EGGVG keine Ermächtigungsgrundlage für ein kartellbehördliches Rechts- oder Amtshilfeersuchen gegenüber dem Insolvenzgericht begründen, mithilfe derer das Bundeskartellamt vom Insolvenzgericht Auskunft über den festgestellten Insolvenzgrund erlangen kann, wenn das Insolvenzgericht die Eröffnung des Insolvenzverfahrens über das Vermögen des Rechtsträgers der Unternehmensvereinigung mangels Masse (§ 26 Abs. 1 InsO) abgewiesen hat.

c) Ergebnis

Das Bundeskartellamt kann infolgedessen in aller Regel keine Kenntnis darüber gewinnen, ob der mangels Masse gemäß § 26 Abs. 1 S. 1 InsO abgewiesene Insolvenzantrag wegen Zahlungsunfähigkeit (§ 17 InsO) begründet ist oder ob das Vorliegen anderer Insolvenzgründe (§ 18 f. InsO) insolvenzgerichtlich festgestellt wurde.

2. Negative Prognose über die Verfahrenskostendeckung

Daneben käme die im Abweisungsbeschluss insolvenzgerichtlich festgestellte, voraussichtlich fehlende Verfahrenskostendeckung als mögliche Grundlage der kartellbehördlichen Feststellung einer Zahlungsunfähigkeit nach § 81b Abs. 1 GWB in Betracht. Welcher Bedeutungsgehalt der negativen Deckungsprognose beigemessen werden kann, ist abhängig vom Prognosegegenstand.

---

771 Mit Verweis auf Art. 4 Nr. 1 DSGVO, *Pabst*, in: MüKo-ZPO, Bd. 3, § 12 EGGVG, Rn. 10.

772 *Pabst*, in: MüKo-ZPO, Bd. 3, § 17 EGGVG, Rn. 3 m. w. N.

a) Gegenstand der insolvenzgerichtlichen Deckungsprognose

Um eine Deckungsprognose treffen zu können, hat das Insolvenzgericht von Amts wegen (§ 5 InsO)[773] das voraussichtliche Vermögen des Schuldners zu ermitteln und den zu erwartenden Verfahrenskosten gegenüberzustellen.[774] Insoweit ist ein Vergleich zwischen dem verwertbaren, also dem in angemessener Zeit in Geld umwandelbaren Vermögen des Schuldners und den zu erwartenden Kosten für das gesamte Insolvenzverfahren anzustellen.[775]

Damit muss das Gericht einerseits eine Prognose in Hinblick auf das Vermögen des Schuldners gemäß § 26 Abs. 1 S. 1 InsO durchführen.[776] Erfasst vom schuldnerischen Vermögen sind alle gegenwärtige und künftig verfügbar werdende, liquidierbare Vermögenswerte, beschränkt auf die pfändbaren Gegenstände, aus welchen die Insolvenzmasse gebildet wird.[777] Nicht nur das gesamte derzeitige Vermögen des Schuldners, sondern auch der Neuerwerb sowie die Vergrößerung der Masse durch Ansprüche der Insolvenzanfechtung oder durch die Geltendmachung von Haftungsansprüchen, werden somit einbezogen.[778] Andererseits muss das Gericht eine Prognose über die Höhe der Verfahrenskosten anstellen.[779] Welche Kosten als Verfahrenskosten im Rahmen des § 26 Abs. 1 S. 1 InsO zu berücksichtigen sind, ergibt sich aus § 54 InsO.[780] Gemäß § 54 InsO werden die Gerichtskosten des Insolvenzverfahrens (§ 54 Nr. 1 InsO) und die Vergütungen und Auslagen des vorläufigen Insolvenzverwalters, des Insolvenzverwalters und der Mitglieder des Gläubigerausschusses (§ 54 Nr. 2 InsO) vom Begriff der Verfahrenskosten umfasst. Die Prognose über die Verfahrenskosten erfordert zwar keine exakte Berechnung der Kosten; das Insolvenzgericht muss den Umfang der zu deckenden Kosten jedoch im Rahmen seiner Amtsermittlungspflicht in nachprüfbarer Weise ermitteln.[781] Insoweit hat

773 *Vallender*, in: Uhlenbruck, InsO, § 26 InsO, Rn. 6.
774 *Schilken*, in: Jaeger, InsO, Bd. 1, § 26 InsO, Rn. 11.
775 BGH, Beschluss v. 17.06.2003 – IX ZB 476/02, NZI 2004, S. 30, 31; *Laroche*, in: Kayser/Thole, § 26 InsO, Rn. 3.
776 *Denkhaus*, in: HambK-InsolvenzR, § 26 InsO, Rn. 7.
777 *Haarmeyer/Schildt*, in: MüKo-InsO, Bd. 1, § 26 InsO, Rn. 20.
778 *Denkhaus*, in: HambK-InsolvenzR, § 26 InsO, Rn. 11.
779 *Denkhaus*, in: HambK-InsolvenzR, § 26 InsO, Rn. 7.
780 BGH, Beschluss v. 14.10.2010 – IX ZB 224/08, NZI 2011, S. 60.
781 *Haarmeyer/Schildt*, in: MüKo-InsO, Bd. 1, § 26 InsO, Rn. 16.

im Einzelfall eine Schätzung[782] der voraussichtlichen Gerichtskosten, der Vergütungen und Auslagen nach § 54 InsO zu erfolgen. Zur Schätzung der Höhe der Verfahrenskosten ist – wie sich für die Gerichtskosten aus § 58 Abs. 1 GKG und für die Vergütung des Insolvenzverwalters aus § 63 Abs. 1 S. 2 InsO ergibt[783] – überwiegend der Wert der Insolvenzmasse zur Zeit der Beendigung des Insolvenzverfahrens als Berechnungsgrundlage heranzuziehen.[784] Führt die Gegenüberstellung der voraussichtlichen Verfahrenskosten und der prognostizierten freien Masse dazu, dass die Kostendeckung zur vollen Überzeugung des Gerichts feststeht, ist das Insolvenzverfahren zu eröffnen.[785] Dagegen darf das Verfahren mangels Masse nicht eröffnet werden, wenn die Gegenüberstellung ergibt, dass das Vermögen des Schuldners die Kosten voraussichtlich nicht decken wird. Es genügt damit, dass die fehlende Deckung wahrscheinlich ist.[786]

b) Kartellbehördliche Feststellung einer Zahlungsunfähigkeit gemäß § 81b Abs. 1 GWB auf Grundlage der negativen Deckungsprognose

Inwiefern die insolvenzgerichtlich angestellte negative Deckungsprognose eine geeignete Grundlage zur kartellbehördlichen Feststellung einer Zahlungsunfähigkeit gemäß § 81b Abs. 1 GWB bildet, ist unter Berücksichtigung des jeweils anzulegenden Prüfungsmaßstabes zu bewerten.

Ansatzpunkt sind die Voraussetzungen des Vorliegens einer Zahlungsunfähigkeit nach § 81b Abs. 1 GWB. Die Regelung des § 81b Abs. 1 GWB erfordert, dass der Rechtsträger der Unternehmensvereinigung gegenwärtig nicht zur Bußgeldzahlung in der Lage ist. Aus der insolvenzgerichtlich festgestellten negativen Deckungsprognose folgt allerdings nur, dass der Schuldner bei unterstellter Eröffnung des Insolvenzverfahrens und unter Berücksichtigung der Entwicklung des schuldnerischen Vermögens voraussichtlich nicht in der Lage wäre, die hypothetisch zu erwartenden Kosten in angemessener Zeit zu befriedigen. Das hat zur Folge, dass die jeweilige Prüfung an unterschiedliche Zeitpunkte anknüpft. Aufgrund der Zukunfts-

---

782 *Herzig*, in: Braun, InsO, § 26 InsO, Rn. 7, 9; zu den Verfahrenskosten, *Lienau*, in: Graf-Schlicker, InsO, § 26 InsO, Rn. 4.

783 Siehe zur Berechnung der Verfahrenskosten im Einzelnen, etwa, *Vallender*, in: Uhlenbruck, InsO, § 26 InsO, Rn. 8; *Lienau*, in: Graf-Schlicker, InsO, § 26 InsO, Rn. 3–7.

784 *Farian*, in: BeckOK-InsO (Stand: 01.11.2024), § 26 InsO, Rn. 12.

785 *U. Keller*, in: K. Schmidt, InsO, § 26 InsO, Rn. 30.

786 BGH, Beschluss v. 13.04.2006 – IX ZB 118/04, NZI 2006, S. 405, 406.

bezogenheit der Deckungsprognose lässt sich aus der insolvenzgerichtlichen Feststellung, dass der Rechtsträger der Unternehmensvereinigung voraussichtlich nicht zur Deckung von Verfahrenskosten in der Lage sein wird, folglich nicht das Vorliegen einer gegenwärtigen Zahlungsunfähigkeit (§ 81b Abs. 1 GWB) ableiten. Die kartellbehördliche Feststellung der Zahlungsunfähigkeit gemäß § 81b Abs. 1 GWB kann dementsprechend nicht auf Grundlage der negativen Deckungsprognose des Insolvenzgerichts im Rahmen des Abweisungsbeschlusses erfolgen.

3. Ergebnis

Ein insolvenzgerichtlicher Abweisungsbeschluss nach § 26 Abs. 1 InsO kann somit in aller Regel nicht die Grundlage für die Feststellung einer Zahlungsunfähigkeit nach § 81b Abs. 1 GWB begründen.

VII. Eigenständige kartellbehördliche Prüfung

Abschließend ist zu untersuchen, ob die Kartellbehörde das Vorliegen einer Zahlungsunfähigkeit eigenständig prüfen und feststellen kann.

1. Methodische Vorgehensweise

Anhaltspunkte, wie das Bundeskartellamt das Vorliegen der Tatbestandsvoraussetzung in § 81b Abs. 1 GWB methodisch zu prüfen hat, ergeben sich weder aus § 81b GWB noch aus der Gesetzesbegründung[787]. Mit Blick auf die am Insolvenzrecht orientierte Auslegung des Begriffs der Zahlungsunfähigkeit, kommt allerdings in Betracht, dass die Kartellbehörde das (Nicht-)Vorliegen einer Zahlungsunfähigkeit in § 81b Abs. 1 GWB entsprechend der insolvenzgerichtlichen Prüfung des § 17 InsO zu beurteilen hat.

787 Vgl., BReg, Entwurf 10. GWB-Novelle v. 19.10.2020 – BT-Drs. 19/23492, S. 125.

a) Feststellung der Zahlungsunfähigkeit auf Grundlage einer Zahlungseinstellung

Parallel zu § 17 Abs. 2 S. 2 InsO[788] könnte das Vorliegen einer Zahlungsunfähigkeit gemäß § 81b Abs. 1 GWB durch das Bundeskartellamt gegebenenfalls mithilfe einer widerlegbaren Vermutung festgestellt werden.

aa) Vermutung einer Zahlungsunfähigkeit gemäß § 81b Abs. 1 GWB

Insofern wäre eine Zahlungsunfähigkeit nach § 81b Abs. 1 GWB womöglich widerlegbar zu vermuten, wenn die Zahlungen des Bußgeldschuldners äußerlich erkennbar eingestellt wurden und aus diesem Verhalten das Vorliegen einer Zahlungsunfähigkeit des Bußgeldschuldners abgeleitet werden könnte.

Gegen die kartellbehördliche Feststellbarkeit einer Zahlungsunfähigkeit auf Grundlage einer Zahlungseinstellung spricht allerdings, dass eine derartige Vermutungsregelung in § 81b GWB nicht normiert ist. Dahingehend käme allenfalls in Betracht, dass der Zahlungseinstellung auch für die Feststellung einer Zahlungsunfähigkeit nach § 81b Abs. 1 GWB eine nicht gesetzlich geregelte Indizwirkung beigemessen wird, mithilfe derer das Vorliegen der Tatbestandsvoraussetzung vermutet werden kann. Bedenken können sich diesbezüglich allerdings daraus ergeben, dass das Bundeskartellamt insoweit das Vorliegen einer Zahlungsunfähigkeit auf Grundlage eines tatsächlichen Verhaltens annehmen könnte, ohne Erhebungen zu den wirtschaftlichen Verhältnissen des Bußgeldschuldners durchführen zu müssen. Daraus könnte die Gefahr resultieren, dass infolge einer Zahlungseinstellung eine Zahlungsunfähigkeit nach § 81b Abs. 1 GWB angenommen wird, obwohl der Bußgeldschuldner zahlungsfähig ist. Insoweit ist zu berücksichtigen, dass die kartellbehördliche Feststellung einer Zahlungsunfähigkeit nach § 81b Abs. 1 GWB auf Grundlage einer Vermutung dazu führen würde, dass die Mitglieder der Vereinigung, insbesondere bestimmte Unternehmensträger gemäß § 81b Abs. 2 und Abs. 3 GWB, zur Bußgelddurchsetzung in Anspruch genommen werden könnten. Damit würde die Vermutung insbesondere Wirkung gegenüber den Mitgliedern der Vereinigung entfalten. Problematisch wäre, wenn die Mitglieder die Vermutung

---

788 Siehe oben, Teil 3, B. IV. 1. a) aa).

aufgrund rechtlicher oder tatsächlicher Hindernisse nicht widerlegen könnten. Dahingehend wäre rechtlich unsicher, ob die Vermutung, welche die Zahlungsunfähigkeit des Bußgeldschuldners beträfe und folglich Regelungswirkung gegenüber diesem Rechtsträger entfaltet, überhaupt durch Dritte widerlegt werden könnte. Daneben wäre ungewiss, inwiefern die Mitglieder den Nachweis einer tatsächlich bestehenden Zahlungsfähigkeit des Rechtsträgers der Unternehmensvereinigung erbringen könnten. Die Mitglieder müssten insoweit anhand der Vermögensverhältnisse des Bußgeldschuldners nachweisen, dass dieser zahlungsfähig ist.[789] Diesbezüglich könnte allerdings das tatsächliche Problem entstehen, dass die Mitglieder nicht über die erforderlichen Informationen über die Vermögensverhältnisse des Bußgeldschuldners und über die zum Beweis tauglichen Unterlagen verfügen und folglich von vornherein nicht zur Widerlegung der angestellten Vermutung in der Lage wären. Mangels effektiver Möglichkeit der Mitglieder der Vereinigung zur Widerlegung würde die Annahme einer Indizwirkung der Zahlungseinstellung dann dazu führen, dass es zur Anwendung des § 81b GWB kommen könnte, obwohl der Bußgeldschuldner eigentlich zahlungsfähig ist. Eine derartige Anwendung wäre allerdings nicht mehr vom Normzweck des § 81b GWB[790] gedeckt und würde die Gefahr begründen, dass der Zweck der gegenüber dem Rechtsträger der Unternehmensvereinigung festgesetzten Geldbuße[791] ausgehöhlt wird.

bb) Kontrollüberlegung: Insolvenzgerichtliche Entscheidung auf Grundlage des § 17 Abs. 2 S. 2 InsO

Ob aus diesen Gründen eine kartellbehördliche Feststellung einer Zahlungsunfähigkeit nach § 81b Abs. 1 GWB ausscheidet, ist abschließend mithilfe einer Kontrollüberlegung zu überprüfen. Insofern könnte es zu einem Widerspruch führen, wenn das Bundeskartellamt das Vorliegen einer Zahlungsunfähigkeit gemäß § 81b Abs. 1 GWB zwar nicht selbst auf Grundlage einer Zahlungseinstellung vermuten kann, aber zur Heranziehung einer insolvenzgerichtlichen Feststellung der Zahlungsunfähigkeit berechtigt ist, die allein auf der unwiderlegten Vermutung des § 17 Abs. 2 S. 2 InsO fußt. Ein derartiger Widerspruch bestünde allerdings nur, wenn sich die insol-

789 Vgl. oben, Teil 3, B. IV. 1. a) aa).
790 BReg, Entwurf 10. GWB-Novelle v. 19.10.2020 – BT-Drs. 19/23492, S. 125.
791 Siehe oben, Teil 2, D. II. 1. und 3.

venzgerichtliche Entscheidung auf die bloße Vermutung der Zahlungsunfähigkeit wegen einer Zahlungseinstellung beschränken würde. Insoweit ist aber zu beachten, dass das Insolvenzgericht nur dann das Insolvenzverfahren eröffnen darf, wenn es vom Vorliegen eines Insolvenzgrundes überzeugt ist.[792] Der insolvenzgerichtlichen Feststellung einer Zahlungsunfähigkeit im Eröffnungsbeschluss liegt damit nicht allein die Vermutung, sondern die Überzeugung des Vorliegens einer Zahlungsunfähigkeit zugrunde, die mittels der unwiderlegten Vermutung des § 17 Abs. 2 S. 2 InsO gewonnen wurde[793]. Erfolgt die kartellbehördliche Feststellung einer Zahlungsunfähigkeit gemäß § 81b Abs. 1 GWB auf Grundlage einer derartigen insolvenzgerichtlichen Eröffnungsentscheidung, beruht diese Feststellung folglich nicht allein auf einer vermuteten, sondern auf der zur Überzeugung des Insolvenzgerichts festgestellten Zahlungsunfähigkeit. Der dargelegte Widerspruch besteht deshalb nicht.

cc) Ergebnis

Die Kartellbehörde kann das Vorliegen einer Zahlungsunfähigkeit nach § 81b Abs. 1 GWB dementsprechend nicht auf Grundlage einer Zahlungseinstellung vermuten.

b) Liquiditätsprüfung

Insoweit kommt in Betracht, dass das Bundeskartellamt das (Nicht-)Vorliegen einer Zahlungsunfähigkeit im Rahmen einer Liquiditätsprüfung mittels einer Gegenüberstellung von Zahlungsmitteln und Zahlungspflichten des Bußgeldschuldners eigenständig zu prüfen hat.

Für das Erfordernis einer derartigen Gegenüberstellung zur Ermittlung des (Nicht-)Vorliegens einer Zahlungsunfähigkeit könnte die Auslegung des Begriffs der Zahlungsunfähigkeit in § 81b Abs. 1 GWB sprechen. Wird die Tatbestandsvoraussetzung entsprechend dem insolvenzrechtlichen Verständnis der Zahlungsunfähigkeit ausgelegt, resultiert daraus, dass die durchzuführende Prüfung hinsichtlich des (Nicht-)Vorliegens einer Zahlungsunfähigkeit durch die materiellen Voraussetzungen des Begriffsver-

---

792 Siehe oben, Teil 3, B. IV. 1. b).

793 Siehe oben, Teil 3, B. IV. 1. a) aa).

ständnisses vorgezeichnet wird. Aus dem Erfordernis einer objektiven Unfähigkeit zur Zahlung fälliger (und fällig werdender) Zahlungspflichten ergibt sich insoweit, dass das (Nicht-)Vorliegen einer Zahlungsunfähigkeit durch einen Vergleich zwischen den relevanten Zahlungsmitteln und -pflichten zu ermitteln ist. Für die kartellbehördliche Prüfung der Tatbestandsvoraussetzung in § 81b Abs. 1 GWB folgt daraus, dass eine Gegenüberstellung der schuldnerischen Aktiva I und II sowie der Passiva I und II erforderlich wird.

Wie diese Gegenüberstellung zu erfolgen hat, ist allerdings unklar. Wie im Insolvenzrecht[794] kommt insoweit die Durchführung einer ein- oder mehrstufigen Prüfung der Liquidität des Bußgeldschuldners in Betracht. Vorzugswürdig könnte insoweit eine kartellbehördliche Prüfung sein, die im Ausgangspunkt stichtagsbezogen das Vorliegen einer wesentlichen Liquiditätslücke ermittelt und eine ergänzende Zeitraumbetrachtung nur dann anstellt, wenn zum Stichtag eine wesentliche Unterdeckung festgestellt wurde. Für ein derartiges methodisches Vorgehen könnte sprechen, dass eine mehrstufige Prüfung gegebenenfalls am besten geeignet ist, um das (Nicht-)Vorliegen der materiellen Anforderungen der Tatbestandsvoraussetzung zu ermitteln. Insofern bestünde bei der Durchführung einer einstufigen Prüfung insbesondere die Gefahr, dass es zu Verzerrungen hinsichtlich der »Wesentlichkeit« der Liquiditätslücke kommen würde.[795] Eine mehrstufige Prüfung würde dagegen ermöglichen, dass eine Zeitraumbetrachtung allein dann zum Tragen kommt, wenn eine wesentliche Liquiditätslücke bereits festgestellt wurde und das Vorliegen einer »Dauerhaftigkeit« der Unterdeckung als zusätzliche Voraussetzung zu prüfen ist. Unter Berücksichtigung der materiellen Voraussetzungen der Tatbestandsvoraussetzung in § 81b Abs. 1 GWB lässt sich somit folgern, dass auch für die kartellbehördliche Liquiditätsprüfung zur Feststellung einer Zahlungsunfähigkeit nach § 81b Abs. 1 GWB ein mehrstufiges Vorgehen vorzugswürdig ist, welches zwischen einer Zeitpunkt- und Zeitraumbetrachtung trennt.

794 Siehe oben, Teil 3, B. IV. 1. a) bb) (2).
795 Siehe oben, Teil 3, B. IV. 1. a) bb) (2) (a).

2. Informationen über die wirtschaftlichen Verhältnisse des Bußgeldschuldners

Voraussetzung der kartellbehördlichen Durchführung einer Liquiditätsprüfung ist, dass die Kartellbehörde über die erforderlichen Informationen bezüglich der wirtschaftlichen Verhältnisse des Bußgeldschuldners verfügt. Insofern sind zur Durchführung der Liquiditätsprüfung Informationen über die gegenwärtig verfügbaren und innerhalb von drei Wochen voraussichtlich verfügbar werdenden Zahlungsmittel (Aktiva I und II) und über fällige und innerhalb von drei Wochen fällig werdende Verbindlichkeiten (Passiva I und II) des Bußgeldschuldners erforderlich.[796]

a) Prüfung auf Grundlage der im Bußgeldverfahren gewonnenen Informationen

Für die Durchführung einer Liquiditätsprüfung kann das Bundeskartellamt gegebenenfalls Informationen über die wirtschaftlichen Verhältnisse des Bußgeldschuldners nutzen, welche die Behörde im Zuge des Bußgeldverfahrens gegen den Rechtsträger der Unternehmensvereinigung gewonnen hat. Diesbezüglich stellt sich die Frage, ob das Bundeskartellamt im Bußgeldverfahren überhaupt Informationen über die Vermögensverhältnisse des Betroffenen erlangen kann. Insofern kommt die Ausübung des in § 82b Abs. 1 i. V. m. § 59 Abs. 1 GWB normierten Informationsrechts des Bundeskartellamtes in Betracht. Der von § 82b Abs. 1 GWB in Bezug genommene § 59 Abs. 1 GWB normiert, dass die Kartellbehörde, soweit es zur Erfüllung ihrer Aufgaben erforderlich ist, »[…] von […] Unternehmensvereinigungen die Erteilung von Auskünften sowie die Herausgabe von Unterlagen verlangen [kann]«. Die inhaltliche Reichweite eines entsprechenden Informationsverlangens wird durch § 59 Abs. 1 S. 3 GWB[797] dergestalt präzisiert, dass sich die Verpflichtung zur Auskunft und Herausgabe von Unterlagen auf sämtliche Informationen bezieht, welche dem Auskunftspflichtigen zugänglich sind. Damit handelt es sich im Grundsatz[798] um eine

796 Vgl. oben, Teil 3, B. IV. 1. a) bb) (3).

797 § 59 Abs. 1 S. 3 GWB wurde zur Umsetzung des Art. 8 S. 3 »ECN-Plus«-Richtlinie geändert, BReg, Entwurf 10. GWB-Novelle v. 19.10.2020 – BT-Drs. 19/23492, S. 113.

798 Eine Einschränkung findet in zweifacher Hinsicht statt, namentlich durch den Verhältnismäßigkeitsgrundsatz (§ 59 Abs. 3 S. 1 GWB) und das Selbstbezichtigungs-

umfassende[799] Befugnis der Kartellbehörde, die Erteilung von Auskünften und die Herausgabe von Unterlagen zu verlangen.[800] Ist es zur Erfüllung der kartellbehördlichen Aufgaben nach § 59 Abs. 1 S. 1 GWB erforderlich, können demzufolge im Bußgeldverfahren auch solche Auskünfte verlangt werden, welche die Vermögensverhältnisse der betroffenen Unternehmensvereinigung betreffen. Ein derartiges Erfordernis kann sich beispielsweise im Rahmen der Bußgeldzumessung aus den Regelungen der § 17 Abs. 3 S. 2 Hs. 1 OWiG i. V. m. § 81d Abs. 2 S. 1 Alt. 2 GWB ergeben, welche grundsätzlich eine zumindest nachrangige Berücksichtigung[801] der wirtschaftlichen Verhältnisse der Unternehmensvereinigung bei der Bemessung der Geldbuße vorsehen.

Hat das Bundeskartellamt im Bußgeldverfahren entsprechende Informationen erlangt, könnte die Kartellbehörde die gewonnenen Informationen über die wirtschaftlichen Verhältnisse gegebenenfalls nutzen, um die Liquidität des Bußgeldschuldners zu prüfen und gegebenenfalls das Vorliegen einer Zahlungsunfähigkeit nach § 81b Abs. 1 GWB festzustellen. Allerdings ist zu beachten, dass das Bußgeldverfahren mit der Festsetzung einer Geldbuße oder der Verfahrenseinstellung abgeschlossen wird.[802] § 81b GWB setzt jedoch voraus, dass bereits eine Geldbuße gegen den Rechtsträger der Unternehmensvereinigung festgesetzt wurde.[803] Daraus folgt, dass die Anwendung des § 81b GWB dem Bußgeldverfahren notwendigerweise zeitlich nachgelagert ist. Die im Bußgeldverfahren gewonnenen Informationen sind zum Zeitpunkt der potenziellen Ausübung kartellbehördlicher Befugnisse nach § 81b GWB folglich nicht mehr aktuell. Insoweit lässt sich nicht ausschließen, dass sich die Vermögensverhältnisse des Bußgeldschuldners zwischenzeitlich geändert haben. Die im Rahmen des Bußgeldverfahrens erlangten Informationen geben infolgedessen keinen Aufschluss darüber, in welchen wirtschaftlichen Verhältnissen sich der Bußgeldschuldner zum Zeitpunkt einer möglichen Anwendung des § 81b GWB befindet.

---

verbot (§ 59 Abs. 3 S. 2 GWB), siehe auch, *Hiéramente/Gänswein*, BB 2021, S. 392, 394; *Birnstiel/Hegener*, DB 2021, S. 1724, 1725; *Kallfaß*, ZWeR 2021, S. 336, 342.

799 *Kallfaß*, in: B/K/K/K/O, 10. GWB-Novelle, Kap. 3, Rn. 272; *Kallfaß*, ZWeR 2021, S. 336, 339.

800 *Birnstiel/Hegener*, DB 2021, S. 1724, 1725.

801 Zu § 17 Abs. 3 S. 2 Hs. 1 OWiG, BT, Entwurf eines Gesetzes über Ordnungswidrigkeiten v. 08.01.1967 – BT-Drs. V/1269, S. 51 f.

802 *Krauß/Cannevel*, in: Kamann/Ohlhoff/Völcker, § 19, Rn. 94; *Mende*, Kartellbußgeldverfahren, S. 31.

803 BReg, Entwurf 10. GWB-Novelle v. 19.10.2020 – BT-Drs. 19/23492, S. 125; *Breuer/Friedrich*, in: B/K/K/K/O, 10. GWB-Novelle, Kap. 3, Rn. 154.

Folglich scheidet eine Prüfung des (Nicht-)Vorliegens einer Zahlungsunfähigkeit nach § 81b Abs. 1 GWB auf Grundlage der im Bußgeldverfahren gemäß § 82b Abs. 1 i. V. m. § 59 Abs. 1 GWB gewonnenen Informationen über die wirtschaftlichen Verhältnisse aus.

b) Informationsrecht nach § 82b GWB i. V. m. § 59 Abs. 1 GWB

In der Literatur wird vereinzelt vertreten, dass die Kartellbehörde die in § 82b GWB vorgesehenen Auskunftsbefugnisse nutzen kann, um Informationen zu gewinnen, mithilfe derer das (Nicht-)Vorliegen einer Zahlungsunfähigkeit nach § 81b Abs. 1 GWB geprüft werden kann.[804] Ob ein entsprechendes Informationsrecht, insbesondere gemäß § 82b i. V. m. § 59 Abs. 1 GWB, zur Prüfung des (Nicht-)Vorliegens einer Zahlungsunfähigkeit nach § 81b GWB besteht, ist allerdings unsicher. Voraussetzung wäre dahingehend, dass § 82b i. V. m. § 59 Abs. 1 GWB zum Zeitpunkt einer möglichen Bußgelddurchsetzung nach § 81b GWB anwendbar ist. Der Anwendbarkeit des § 59 Abs. 1 GWB könnte allerdings der Wortlaut des § 82b GWB entgegenstehen. § 82b GWB begründet die Anwendbarkeit des § 59 Abs. 1 GWB nur »[...] in Verfahren zur Festsetzung einer Geldbuße [...]«, das heißt im Bußgeldverfahren.[805] Das Bußgeldverfahren ist im Falle einer möglichen Bußgelddurchsetzung nach § 81b GWB jedoch bereits durch die Festsetzung einer Geldbuße zum Abschluss[806] gebracht. Folglich wird durch § 82b GWB eine Anwendbarkeit des § 59 Abs. 1 GWB nicht begründet, um die Überprüfbarkeit des (Nicht-)Vorliegens einer Zahlungsunfähigkeit gemäß § 81b GWB zu gewährleisten. Das Auskunftsrecht des § 82b i. V. m. § 59 Abs. 1 GWB kann damit mangels (direkter) Anwendbarkeit nicht genutzt werden, um Informationen über die wirtschaftlichen Verhältnisse des § 81b GWB zu ermitteln, welche eine Prüfung des (Nicht-)Vorliegens einer Zahlungsunfähigkeit zulassen.[807]

---

804 *Heinichen*, in: BeckOK-KartellR (Stand: 01.10.2024), § 81b GWB, Rn. 5.

805 Vgl., *Vollmer*, in: MüKo-WettbewerbsR, GWB, § 82b GWB, Rn. 25.

806 Allgemein, *Krauß/Cannevel*, in: Kamann/Ohlhoff/Völcker, § 19, Rn. 94; *Mende*, Kartellbußgeldverfahren, S. 31.

807 A. A., *Heinichen*, in: BeckOK-KartellR (Stand: 01.10.2024), § 81b GWB, Rn. 5.

c) Analoge Anwendung des § 82b i. V. m. § 59 Abs. 1 GWB

Ist § 59 Abs. 1 GWB mangels entsprechender Inbezugnahme durch § 82b Abs. 1 GWB nach Abschluss des Bußgeldverfahrens nicht direkt anwendbar, ist damit die Frage nach einer analogen Anwendung des § 82b GWB i. V. m. § 59 Abs. 1 GWB aufgeworfen. Die Analogiebildung stellt als Fortsetzung der Auslegung[808] einen Fall der Rechtsfortbildung dar.[809] Im Zuge einer solchen Rechtsfortbildung ist § 82b i. V. m. § 59 Abs. 1 GWB womöglich dergestalt analog anzuwenden, dass das Bundeskartellamt auch nach Festsetzung einer Geldbuße Informationen über die wirtschaftlichen Verhältnisse des Bußgeldschuldners verlangen darf, welche die Kartellbehörde als Grundlage der in § 81b Abs. 1 GWB anzustellenden Liquiditätsprüfung heranziehen kann.

aa) Analogiefähigkeit des Informationsrechts nach § 82b i. V. m. § 59 Abs. 1 GWB

Die analoge Anwendung des § 82b i. V. m. § 59 Abs. 1 GWB setzt die Analogiefähigkeit des wettbewerbsrechtlichen Informationsrechts voraus.[810] Die Analogiefähigkeit einer Norm ist davon abhängig, dass kein gegenläufiges Analogieverbot einschlägig ist.[811] Da ein Analogieverbot[812] dazu führt, dass rechtsähnliche Fälle entgegen dem Gleichbehandlungsgebot[813] unterschiedlich zu behandeln sind, bedarf die Begründung eines Analogieverbots einer besonderen Rechtfertigung.[814]

808 *Larenz/Canaris*, Methodenlehre, S. 187; das Ansetzen der Analogie hinter der (extensiven) Auslegung betonend, *Engisch*, Juristisches Denken, S. 214.

809 Die Analogie als wichtigstes Instrument der Rechtsfortbildung bezeichnend, *Würdinger*, AcP, Bd. 206 (2006), S. 946, 947 m. w. N.

810 Allgemein etwa, *Würdinger*, in: FS Roth, S. 144.

811 *Engisch*, Juristisches Denken, S. 217.

812 Ein Analogieverbot ist zum Beispiel in Art. 103 Abs. 2 GG (»nuella poena sine lege«) normiert, siehe hierzu auch, *Engisch*, Juristisches Denken, S. 217 f.

813 Die Analogiebildung findet ihre Rechtfertigung im Gleichheitssatz, etwa, *Canaris*, Lücken im Gesetz, S. 25, 71 f. m. w. N.; *Zippelius/Würtenberger*, Methodenlehre, S. 56 f.; prägnant, *H. Wiedemann*, NJW 2014, S. 2407, 2411, »Die Analogie drängt darauf, Gleichartiges gleich zu behandeln [...]«; ähnlich, *Würdinger*, AcP, Bd. 206 (2006), S. 946, 973.

814 *Canaris*, Lücken im Gesetz, S. 183.

Ein Verbot der analogen Anwendung des § 82b i. V. m. § 59 Abs. 1 GWB könnte sich insofern aus verfassungsrechtlichen Vorgaben ergeben. Nach der Rechtsprechung des Bundesverfassungsgerichts ist es mit dem Grundsatz des Vorbehalts des Gesetzes als Ausprägung des Rechtsstaatsprinzips[815] (Art. 20 Abs. 3 GG) nicht vereinbar, die Ermächtigungsgrundlage für einen hoheitlichen Eingriff im Zuge der Analogiebildung zu gewinnen.[816] Insofern fordere das Rechtsstaatsprinzip, dass Ermächtigungen der ausführenden Gewalt »[...] zur Vornahme belastender Verwaltungsakte durch das ermächtigende Gesetz nach Inhalt, Gegenstand, Zweck und Ausmaß hinreichend bestimmt und begrenzt sind, so da[ss] die Eingriffe messbar und in gewissen Umfang für den einzelnen voraussehbar und berechenbar werden«.[817] Die analoge Anwendung einer Ermächtigungsgrundlage, welche einen hoheitlichen Eingriff in subjektive Rechte legitimiert, würde dementsprechend einen Verstoß gegen Art. 2 Abs. 1 GG in Verbindung mit dem Rechtsstaatsprinzip begründen.[818] Gemessen daran, bestehen Bedenken, ob § 82b i. V. m. § 59 Abs. 1 GWB einer analogen Anwendung zugänglich ist. § 82b i. V. m. § 59 Abs. 1 GWB bildet die Ermächtigungsgrundlage für einen belastenden Verwaltungsakt[819] in Form eines kartellbehördlichen Auskunfts- bzw. Herausgabeverlangens. Die analoge Anwendung des § 82b i. V. m. § 59 Abs. 1 GWB außerhalb des Bußgeldverfahrens würde somit dazu führen, dass eine neue Rechtsgrundlage für ein kartellbehördliches Verlangen von Informationen geschaffen würde, die mit einer entsprechenden Informationspflicht der Betroffenen einherginge. Die Rechtsfortbildung des § 82b i. V. m. § 59 Abs. 1 GWB stünde folglich im Widerspruch zum Grundsatz des Vorbehalts des Gesetzes. Infolgedessen scheidet die analoge Anwendung des § 82b i. V. m. § 59 Abs. 1 GWB mangels Analogiefähigkeit aus.[820]

815 Etwa, *Rux*, in: BeckOK-GG (Stand: 15.09.2024), Art. 20 GG, Rn. 172.

816 BVerfG, Beschluss v. 14.08.1996 – 2 BvR 2088/93, NJW 1996, 3146; *Konzak*, NvwZ 1997, S. 872, 873.

817 BVerfG, Beschluss v. 14.08.1996 – 2 BvR 2088/93, NJW 1996, 3146.

818 BVerfG, Beschluss v. 14.08.1996 – 2 BvR 2088/93, NJW 1996, 3146.

819 *Barth*, in: MüKo-WettbewerbsR, GWB, § 59 GWB, Rn. 8.

820 Die Analogiefähigkeit allerdings zugrunde legend, *Vollmer*, in: MüKo-WettbewerbsR, GWB, § 82b GWB, Rn. 26, welcher eine analoge Anwendbarkeit des § 82b Abs. 1 S. 1 i. V. m. § 59 Abs. 1 S. 1 GWB bis zum Eintritt der Bestandskraft der behördlichen oder gerichtlichen Bußgeld- oder Haftungsentscheidung annimmt.

bb) Fehlende planwidrige Regelungslücke

Ungeachtet der fehlenden Analogiefähigkeit des § 59 Abs. 1 GWB, ist das für eine Analogiebildung erforderliche Vorliegen einer planwidrigen Regelungslücke mit Blick auf die gesetzgeberische Ausgestaltung des § 82b GWB und den damit verbundenen Erwägungen des Gesetzgebers zu hinterfragen. Der deutsche Gesetzgeber hat die Anwendbarkeit des § 59 GWB ursprünglich auf das kartellbehördliche Verwaltungsverfahren beschränkt. Erst mit der 10. GWB-Novelle und zur Umsetzung[821] der Art. 6–9 »ECN-Plus«-Richtlinie wurde der Anwendungsbereich durch die Verweisung des § 82b GWB auf das Bußgeldverfahren erweitert und eine entsprechende Anwendung des § 59 Abs. 1 GWB geregelt. Die im Wortlaut des § 82b Abs. 1 GWB verankerte Begrenzung der Anwendbarkeit legt insoweit den Schluss nahe, dass der Gesetzgeber die Befugnis des § 59 Abs. 1 GWB bewusst auf das Verwaltungs- und Bußgeldverfahren beschränken wollte. Für eine bewusste Begrenzung des Verweises in § 82b Abs. 1 GWB könnte zudem der Normzweck des § 82b GWB sprechen. Mit der Normierung des § 82b GWB wollte der Gesetzgeber sicherstellen, dass der Kartellbehörde auch im Bußgeldverfahren die von der »ECN-Plus«-Richtlinie geforderten Mindestbefugnisse zur Aufklärung von Wettbewerbsrechtsverstößen zur Verfügung stehen.[822] Insoweit scheint es, dass der Gesetzgeber zwar die kartellbehördlichen Befugnisse insoweit erweitert hat, wie es zur Umsetzung der Art. 6, 7, 8 und 9 »ECN-Plus«-Richtlinie erforderlich war; entsprechende kartellbehördliche Ermittlungsbefugnisse außerhalb des Verwaltungs- und Bußgeldverfahrens aber bewusst nicht normiert hat. Demzufolge ist davon auszugehen, dass es auch an einer planwidrigen Regelungslücke als Voraussetzung der Analogiebildung fehlt.

cc) Zusammenfassung

Mangels direkter und analoger Anwendbarkeit des § 82b GWB i. V. m. § 59 Abs. 1 GWB besteht folglich kein kartellbehördliches Informationsrecht, mithilfe dessen das Bundeskartellamt die zur Prüfung des (Nicht-)Vorliegens einer Zahlungsunfähigkeit nach § 81b Abs. 1 GWB erforderlichen Informationen ermitteln kann.

---

821 BReg, Entwurf 10. GWB-Novelle v. 19.10.2020 – BT-Drs. 19/23492, S. 113.

822 BReg, Entwurf 10. GWB-Novelle v. 19.10.2020 – BT-Drs. 19/23492, S. 113.

d) Verwaltungsvollstreckungsrechtliches Informationsrecht

Daneben käme in Betracht, dass das Bundeskartellamt mithilfe eines verwaltungsvollstreckungsrechtlichen Informationsrechts die zur Prüfung des (Nicht-)Vorliegens einer Zahlungsunfähigkeit erforderlichen Informationen gewinnen kann. Dem liegt die Überlegung zugrunde, dass dem Bundeskartellamt nicht nur im Rahmen des § 81b GWB, sondern auch als Anordnungsbehörde[823] im verwaltungsrechtlichen Einzelzwangsvollstreckungsrecht Befugnisse zur Bußgelddurchsetzung zugewiesen werden. Ein kartellbehördliches Recht zur Ermittlung der Vermögensverhältnisse des Bußgeldschuldners könnte insoweit insbesondere aus § 90 Abs. 1 OWiG i. V. m. § 5 VwVG i. V. m. § 249 Abs. 2 S. 1 AO resultieren, welcher eine Rechtsgrundlage zur Ermittlung der Vermögens- und Einkommensverhältnisse des (Vollstreckungs-)Schuldners normiert.

aa) Anwendbarkeit im Rahmen des § 81b Abs. 1 GWB

Zunächst ist zu prüfen, ob § 90 Abs. 1 OWiG i. V. m. § 5 VwVG i. V. m. § 249 Abs. 2 S. 1 AO im Rahmen des § 81b Abs. 1 GWB anwendbar ist. Nach § 90 Abs. 1 OWiG wird »[...] der Bußgeldbescheid [...] nach den Vorschriften des Verwaltungs-Vollstreckungsgesetzes [...] vollstreckt [...]«. Aus dem Wortlaut des § 90 OWiG ergibt sich insofern, dass § 5 VwVG und damit § 249 Abs. 2 S. 1 AO nur im Rahmen der Vollstreckung des Bußgeldbescheids anwendbar ist. Die Anwendbarkeit des § 90 Abs. 1 OWiG i. V. m. § 5 VwVG i. V. m. § 249 Abs. 2 S. 1 AO ist folglich davon abhängig, ob die Prüfung des (Nicht-)Vorliegens einer Zahlungsunfähigkeit in § 81b Abs. 1 GWB als Teil einer Vollstreckung des Bußgeldbescheids im Sinne des § 90 Abs. 1 OWiG einzuordnen ist. Damit ist die Frage zu klären, ob § 81b GWB Befugnisse zur verwaltungsrechtlichen Zwangsvollstreckung eines Bußgeldbescheids begründet.

(1) Systematische Stellung des § 81b GWB

Diesbezügliche Hinweise könnten sich aus der systematischen Stellung des § 81b GWB ergeben. Die Regelung des § 81b GWB ist im Gesetz gegen

---

823 Siehe oben, Teil 2, E. II. 1. c) aa).

Wettbewerbsbeschränkungen und damit außerhalb der §§ 89 ff. OWiG verortet. Die Vollstreckung einer nach §§ 81 ff. GWB festgesetzten Geldbuße richtet sich dagegen grundsätzlich nach den §§ 89 ff. OWiG.[824] Insoweit liegt der Schluss nahe, dass die Regelung des § 81b GWB in den §§ 89 ff. OWiG verortet sein müsste, wenn es sich um eine vollstreckungsrechtliche Anordnung handeln würde. Jedoch ist zu beachten, dass § 90 Abs. 1 OWiG ausdrücklich unter dem gesetzlichen Vorbehalt spezialgesetzlicher Abweichungen steht.[825] Eine derartige spezialgesetzliche Abweichung findet sich im Gesetz gegen Wettbewerbsbeschränkungen beispielsweise in § 86 GWB.[826] Parallel hierzu könnte § 81b GWB auch eine spezialgesetzliche Abweichung von den Regelungen der §§ 89 ff. OWiG und damit spezielle Vollstreckungsbefugnisse der Kartellbehörde begründen. Aus der Verortung des § 81b GWB außerhalb der §§ 89 ff. OWiG kann somit nicht gefolgert werden, dass § 81b GWB keine (spezielle) Regelung zur Vollstreckung einer Geldbuße darstellt.

Anhaltspunkte hinsichtlich der Klassifizierung des § 81b GWB könnten daneben aus der gesetzgeberischen Verortung der Vorschrift in Teil 3, Kapitel 2 resultieren. Kapitel 2 trägt die amtliche Überschrift »Bußgeldsachen«. Dagegen findet sich im Kapitel 3 mit § 86a GWB eine Regelung, welche unter der amtlichen Überschrift »Vollstreckung« steht. Diese Überschrift spricht dafür, dass spezielle Regelungen des Vollstreckungsrechts durch den Gesetzgeber in Kapitel 3 verortet wurden und § 81b GWB infolgedessen nicht als Vollstreckungsrecht einzuordnen ist. Die Verortung des § 81b GWB im Kapitel 2 ließe sich allerdings zum Beispiel auch damit rechtfertigen, dass § 81b GWB in einem engen Regelungszusammenhang zu § 81c Abs. 4 GWB steht. Infolgedessen lässt auch die Stellung des § 81b GWB in Kapitel 2 keinen sicheren Schluss zu, inwieweit die Regelung als Vollstreckungsrecht einzuordnen ist.

(2) Zuweisung der Befugnisse zur Durchsetzung der Geldbuße

Für die rechtliche Einordnung des § 81b GWB könnte außerdem von Interesse sein, dass die Regelung dem Bundeskartellamt Befugnisse zur Buß-

---

824 *Biermann*, in: Immenga/Mestmäcker, GWB, § 86 GWB, Rn. 1; *Vollmer*, in: MüKo-WettbewerbsR, GWB, § 82a GWB, Rn. 9.

825 *Mitsch*, in: KarlsK-OWiG, § 90 OWiG, Rn. 5.

826 *Biermann*, in: Immenga/Mestmäcker, GWB, § 86 GWB, Rn. 2 f.

gelddurchsetzung zuweist. Aus dieser Zuweisung folgt, dass die Geldbuße im Falle der Ausübung der in § 81b Abs. 1-3 GWB normierten Befugnisse durch die Kartellbehörde selbst durchgesetzt wird. Gegen die Einordnung des § 81b GWB als Vollstreckungsrecht könnte insofern sprechen, dass die Durchführung der Vollstreckung einer kartellbehördlich festgesetzten Geldbuße nach §§ 89 ff. OWiG im Allgemeinen gemäß § 90 Abs. 1 OWiG i. V. m. § 4 lit. b) VwVG den Vollstreckungsbehörden der Bundesfinanzverwaltung, also den Hauptzollämtern[827], und damit nicht der Kartellbehörde selbst obliegt[828]. In diesem Sinne wird selbst im Rahmen des § 50c Abs. 1 S. 1 GWB, welcher ausdrücklich eine Vollstreckung von Bußgeldentscheidungen durch das Bundeskartellamt anordnet[829], davon ausgegangen, dass die eigentliche Durchführung der Vollstreckung in Gestalt der Bußgeldbeitreibung nicht durch das Bundeskartellamt erfolgt.[830] Würde § 81b GWB als Vollstreckungsrecht klassifiziert werden, hätte dies zur Folge, dass das Bundeskartellamt mit der Ausübung der in § 81b Abs. 1-3 GWB normierten Befugnisse – entgegen der grundsätzlich vorgesehenen Zuständigkeit der Hauptzollämter – als Vollstreckungsbehörde im verwaltungsvollstreckungsrechtlichen Sinne tätig werden würde. Eine entsprechende gesetzgeberische Entscheidung lässt sich aus der Gesetzesbegründung zu § 81b GWB allerdings nicht entnehmen.[831] Insofern kann aus der Zuweisung der in § 81b Abs. 1-3 GWB normierten Befugnisse an das Bundeskartellamt gefolgert werden, dass § 81b GWB nicht als Vollstreckungsrecht im Sinne des § 90 Abs. 1 OWiG zu begreifen ist.

(3) Sicherstellung der tatsächlichen Zahlung der Geldbuße gemäß § 81b GWB

Die abschließende Beurteilung der rechtlichen Einordnung des § 81b GWB kann womöglich mit Blick auf den Normzweck des § 81b GWB erfolgen.

---

827 *Troidl*, in: E/A/S, VwVG/VwZG, § 4 VwVG, Rn. 3; *Danker*, in: Fehling/Kastner/Störmer, § 4 VwVG, Rn. 2; *Deusch/Burr*, in: BeckOK-VwVfG (Stand: 01.01.2024), § 4 VwVG, Rn. 3; ausdrücklich für die seitens des Bundeskartellamts festgesetzten Bußgelder, *Sabir*, in: B/K/K/K/O, 10. GWB-Novelle, Kap. 2, Rn. 68.

828 Siehe oben, Teil 2, E. II. 1. c) aa).

829 »[…] vollstreckt das Bundeskartellamt Entscheidungen […]«.

830 *Sabir*, in: B/K/K/K/O, 10. GWB-Novelle, Kap. 2, Rn. 67 f.; *Sabir*, in: MüKo-WettbewerbsR, GWB, § 50c GWB, Rn. 17 f.

831 Vgl., BReg, Entwurf 10. GWB-Novelle v. 19.10.2020 – BT-Drs. 19/23492, S. 125.

§ 81b GWB soll sicherstellen, dass eine gemäß § 81c Abs. 4 GWB festgesetzte Geldbuße tatsächlich bezahlt wird.[832] Dieser Zweck könnte darauf hindeuten, dass es sich bei der Durchsetzung einer Geldbuße gemäß § 81b GWB um die Vollstreckung der Geldbuße handelt.[833] Dagegen könnte allerdings sprechen, dass sich die Art und Weise der Bußgelddurchsetzung nach § 81b GWB von der Bußgelddurchsetzung mittels der verwaltungsrechtlichen Zwangsvollstreckung gegebenenfalls maßgeblich unterscheidet. Mit dem Begriff der Vollstreckung wird in §§ 89 ff. OWiG die behördliche Realisierung der rechtskräftig festgesetzten Rechtsfolge bezeichnet.[834] Die Vollstreckung ist folglich eine Maßnahme zur Verwirklichung der angeordneten Entscheidung.[835] Inwiefern die Ausübung kartellbehördlicher Befugnisse nach § 81b GWB zur Verwirklichung der Bußgeldentscheidung führt, ist mit Blick auf die konzeptionelle Ausgestaltung des § 81b GWB allerdings zweifelhaft. Wird gegenüber dem Rechtsträger einer Unternehmensvereinigung gemäß § 81c Abs. 4 GWB eine Geldbuße festgesetzt, ist Inhalt der Bußgeldentscheidung, dass der Rechtsträger der Unternehmensvereinigung als Bußgeldschuldner zur Zahlung einer Geldbuße verpflichtet wird.[836] Eine Verwirklichung dieser kartellbehördlichen Entscheidung würde folglich voraussetzten, dass die Bußgeldzahlung durch die (zwangsweise) Inanspruchnahme des Bußgeldschuldners erfolgt. Die Regelung des § 81b GWB sieht allerdings vor, dass die Durchsetzung der Geldbuße nötigenfalls mittels Inanspruchnahme der Mitglieder der Vereinigung erfolgen kann. Das bedeutet, dass die Ausübung kartellbehördlicher Befugnisse nach § 81b GWB nicht dazu führt, dass der Schuldner der Geldbuße zur Zahlung verpflichtet wird. Infolgedessen wird die in der Bußgeldentscheidung angeordnete Zahlungspflicht des Rechtsträgers der Unternehmensvereinigung nicht durch die Anwendung des § 81b GWB verwirklicht; vielmehr wird allein sichergestellt, dass eine Zahlung in Höhe der festgesetzten Geldbuße erbracht wird. Aufgrund der insoweit bestehenden Abweichung in Hinblick auf die Art und Weise der Bußgelddurchsetzung, ist § 81b GWB folglich

---

832 BReg, Entwurf 10. GWB-Novelle v. 19.10.2020 – BT-Drs. 19/23492, S. 125.

833 Maßnahmen nach § 81b GWB als Vollstreckungsmaßnahmen einordnend, *Raum*, in: Bunte, Dt. KartellR, § 81b GWB, Rn. 11; wohl auch, *Bechtold/Bosch*, GWB, § 81b GWB, Rn. 7.

834 *Mitsch*, in: KarlsK-OWiG, § 89 OWiG, Rn. 1; *Krenberger/Krumm*, OWiG, § 89 OWiG, Rn. 16.

835 *Mitsch*, in: KarlsK-OWiG, § 90 OWiG, Rn. 1.

836 Vgl. oben, Teil 2, D. II. 2. a).

nicht als Teil des (verwaltungsrechtlichen) Vollstreckungsrechts zu klassifizieren.

(4) Rechtsfolge

Daraus folgt zugleich, dass das Bundeskartellamt das verwaltungsvollstreckungsrechtliche Informationsrecht des § 90 Abs. 1 OWiG i. V. m. § 5 VwVG i. V. m. § 249 Abs. 2 S. 1 AO mangels Anwendbarkeit nicht ausüben kann, um die Vermögensverhältnisse des Bußgeldschuldners zur Prüfung des (Nicht-)Vorliegens einer Zahlungsunfähigkeit gemäß § 81b GWB zu ermitteln.

bb) Fehlende Berechtigung des Bundeskartellamtes

Außerdem wäre selbst bei unterstellter Anwendbarkeit des § 90 Abs. 1 OWiG i. V. m. § 5 VwVG i. V. m. § 249 Abs. 2 S. 1 AO unsicher, ob das Bundeskartellamt zur Ermittlung der Vermögensverhältnisse des Rechtsträgers einer Unternehmensvereinigung als Vollstreckungsschuldner durch § 249 Abs. 2 AO berechtigt wäre. § 249 Abs. 2 S. 1 AO weist die Befugnis, die Vermögens- und Einkommensverhältnisse des Vollstreckungsschuldners ermitteln zu können, ausdrücklich den Finanzbehörden zu. Im Falle der Vollstreckung eines Bußgeldbescheids wird folglich nur das zuständige Hauptzollamt als Vollstreckungsbehörde nach § 249 Abs. 2 S. 1 AO, nicht aber die Anordnungsbehörde berechtigt. Eine unmittelbare Befugnis des Bundeskartellamtes, mithilfe derer sich die Vermögensverhältnisse des Rechtsträgers einer Unternehmensvereinigung ermitteln ließen, könnte konsequenterweise auch bei unterstellter Anwendbarkeit nicht aus § 249 Abs. 2 S. 1 AO abgeleitet werden.

cc) Ergebnis

Das Bundeskartellamt kann die zur Prüfung des (Nicht-)Vorliegens einer Zahlungsunfähigkeit nach § 81b Abs. 1 GWB erforderlichen Informationen somit nicht mithilfe der Ausübung des vollstreckungsrechtlichen Informationsrechts des § 90 Abs. 1 OWiG i. V. m. § 5 VwVG i. V. m. § 249 Abs. 2 S. 1 AO erlangen.

3. Zusammenfassung

Das Bundeskartellamt verfügt nicht über die zur Prüfung des (Nicht-)Vorliegens einer Zahlungsunfähigkeit nach § 81b Abs. 1 GWB erforderlichen Informationen hinsichtlich der Vermögensverhältnisse des Bußgeldschuldners und kann diese auch nicht mittels eines wettbewerbs- oder vollstreckungsrechtlichen Informationsrechts gewinnen.

VIII. Umsetzung der »ECN-Plus«-Richtlinie

Kann die Kartellbehörde die erforderlichen Informationen zur Durchführung einer Liquiditätsprüfung nicht gewinnen, stellt sich die Frage, ob die Vorgaben der »ECN-Plus«-Richtlinie derzeit hinreichend umgesetzt werden. Zweifel bestünden dahingehend, wenn die Mitgliedstaaten durch die »ECN-Plus«-Richtlinie auch dazu verpflichtet werden, sicherzustellen, dass die mitgliedstaatliche Behörde das (Nicht-)Vorliegen einer Zahlungsunfähigkeit – als Voraussetzung der in Art. 14 Abs. 3 und Abs. 4 »ECN-Plus«-Richtlinie vorgezeichneten Befugnisse – eigenständig ermitteln kann.

1. Ausdrückliche Pflicht zur Einführung kartellbehördlicher Ermittlungsbefugnisse nach Art. 8 S. 1 »ECN-Plus«-Richtlinie

Gemäß Art. 8 S. 1 »ECN-Plus«-Richtlinie müssen die Mitgliedstaaten sicherstellen, dass die für Wettbewerb zuständigen nationalen Verwaltungsbehörden[837] zur Anwendung des Art. 101 AEUV die Unternehmen und Unternehmensvereinigungen verpflichten können, alle erforderlichen Informationen zu erteilen. Damit stellt sich die Frage, ob Art. 8 S. 1 »ECN-Plus«-Richtlinie die Schaffung eines Informationsrechts allein zur Ermittlung eines etwaigen Verstoßes gegen Art. 101 AEUV oder auch für die Durchsetzung festgesetzter Geldbußen verlangt. Hinweise hinsichtlich der Reichweite der materiellen Anordnung des Art. 8 S. 1 »ECN-Plus«-Richtlinie ergeben sich womöglich aus Erwägungsgrund Nr. 29 »ECN-Plus«-Richtlinie. Der Erwägungsgrund formuliert, dass »[...] [d]ie für Wettbewerb zuständigen nationalen Verwaltungsbehörden [...] mit wirksamen Untersuchungsbefugnissen ausgestattet sein [sollten], um nach Art. 101 AEUV verbotene

837 Siehe zur Begriffsbestimmung, Art. 2 Abs. 1 Nr. 2 »ECN-Plus«-Richtlinie.

Vereinbarungen, Beschlüsse oder abgestimmte Verhaltensweisen [...] aufzudecken [...]«. Daraus folgt, dass Erwägungsgrund Nr. 29 »ECN-Plus«-Richtlinie besondere Ermittlungsbefugnisse allein für die Aufdeckung einer wettbewerbswidrigen Verhaltensweise fordert. Die Vorgabe des Art. 8 S. 1 »ECN-Plus«-Richtlinie bezieht sich folglich allein auf die Schaffung rechtlicher Instrumentarien zur Ermittlung eines Verstoßes gegen das Wettbewerbsrecht. Dementsprechend folgt aus Art. 8 S. 1 »ECN-Plus«-Richtlinie keine Pflicht zur Normierung eines Informationsrechts für den Fall, dass ein Verstoß bereits aufgedeckt und sanktioniert wurde. Ein ausdrückliches Gebot zur Schaffung einer kartellbehördlichen Ermittlungsbefugnis, mithilfe derer die mitgliedstaatliche Wettbewerbsbehörde die zur Prüfung des (Nicht-)Vorliegens einer Zahlungsunfähigkeit erforderlichen Informationen verlangen kann, lässt sich somit aus Art. 8 S. 1 »ECN-Plus«-Richtlinie nicht ableiten.

2. Sicherstellung der Wirksamkeit des § 81b GWB

Allerdings könnte die Umsetzung des Art. 14 Abs. 3 und Abs. 4 »ECN-Plus«-Richtlinie erfordern, dass die mitgliedstaatlichen Wettbewerbsbehörden zur eigenständigen Prüfung des (Nicht-)Vorliegens einer Zahlungsunfähigkeit befähigt werden. Diesbezüglich ist zu beachten, dass eine Richtlinie im Sinne des Art. 288 Abs. 3 AEUV von den Mitgliedstaaten verlangt, dass diese »[...] im Rahmen ihrer nationalen Rechtsordnung alle erforderlichen Maßnahmen [ergreifen], um die vollständige Wirksamkeit der Richtlinie entsprechend ihrer Zielsetzung zu gewährleisten«.[838] Eine Richtlinie verpflichtet die Mitgliedstaaten infolgedessen nicht nur zur bloßen Übernahme der sekundärrechtlichen Vorgabe in mitgliedstaatliches Recht, sondern darüber hinaus zu ihrer effektiven Durchführung[839]. Inwieweit der deutsche Gesetzgeber verpflichtet wird, das Bundeskartellamt zur eigenständigen Ermittlung des (Nicht-)Vorliegens einer Zahlungsunfähigkeit zu befähigen, hängt somit von dem Zweck der »ECN-Plus«-Richtlinie und speziell der Anordnung des Art. 14 Abs. 3 und Abs. 4 »ECN-Plus«-Richtlinie ab. Aus Art. 1 Abs. 1 und Erwägungsgrund Nr. 1 »ECN-Plus«-Richtlinie

---

838 EuGH, Urteil v. 10.04.1984 – Rs. 14/83, ECLI:EU:C:1984:153, Rn. 15 – »*von Colson und Kamann*«; EuGH, Urteil v. 10.04.1984 – Rs. 79/83, ECLI:EU:C:1984:155, Rn. 15 – »*Harz/Tradax*«; *Biervert*, in: S/B/H/S, EU-Kommentar, Art. 288 AEUV, Rn. 27.

839 *Schroeder*, in: Streinz, EUV/AEUV, Art. 288 AEUV, Rn. 62.

ergibt sich insofern, dass die »ECN-Plus«-Richtlinie darauf abzielt, dass die nationalen Wettbewerbsbehörden über die Befugnisse verfügen, die sie benötigen, um Art. 101 AEUV wirksam anzuwenden. Diese Zielvorgabe wird durch Erwägungsgrund Nr. 5 »ECN-Plus«-Richtlinie dahingehend ergänzt, dass mit der »ECN-Plus«-Richtlinie auch das Problem adressiert werden soll, dass die nationalen Wettbewerbsbehörden regelmäßig nicht über die Befugnisse zur Durchsetzung von Geldbußen verfügen, um die Wettbewerbsregeln der Union wirksam durchzusetzen.[840] In diesem Sinne formuliert Erwägungsgrund Nr. 48 der Richtlinie zur Begründung der sekundärrechtlichen Vorgabe des Art. 14 Abs. 3 und Abs. 4 »ECN-Plus«-Richtlinie, dass im mitgliedstaatlichen Recht die Zahlung einer Geldbuße auch dann gewährleistet werden muss, wenn die bebußte Unternehmensvereinigung selbst zahlungsunfähig ist. Die Wirksamkeit der in Art. 14 Abs. 3 und Abs. 4 »ECN-Plus«-Richtlinie vorgezeichneten Befugnisse hängt allerdings davon ab, dass die jeweilige mitgliedstaatliche Behörde das Vorliegen einer Zahlungsunfähigkeit überhaupt feststellen kann. Im deutschen Recht ist das Bundeskartellamt *de lege lata* mangels Informationsrechts, welches zur eigenständigen Prüfung einer Zahlungsunfähigkeit des Rechtsträgers der Unternehmensvereinigung gemäß § 81b Abs. 1 GWB ausgeübt werden könnte, von der insolvenzgerichtlichen Feststellung der Zahlungsunfähigkeit des Bußgeldschuldners abhängig.[841] Zu einer entsprechenden insolvenzgerichtlichen Entscheidung kommt es aber beispielsweise nicht, wenn der Bußgeldschuldner insolvenzunfähig ist oder vor Eintritt der materiellen Zahlungsunfähigkeit das Insolvenzverfahren über das Vermögen des Bußgeldschuldners bereits wegen drohender Zahlungsunfähigkeit (§ 18 InsO) bzw. Überschuldung (§ 19 InsO) eröffnet wurde. Daneben besteht beispielsweise das Problem, dass das Bundeskartellamt bei einem Abweisungsbeschluss mangels Masse nach § 26 Abs. 1 InsO in aller Regel nicht nachvollziehen kann, ob dem Beschluss die insolvenzgerichtliche Feststellung einer Zahlungsunfähigkeit zugrunde liegt oder nicht.[842] Das bedeutet, dass die Ausübung kartellbehördlicher Befugnisse nach § 81b GWB im Einzelfall trotz Vorliegens einer materiellen Zahlungsunfähigkeit des Bußgeldschuldners ausscheidet, weil die Kartellbehörde nicht zur Feststellung der Tatbestandsvoraussetzung in der Lage ist. Damit ist die Wirksamkeit des

840 Erwägungsgrund Nr. 5 »ECN-Plus«-Richtlinie.
841 Siehe oben, Teil 3, B. IV. 2.
842 Siehe oben, Teil 3, B. VI. 1.

§ 81b GWB entgegen der Zielsetzung der »ECN-Plus«-Richtlinie wesentlich eingeschränkt.

3. Ergebnis

Die effektive Durchführung des Art. 14 Abs. 3 und Abs. 4 »ECN-Plus«-Richtlinie ist derzeit im deutschen Recht nicht sichergestellt.

C. Zusammenfassung

Zusammenfassend ist festzustellen, dass dem Bundeskartellamt die Feststellungskompetenz hinsichtlich des Vorliegens einer Zahlungsunfähigkeit in § 81b Abs. 1 GWB zugewiesen ist, die Kartellbehörde das Vorliegen der Tatbestandsvoraussetzung allerdings nur feststellen kann, wenn über das Vermögen des Bußgeldschuldners ein Insolvenzverfahren wegen Zahlungsunfähigkeit (§ 17 InsO) eröffnet wurde. Mangels eines Informationsrechts, mithilfe dessen die Kartellbehörde die Vermögensverhältnisse des Bußgeldschuldners ermitteln könnte, ist das Bundeskartellamt derzeit nicht in der Lage, die zur Ermittlung des (Nicht-)Vorliegens einer Zahlungsunfähigkeit in § 81b Abs. 1 GWB erforderliche Liquiditätsprüfung eigenständig durchzuführen und infolgedessen das Vorliegen einer Zahlungsunfähigkeit nach § 81b GWB festzustellen. Insoweit ist die Wirksamkeit des § 81b GWB wesentlich beeinträchtigt, sodass die effektive Durchführung des Art. 14 Abs. 3 und Abs. 4 »ECN-Plus«-Richtlinie nicht durch den deutschen Gesetzgeber sichergestellt ist.

Teil 4: Die gerichtliche Kontrolle der kartellbehördlichen Feststellung einer Zahlungsunfähigkeit

Bereits vor Abschluss des Gesetzgebungsverfahrens zur 10. GWB-Novelle wurde ein drohendes Rechtsschutzdefizit ausgemacht, wenn kartellbehördliche Befugnisse nach § 81b Abs. 1-3 GWB angewendet werden.[843] Dementsprechend wurden verfassungsrechtliche Bedenken hinsichtlich der Bußgelddurchsetzung nach § 81b GWB geäußert.[844] Diese Bedenken lassen sich auf den verfassungsrechtlichen Grundsatz der Gesetzmäßigkeit der Verwaltung als Ausprägung des Rechtsstaatsprinzips[845] zurückführen. Die Gesetzmäßigkeit der Verwaltung erfordert unter anderem, dass Eingriffe in subjektive Rechte durch die vollziehende Gewalt gerichtlich kontrollierbar sein müssen.[846] Bei einer möglichen Rechtsverletzung nach Art. 19 Abs. 4 S. 1 GG muss dementsprechend der Zugang zu den Gerichten garantiert sein. Das bedeutet, es muss überhaupt gerichtlicher Rechtsschutz bestehen[847], mithilfe dessen der Einzelne überprüfen lassen kann, ob ihn die Ausübung öffentlicher Gewalt durch die Exekutive in eigenen Rechten verletzt.[848]

Inwiefern die kartellbehördliche Feststellung einer Zahlungsunfähigkeit als Tatbestandsvoraussetzung des § 81b Abs. 1 GWB gerichtlich angegriffen werden kann, ist unklar. Weder die §§ 81 ff. GWB noch die Gesetzesbegründung zu § 81b GWB[849] spezifizieren, ob und mittels welchen Rechtsbe-

843 *Studienvereinigung Kartellrecht*, Stellungnahme »Bußgeldsachen« (abrufbar im Internet: https://t1p.de/e4l8m [Link gekürzt], zuletzt geprüft: 27.01.2025), Rn. 12; *Giese/Heinichen/Janssen/Klumpp/Schelzke u.a.*, NZKart 2020, S. 562, 567.

844 *Giese/Heinichen/Janssen/Klumpp/Schelzke u.a.*, NZKart 2020, S. 562, 567; unter anderem einen Verstoß gegen Art. 20 Abs. 3 GG und gegen Art. 19 Abs. 4 GG ausdrücklich feststellend, *Achenbach*, in: FK-KartellR, Bd. 6 (Dokumentstand: 103. EL, 09.2022), § 81b GWB, Rn. 16.

845 *Jarass*, in: Jarass/Pieroth, GG, Art. 20 GG, Rn. 41.

846 *Herdegen*, in: D/H/S, GG, Bd. 5 (Dokumentstand: 72. EL, 07.2014), Art. 79 GG, Rn. 154.

847 *Epping*, Grundrechte, Rn. 919.

848 *Badura*, Staatsrecht, Kap. H, Rn. 28.

849 Vgl., BReg, Entwurf 10. GWB-Novelle v. 19.10.2020 – BT-Drs. 19/23492, S. 125.

helfs die kartellbehördliche Feststellung gerichtlich kontrollierbar ist.[850] Zu untersuchen ist somit, inwiefern durch die Rechtsordnung ein Rechtsbehelf zur Verfügung gestellt wird, um effektiven Rechtsschutz gegen die kartellbehördliche Feststellung einer Zahlungsunfähigkeit gemäß § 81b Abs. 1 GWB zu gewährleisten.

A. Eingriff in ein subjektives Recht

Im Ausgangspunkt ist zu berücksichtigen, dass Art. 19 Abs. 4 S. 1 GG das Bestehen von hinreichendem Rechtsschutz nur erfordert, wenn ein Grundrechtsträger durch die öffentliche Gewalt gegebenenfalls in eigenen Rechten verletzt ist, das heißt, möglicherweise ein rechtswidriger Eingriff in ein subjektives Recht vorliegt.[851] Damit stellt sich die Frage, inwiefern mit der kartellbehördlichen Feststellung der Zahlungsunfähigkeit ein derartiger Eingriff einhergehen kann und damit überhaupt Rechtsschutz gegen die Annahme der Tatbestandsvoraussetzung in § 81b Abs. 1 GWB zu gewährleisten ist.

I. Kartellbehördliche Feststellung der Zahlungsunfähigkeit

In Betracht käme, dass schon durch die eigentliche kartellbehördliche Feststellung der Tatbestandsvoraussetzung des § 81b Abs. 1 GWB ein möglicherweise rechtswidriger Eingriff in subjektive Rechte begründet wird. Dahingehend stellt sich die Frage, ob die behördliche Feststellung eine derartige Rechtswirkung begründet.

Weder § 81b Abs. 1 GWB noch der zugehörigen Gesetzesbegründung[852] kann eine ausdrückliche Pflicht der Kartellbehörde entnommen werden, den Vertretungspersonen des Rechtsträgers der Unternehmensvereinigung (oder der Unternehmensträger nach § 81b Abs. 2 und Abs. 3 GWB) mitzuteilen, dass die Kartellbehörde das Vorliegen einer Zahlungsunfähigkeit des

---

850 Vgl. generell zu Maßnahmen nach § 81b Abs. 1-3 GWB, *Raum*, in: Bunte, Dt. KartellR, § 81b GWB, Rn. 11; *Vollmer*, in: MüKo-WettbewerbsR, GWB, § 81b GWB, Rn. 10; *Biermann*, in: Immenga/Mestmäcker, GWB, § 81b GWB, Rn. 18.

851 BVerfG, Beschluss v. 22.11.2016 – 1 BvL 6/14, 1 BvL 6/15, 1 BvL 4/15, 1 BvL 3/15, BVerfGE 143, 216, 226, Rn. 23; *Jarass*, in: Jarass/Pieroth, GG, Art. 19 GG, Rn. 40; *Kloepfer*, VerfassungsR, § 74, Rn. 17.

852 Vgl., BReg, Entwurf 10. GWB-Novelle v. 19.10.2020 – BT-Drs. 19/23492, S. 125.

Bußgeldschuldners nach § 81b Abs. 1 GWB annimmt. Infolgedessen wird es sich bei der eigentlichen Feststellung einer Zahlungsunfähigkeit regelmäßig um ein bloßes behördliches Internum handeln, welches – mangels Bekanntgabe – keine Rechtswirkungen gegenüber dem Bußgeldschuldner bzw. den Mitgliedern der Vereinigung auslöst.[853] Mangels Rechtswirkung der kartellbehördlichen Feststellung besteht in diesem Fall folglich kein Bedürfnis, dass Rechtsschutz gegenüber der eigentlichen Feststellung der Zahlungsunfähigkeit nach § 81b Abs. 1 GWB gewährleistet wird.

II. Kartellbehördliche Aufforderung nach § 81b Abs. 1 GWB

Das Gebot des Art. 19 Abs. 4 S. 1 GG könnte allerdings erfordern, dass effektiver Rechtsschutz gegenüber einer kartellbehördlichen Aufforderung nach § 81b Abs. 1 GWB gewährleistet wird, die ihrerseits eine kartellbehördlichen Feststellung der Zahlungsunfähigkeit des Bußgeldschuldners voraussetzt.

Mit der kartellbehördlichen Aufforderung nach § 81b Abs. 1 GWB wird gegenüber den vertretungsberechtigten Personen des Rechtsträgers der Unternehmensvereinigung im Rahmen einer gesonderten Entscheidung[854] das Gebot formuliert, von den Mitgliedern der Vereinigung die Zahlung von Deckungsbeiträgen zu verlangen.[855] Die kartellbehördliche Aufforderung gemäß § 81b Abs. 1 GWB könnte somit zumindest eine mögliche Verletzung der allgemeinen Handlungsfreiheit (Art. 2 Abs. 1 GG) des Rechtsträgers der Unternehmensvereinigung begründen. Art. 2 Abs. 1 GG ist auf juristische Personen gemäß Art. 19 Abs. 3 GG, das heißt grundsätzlich auf sämtliche Organisationsgebilde anwendbar, die in umfänglicher Weise Zu-

---

853 Vgl. zum Verwaltungsakt, *Schoch*, JURA 2011, S. 23, der darauf verweist, dass es einen unverzichtbaren rechtsstaatlichen Standard des Verwaltungsrechts darstellt, dass ein Hoheitsakt nur dann Rechtswirkung gegenüber einem Einzelnen entfaltet, wenn diesem der Hoheitsakt bekannt gegeben wurde; ähnlich, *Stelkens*, in: Stelkens/Bonk/Sachs, § 41 VwVfG, Rn. 2.

854 *Vollmer*, in: MüKo-WettbewerbsR, GWB, § 81b GWB, Rn. 10; vgl. zu Art. 23 Abs. 4 VO 1/2003, *Bronett*, EU-KartellverfahrensR, Art. 23 VO 1/2003, Rn. 31; *Feddersen*, in: D/F/M, KartellverfahrensVO, Art. 23 VO 1/2003, Rn. 86; zweifelnd, *Schneider/Engelsing*, in: MüKo-EU-WettbewerbsR, Art. 23 VO 1/2003, Rn. 77, welche aber unabhängig von einer derartigen Entscheidung eine gerichtliche Überprüfbarkeit annehmen.

855 Siehe oben, Teil 2, D. II. 2. b) aa).

ordnungssubjekt von Rechtsnormen sein können[856]. Sachlich wird durch Art. 2 Abs. 1 GG die allgemeine Handlungsfreiheit im umfassenden Sinne geschützt.[857] Da die Rechtswidrigkeit der kartellbehördlichen Aufforderung gemäß § 81b Abs. 1 GWB und damit eine Verletzung der allgemeinen Handlungsfreiheit des Rechtsträgers der Unternehmensvereinigung (Art. 2 Abs. 1 GG i. V. m. Art. 19 Abs. 3 GG) nicht von vornherein ausgeschlossen werden kann[858], ist in der kartellbehördlichen Aufforderung eine mögliche Verletzung in subjektiven Rechten des Rechtsträgers der Unternehmensvereinigung zu sehen.

Das hat zur Folge, dass gemäß Art. 19 Abs. 4 S. 1 GG die Aufforderung nach § 81b Abs. 1 GWB und damit die kartellbehördliche Feststellung des Vorliegens einer Zahlungsunfähigkeit des Bußgeldschuldners gerichtlich kontrollierbar sein muss.[859]

III. Inanspruchnahme von Unternehmensträgern gemäß § 81b Abs. 2 oder Abs. 3 GWB

Ähnliches könnte hinsichtlich einer Inanspruchnahme von Unternehmensträgern nach § 81b Abs. 2 oder Abs. 3 GWB gelten. Eine Inanspruchnahme nach § 81b Abs. 2 oder Abs. 3 GWB hat einen Eingriff in das Vermögen der Unternehmensträger und damit eine belastende hoheitliche Maßnahme zum Gegenstand, die zumindest einen Eingriff in Art. 14 Abs. 1 S. 1 GG und Art. 2 Abs. 1 GG i. V. m. Art. 19 Abs. 3 GG begründen kann. Da die Rechtswidrigkeit einer Inanspruchnahme nach § 81b Abs. 2 oder Abs. 3 GWB nicht von vornherein ausgeschlossen werden kann, wird der adressierte Unternehmensträger durch eine entsprechende Maßnahme gegebenenfalls

---

856 *Remmert*, in: D/H/S, GG, Bd. 3 (Dokumentstand: 55. EL, 04.2024), Art. 19 Abs. 3 GG, Rn. 37 m. w. N.; *Enders*, in: BeckOK-GG (Stand: 15.09.2024), Art. 19 GG, Rn. 35.

857 BVerfG, Beschluss v. 16.01.1957 – 1 BvR 253/56, BVerfGE 6, 32, 36 f. – »*Elfes*«; *Di Fabio*, in: D/H/S, GG, Bd. 1 (Dokumentstand: 39. EL, 07.2001), Art. 2 Abs. 1 GG, Rn. 12.

858 Vgl. zur sogenannten Adressatentheorie im Rahmen des § 42 Abs. 2 VwGO etwa, BVerwG, Beschluss v. 19.07.2010 – 6 B 20/10, NVwZ 2011, 372, Rn. 16; BVerwG, Beschluss v. 21.08.2003 – 3 C 15/03, NJW 2004, 698; *Detterbeck*, Verwaltungsrecht, Rn. 1352.

859 Vgl., *Achenbach*, in: FK-KartellR, Bd. 6 (Dokumentstand: 103. EL, 09.2022), § 81b GWB, Rn. 16, welcher in § 81b GWB sogar einen Verstoß gegen Art. 19 Abs. 4 GG sieht.

in eigenen Rechten verletzt. Art. 19 Abs. 4 S. 1 GG erfordert insoweit, dass die Inanspruchnahme eines Unternehmensträgers nach § 81b Abs. 2 und Abs. 3 GWB gerichtlich angegriffen werden kann und damit auch Rechtschutz hinsichtlich der kartellbehördlich festgestellten Zahlungsunfähigkeit sichergestellt sein muss.[860]

IV. Ergebnis

Aus Art. 19 Abs. 4 S. 1 GG ergibt sich, dass kartellbehördliche Maßnahmen nach § 81b Abs. 1-3 GWB, welche das tatsächliche Vorliegen der kartellbehördlich festgestellten Zahlungsunfähigkeit voraussetzen, gerichtlich kontrollierbar sein müssen.

B. Statthafter Rechtsbehelf

Damit drängt sich die Frage auf, wie kartellbehördliche Maßnahmen nach § 81b Abs. 1-3 GWB und damit die Feststellung der Zahlungsunfähigkeit in § 81b Abs. 1 GWB gerichtlich angegriffen werden können. Ein spezieller Rechtsbehelf zur Kontrolle kartellbehördlicher Maßnahmen nach § 81b Abs. 1-3 GWB wurde im Zuge der 10. GWB-Novelle nicht normiert. Ob ein statthafter Rechtsbehelf besteht, ist folglich in Anbetracht der im Ordnungswidrigkeiten- und Wettbewerbsrecht allgemein normierten Rechtsbehelfe zu klären.

I. Einspruch gemäß §§ 67 ff. OWiG

Das Ordnungswidrigkeitenrecht normiert in §§ 67 ff. OWiG den Rechtsbehelf des Einspruchs und damit verbundene Verfahrensregeln. Der Statthaftigkeit des Einspruchs gegen kartellbehördliche Maßnahmen gemäß § 81b Abs. 1-3 GWB könnte jedoch bereits entgegenstehen, dass der Einspruch nach dem Wortlaut des § 67 Abs. 1 S. 1 OWiG nur gegen den Bußgeldbe-

860 Vgl. allgemein zur prozessualen Rügefähigkeit möglicherweise rechtswidriger Eingriffe in subjektive Rechte, *Di Fabio*, in: D/H/S, GG, Bd. 1 (Dokumentstand: 39. EL, 07.2001), Art. 2 Abs. 1 GG, Rn. 12.

scheid (§ 65 OWiG)[861] eingelegt werden kann. Insofern stellt der Einspruch einen Rechtsbehelf eigener Art[862] dar, welcher auf die tatsächliche und rechtliche Neubewertung des zur Bußgeldentscheidung führenden Sachverhalts[863] abzielt. Die in § 81b GWB normierten kartellbehördlichen Befugnisse werden allerdings erst auf Grundlage einer bereits erfolgten Bußgeldfestsetzung ausgelöst. Daraus folgt, dass die Ausübung kartellbehördlicher Maßnahmen nach § 81b GWB der Bußgeldentscheidung notwendigerweise zeitlich nachgelagert ist. Der Einspruch gemäß §§ 67 ff. OWiG bildet demgemäß keinen statthaften Rechtsbehelf, um eine gerichtliche Überprüfung kartellbehördlicher Maßnahmen gemäß § 81b Abs. 1-3 GWB herbeizuführen.

II. Beschwerde gegen eine Verfügung der Kartellbehörde gemäß § 73 Abs. 1 S. 1 GWB

Nach § 73 Abs. 1 S. 1 GWB ist »[g]egen Verfügungen der Kartellbehörde die Beschwerde zulässig«. Mit Blick auf den offen gehaltenen Wortlaut des § 73 Abs. 1 S. 1 GWB, könnte die Beschwerde insofern einen statthaften Rechtsbehelf begründen, mithilfe dessen ein kartellbehördliches Vorgehen nach § 81b Abs. 1-3 GWB und damit auch die zugrunde gelegte, festgestellte Zahlungsunfähigkeit gerichtlich angegriffen werden kann.[864]

Die Statthaftigkeit der Beschwerde ist davon abhängig, ob die Aufforderung gemäß § 81b Abs. 1 GWB oder die Inanspruchnahme von Unternehmensträgern gemäß § 81b Abs. 2 oder Abs. 3 GWB Verfügungen nach § 73 Abs. 1 S. 1 GWB darstellen. Der in § 73 Abs. 1 S. 1 GWB normierte Begriff der Verfügung deckt sich mit dem Begriff des Verwaltungsaktes in § 35 VwVfG.[865] Eine Verfügung gemäß § 73 Abs. 1 S. 1 GWB setzt dementsprechend voraus, dass eine verfahrens- oder materiellrechtliche Regelung

861 *Gertler*, in: BeckOK-OWiG (Stand: 01.10.2024), § 67 OWiG, Rn. 4.

862 OLG Düsseldorf, Beschluss v. 17.08.1999 – 5 Ss (OWi) 339/98 (OWi) 156/98 I, NStZ 2000, S. 42, 43; *Ellbogen*, in: KarlsK-OWiG, § 67 OWiG, Rn. 1.

863 *Klusmann*, in: Wiedemann, Hdb KartellR, § 58, Rn. 2.

864 Die Beschwerde nach § 73 Abs. 1 S. 1 GWB als statthaften Rechtsbehelf zur gerichtlichen Kontrolle einer Inanspruchnahme nach § 81b Abs. 2 und Abs. 3 GWB erachtend, *Bechtold/Bosch*, GWB, § 81b GWB, Rn. 7.

865 BGH, Beschluss v. 19.06.2007 – KVR 17/06, BGHZ 172, 368, 375, Rn. 22 – *»Auskunftsverlangen I«*; *Lembach*, in: Bunte, Dt. KartellR, § 73 GWB, Rn. 11; *Grave/dos Santos Goncalves*, in: Berg/Mäsch, KartellR, § 73 GWB, Rn. 7; *Meyer-Lindemann*, in: FK-KartellR, Bd. 6 (Dokumentstand: 100. EL, 11.2021), § 73 GWB, Rn. 22; *K.*

getroffen wird, die auf eine unmittelbare Rechtswirkung gerichtet ist[866] und nach ihrem objektiven Erklärungswert einen Einzelfall regelt.[867] Zu prüfen ist folglich, ob die Maßnahmen des § 81b Abs. 1-3 GWB diese Voraussetzungen des Begriffs der Verfügung gemäß § 73 Abs. 1 S. 1 GWB erfüllen. Fordert das Bundeskartellamt gemäß § 81b Abs. 1 GWB die Vertretungspersonen des Rechtsträgers der Unternehmensvereinigung auf, Deckungsbeiträge zur Befriedigung der Bußgeldforderung innerhalb einer angemessenen Frist zu verlangen, setzt die Kartellbehörde im Einzelfall eine Regelung, die auf eine unmittelbare Rechtswirkung ausgerichtet ist. Ein Verlangen nach § 81b Abs. 2 oder Abs. 3 GWB hat zum Gegenstand, dass der adressierte Unternehmensträger eine Zahlung zur Sicherstellung der Bußgeldzahlung leisten soll. Somit wird durch die Kartellbehörde sowohl durch die Aufforderung nach § 81b Abs. 1 GWB als auch mittels Inanspruchnahme nach § 81b Abs. 2 oder Abs. 3 GWB eine Regelung getroffen, welche auf eine unmittelbare Rechtswirkung gerichtet ist. Infolgedessen liegen in beiden Fällen die Voraussetzungen des Begriffs des Verwaltungsaktes im Sinne des § 35 VwVfG und damit zugleich des Begriffs der Verfügung gemäß § 73 Abs. 1 S. 1 GWB vor.

Gegen die Statthaftigkeit der Beschwerde gemäß § 73 Abs. 1 S. 1 GWB gegenüber kartellbehördlichen Maßnahmen nach § 81b Abs. 1-3 GWB könnte allerdings die systematische Stellung des § 73 Abs. 1 S. 1 GWB sprechen. Der in § 73 Abs. 1 S. 1 GWB normierte Rechtsbehelf ist in Teil 3 (»Verfahren«), Kapitel 1 (»Verwaltungssachen«) verortet. Aus dieser systematischen Stellung ergibt sich, dass § 73 Abs. 1 S. 1 GWB allein einen Rechtsbehelf gegen Verfügungen der Kartellbehörden in Verwaltungssachen, das heißt auf dem Gebiet des Kartellverwaltungsrechts[868] begründet.[869] Zumindest für die im Rahmen des Bußgeldverfahrens getroffenen Maßnahmen wird dementsprechend angenommen, dass diese nicht der Anfechtungsbeschwerde gemäß

Schmidt/Wirtz, in: Immenga/Mestmäcker, GWB, § 73 GWB, Rn. 15; zu § 63 GWB a. F. etwa, *Kühnen*, in: L/M/R/K/M, KartellR, § 63 GWB a. F., Rn. 10.

866 BGH, Beschluss v. 19.06.2007 – KVR 17/06, BGHZ 172, 368, 375, Rn. 22 – *»Auskunftsverlangen I«*.

867 *Grave/dos Santos Goncalves*, in: Berg/Mäsch, KartellR, § 73 GWB, Rn. 7.

868 *Meyer-Lindemann*, in: FK-KartellR, Bd. 6 (Dokumentstand: 100. EL, 11.2021), § 73 GWB, Rn. 22; zu § 63 GWB a. F., *Kühnen*, in: L/M/R/K/M, KartellR, § 63 GWB, Rn. 1.

869 *Meyer-Lindemann*, in: FK-KartellR, Bd. 6 (Dokumentstand: 100. EL, 11.2021), § 73 GWB, Rn. 1; *K. Schmidt/Wirtz*, in: Immenga/Mestmäcker, GWB, § 73 GWB, Rn. 1.

§ 73 Abs. 1 S. 1 GWB unterliegen.[870] Damit ist allerdings noch nicht geklärt, ob eine Beschwerde gegen Maßnahmen nach § 81b Abs. 1-3 GWB statthaft ist. Dahingehend ist zu berücksichtigen, dass eine Anwendung des § 81b GWB erst nach Abschluss des Bußgeldverfahrens, namentlich nach Festsetzung einer Geldbuße, möglich ist, sodass kartellbehördliche Maßnahmen nach § 81b Abs. 1-3 GWB nicht als Maßnahmen im Rahmen des Bußgeldverfahrens einzuordnen sind. Aus der Normierung des § 81b GWB im Kapitel 2 »Bußgeldsachen« ergibt sich jedoch, dass es sich bei der Ausübung von Befugnissen nach § 81b Abs. 1-3 GWB um *bußgeldrechtliche* Maßnahmen handelt. Diese Maßnahmen stehen zudem in einem engen Zusammenhang zu einer gemäß §§ 81 Abs. 1 Nr. 1 Var. 2, 81c Abs. 4 GWB i. V. m. § 30 OWiG festgesetzten Geldbuße.[871] Daraus folgt, dass die Kartellbehörde im Falle der Durchsetzung einer Geldbuße gemäß § 81b GWB nicht auf dem Gebiet des Kartellverwaltungsrechts tätig wird. Bei kartellbehördlichen Maßnahmen gemäß § 81b Abs. 1-3 GWB handelt es sich dementsprechend nicht um kartellverwaltungsrechtliche Verfügungen, welche mit dem Rechtsbehelf der Beschwerde gemäß § 73 Abs. 1 GWB angegriffen werden könnten.[872]

Somit ist die Beschwerde (§ 73 Abs. 1 GWB) nicht statthaft, um kartellbehördliche Maßnahmen gemäß § 81b Abs. 1-3 GWB und damit die kartellbehördliche Feststellung der Zahlungsunfähigkeit des Rechtsträgers der Unternehmensvereinigung gerichtlich anzugreifen.

III. Einwendung gemäß § 103 Abs. 1 Nr. 1 oder Nr. 3 OWiG

Als statthafter Rechtsbehelf[873] käme außerdem die Einwendung des § 103 Abs. 1 Nr. 1 oder des § 103 Abs. 1 Nr. 3 OWiG in Betracht.[874] Nach § 103

870 BGH, Beschluss v. 15.12.1960 – KVR 1/60, BGHZ 34, 42, 46 f.; *Lembach*, in: Bunte, Dt. KartellR, § 73 GWB, Rn. 15.

871 Siehe oben, Teil 2, B. II.

872 A. A. zu Maßnahmen nach § 81b Abs. 2 und Abs. 3 GWB, *Bechtold/Bosch*, GWB, § 81b GWB, Rn. 7.

873 Die Begründung eines besonderen Rechtsbehelfs durch § 103 Abs. 1 OWiG annehmend, *Mitsch*, in: KarlsK-OWiG, § 103 OWiG, Rn. 1; *Gassner*, in: Gassner/Seith, OWiG, § 103 OWiG, Rn. 1; *Reichert*, in: R/R/H, OWiG, Bd. 2 (Dokumentstand: 12. EL), § 103 OWiG, Rn. 1; a. A., *Müller*, OWiG, § 103 OWiG, Rn. 1, der davon ausgeht, dass § 103 Abs. 1 OWiG keinen Rechtsbehelf schafft, sondern die Zulässigkeit der Einwendung voraussetzt.

874 Die Statthaftigkeit der Rechtsbehelfe des §§ 103, 104 OWiG annehmend, *Vollmer*, in: MüKo-WettbewerbsR, GWB, § 81b GWB, Rn. 10 und § 86 GWB, Rn. 6; § 103

Abs. 1 Nr. 1 OWiG ist eine Einwendung gegen die Zulässigkeit der Vollstreckung, das heißt gegen das »Ob«[875] der Vollstreckung, statthaft. Dieser Rechtsbehelf betrifft damit den Fortbestand des Vollstreckungsverfahrens.[876] In Abgrenzung dazu richtet sich die Einwendung des § 103 Abs. 1 Nr. 3 OWiG gegen »[...] die sonst bei der Vollstreckung eines Bußgeldbescheids getroffenen Maßnahmen [...]« und damit gegen die Art und Weise, das bedeutet das »Wie« der Vollstreckung.[877]

Wird die Durchsetzung der Geldbuße mittels kartellbehördlicher Maßnahmen gemäß § 81b Abs. 1-3 GWB vorangetrieben, kann unter Umständen mithilfe einer Einwendung gemäß § 103 Abs. 1 Nr. 1 OWiG die fehlende Zulässigkeit mangels Vorliegens einer Zahlungsunfähigkeit des Rechtsträgers der Unternehmensvereinigung beanstandet werden. Alternativ könnte die Ausübung von Befugnissen gemäß § 81b Abs. 1-3 GWB durch die Kartellbehörde eine sonstige Maßnahme darstellen, die mittels einer Einwendung gemäß § 103 Abs. 1 Nr. 3 OWiG gerichtlich angegriffen werden kann.[878] In beiden Fällen wäre jedoch erforderlich, dass die Bußgelddurchsetzung nach § 81b GWB als verwaltungsrechtliche Vollstreckung[879] eingeordnet wird. Wie dargelegt[880], ist § 81b GWB nicht als Vollstreckungsrecht zu qualifizieren.[881] Die kartellbehördlichen Maßnahmen nach § 81b Abs. 1-3 GWB können folglich nicht als Vollstreckungsmaßnahmen begriffen werden. Dementsprechend ist sowohl die Einwendung des § 103 Abs. 1 Nr. 1 OWiG, welche sich gegen die Zulässigkeit der Vollstreckung richtet, als auch § 103 Abs. 1 Nr. 3 OWiG, der sonstige im Rahmen der Vollstreckung getroffene Maßnahmen betrifft, nicht statthaft. Eine gerichtliche Überprüfung der kartellbehördlich festgestellten Zahlungsunfähigkeit gemäß § 81b Abs. 1 GWB als Grundlage der Ausübung der in § 81b Abs. 1-3 GWB nor-

---

Abs. 1 Nr. 3 GWB als sachnächsten Rechtsbehelf einordnend, *Raum*, in: Bunte, Dt. KartellR, § 81b GWB, Rn. 11; vorsichtig, *Biermann*, in: Immenga/Mestmäcker, GWB, § 81b GWB, Rn. 18.

875 *Mitsch*, in: KarlsK-OWiG, § 103 OWiG, Rn. 5.

876 *Bauer*, in: Göhler, OWiG, § 103 OWiG, Rn. 3.

877 *Nestler*, in: BeckOK-OWiG (Stand: 01.07.2024), § 103 OWiG, Rn. 10; *Labi*, in: Labi, OK-OWiG (Dokumentstand: 18.10.2021), § 103 OWiG, Rn. 3.

878 Die Statthaftigkeit des § 103 Abs. 1 Nr. 3 OWiG annehmend, *Raum*, in: Bunte, Dt. KartellR, § 81b GWB, Rn. 11.

879 *Mitsch*, in: KarlsK-OWiG, § 103 OWiG, Rn. 1.

880 Siehe oben, Teil 3, VII. 2. d) aa).

881 A. A. wohl, *Bechtold/Bosch*, GWB, § 81b GWB, Rn. 7, die zumindest für § 81b Abs. 2 und Abs. 3 GWB das Erfordernis einer »Vollstreckungsgrundlage« zugrunde legen.

mierten Befugnisse kann folglich nicht mithilfe einer Einwendung gemäß § 103 Abs. 1 Nr. 1 oder Nr. 3 OWiG erreicht werden.

IV. Analoge Anwendung des § 103 Abs. 1 Nr. 1 oder Nr. 3 OWiG

Aufgrund der gleichwohl bestehenden Sachnähe[882] des § 81b GWB zum Vollstreckungsrecht könnte eine Rechtsfortbildung im Zuge einer analogen Anwendung des § 103 Abs. 1 Nr. 1 OWiG oder des § 103 Abs. 1 Nr. 3 OWiG dergestalt geboten sein, dass kartellbehördliche Maßnahmen nach § 81b Abs. 1-3 GWB und damit die zugrundeliegende Feststellung einer Zahlungsunfähigkeit gemäß § 81b Abs. 1 GWB mittels einer Einwendung gerichtlich angegriffen werden können.

1. Normativer Anknüpfungspunkt der Analogiebildung

Im Ausgangspunkt ist zu bestimmen, ob § 103 Abs. 1 Nr. 1 oder Nr. 3 OWiG den normativen Anknüpfungspunkt einer gegebenenfalls gebotenen Analogiebildung begründet. Damit kommt es darauf an, ob mit dem Rechtsbehelf das »Ob« oder das »Wie« einer Bußgelddurchsetzung nach § 81b GWB angegriffen werden soll, wenn das Nichtvorliegen der kartellbehördlich festgestellten Zahlungsunfähigkeit beanstandet wird. Das hängt davon ab, inwieweit das Vorliegen einer Zahlungsunfähigkeit allein zur Unzulässigkeit einzelner Maßnahmen gemäß § 81b Abs. 1-3 GWB oder insgesamt zur Unanwendbarkeit des § 81b GWB führt. Dahingehend ist zu beachten, dass das Vorliegen der Zahlungsunfähigkeit Voraussetzung der Ausübung von Befugnissen nach § 81b Abs. 1-3 GWB ist. Das bedeutet, dass eine Bußgelddurchsetzung nach § 81b GWB unzulässig ist, wenn eine Zahlungsunfähigkeit des Bußgeldschuldners nicht vorliegt. Wird mittels Rechtsbehelfs die kartellbehördliche Feststellung der Zahlungsunfähigkeit angegriffen, hat das Gericht dementsprechend zu prüfen, ob § 81b GWB überhaupt anwendbar ist. Damit hat das Gericht nicht isoliert über die Rechtmäßigkeit einzelner Maßnahmen, sondern allgemein über die Rechtmäßigkeit der Bußgelddurchsetzung gemäß § 81b GWB zu entscheiden. Die gerichtliche Entscheidung betrifft demzufolge nicht das »Wie«, sondern das »Ob« der Anwendbarkeit kartellbehördlicher Befugnisse nach § 81b GWB. Demzufol-

882 Siehe oben, Teil 3, VII. 2. d) aa) (c).

ge begründet § 103 Abs. 1 Nr. 1 OWiG den normativen Anknüpfungspunkt einer Analogiebildung, wenn mithilfe des Rechtsbehelfs das Nichtvorliegen der Zahlungsunfähigkeit nach § 81b Abs. 1 GWB und damit die fehlende Anwendbarkeit des § 81b GWB geltend gemacht wird.

2. Voraussetzungen der analogen Anwendung des § 103 Abs. 1 Nr. 1 OWiG

Die analoge Anwendung des § 103 Abs. 1 Nr. 1 OWiG setzt voraus, dass eine planwidrige Regelungslücke festgestellt werden kann und eine vergleichbare Interessenlage zwischen dem von § 103 Abs. 1 Nr. 1 OWiG geregelten Fall und dem Problemfall[883] besteht.[884] Eine Regelungslücke könnte sich insofern daraus ergeben, dass § 103 Abs. 1 Nr. 1 OWiG nach dessen Wortlaut auf Einwendungen gegen die Zulässigkeit der Vollstreckung beschränkt ist. Eine Einwendung gegen die Zulässigkeit der Durchsetzung einer ordnungswidrigkeitenrechtlichen Geldbuße außerhalb des Verwaltungsvollstreckungsrechts wird durch das Ordnungswidrigkeitenrecht dagegen nicht normiert. Mangels anderweitiger Anhaltspunkte[885], ist davon auszugehen, dass es sich hierbei nicht um eine bewusste gesetzgeberische Entscheidung handelt, sodass eine planwidrige Regelungslücke vorliegt. Die für die Analogiebildung erforderliche vergleichbare Interessenlage in Gestalt einer Ähnlichkeit zwischen dem von § 103 Abs. 1 Nr. 1 OWiG geregelten und dem vorliegenden Fall erfordert, dass die beiden Sachverhalte zwar in einigen Punkten übereinstimmen, aber nicht »gleich« sind.[886] Anknüpfungspunkt der Beurteilung einer vergleichbaren Interessenlage ist der Zweck des § 103 Abs. 1 Nr. 1 OWiG. Die Regelung normiert einen besonderen Rechtsbehelf für das Vollstreckungsverfahren.[887] Gemäß § 103 Abs. 1 Nr. 1 OWiG soll es dem Vollstreckungsschuldner insoweit möglich sein, die fehlende Zulässigkeit der Vollstreckung zu rügen. Es wird somit ein Rechtsbehelf begründet, mithilfe dessen die Zulässigkeit der Vollstreckung gerichtlich überprüft werden können soll. Der Grund, weshalb § 103

883 *Bydlinski*, Methodenlehre, S. 91; *Larenz/Canaris*, Methodenlehre, S. 202.

884 Allgemein, etwa, *Würdinger*, AcP, Bd. 206 (2006), S. 946, 949; *Würdinger*, in: FS Roth, S. 144.

885 Vgl. zu § 91 OWiG, a. F., BT, Entwurf eines Gesetzes über Ordnungswidrigkeiten v. 08.01.1967 – BT-Drs. V/1269, S. 123.

886 Allgemein, *Larenz/Canaris*, Methodenlehre, S. 202.

887 *Nordhues*, in: PDK Bu A-20 (Dokumentstand: 12.2023), § 103 OWiG, Vorb.; *Gassner*, in: Gassner/Seith, OWiG, § 103 OWiG, Rn. 1.

Abs. 1 Nr. 1 OWiG nicht in direkter Anwendung als Rechtsbehelf gegen eine kartellbehördliche Maßnahme nach § 81b Abs. 1-3 GWB und damit gegen die kartellbehördliche Feststellung einer Zahlungsunfähigkeit herangezogen werden kann, ist allein in dem Umstand zu sehen, dass § 81b GWB nicht als Vollstreckungsrecht gemäß § 103 Abs. 1 Nr. 1 OWiG einzuordnen ist. Jedoch dienen sowohl das verwaltungsrechtliche Einzelzwangsvollstreckungsrecht als auch § 81b GWB der Durchsetzung einer kartellbehördlich getroffenen Bußgeldentscheidung. Aufgrund der Ähnlichkeit zwischen der nicht anwendbaren Regelung des § 103 Abs. 1 Nr. 1 OWiG und dem Problemfall, scheint es, als ob der Gesetzgeber, würde er im Rahmen einer Interessenabwägung dieselben Erwägungen, die er bei der Normierung des § 103 Abs. 1 Nr. 1 OWiG zugrunde gelegt hat, mit Blick auf kartellbehördliche Maßnahmen gemäß § 81b Abs. 1-3 GWB anstellen, die Regelung des § 103 Abs. 1 Nr. 1 OWiG entsprechend erweitern.[888] Damit ist das Vorliegen einer vergleichbaren Interessenlage anzunehmen. Sämtliche Voraussetzungen sind demzufolge erfüllt, sodass die Einwendung des § 103 Abs. 1 Nr. 1 OWiG analoge Anwendung findet.

V. Ergebnis

Die analoge Anwendung des § 103 Abs. 1 Nr. 1 OWiG hat zur Folge, dass die kartellbehördliche Feststellung einer Zahlungsunfähigkeit nach § 81b Abs. 1 GWB mittels einer Einwendung gegen kartellbehördliche Maßnahmen nach § 81b Abs. 1-3 GWB gerichtlich angegriffen werden kann.

C. Verfahren

Welche verfahrensrechtlichen Regelungen gelten, wenn eine kartellbehördliche Maßnahme nach § 81b Abs. 1-3 GWB angegriffen wird, ist damit allerdings noch nicht geklärt. Die §§ 81 ff. GWB normieren keine verfahrensrechtlichen Vorgaben zum Rechtsschutz gegen ein kartellbehördliches Vorgehen nach § 81b Abs. 1-3 GWB. Allerdings ist zu beachten, dass mit der Feststellung einer analogen Anwendbarkeit des § 103 Abs. 1 Nr. 1 OWiG die Annahme einhergeht, dass eine Gleichbehandlung dergestalt geboten

888 Vgl. zum anzulegenden Maßstab, BGH, Urteil v. 16.07.2003 – VIII ZR 274/02, NJW 2003, S. 2601, 2603; BGH, Urteil v. 13.03.2003 – I ZR 290/00, NJW 2003, S. 1932, 1933; *Würdinger*, AcP, Bd. 206 (2006), S. 946, 949.

ist, dass die im Gesetz vorgesehene Regelung des Rechtsschutzes gegen die Zulässigkeit der Vollstreckung auf den Fall des Rechtsschutzes gegen kartellbehördliche Maßnahmen nach § 81b Abs. 1-3 GWB zu erweitern ist. Die normative Anknüpfung der Analogiebildung an § 103 Abs. 1 Nr. 1 OWiG führt dementsprechend dazu, dass der verfahrensrechtliche Rahmen der Erhebung einer Einwendung gegen kartellbehördliche Maßnahmen nach § 81b Abs. 1-3 GWB durch die verfahrensrechtlichen Vorgaben vorgezeichnet wird, welche an die Erhebung einer Einwendung nach § 103 Abs. 1 Nr. 1 OWiG gestellt werden.

I. Berechtigung zur Einwendung analog § 103 Abs. 1 Nr. 1 OWiG

Für die Bestimmung der Einwendungsberechtigung gegen kartellbehördliche Maßnahmen nach § 81b Abs. 1-3 GWB kommt es infolgedessen darauf an, wer zur Einwendung gegen die Zulässigkeit der Vollstreckung gemäß § 103 Abs. 1 Nr. 1 OWiG berechtigt wird. Einwendungsberechtigt nach § 103 Abs. 1 Nr. 1 OWiG ist jeder, der geltend machen kann, möglicherweise durch die Vollstreckung in eigenen Rechten verletzt zu sein.[889] Daneben werden der Verteidiger und sonstige Bevollmächtigte des Betroffenen berechtigt.[890] Übertragen auf die Erhebung einer Einwendung gegen kartellbehördliche Maßnahmen nach § 81b Abs. 1-3 GWB ist Einwendungsberechtigter analog § 103 Abs. 1 Nr. 1 OWiG insbesondere derjenige, der durch das kartellbehördliche Vorgehen möglicherweise in eigenen Rechten verletzt ist. Insoweit stellt sich die Frage, wer Betroffener von Maßnahmen nach § 81b Abs. 1-3 GWB sein kann. Werden die (passiv-)vertretungsberechtigten Personen des Bußgeldschuldners nach § 81b Abs. 1 GWB zu einem Verlangen von Deckungsbeiträgen aufgefordert, ist der Rechtsträger möglicherweise in eigenen Rechten verletzt und damit Betroffener. Parallel dazu droht eine Verletzung in eigenen Rechten der in Anspruch genommenen Unternehmensträger, wenn die Geldbuße nach § 81b Abs. 2 bzw. Abs. 3 GWB durchgesetzt wird, sodass auch jene Rechtsträger betroffen und damit einwendungsberechtigt sind.

Unklarheiten bestehen allerdings dahingehend, ob die Mitglieder der Vereinigung gegebenenfalls infolge einer kartellbehördlichen Aufforderung

889 *Gassner*, in: Gassner/Seith, OWiG, § 103 OWiG, Rn. 8; siehe im Einzelnen, *Mitsch*, in: KarlsK-OWiG, § 13 OWiG, Rn. 13.
890 *Mitsch*, in: KarlsK-OWiG, § 103 OWiG, Rn. 13.

nach § 81b Abs. 1 GWB als Betroffene einzuordnen sind und damit zur Einwendung berechtigt werden. Für eine Betroffenheit der Mitglieder könnte insoweit sprechen, dass eine kartellbehördliche Aufforderung nach § 81b Abs. 1 GWB darauf abzielt, dass die Mitglieder das Vermögen des Bußgeldschuldners durch die Zahlung von Deckungsbeiträgen aufstocken. Eine Betroffenheit der Mitglieder läge allerdings nur vor, wenn die Mitglieder durch das kartellbehördliche Verlangen in eigenen Rechten verletzt werden könnten. Gegen die Möglichkeit einer Rechtsverletzung spricht jedoch, dass das kartellbehördliche Verlangen nicht an die Mitglieder gerichtet ist und eine Pflicht zur Leistung von Deckungsbeiträgen allenfalls aus einer entsprechenden Regelung im Organisationsakt der Unternehmensvereinigung oder einer Nebenabrede[891], nicht aber aus dem eigentlichen kartellbehördlichen Verlangen, resultieren kann. Daraus folgt, dass die Mitglieder nicht als Betroffene einer kartellbehördlichen Maßnahme nach § 81b Abs. 1 GWB einzuordnen sind. Konsequenterweise sind die Mitglieder nicht zur Einwendung gegenüber einer kartellbehördlichen Aufforderung gemäß § 81b Abs. 1 GWB berechtigt.

II. Frist und Form

Ein Frist- bzw. Formerfordernis wird für Einwendungen gegen die Zulässigkeit der Vollstreckung (§ 103 Abs. 1 Nr. 1 OWiG) nicht gesetzlich angeordnet[892], sodass derartige Erfordernisse auch im Falle der analogen Anwendung des § 103 Abs. 1 Nr. 1 OWiG nicht abgeleitet werden können. Es genügt somit, wenn die vertretungsberechtigten Personen des einwendungsberechtigten Rechtsträgers geltend machen, dass der Rechtsträger durch die angegriffene kartellbehördliche Maßnahme gemäß § 81b Abs. 1-3 GWB in eigenen Rechten verletzt ist.[893]

III. Vorherige Erhebung der Einwendung gegenüber dem Bundeskartellamt

Für Einwendungen nach § 103 Abs. 1 Nr. 1 OWiG wird angenommen, dass eine Abhilfemöglichkeit der Vollstreckungsbehörde aus § 306 Abs. 2

891 Siehe oben, Teil 2, E. IV. 1. a) aa).
892 *Bauer*, in: Göhler, OWiG, § 103 OWiG, Rn. 10 f.
893 Vgl., *Mitsch*, in: KarlsK-OWiG, § 103 OWiG, Rn. 16.

Hs. 1 StPO analog resultiere.[894] Zur Wahrung der Abhilfemöglichkeit sei es insoweit erforderlich, dass die Einwendung erst bei der Vollstreckungsbehörde erhoben wird.[895] Die vorherige Erhebung bei der Vollstreckungsbehörde bilde zwar mangels gesetzlicher Grundlage keine zwingende Zulässigkeitsvoraussetzung; wird die Einwendung unmittelbar beim Gericht erhoben, müsse das Gericht diese aber an die Vollstreckungsbehörde weiterleiten, um der Behörde eine Vorbefassung zu ermöglichen.[896] Inwieweit eine vorherige Erhebung der Einwendung analog § 103 Abs. 1 Nr. 1 OWiG beim Bundeskartellamt zu erfolgen hat, hängt insoweit davon ab, ob auch der Kartellbehörde eine Abhilfemöglichkeit analog § 306 Abs. 2 Hs. 1 StPO einzuräumen ist.

Mangels gegenläufiger Regelung und in Ermangelung anderweitiger Anhaltspunkte ist davon auszugehen, dass eine planwidrige Regelungslücke vorliegt. Daneben lässt der von § 306 Abs. 2 Hs. 1 StPO verfolgte Zweck der Gewährleistung einer Abhilfemöglichkeit gegebenenfalls einen Rückschluss auf das Vorliegen einer vergleichbaren Interessenlage zu. Mit § 306 Abs. 2 Hs. 1 StPO wird der Zweck verfolgt, die Stelle zur Überprüfung der Maßnahme zu befähigen, welche die Maßnahme selbst getroffen hat.[897] Insoweit soll eine unnötige Befassung der Folgeinstanz vermieden[898] und dadurch das Verfahren beschleunigt werden[899], wenn der Rechtsbehelf zulässig und begründet ist. Diese Erwägungen könnten auch hinsichtlich einer gegebenenfalls zu gewährenden Abhilfemöglichkeit zugunsten des Bundeskartellamtes greifen. Im Falle einer vorherigen Erhebung der Einwendung analog § 103 Abs. 1 Nr. 1 OWiG könnte insoweit sichergestellt werden, dass das Bundeskartellamt dem Rechtsbehelf selbst abhilft, wenn die Behörde diesen für zulässig und begründet erachtet. Insofern könnte der Betroffene Rechtsschutz erlangen, ohne dass das zuständige Gericht mit der Einwendung befasst werden müsste. Der Zweck der Gewährung einer Abhilfemöglichkeit spricht folglich dafür, dass auch dem Bundeskartellamt die Möglichkeit zur Abhilfe zu gewährleisten ist, wenn eine Einwendung analog

894 *Krenberger/Krumm*, OWiG, § 103 OWiG, Rn. 13; i. E. auch, *Mitsch*, in: KarlsK-OWiG, § 103 OWiG, Rn. 15, welcher allerdings auf – den nach Abschluss des Bußgeldverfahrens wohl nicht anwendbaren – § 62 OWiG verweist; *Labi*, in: Labi, OK-OWiG (Dokumentstand: 18.10.2021), § 103 OWiG, Rn. 7.

895 *Mitsch*, in: KarlsK-OWiG, § 103 OWiG, Rn. 15.

896 *Krenberger/Krumm*, OWiG, § 103 OWiG, Rn. 13.

897 *Cirener*, in: BeckOK-StPO (Stand: 01.10.2024), § 306 StPO, Rn. 7.

898 *Cirener*, in: BeckOK-StPO (Stand: 01.10.2024), § 306 StPO, Rn. 7.

899 *Zabeck*, in: KarlsK-StPO, § 306 StPO, Rn. 11.

§ 103 Abs. 1 Nr. 1 OWiG erhoben wird. Mangels entsprechender gesetzlicher Regelung scheint allerdings problematisch, inwiefern der Betroffene überhaupt Kenntnis darüber erlangen kann, dass die Kartellbehörde zunächst mit der Einwendung zu befassen ist. Insoweit ist jedoch zu berücksichtigen, dass der Betroffene mittels einer Rechtsbehelfsbelehrung im Rahmen der gesonderten Entscheidung[900] über die Vornahme einer kartellbehördlichen Maßnahme nach § 81b Abs. 1-3 GWB darüber informiert werden kann, dass eine Einwendung analog § 103 Abs. 1 Nr. 1 OWiG zunächst beim Bundeskartellamt zu erheben ist, um die kartellbehördliche Abhilfemöglichkeit zu wahren.

Damit stellt sich abschließend die Frage, welcher weitere Verfahrensgang an die Erhebung einer Einwendung beim Bundeskartellamt anknüpft. Im Gleichlauf zur Einwendung nach § 103 Abs. 1 Nr. 1 OWiG ergibt sich für die weitere Behandlung einer Einwendung analog § 103 Abs. 1 Nr. 1 OWiG der Verfahrensgang aus § 306 Abs. 2 Hs. 1 StPO analog. Mit Erhebung der Einwendung beim Bundeskartellamt hat die Kartellbehörde die Rechtmäßigkeit der angegriffen Maßnahme selbst zu überprüfen. Hält die Kartellbehörde die Einwendung für zulässig und begründet, hat sie der Einwendung analog § 306 Abs. 2 Hs. 1 StPO abzuhelfen. Hilft das Bundeskartellamt dem Rechtsbehelf dagegen nicht ab, hat die Behörde die Einwendung dem zuständigen Gericht vorzulegen.[901]

IV. Zuständiges Gericht

Daran anknüpfend drängt sich die Frage auf, welches Gericht für die Prüfung einer Einwendung gegen kartellbehördliche Maßnahmen nach § 81b Abs. 1-3 GWB zuständig ist. Diesbezüglich finden sich in § 104 Abs. 1 OWiG Regelungen zur gerichtlichen Zuständigkeit, wenn bei der Vollstreckung gerichtliche Entscheidungen notwendig werden. Insoweit liegt nahe, dass sich auch im Falle der analogen Anwendung des § 103 Abs. 1 Nr. 1 OWiG die gerichtliche Zuständigkeit nach § 104 OWiG richtet.

Indes ist zu beachten, dass sich Besonderheiten hinsichtlich der gerichtlichen Zuständigkeit ergeben können, wenn es sich um eine Rechtsstrei-

900 *Vollmer*, in: MüKo-WettbewerbsR, GWB, § 81b GWB, Rn. 10.
901 Vgl., *Krenberger/Krumm*, OWiG, § 103 OWiG, Rn. 13.

tigkeit auf dem Gebiet des Wettbewerbsrechts handelt.[902] Hintergrund ist, dass bereits in der ursprünglichen Fassung des Gesetzes gegen Wettbewerbsbeschränkungen vom 27.07.1957[903] das Ziel formuliert wurde, die Zuständigkeit der Gerichte auf dem Gebiet des Wettbewerbsrechts auf möglichst wenige Gerichte zu konzentrieren.[904] Infolgedessen wurde in §§ 86, 83 GWB die gesetzliche Anordnung getroffen, dass das im Bezirk der zuständigen Kartellbehörde ansässige Oberlandesgericht für die bei der Vollstreckung notwendig werdenden Entscheidungen im Sinne des § 104 OWiG zuständig ist. In Abweichung von § 104 OWiG wird insoweit durch §§ 86, 83 GWB i. V. m. § 2 KartellGBildVO[905] eine ausschließliche[906] Zuständigkeit des Oberlandesgerichts Düsseldorf festgelegt, wenn die Vollstreckung einer Geldbuße gemäß § 103 Abs. 1 Nr. 1 OWiG gerichtlich angegriffen wird, die das Bundeskartellamt festgesetzt hat.

Ob das Oberlandesgericht Düsseldorf auch für die gerichtliche Entscheidung über eine Einwendung gegen die Durchsetzung einer Geldbuße gemäß § 81b GWB in analoger Anwendung des § 103 Abs. 1 Nr. 1 OWiG ausschließlich zuständig ist, ist mit Blick auf den Wortlaut des § 86 GWB allerdings zu bezweifeln. § 86 GWB nimmt Bezug auf »[d]ie bei der Vollstreckung notwendig werdenden gerichtlichen Entscheidungen [...]«. Aufgrund des engen Wortlauts, welcher sich auf die allgemeinen Regelungen der verwaltungsrechtlichen Vollstreckung von Bußgeldentscheidungen gemäß §§ 89 ff. OWiG bezieht[907], kann im Falle der Durchsetzung einer Geldbuße gemäß § 81b GWB eine gerichtliche Zuständigkeit des Oberlandesgerichts Düsseldorf in direkter Anwendung der §§ 86, 83 GWB nicht begründet werden.

Womöglich ist eine analoge Anwendung des § 86 GWB dergestalt geboten, dass das Oberlandesgericht Düsseldorf ebenfalls für die gerichtliche Kontrolle kartellbehördlicher Maßnahmen gemäß § 81b Abs. 1-3 GWB ausschließlich zuständig ist. Die analoge Anwendbarkeit des § 86 GWB ist

902 Siehe hierzu auch, BGH, Urteil v. 23.01.1964 – KZR 2/63, WUW/E BGH 582, 585 f. – »*Apothekenkammer*«; BGH, Urteil v. 15.12.1960 – KZR 2/60, BGHZ 34, 53, 58 f.

903 Gesetz gegen Wettbewerbsbeschränkungen vom 27.07.1957, BGBl. 1957 I, S. 1081

904 BT, Begr. RegE GWB v. 22.01.1955 – BT-Drucks. II/1158, S. 29 f.; *Raum*, in: Bunte, Dt. KartellR, § 83 GWB, Rn. 1.

905 Verordnung über die Bildung gemeinsamer Kartellgerichte und über die gerichtliche Zuständigkeit in bürgerlichen Rechtsstreitigkeiten nach dem Energiewirtschaftsgesetz vom 30. August 2011, GV. NRW. S. 469.

906 *Biermann*, in: Immenga/Mestmäcker, GWB, § 86 GWB, Rn. 3.

907 Zu § 86 GWB, *Henn*, in: BeckOK-OWiG (Stand: 01.10.2024), § 86 GWB, Rn. 1.

vom Bestehen einer planwidrigen Regelungslücke abhängig. Eine spezielle Regelung, welche die gerichtliche Zuständigkeit für Entscheidungen über die Rechtmäßigkeit kartellbehördlicher Maßnahmen gemäß § 81b Abs. 1-3 GWB normiert, wurde durch den Gesetzgeber nicht geschaffen. Mangels anderweitiger Anhaltspunkte[908] scheint es sich dabei um keine bewusste gesetzgeberische Entscheidung zu handeln. Infolgedessen kann das Vorliegen einer planwidrigen Regelungslücke angenommen werden. Ob zusätzlich eine vergleichbare Interessenlage besteht, ist mit Blick auf den Zweck des § 86 GWB zu beurteilen. § 86 GWB ist Ausdruck des gesetzgeberischen Willens, die gerichtliche Zuständigkeit hinsichtlich wettbewerbsrechtlicher Rechtsstreitigkeiten bei einzelnen Gerichten zu konzentrieren.[909] Für eine entsprechende Erweiterung der Regelung des § 86 GWB auf eine Einwendung analog § 103 Abs. 1 Nr. 1 OWiG könnte sprechen, dass § 86 GWB nur deshalb nicht direkt anwendbar ist, weil die Bußgelddurchsetzung gemäß § 81b GWB nicht als Vollstreckung zu klassifizieren ist. Eine Rechtsstreitigkeit über die Zulässigkeit kartellbehördlicher Maßnahmen nach § 81b Abs. 1-3 GWB betrifft aber ebenfalls das Wettbewerbsrecht, sodass der gesetzgeberische Zweck im Falle einer Einwendung analog § 103 Abs. 1 Nr. 1 OWiG eine Erweiterung der Regelung des § 86 GWB erfordert. Folglich besteht auch eine vergleichbare Interessenlage, sodass § 86 GWB analoge Anwendung findet.

Dementsprechend ist § 86 GWB dergestalt analog anzuwenden, dass der Kartellsenat des Oberlandesgerichts Düsseldorf gemäß §§ 86 analog, 83 GWB für die gerichtliche Kontrolle von Maßnahmen des Bundeskartellamtes gemäß § 81b Abs. 1-3 GWB gerichtlich zuständig ist.[910]

V. Aussetzung der Bußgelddurchsetzung gemäß § 81b GWB

Der Einwendung gegen die Zulässigkeit der Vollstreckung kommt gemäß § 103 Abs. 2 S. 1 OWiG keine aufschiebende Wirkung zu; allerdings kann das entscheidende Gericht die Vollstreckung aussetzen. Übertragen auf die

908 Vgl., BT, Begr. RegE GWB v. 22.01.1955 – BT-Drucks. II/1158, S. 29 f.

909 *Vollmer*, in: MüKo-WettbewerbsR, GWB, § 86 GWB, Rn. 1.

910 Vgl. i. E., *Raum*, in: Bunte, Dt. KartellR, § 81b GWB, Rn. 11, welcher allerdings davon ausgeht, dass die Ausübung kartellbehördlicher Befugnisse gemäß § 81b Abs. 1-3 GWB »der Sache nach eine Vollstreckungsmaßnahme aus dem Bußgeldbescheid« darstelle und § 103 Abs. 1 Nr. 3 OWiG in direkter Anwendung als sachnächsten Rechtsbehelf klassifiziert.

Erhebung einer Einwendung gegen die Zulässigkeit der kartellbehördlichen Bußgelddurchsetzung nach § 81b Abs. 1-3 GWB folgt daraus, dass mit der Erhebung einer Einwendung analog § 103 Abs. 1 Nr. 1 OWiG keine aufschiebende Wirkung einhergeht, sodass eine Geldbuße auch nach Erhebung der Einwendung gemäß § 81b GWB durchgesetzt werden kann. Jedoch muss die Ausübung kartellbehördlicher Befugnisse gemäß § 81b GWB nach Erhebung der Einwendung unterbleiben, wenn das Oberlandesgericht Düsseldorf die Durchsetzung analog § 103 Abs. 2 S. 2 OWiG aussetzt.[911]

VI. Gerichtliche Entscheidung

Mit Blick auf die analoge Anwendung des § 103 Abs. 1 Nr. 1 OWiG sind hinsichtlich des gerichtlichen Verfahrens über die Einwendung gegen die Zulässigkeit der Durchsetzung einer Geldbuße gemäß § 81b GWB insbesondere die verfahrensrechtlichen Vorgaben maßgebend, welche sich für eine Einwendung nach § 103 Abs. 1 Nr. 1 OWiG aus der gesetzlichen Anordnung des § 104 Abs. 2 und Abs. 3 OWiG ergeben. Dementsprechend ergibt sich aus einer entsprechenden Anwendung des § 104 Abs. 2 S. 1 OWiG, dass das Oberlandesgericht Düsseldorf ohne mündliche Verhandlung das gerichtliche Verfahren durchführt. Bevor das Gericht eine Entscheidung trifft, sind die Vertreter des Bundeskartellamtes und die Vertreter des betroffenen Rechtsträgers analog § 104 Abs. 2 S. 2 OWiG anzuhören.[912] Das bedeutet, dass den Vertretern Gelegenheit zu geben ist, Anträge zu stellen und zu begründen. Soweit erforderlich, kann das Gericht daneben Beweise erheben.[913] Das Oberlandesgericht Düsseldorf entscheidet über die Einwendung analog § 103 Abs. 1 Nr. 1 OWiG mittels Beschlusses, welcher nicht anfechtbar ist.[914] Stellt das Bundeskartellamt fest, dass die kartellbehördliche Maßnahme nach § 81b Abs. 1-3 GWB, beispielsweise aufgrund des Nichtvorliegens einer Zahlungsunfähigkeit des Bußgeldschuldners unzulässig ist, ist das Bundeskartellamt an diese Feststellung gebunden.[915]

---

911 Vgl., *Mitsch*, in: KarlsK-OWiG, § 103 OWiG, Rn. 13; *Krenberger/Krumm*, OWiG, § 103 OWiG, Rn. 18.

912 Vgl., *van Rossum*, in: KK-KartellR, Bd. 2, § 86 GWB, Rn. 8.

913 Vgl., *Mitsch*, in: KarlsK-OWiG, § 104 OWiG, Rn. 11; *van Rossum*, in: KK-KartellR, Bd. 2, § 86 GWB, Rn. 8.

914 Vgl., *Krenberger/Krumm*, OWiG, § 103 OWiG, Rn. 16.

915 Vgl., *Labi*, in: Labi, OK-OWiG (Dokumentstand: 18.10.2021), § 103 OWiG, Rn. 10; *Mitsch*, in: KarlsK-OWiG, § 103 OWiG, Rn. 17.

D. Zusammenfassung

Die kartellbehördliche Feststellung einer Zahlungsunfähigkeit nach § 81b Abs. 1 GWB ist prozessual angreifbar, indem eine Einwendung analog § 103 Abs. 1 Nr. 1 OWiG gegen die Zulässigkeit einer kartellbehördlichen Maßnahme gemäß § 81b Abs. 1-3 GWB erhoben wird. Über die Einwendung entscheidet nach vorheriger kartellbehördlicher Befassung das Oberlandesgericht Düsseldorf gemäß §§ 86 analog, 83 GWB mittels Beschlusses, an den das Bundeskartellamt gebunden ist.

Teil 5: Wettbewerbsschutz bei Zahlungsunfähigkeit des Bußgeldschuldners

Die am insolvenzrechtlichen Maßstab orientierte Auslegung des Begriffs der Zahlungsunfähigkeit nach § 81b Abs. 1 GWB führt dazu, dass die in § 81b Abs. 1-3 GWB normierten kartellbehördlichen Befugnisse zur Bußgelddurchsetzung nur dann ausgelöst werden, wenn aus Sicht des Insolvenzrechts eine wirtschaftliche Krise in einem solchen Ausmaß besteht, dass der (insolvenzfähige) Schuldner als nicht wettbewerbsfähig[916] einzuordnen ist. Dahingehend stellt sich die Frage, inwieweit die Bußgelddurchsetzung nach § 81b GWB dort zu rechtfertigen ist, wo das Insolvenzrecht bei fehlender Sanierungsmöglichkeit ein Marktausscheiden des betroffenen Akteurs vorsieht.

A. Zweck der Bußgelddurchsetzung nach § 81b GWB

Im Ausgangspunkt ist dahingehend zu untersuchen, welcher Zweck mit der Bußgelddurchsetzung nach § 81b GWB verfolgt wird. Die Gesetzesbegründung zu § 81b GWB beschränkt sich darauf, die in § 81b Abs. 1-3 GWB normierten kartellbehördlichen Befugnisse damit zu begründen, dass die Bußgeldzahlung sicherzustellen ist.[917] Weshalb die Bußgelddurchsetzung gewährleistet sein muss, wenn aufgrund der wirtschaftlichen Überforderung des Bußgeldschuldners ein Marktausscheiden droht, ist allerdings unklar.

Hinweise hinsichtlich des Zwecks der anvisierten Bußgelddurchsetzung könnten insoweit aus der »ECN-Plus«-Richtlinie resultieren. Der Sekundärrechtsakt bezeichnet als Kompetenzgrundlage nicht nur Art. 114 AEUV, sondern daneben auch Art. 103 AEUV.[918] Nach Art. 103 Abs. 1 AEUV dürfen zweckdienliche Richtlinien zur Verwirklichung der in den Art. 101 und Art. 102 AEUV niedergelegten Grundsätze erlassen werden. Das bedeutet, dass Art. 103 AEUV nur als Rechtsgrundlage herangezogen wer-

---

916 *Pape*, in: P/R/S/V, InsolvenzR, § 10, Rn. 6.
917 BReg, Entwurf 10. GWB-Novelle v. 19.10.2020 – BT-Drs. 19/23492, S. 125.
918 Richtlinie (EU) 2019/1, ABl. Nr. L 11, 3.

den kann, um die in Art. 101 f. AEUV niedergelegten Bestimmungen zu konkretisieren bzw. zu vervollständigen und damit die effektive Durchsetzung des unionalen Wettbewerbsrechts sicherzustellen.[919] Daraus kann gefolgert werden, dass Art. 103 AEUV nur dann eine Rechtsgrundlage für die »ECN-Plus«-Richtlinie bilden kann, wenn diese auch auf die effektive Durchsetzung des unionalen Wettbewerbsrechts abzielt. Eine dementsprechende Zielvorgabe der Richtlinie ergibt sich insoweit aus Art. 1 Abs. 1 »ECN-Plus«-Richtlinie[920], welcher normiert, dass mithilfe der Regelungen des Sekundärrechtsakts »[...] gewährleistet werden soll, dass die nationalen Wettbewerbsbehörden über [...] die Befugnisse im Bereich der Durchsetzung der Wettbewerbsvorschriften und der Verhängung von Geldbußen verfügen, die sie benötigen, um die Artikel 101 und 102 AEUV wirksam anzuwenden [...]«. Damit stellt Art. 1 Abs. 1 »ECN-Plus«-Richtlinie zur Legitimation der getroffenen Regelungen einen Bezug zu den Anordnungen des Art. 101 f. AEUV her.

Welcher Zweck der Bußgelddurchsetzung im Falle der Zahlungsunfähigkeit des Bußgeldschuldners beigemessen wird, ist folglich anhand der Art. 101 f. AEUV zu bestimmen. Mit Blick darauf, dass die Unternehmensvereinigung allein Normadressatin[921] des Kartellverbots ist und das von Art. 14 Abs. 3 und Abs. 4 »ECN-Plus«-Richtlinie vorgezeichnete Instrumentarium infolgedessen der Durchsetzung einer Geldbuße dient, die zur Sanktionierung eines Verstoßes gegen Art. 101 Abs. 1 Var. 2 AEUV festgesetzt wurde[922], kommt es maßgeblich auf die Funktion des Kartellverbots im unionsrechtlichen Wettbewerbsrecht an. Art. 101 AEUV beschränkt die grundsätzlich gewährleistete Handlungs- und Entscheidungsfreiheit[923] der

---

919 *Korte*, in: MüKo-EU-WettbewerbsR, Art. 103 AEUV, Rn. 1.

920 Siehe auch, ErwG Nr. 1 und Nr. 3 »ECN-Plus«-Richtlinie.

921 *Schröter/van Vormizeele*, in: von der Groeben/Schwarze/Hatje, Art. 101 AEUV, Rn. 48; *Mestmäcker/Schweitzer*, EU-WettbewerbsR, § 9, Rn. 44; *Paschke*, in: MüKo-EU-WettbewerbsR, Art. 101 AEUV, Rn. 139; die Unternehmensvereinigung mit eigener Rechtspersönlichkeit als Normadressat des Art. 101 Abs. 1 AEUV einordnend, *Stockenhuber*, in: G/H/N, EU-Recht, Bd. 3 (Dokumentstand: 64. EL, 05.2018), Art. 101 AEUV, Rn. 85; *Hengst*, in: Bunte, EU-KartellR, Art. 101 AEUV, Rn. 80; in Art. 101 Abs. 1 Var. 2 AEUV keine echte Erweiterung des Kreises der Normadressaten sehend, *Schröter*, in: S/K/W, EU WettbewerbsR, Vorbemerkungen zu den Art. 101-105 AEUV, Rn. 39.

922 Vgl. zu § 81b GWB i. E., *Breuer/Friedrich*, in: B/K/K/K/O, 10. GWB-Novelle, Kap. 3, Rn. 154.

923 *Schröter*, in: von der Groeben/Schwarze/Hatje, Art. 101 AEUV, Rn. 21.

Marktakteure[924], indem es wettbewerbsbeschränkende Maßnahmen verbietet. Dem Kartellverbot kommt insoweit grundlegende Bedeutung[925] zu, um die unionsrechtliche Zielvorgabe der Errichtung eines Systems des unverfälschten Wettbewerbs[926] zu erreichen. Das unionsrechtliche Gebot der Errichtung eines Systems des unverfälschten Wettbewerbs zielt darauf ab, zur Verwirklichung des Binnenmarktes (Art. 3 Abs. 3 S. 1 EUV) einen Ordnungsrahmen zu schaffen, in dem der Wettbewerb als herrschaftsfreies[927] Koordinationsprinzip der Wirtschafts- und Währungsunion[928] und als Steuerungsinstrument von Güter-, Dienstleistungs- und Kapitalströmen[929] seine wohlstandsfördernden Wirkungen[930] entfalten kann. Diese Zielvorgabe kann allerdings nur erreicht werden, wenn der materiell-rechtliche Regelungsgehalt des Art. 101 AEUV verfahrensgemäß umsetzbar ist.[931] Dahingehend stellt sowohl im Unionsrecht (Art. 23 VO 1/2003)[932] als auch im deutschen Recht (§§ 81 ff. GWB i. V. m. § 30 OWiG)[933] die Verhängung von Geldbußen ein wesentliches Instrument dar, um das unionsrechtliche Kartellverbot durchzusetzen und damit wirksam anzuwenden. An diese Funktion der wettbewerbsbehördlich festgesetzten Geldbuße knüpft der Regelungsgehalt des Art. 14 Abs. 3 und Abs. 4 »ECN-Plus«-Richtlinie an, wenn

924 Siehe allgemein zur Notwendigkeit der Beschränkung der überlassenen Freiheit in einem Marktordnungsrecht, *Ehricke*, in: FS Möschel, S. 169.

925 *Mestmäcker/Schweitzer*, EU-WettbewerbsR, § 8, Rn. 1; vgl. zu Art. 85 EGV, EuGH, Urteil v. 01.06.1999 - C-126/97, ECLI:EU:C:1999:269, Rn. 36 – »*Eco Swiss*«; EuGH, Urteil v. 20.09.2001 - C-453/99, ECLI:EU:C:2001:465, Rn. 20 – »*Courage*«.

926 Siehe hierzu, Art. 51 EUV i. V. m. Protokoll (Nr. 27) über den Binnenmarkt und den Wettbewerb v. 09.05.2008, ABl. EU Nr. C 115/309.

927 *Emmerich/Lange*, Kartellrecht, § 3, Rn. 2.

928 *Immenga/Mestmäcker*, in: Immenga/Mestmäcker, EU-KartellR, I. Abschnitt, Einl., Rn. 24.

929 *Emmerich/Hoffmann*, in: Dauses/Ludwigs, EU-WirtschaftsR (Dokumentstand: 61. EL, 09.2024), H. II., Rn. 1.

930 Allgemein zu den Funktionen von Wettbewerb, *Kantzenbach*, Funktionsfähigkeit des Wettbewerbs, S. 16–19.

931 Vgl., *Schröter*, in: von der Groeben/Schwarze/Hatje, Art.103 AEUV, Rn. 29; *Dogs*, EU-Kommission, S. 39.

932 *Sauer*, in: Schulte/Just, KartellR, Art. 23 VO 1/2003, Rn. 3; *Chmeis*, Kartellsanktionsrecht, S. 37 f.

933 Vgl., *Kling/Thomas*, Kartellrecht, § 23, Rn. 112, welche die Verhängung von Bußgeldern als praktisch besonders bedeutsam einordnen; siehe zur Gesamtsumme der kartellbehördlich verhängten Geldbuße in den Jahren von 2007–2016, *BKartA*, Kartellverfolgung 2017 (abrufbar im Internet: https://t1p.de/wqcni [Link gekürzt], zuletzt geprüft: 27.01.2025), S. 8.

dieser zur effektiven Anwendung des Kartellverbots[934] die Durchsetzbarkeit bestimmter Geldbußen fordert. Daraus ergibt sich, dass die in Art. 14 Abs. 3 und Abs. 4 »ECN-Plus«-Richtlinie vorgezeichneten kartellbehördlichen Befugnisse dazu dienen sollen, das Kartellverbot verfahrensgemäß umzusetzen und damit Verfälschungen des Wettbewerbs zu vermeiden.

B. Wettbewerbsschutz durch die Ausübung kartellbehördlicher Befugnisse nach § 81b Abs. 1-3 GWB

Mit Blick auf diese Zwecksetzung stellt sich die Frage, inwieweit ein kartellbehördliches Vorgehen nach § 81b Abs. 1-3 GWB dem Wettbewerbsschutz beitragen kann, wenn der Bußgeldschuldner zahlungsunfähig ist.

I. Aufforderung zum Verlangen von Deckungsbeiträgen, § 81b Abs. 1 GWB

Effektiver Wettbewerbsschutz könnte bereits mithilfe der kartellbehördlichen Aufforderung gegenüber den (passiv-)vertretungsberechtigten Personen des Bußgeldschuldners gewährleistet werden, Deckungsbeiträge zur Zahlung der Geldbuße zu verlangen. Insoweit lässt die gesetzliche Ausgestaltung des § 81b Abs. 1 GWB gegebenenfalls einen Rückschluss zu, inwieweit mithilfe des § 81b Abs. 1 GWB die wirksame Anwendung des Kartellverbots sichergestellt werden kann.

Für den bereits dargelegten Regelfall[935] des Fehlens einer Rechtsgrundlage, mithilfe derer das Verlangen gegenüber den Mitgliedern durchgesetzt werden könnte, ist zu berücksichtigen, dass die Zahlung von Deckungsbeiträgen von der privatautonomen Entscheidung der Mitglieder zur freiwilligen Leistung abhinge. Ähnliches könnte aber auch dann gelten, wenn die Mitglieder infolge einer im Organisationsakt oder in einer Nebenabrede verankerten Verbindlichkeit zur Zahlung von Deckungsbeiträgen verpflichtet wären. Auch diese Pflicht wäre letztlich auf die privatautonome Entscheidung der Mitglieder zurückzuführen, sich im Falle der Zahlungsunfähigkeit des Rechtsträgers der Vereinigung zur (anteiligen) Bußgeldzahlung zu verpflichten.

---

934 Siehe Art. 1 Abs. 1, ErwG Nr. 1 und Nr. 3 »ECN-Plus«-Richtlinie.
935 Siehe oben, Teil 2, IV. 1. a) aa) (1).

Gegen die Annahme einer wettbewerbsschützenden Funktion der Befugnis des § 81b Abs. 1 GWB spricht insofern, dass bei einem solchen Verständnis die wirksame Anwendung des Kartellverbotes stets von einer privatautonomen Entscheidung abhängig wäre.[936] Diese Abhängigkeit würde dazu führen, dass die Durchsetzung des Kartellverbots zur Disposition Privater stünde. Insoweit wäre die Wirksamkeit des Kartellverbots beeinträchtigt und folglich die Zielvorgabe, den Wettbewerb vor Verfälschungen zu schützen, nicht sichergestellt. Aus der gesetzlichen Ausgestaltung des § 81b Abs. 1 GWB ergibt sich somit, dass die kartellbehördliche Befugnis nicht geeignet ist, um effektiven Wettbewerbsschutz sicherzustellen.

II. Einstandspflicht nach § 81b Abs. 2 und Abs. 3 GWB

Die Untersuchung verdichtet sich somit auf die Frage, ob einer kartellbehördlichen Inanspruchnahme nach § 81b Abs. 2 bzw. Abs. 3 GWB wettbewerbsschützende Wirkung zukommen kann.

1. Regelungszusammenhang zu § 81c Abs. 4 GWB

Insofern könnte der enge Regelungszusammenhang des § 81b GWB zu § 81c Abs. 4 GWB von Bedeutung sein. Dahingehend ist zu beachten, dass zur Bemessung einer Geldbuße gemäß § 81c Abs. 4 GWB die Umsätze jener Unternehmensträger als Bemessungsgrundlage der Geldbuße herangezogen werden können, welche auf dem von der Ordnungswidrigkeit betroffenen Markt tätig waren. Die Einstandspflicht bestimmter Unternehmensträger gemäß § 81b Abs. 2 und Abs. 3 GWB könnte insoweit eine Reaktion auf die in § 81c Abs. 4 GWB geregelte erweiterte Bußgeldobergrenze darstellen. In diesem Falle ließe sich eine wettbewerbsschützende Funktion der Ausübung kartellbehördlicher Befugnisse nach § 81b Abs. 2 und Abs. 3 GWB gegebenenfalls unter Berücksichtigung des Zwecks des § 81c Abs. 4 GWB ableiten.

---

936 Eine parallele Überlegung hinsichtlich des sogenannten »private enforcement« anstellend, *Dogs*, EU-Kommission, S. 31, Fn. 31, S. 184.

a) Zweck der Verhängung einer Geldbuße nach § 81c Abs. 4 GWB

Daher ist im Ausgangspunkt zu klären, welcher Zweck der Anordnung des § 81c Abs. 4 GWB zugrunde liegt. Nach der Gesetzesbegründung ist Zweck des § 81c Abs. 4 GWB, der Kartellbehörde durch die Erweiterung des Bußgeldrahmens die Möglichkeit zu geben, »[...] wirksame Bußgelder direkt gegen die Unternehmensvereinigung zu verhängen und nicht gegen eine ggf. große Zahl der Mitglieder jeweils einzelne Verfahren führen zu müssen [...]«.[937] Die Gesetzesbegründung legt insoweit zugrunde, dass im Anwendungsbereich des § 81c Abs. 4 GWB auch die Bebußung der bezeichneten Mitglieder der Vereinigung in Betracht käme.[938] Somit stellt sich die Frage, weshalb § 81c Abs. 4 GWB die Kartellbehörde dazu berechtigt, auf Grundlage des summierten Umsatzes der Mitgliedsunternehmen eine Geldbuße gegen den Rechtsträger der Unternehmensvereinigung festzusetzen, anstatt einzelne Verfahren gegen die Mitglieder führen zu müssen.

Die Regelung des § 81c Abs. 4 GWB dient der Umsetzung des Art. 15 Abs. 2 »ECN-Plus«-Richtlinie[939], sodass sich Anhaltspunkte hinsichtlich des Zwecks des § 81c Abs. 4 GWB aus dem Unionsrecht ergeben könnten. Anknüpfungspunkt ist die Entstehungsgeschichte der Parallelregelung des Art. 23 Abs. 2 UAbs. 3 VO 1/2003. Die Kommission führte bereits unter Geltung der Verordnung 17/62[940] in den Bußgeldleitlinien 1998[941] aus, dass zur Sanktionierung einer gemeinsamen Zuwiderhandlung gegen das Kartellverbot durch eine Vereinigung und der in ihr organisierten unternehmerisch tätigen Mitglieder eine unmittelbare Inanspruchnahme der verantwortlichen Unternehmen, anstelle der Unternehmensvereinigung vorzugswürdig sei.[942] Nur dann, wenn – beispielsweise aufgrund einer enormen Anzahl angeschlossener Mitglieder – eine Verhängung von Geldbußen nicht möglich oder unpraktikabel erscheine, sollte die Unternehmensvereinigung unter Berücksichtigung der Umsätze der Mitglieder selbst

---

937 BReg, Entwurf 10. GWB-Novelle v. 19.10.2020 – BT-Drs. 19/23492, S. 126.

938 Siehe bereits, *Stegerer*, Zumessung, S. 17.

939 BReg, Entwurf 10. GWB-Novelle v. 19.10.2020 – BT-Drs. 19/23492, S. 126.

940 Verordnung Nr. 17 – Erste Durchführungsverordnung zu den Artikeln 85 und 86 des Vertrages v. 21.02.1962, ABl. EG Nr. 204/62.

941 Komm., Leitlinien für das Verfahren zur Festsetzung von Geldbußen, die gemäß Artikel 15 Absatz 2 der Verordnung Nr. 17 und gemäß Artikel 65 Absatz 5 EGKS-Vertrag festgesetzt werden v. 14.01.1998 – ABl. EG Nr. C 9/3.

942 Komm., Bußgeldleitlinien 1998 v. 14.01.1998 – ABl. EG Nr. C 9/3, Ziff. 5 c) UAbs. 1.

bebußt werden.[943] Auf Grundlage dieser Bußgeldpraxis der Kommission wurde Art. 23 Abs. 2 UAbs. 3 VO 1/2003 normiert.[944] Somit lässt sich aus der Entstehungsgeschichte des Art. 23 Abs. 2 UAbs. 3 VO 1/2003 folgern, dass auf unionsrechtlicher Ebene die Befugnis zur drittumsatzbezogenen Bemessung einer Geldbuße gegen eine Unternehmensvereinigung aus verfahrensökonomischen Gründen normiert wurde. Mit Blick auf die Regelung des § 81c Abs. 4 GWB kann daraus abgeleitet werden, dass die in § 81c Abs. 4 GWB normierte Regelung ebenfalls dazu dient, eine Verfahrensvereinfachung dadurch zu ermöglichen, dass auf die Durchführung einzelner Verfahren gegen die Mitglieder verzichtet werden kann und stattdessen »zentral« eine Geldbuße gegenüber dem Rechtsträger der Unternehmensvereinigung festgesetzt wird.[945]

b) Zweck der Durchsetzung einer nach § 81c Abs. 4 GWB festgesetzten Geldbuße

Die mit § 81b GWB bezweckte Sicherstellung der Bußgelddurchsetzung ließe sich vor diesem Hintergrund gegebenenfalls mit Blick auf die mit § 81c Abs. 4 GWB angestrebte Verfahrensvereinfachung begründen. Insofern könnte die vom Gesetzgeber mit § 81b GWB bezweckte »[...] Absicherung [...] der bußgeldrechtlichen Verantwortlichkeit von Unternehmensvereinigungen [...]« im Falle der Bußgeldfestsetzung nach § 81c Abs. 4 GWB dazu dienen, die von § 81c Abs. 4 GWB ermöglichte Verfahrensvereinfachung sicherzustellen, indem ein Rückgriff auf die Mitglieder der Vereinigung, nötigenfalls mittels einer Inanspruchnahme nach § 81b Abs. 2 bzw. Abs. 3 GWB, legitimiert wird. Eine Inanspruchnahme nach § 81b Abs. 2 bzw. Abs. 3 GWB könnte insoweit dazu führen, dass letztlich die Rechtsträger jener Unternehmen finanziell für die Zahlung der Geldbuße einzustehen hätten, gegen welche einzelne Verfahren wegen eines möglichen Wettbewerbsrechtsverstoßes zu führen wären, wenn die Regelung des § 81c Abs. 4 GWB nicht die Festsetzung einer drittumsatzbezogen bemessenen Geldbuße zuließe.

---

943 Komm., Bußgeldleitlinien 1998 v. 14.01.1998 – ABl. EG Nr. C 9/3, Ziff. 5 c) UAbs. 2; siehe auch, *Riesenkampff/Steinbarth*, in: BeckOK-KartellR (Stand: 01.10.2024), Art. 23 VO 1/2003, Rn. 27; *Nowak*, in: L/M/R/K/M, KartellR, Art. 23 VO 1/2003, Rn. 21.

944 *Nowak*, in: L/M/R/K/M, KartellR, Art. 23 VO 1/2003, Rn. 21.

945 Vgl. hierzu, *Breuer/Friedrich*, in: B/K/K/K/O, 10. GWB-Novelle, Kap. 3, Rn. 170, 140 f.

So verstanden könnte der Regelung des § 81b Abs. 2 und Abs. 3 GWB die wettbewerbsschützende Funktion beigemessen werden, die Durchsetzung des Kartellverbots bei einem Verstoß gegen Art. 101 Abs. 1 Var. 2 AEUV auch dann sicherzustellen, wenn die Durchführung von Bußgeldverfahren gegenüber den unternehmerisch tätigen Mitgliedern der Vereinigung ineffizient oder nicht möglich erscheint.[946]

2. Ausblick: Tatsächliche Verfahrensvereinfachung?

Inwieweit die Anwendung der §§ 81c Abs. 4, 81b GWB tatsächlich eine solche Verfahrensvereinfachung bewirken kann, hängt maßgeblich davon ab, welche Voraussetzungen an die verfassungskonforme[947] Bußgelddurchsetzung nach § 81b GWB, insbesondere gemäß § 81b Abs. 2 und Abs. 3 GWB zu stellen sind. Je nach Ausformung der kartellbehördlichen Befugnisse nach § 81b Abs. 1-3 GWB könnte die angenommene Verfahrensvereinfachung relativiert werden. Das wäre beispielsweise der Fall, wenn über die in § 81b Abs. 2 und Abs. 3 GWB normierten Voraussetzungen hinaus ein kartellbehördlicher Nachweis über ein eigenes wettbewerbswidriges Verhalten als Voraussetzung einer Inanspruchnahme eines Unternehmensträgers erforderlich wäre.[948] Daneben käme in Betracht, dass die Kartellbehörde bei einer Inanspruchnahme nach § 81b Abs. 2 oder Abs. 3 GWB die individuelle Verantwortlichkeit des Adressaten berücksichtigen und damit ermitteln muss.[949] Zudem könnte weitere Voraussetzung einer Bußgelddurchsetzung

946 Unter Bezugnahme auf die Gesetzesbegründung hierauf verweisend, *Breuer/Friedrich*, in: B/K/K/K/O, 10. GWB-Novelle, Kap. 3, Rn. 140.

947 Ein indirektes Vorgehen als verfassungsrechtlich bedenklich einordnend, *Meyer-Lindemann*, WuW 2020, S. 16, 17; die aus § 81b GWB abgeleitete gesamtschuldnerische Verantwortung als rechtsstaatlich bedenklich einordnend, *Biermann*, in: Immenga/Mestmäcker, GWB, § 81b GWB, Rn. 14.

948 Siehe hierzu, *Könen*, npoR 2022, S. 163, 166, der § 81b Abs. 2 und Abs. 3 GWB allerdings eine Vermutungswirkung zur Kompensation eines wahrgenommenen »strukturellen Ahndungsdefizits« beimisst; rechtstaatliche Bedenken für den Fall äußernd, dass Unternehmensträger die am Verstoß nicht beteiligt waren in Anspruch genommen werden, *Kahlenberg/Rahlmeyer/Giese*, BB 2020, S. 2691, 2698; zu Art. 23 VO 1/2003, *Meyer*, in: FK-KartellR, Bd. 3 (Dokumentstand: 105. EL, 04.2023), Art. 23 VO 1/2003, Rn. 208, der eine zu belegende persönliche Verantwortlichkeit der angeschlossenen Unternehmensträger fordert.

949 In diese Richtung, *Breuer/Friedrich*, in: B/K/K/K/O, 10. GWB-Novelle, Kap. 3, Rn. 167, welche es als eine gute Anwendungspraxis erachten, im Rahmen der Inanspruchnahme nach § 81b Abs. 2 oder Abs. 3 GWB die mögliche Höhe einer

nach § 81b Abs. 2 und Abs. 3 GWB etwa sein, dass potenzielle Einstandspflichtige bereits im Bußgeldverfahren beteiligt wurden.[950]

Eine vertiefte Auseinandersetzung mit diesen Fragestellungen und der damit verbundenen Ausformung kartellbehördlicher Befugnisse nach § 81b Abs. 2 und Abs. 3 GWB würde den Rahmen dieser Untersuchung sprengen. Mit Blick auf die nur angerissenen Problemfelder zeigt sich allerdings bereits, dass zum jetzigen Zeitpunkt nicht sichergestellt ist, dass mithilfe der Anwendung der §§ 81c Abs. 4, 81b GWB eine Verfahrensvereinfachung tatsächlich bewirkt werden kann.[951]

C. Zusammenfassung

§ 81b GWB soll der wirksamen Durchsetzung des Kartellverbots und damit dem effektiven Wettbewerbsschutz dienen. Inwieweit die Bußgelddurchsetzung nach § 81b Abs. 2 und Abs. 3 GWB dem Schutz des Wettbewerbs beitragen kann, indem eine von § 81c Abs. 4 GWB vorgesehene Verfahrensvereinfachung im Falle der Zahlungsunfähigkeit des Bußgeldschuldners sichergestellt wird, ist mit Blick auf die ungeklärten Fragen in Bezug auf die konkrete Ausformung der kartellbehördlichen Befugnisse zum jetzigen Zeitpunkt unklar.

---

hypothetischen Bußgeldverhängung unmittelbar gegenüber dem maßgeblichen Unternehmensträger zu berücksichtigen.

950 Siehe auch, *Studienvereinigung Kartellrecht*, Stellungnahme »Bußgeldsachen« (abrufbar im Internet: https://t1p.de/e4l8m [Link gekürzt], zuletzt geprüft: 27.01.2025), Rn. 12; im Rahmen des Art. 23 Abs. 4 VO 1/2003 das Bestehen von Verteidigungsrechten der Unternehmensträger in Art. 23 Abs. 4 VO 1/2003 ablehnend, *Kienapfel*, in: von der Groeben/Schwarze/Hatje, Art. 23 VO 1/2003, Rn. 149, 152.

951 Vgl., *Breuer/Friedrich*, in: B/K/K/K/O, 10. GWB-Novelle, Rn. 141, die davon ausgehen, dass ein zentrales Verfahren gegen die Unternehmensvereinigung an Effizienz verliert, sobald eine Inanspruchnahme der Einstandspflichtigen nach § 81b Abs. 2 und Abs. 3 GWB zur Bußgelddurchsetzung erforderlich wird.

Teil 6: Ergebnisse in Thesenform

Die in dieser Arbeit ermittelten Ergebnisse lassen sich wie folgt zusammenfassen:

1. Aus § 81b Abs. 1 Hs. 1 a. A. GWB, der eine Bußgeldfestsetzung nach § 81c Abs. 4 GWB gegen die »[...] Unternehmensvereinigung als juristische Person oder Personenvereinigung im Sinne des § 30 [OWiG] [...]« voraussetzt, ergibt sich, dass § 81b Abs. 1 GWB eine Zahlungsunfähigkeit des Rechtsträgers der Unternehmensvereinigung als Schuldner einer nach §§ 81 Abs. 1 Nr. 1 Var. 2, 81c Abs. 4 GWB i. V. m. § 30 OWiG festgesetzten Geldbuße verlangt.[952]
2. Der Begriff der Zahlungsunfähigkeit wird weder in den §§ 81 ff. GWB noch in der Gesetzesbegründung zu § 81b GWB definiert.[953] Aus dem Wortlaut des § 81b Abs. 1 GWB, dem systematischen Regelungszusammenhang zu § 81c Abs. 4 GWB und dem Normzweck des § 81b Abs. 1 GWB kann gefolgert werden, dass das Vorliegen einer Zahlungsunfähigkeit nach objektiven Gesichtspunkten[954] zu bewerten ist und eine gegenwärtige[955] wirtschaftliche Überforderung[956] des Bußgeldschuldners erfordert.
3. Die Regelung des § 81b GWB dient der Umsetzung des Art. 14 Abs. 3 und Abs. 4 »ECN-Plus«-Richtlinie, sodass § 81b GWB sekundärrechtlich überlagert ist. Ein für die weitere Auslegung der Tatbestandsvoraussetzung des § 81b Abs. 1 GWB maßgebendes Begriffsverständnis ergibt sich mangels Definition der Zahlungsunfähigkeit nicht unmittelbar aus Art. 14 Abs. 3 »ECN-Plus«-Richtlinie.[957] Eine Begriffsbestimmung findet sich ebenso wenig in Art. 23 Abs. 4 VO 1/2003[958], Art. 30 Abs. 5 DMA[959] und Art. 2 Abs. 1 »Insolvenzgeld-Richtlinie«[960], sodass

952 Siehe oben, Teil 2, A.
953 Siehe oben, Teil 2, B.
954 Siehe oben, Teil 2, B. I. 1.
955 Siehe oben, Teil 2, B. I. 2.
956 Siehe oben, Teil 2, B. II und III.
957 Siehe oben, Teil 2, C. I. 1.
958 Siehe oben, Teil 2, C. I. 2. a).
959 Siehe oben, Teil 2, C. I. 2. b).
960 Siehe oben, Teil 2, C. I. 2. c).

nicht davon ausgegangen werden kann, dass Art. 14 Abs. 3 »ECN-Plus«-Richtlinie an ein durch Sekundärrecht definiertes unionsrechtliches Verständnis der Zahlungsunfähigkeit anknüpft.[961] Infolgedessen ergibt sich aus den Vorgaben der »ECN-Plus«-Richtlinie kein Gebot einer richtlinienkonformen Auslegung des Begriffs der Zahlungsunfähigkeit in § 81b Abs. 1 GWB.

4. Wie im deutschen Recht stellt sich auf unionsrechtlicher Ebene die Frage, wie der Begriff der Zahlungsunfähigkeit im Wettbewerbsrecht auszulegen ist. Die Anwendungspraxis des Art. 23 Abs. 4 VO 1/2003 beschränkt sich auf die Rechtssache »ONP«, in welcher lediglich abstrakt auf die Tatbestandsvoraussetzung verwiesen wird, sodass sich hieraus keine Hinweise auf ein unionsrechtliches Verständnis des Begriffs der Zahlungsunfähigkeit ergeben.[962] Die Europäische Kommission setzt sich im Rahmen ihrer Bußgeldpraxis nach Ziffer 35 Bußgeldleitlinien (»inability to pay«) zwar vertieft mit dem Begriff der Zahlungsunfähigkeit auseinander, greift zur Prüfung der Tatbestandsvoraussetzung der Sache nach aber auf das mitgliedstaatliche Insolvenzrecht zurück, ohne ein eigenständiges unionsrechtliches Begriffsverständnis heranzuziehen.[963]
5. Auch wenn es derzeit an einem einheitlichen unionsrechtlichen Begriffsverständnis der Zahlungsunfähigkeit fehlt, kann daraus nicht zwingend abgeleitet werden, dass sich die Auslegung der Tatbestandsvoraussetzung nach Maßgabe des jeweiligen mitgliedstaatlichen Rechts bestimmt.[964] Um die einheitliche Anwendung von Unionsrecht zu gewährleisten und dem Gleichheitssatz Genüge zu tun, besteht vielmehr die grundsätzliche Vermutung, dass der nicht-definierte Rechtsbegriff der Zahlungsunfähigkeit unionsrechtsautonom auszulegen ist.[965] Aus dem Zweck des Art. 14 Abs. 3 und Abs. 4 »ECN-Plus«-Richtlinie ergibt sich allerdings, dass die wettbewerbsbehördlichen Befugnisse nur dann einsetzen sollen, wenn das mitgliedstaatliche Recht eine Bußgelddurchsetzung gegenüber dem Bußgeldschuldner nicht mehr gewährleistet. Dahingehend verlangt Art. 14 Abs. 3 »ECN-Plus«-Richtlinie einen Rückgriff auf das mitgliedstaatliche (Vollstreckungs-)Recht, um

961 Siehe oben, Teil 2, C. I. 2. d).
962 Siehe oben, Teil 2, C. II. 1.
963 Siehe oben, Teil 2, C. II. 2.
964 Siehe oben, Teil 2, C. III.
965 Siehe oben, Teil 2, C. III.

das mit dem Begriff der Zahlungsunfähigkeit umschriebene Durchsetzungsproblem zu definieren.[966] Infolgedessen ist keine unionsrechtsautonome Auslegung des Begriffs der Zahlungsunfähigkeit geboten.

6. Für die nach Maßgabe des nationalen Rechts erfolgende Auslegung des Begriffs der Zahlungsunfähigkeit gemäß § 81b Abs. 1 GWB ist die Systematik des § 81b GWB zu den Anordnungen des deutschen Ordnungswidrigkeitenrechts bedeutend. Der Sanktionszweck der nach §§ 81 Abs. 1 Nr. 1 Var. 2, 81c Abs. 4 GWB i. V. m. § 30 OWiG festzusetzenden Geldbuße erfordert, dass der Begriff der Zahlungsunfähigkeit in § 81b Abs. 1 GWB möglichst restriktiv ausgelegt wird.[967] Dagegen steht die gesetzliche Ausgestaltung des § 81b GWB einem extensiven Verständnis der Zahlungsunfähigkeit entgegen, mithilfe dessen der Normzweck des Art. 101 Abs. 1 Var. 2 AEUV auf Rechtsfolgenebene verwirklicht werden soll.[968]
7. Wird der Begriff der Zahlungsunfähigkeit als wirtschaftliche Überforderung des Bußgeldschuldners verstanden, wird damit eine begriffliche und inhaltliche Nähe zu den Anordnungen des Insolvenzrechts begründet.[969] Zwar kann die Bußgelddurchsetzung durch verfahrensrechtliche Wirkungen gefährdet werden, welche infolge der Eröffnung eines Insolvenzverfahrens über das Vermögen des Bußgeldschuldners[970] oder aufgrund gerichtlicher Anordnung im Vorverfahren eintreten[971]; allerdings beruht die Gefahr der fehlenden Durchsetzbarkeit dann auf einem Mangel an Rechtsmacht des Schuldners bzw. auf einem rechtlichen Hindernis zur Bußgelddurchsetzung und damit nicht unmittelbar auf einer wirtschaftlichen Überforderung des Bußgeldschuldners.[972] Die Tatbestandsvoraussetzung des § 81b GWB kann infolgedessen nicht so ausgelegt werden, dass damit die mangelnde Durchsetzbarkeit der Geldbuße aufgrund insolvenzverfahrensrechtlicher Wirkungen zu verstehen ist.[973]

966 Siehe oben, Teil 2, C. III. 2.
967 Siehe oben, Teil 2, D. II.
968 Siehe oben, Teil 2, D. I.
969 Siehe oben, Teil 2, E.
970 Siehe oben, Teil 2, E. II. 1.
971 Siehe oben, Teil 2, E. II. 2.
972 Siehe oben, Teil 2, E. II. 3. b).
973 Siehe oben, Teil 2, E. II. 4.

8. Befindet sich der Bußgeldschuldner in einer wirtschaftlichen Krise, welche die materiellen Anforderungen[974] des § 17 Abs. 2 S. 1 InsO erfüllt, ist dieser aufgrund eines Mangels an Zahlungsmitteln nicht in der Lage, die aus der Bußgeldentscheidung resultierende Zahlungspflicht[975] (und daneben bestehende Zahlungspflichten gegenüber dritten Gläubigern[976]) zu befriedigen. Die tatsächliche Bußgeldzahlung ist dann aufgrund der wirtschaftlichen Überforderung des Bußgeldschuldners in einem solchen Maße gefährdet, dass die Anwendbarkeit der kartellbehördlichen Befugnisse nach § 81b Abs. 1-3 GWB mit Blick auf den Normzweck des § 81b GWB geboten ist.[977] Die Tatbestandsvoraussetzung der Zahlungsunfähigkeit in § 81b Abs. 1 GWB ist folglich so zu verstehen, dass diese eine wirtschaftliche Überforderung im Sinne des § 17 Abs. 2 S. 1 InsO bezeichnet.[978]
9. Eine Zahlungsunfähigkeit nach § 81b Abs. 1 GWB liegt dagegen nicht vor, wenn die wirtschaftliche Überforderung des Bußgeldschuldners zwar die materiellen Voraussetzungen einer drohenden Zahlungsunfähigkeit (§ 18 InsO)[979] bzw. einer Überschuldung (§ 19 InsO)[980] erfüllt, der Bußgeldschuldner gegenwärtig aber noch über hinreichende Zahlungsmittel zur Befriedigung von über 90 % der fälligen Forderungen verfügt.[981]
10. Der Wortlaut des § 81b Abs. 1 GWB und die dazugehörige Gesetzesbegründung bestimmen nicht ausdrücklich, wer über das (Nicht-)Vorliegen einer Zahlungsunfähigkeit nach § 81b Abs. 1 GWB zu entscheiden hat, also wem die Feststellungskompetenz hinsichtlich der Tatbestandsvoraussetzung zugewiesen ist. Mangels anderweitiger Regelung und zur Sicherstellung der Wirksamkeit des § 81b GWB kommt dem Bundeskartellamt die Feststellungskompetenz hinsichtlich des Vorliegens einer Zahlungsunfähigkeit zu.[982]
11. Weder aus § 81b GWB noch aus der Gesetzesbegründung ergeben sich Hinweise, wie die Kartellbehörde das Vorliegen einer Zahlungsunfä-

974 Siehe oben, Teil 2, E. III. 1 b).
975 Siehe oben, Teil 2, E. III. 1. c) dd) (1).
976 Siehe oben, Teil 2, E. III. 1. c) dd) (2).
977 Siehe oben, Teil 2, E. III. 1. c) dd).
978 Siehe oben, Teil 2, E. III. 1. d).
979 Siehe oben, Teil 2, E. III. 2. a).
980 Siehe oben, Teil 2, E. III. 3. a).
981 Siehe oben, Teil 2, E. III. 2. b) und 3 b).
982 Siehe oben, Teil 3, A.

higkeit nach § 81b Abs. 1 GWB feststellen kann. Um zu vermeiden, dass kartellbehördliche Befugnisse gemäß § 81b Abs. 1-3 GWB trotz eigentlicher Zahlungsfähigkeit des Bußgeldschuldners ausgeübt werden, kann eine kartellbehördliche Feststellung der Zahlungsunfähigkeit nach § 81b Abs. 1 GWB nicht auf Grundlage einer dem Bußgeldschuldner zurechenbaren Erklärung über das Vorliegen einer Zahlungsunfähigkeit[983], der bloßen Nichtzahlung der Geldbuße[984] oder eines erfolglosen Beitreibungsversuchs im Rahmen der verwaltungsrechtlichen Einzelzwangsvollstreckung[985] erfolgen.

12. Wird über das Vermögen des Bußgeldschuldners ein Insolvenzverfahren wegen Zahlungsunfähigkeit (§ 17 InsO) eröffnet, kann das Bundeskartellamt die insolvenzgerichtliche Feststellung[986] des Insolvenzgrundes heranziehen, um eine Zahlungsunfähigkeit nach § 81b Abs. 1 GWB festzustellen.[987] Voraussetzung ist, dass der Eröffnungsbeschluss nicht infolge schwerwiegender Verfahrensmängel nichtig ist[988] oder aufgrund einer sofortigen Beschwerde rechtskräftig aufgehoben wurde[989] und das Insolvenzgericht das Insolvenzverfahren nicht nachträglich mangels (Fort-)Bestehens von Insolvenzgründen gemäß § 212 InsO eingestellt hat[990].
13. Der insolvenzgerichtlichen Entscheidung über die Zulässigkeit eines Insolvenzantrags kann im Verhältnis zur Feststellung über das (Nicht-)Vorliegen einer Zahlungsunfähigkeit keine eigenständige Bedeutung zugemessen werden, sodass die kartellbehördliche Feststellung des Vorliegens einer Zahlungsunfähigkeit (§ 81b Abs. 1 GWB) nicht auf Grundlage eines zulässigen Schuldner- oder Gläubigerantrags (§ 13 f. InsO) erfolgen kann, welcher das Vorliegen einer Zahlungsunfähigkeit (§ 17 Abs. 2 S. 1 InsO) des Rechtsträgers der Unternehmensvereinigung lediglich substantiiert darlegt oder glaubhaft macht.[991]

983 Siehe oben, Teil 3, B. I.
984 Siehe oben, Teil 3, B. II.
985 Siehe oben, Teil 3, B. III.
986 Siehe oben, Teil 3, B. IV. 1.
987 Siehe oben, Teil 3, B. IV. 2. a).
988 Siehe oben, Teil 3, B. IV. 2. b) aa).
989 Siehe oben, Teil 3, B. IV. 2. b) bb) (2).
990 Siehe oben, Teil 3, B. IV. 2. b) cc).
991 Siehe oben, Teil 3, B. V.

14. Wird die Eröffnung eines Insolvenzverfahrens über das Vermögen des Bußgeldschuldners mangels Masse (§ 26 Abs. 1 InsO) abgewiesen[992], kann das Bundeskartellamt aus dem Abweisungsbeschluss – mangels insolvenzgerichtlicher Pflicht zur Bezeichnung des festgestellten Insolvenzgrundes – in der Regel nicht ableiten, ob der zugrundeliegende Antrag tatsächlich wegen Zahlungsunfähigkeit (§ 17 InsO) begründet ist.[993] Die insolvenzgerichtlich angestellte negative Deckungsprognose bezieht sich auf die fehlende Deckung künftig entstehender Verfahrenskosten[994] und trifft folglich keine Aussage bezüglich der derzeitigen Liquidität des Schuldners.[995] Somit kann das Bundeskartellamt das Vorliegen einer Zahlungsunfähigkeit nach § 81b Abs. 1 GWB in aller Regel nicht auf Grundlage eines insolvenzgerichtlichen Abweisungsbeschlusses gemäß § 26 Abs. 1 InsO feststellen.[996]
15. Methodische Vorgaben, wie das Bundeskartellamt das (Nicht-)Vorliegen einer Zahlungsunfähigkeit nach § 81b Abs. 1 GWB eigenständig prüfen kann, fehlen. Das Vorliegen einer Zahlungsunfähigkeit nach § 81b Abs. 1 GWB kann mangels entsprechender Rechtsgrundlage nicht aufgrund einer Zahlungseinstellung vermutet werden.[997] Die eigenständige kartellbehördliche Prüfung hinsichtlich des (Nicht-)Vorliegens einer Zahlungsunfähigkeit des Bußgeldschuldners erfordert insoweit die Durchführung einer Liquiditätsprüfung, in deren Rahmen fällige und innerhalb von drei Wochen fällig werdende Verbindlichkeiten den bestehenden und innerhalb desselben Zeitraums verfügbar werdenden Zahlungsmitteln gegenüberzustellen sind.[998]
16. Zur Durchführung der Liquiditätsprüfung benötigt das Bundeskartellamt Informationen über die relevanten Zahlungsmittel und Verbindlichkeiten des Bußgeldschuldners.[999] Die im Bußgeldverfahren gewonnenen Informationen über die wirtschaftlichen Verhältnisse des Rechtsträgers der Unternehmensvereinigung sind zum Zeitpunkt einer möglichen Bußgelddurchsetzung nach § 81b GWB veraltet, sodass die Kartellbehörde auf Grundlage dieser Informationen eine Liquiditäts-

992 Siehe oben, Teil 3, B. VI.
993 Siehe oben, Teil 3, B. VI. 1. a).
994 Siehe oben, Teil 3, B. VI. 2. a).
995 Siehe oben, Teil 3, B. VI. 2. b).
996 Siehe oben, Teil 3, B. VI. 3.
997 Siehe oben, Teil 3, B. VII. 1. a).
998 Siehe oben, Teil 3, B. VII. 1. b).
999 Siehe oben, Teil 3, B. VII. 2.

prüfung zur Ermittlung des (Nicht-)Vorliegens einer Zahlungsunfähigkeit nach § 81b Abs. 1 GWB nicht nutzen kann.[1000]

17. Das in § 59 Abs. 1 GWB normierte Informationsrecht des Bundeskartellamtes, welches inhaltlich nahezu umfassend ausgestaltet ist, findet nach dem Wortlaut des § 82b GWB nur im Bußgeldverfahren Anwendung.[1001] § 81b GWB ist dem Abschluss des Bußgeldverfahrens zeitlich nachgelagert, sodass § 82b GWB und damit § 59 Abs. 1 GWB nicht durch das Bundeskartellamt angewandt werden können, um Informationen zur Prüfung der Liquidität des Rechtsträgers der Unternehmensvereinigung zu gewinnen.[1002] Mangels Analogiefähigkeit[1003] und mangels planwidriger Regelungslücke[1004] ist § 82b GWB i. V. m. § 59 Abs. 1 GWB nicht analog zur Ermittlung der Vermögensverhältnisse des Bußgeldschuldners anwendbar, um das (Nicht-)Vorliegen einer Zahlungsunfähigkeit nach § 81b Abs. 1 GWB zu prüfen.[1005] Da die Ausübung kartellbehördlicher Befugnisse nach § 81b GWB nicht als »Vollstreckung« der Bußgeldentscheidung im Sinne des § 90 OWiG einzuordnen ist, findet das verwaltungsvollstreckungsrechtliche Informationsrecht des § 90 Abs. 1 OWiG i. V. m. § 5 VwVG i. V. m. § 249 Abs. 2 S. 1 AO ebenso wenig Anwendung, um erforderliche Informationen über die Vermögensverhältnisse des Bußgeldschuldners zur Durchführung einer Liquiditätsprüfung in § 81b Abs. 1 GWB zu gewinnen.[1006]
18. Die fehlende gesetzliche Anordnung eines kartellbehördlichen Informationsrechts führt dazu, dass die Kartellbehörde das (Nicht-)Vorliegen einer Zahlungsunfähigkeit nach § 81b Abs. 1 GWB nach geltendem Recht nicht eigenständig prüfen und feststellen kann. Die damit einhergehende Beeinträchtigung der Wirksamkeit des § 81b GWB hat zur Folge, dass die effektive Durchführung der »ECN-Plus«-Richtlinie *de lege lata* nicht sichergestellt ist.[1007]
19. Vorgaben dazu, wie die kartellbehördliche Feststellung oder die Ausübung von Befugnissen gemäß § 81b Abs. 1-3 GWB gerichtlich an-

1000 Siehe oben, Teil 3, B. VII. 2. a).
1001 Siehe oben, Teil 3, VII. 2. b).
1002 Siehe oben, Teil 3, VII. 2. b).
1003 Siehe oben, Teil 3, VII. 2. c) aa).
1004 Siehe oben, Teil 3, VII. 2. c) bb).
1005 Siehe oben, Teil 3, VII. 2. c) cc).
1006 Siehe oben, Teil 3, VII. 2. d) aa).
1007 Siehe oben, Teil 3, VIII. 2. und 3.

gegriffen werden können, resultieren weder aus den §§ 81 ff. GWB noch aus der Gesetzesbegründung.[1008] Die kartellbehördliche Feststellung einer Zahlungsunfähigkeit muss jedoch mit Blick auf Art. 19 Abs. 4 S. 1 GG zumindest dergestalt gerichtlich angreifbar sein, dass Rechtsschutz gegen kartellbehördliche Maßnahmen gemäß § 81b Abs. 1-3 GWB zu gewährleisten ist, die das Vorliegen einer Zahlungsunfähigkeit nach § 81b Abs. 1 GWB voraussetzen.[1009]

20. Mittels Einspruchs gemäß §§ 67 ff. OWiG kann allein die Bußgeldentscheidung angegriffen werden, sodass der Einspruch keinen statthaften Rechtsbehelf gegenüber kartellbehördlichen Maßnahmen nach § 81b Abs. 1-3 GWB bildet.[1010] Ein Einspruch gemäß §§ 67 ff. OWiG kann dementsprechend auch nicht erhoben werden, um die kartellbehördliche Feststellung einer Zahlungsunfähigkeit des Rechtsträgers der Unternehmensvereinigung gemäß § 81b Abs. 1 GWB gerichtlich anzugreifen.[1011]
21. Die Beschwerde nach § 73 GWB begründet allein einen statthaften Rechtsbehelf gegen kartellbehördliche Verfügungen auf dem Gebiet des Kartellverwaltungsrechts. Da § 81b GWB im Kapitel 2 »Bußgeldsachen« verortet ist und in einem engen Regelungszusammenhang zum Bußgeldverfahren und der Bußgeldfestsetzung steht, können Maßnahmen gemäß § 81b Abs. 1-3 GWB nicht als Verfügungen auf dem Gebiet des Kartellverwaltungsrechts eingeordnet werden, sodass diese nicht gemäß § 73 GWB gerichtlich angegriffen werden können.[1012]
22. Die Einwendungen des § 103 Abs. 1 Nr. 1 und Nr. 3 OWiG begründen nach deren Wortlaut allein Rechtsbehelfe gegen die Zulässigkeit der Vollstreckung oder bestimmte Vollstreckungsmaßnahmen, sodass kartellbehördliche Maßnahmen nach § 81b Abs. 1-3 GWB nicht gemäß § 103 Abs. 1 Nr. 1 oder Nr. 3 OWiG (in direkter Anwendung) gerichtlich angegriffen werden können.[1013] Aufgrund des Vorliegens einer planwidrigen Regelungslücke und einer hinreichenden Ähnlichkeit zwischen Vollstreckungsmaßnahmen zur Bußgelddurchsetzung und kartellbehördlichen Maßnahmen gemäß § 81b Abs. 1-3 GWB ist jedoch

1008 Siehe oben, Teil 4.
1009 Siehe oben, Teil 4, A.
1010 Siehe oben, Teil 4, B. I.
1011 Siehe oben, Teil 4, B. I.
1012 Siehe oben, Teil 4, B. II.
1013 Siehe oben, Teil 4, B. III.

eine analoge Anwendung des § 103 Abs. 1 Nr. 1 OWiG[1014] geboten, um Rechtsschutz gegen eine – mangels tatsächlichen Vorliegens einer Zahlungsunfähigkeit (§ 81b Abs. 1 GWB) – unzulässige Bußgelddurchsetzung gemäß § 81b Abs. 1-3 GWB zu gewährleisten.[1015]

23. Der für die Einwendung nach § 103 Abs. 1 Nr. 1 OWiG gesetzlich vorgesehene verfahrensrechtliche Rahmen ist grundsätzlich auch zur Bestimmung verfahrensrechtlicher Vorgaben bei einer Einwendung analog § 103 Abs. 1 Nr. 1 OWiG heranzuziehen.[1016] Daraus ergibt sich, dass zur Einwendung gegen die Zulässigkeit kartellbehördlicher Maßnahmen gemäß § 81b Abs. 1-3 GWB insbesondere der jeweils Betroffene berechtigt ist.[1017] Die vertretungsberechtigten Personen des jeweils adressierten Rechtsträgers müssen insoweit geltend machen, dass der Bußgeldschuldner durch ein Verlangen nach § 81b Abs. 1 GWB oder die Unternehmensträger durch eine Inanspruchnahme nach § 81b Abs. 2 oder Abs. 3 GWB möglicherweise in eigenen Rechten verletzt worden sind.[1018] Um die Abhilfemöglichkeit des Bundeskartellamtes zu wahren, ist die Einwendung zunächst bei der Kartellbehörde zu erheben, welche selbst Abhilfe schafft oder die Einwendung an das zuständige Gericht weiterleitet.[1019]
24. Zuständiges Gericht für die Entscheidung über eine analog § 103 Abs. 1 Nr. 1 OWiG erhobene Einwendung ist das Oberlandesgericht Düsseldorf nach §§ 86 analog, 83 GWB i. V. m. § 2 KartellGBildVO[1020], welches die Bußgelddurchsetzung bis zur Entscheidung aussetzen kann[1021]. Das Oberlandesgericht Düsseldorf entscheidet über die Einwendung gegen die Zulässigkeit kartellbehördlicher Maßnahmen gemäß § 81b Abs. 1-3 GWB nach Anhörung der Beteiligten gemäß § 104 Abs. 2 S. 2 OWiG mittels Beschlusses.[1022] Der Beschluss entfaltet gegenüber dem Bundeskartellamt Bindungswirkung.[1023] Stellt das zuständige Gericht die Unzulässigkeit der Durchsetzung einer Geldbuße mittels

1014 Siehe oben, Teil 4, B. IV. 1.
1015 Siehe oben, Teil 4, B. IV. 2.
1016 Siehe oben, Teil 4, C.
1017 Siehe oben, Teil 4, C. I.
1018 Siehe oben, Teil 4, C. II.
1019 Siehe oben, Teil 4, C. III.
1020 Siehe oben, Teil 4, C. IV.
1021 Siehe oben, Teil 4, C. V.
1022 Siehe oben, Teil 4, C. VI.
1023 Siehe oben, Teil 4, C. VI.

einer kartellbehördlichen Maßnahme nach § 81b Abs. 1-3 GWB mangels Zahlungsunfähigkeit des Rechtsträgers der Unternehmensvereinigung fest, ist das Bundeskartellamt somit an diese Feststellung gebunden.[1024]

25. Die am insolvenzrechtlichen Maßstab orientierte Auslegung des Begriffs der Zahlungsunfähigkeit nach § 81b Abs. 1 GWB führt dazu, dass die in § 81b Abs. 1-3 GWB normierten kartellbehördlichen Befugnisse zur Bußgelddurchsetzung nur dann ausgelöst werden, wenn aus Sicht des Insolvenzrechts eine wirtschaftliche Krise in einem solchen Ausmaß besteht, dass der (insolvenzfähige) Schuldner als nicht wettbewerbsfähig einzuordnen ist.[1025] Aus der Zwecksetzung der »ECN-Plus«-Richtlinie ergibt sich, dass die Rechtfertigung der in § 81b GWB normierten Befugnisse im Gebot der wirksamen Anwendung des Kartellverbots und damit in der Schaffung eines Systems des unverfälschten Wettbewerbs zu suchen ist.[1026] Dieser Zweck kann aufgrund der gesetzlichen Ausgestaltung des § 81b Abs. 1 GWB nicht durch eine kartellbehördliche Aufforderung gegenüber den (passiv-)vertretungsberechtigten Personen des Bußgeldschuldners, Deckungsbeiträge zu verlangen, erreicht werden.[1027] Inwieweit der Inanspruchnahme von unternehmerisch tätigen Mitgliedern nach § 81b Abs. 2 bzw. Abs. 3 GWB eine wettbewerbsschützende Funktion dergestalt beigemessen werden kann, dass die Durchsetzung einer nach § 81c Abs. 4 GWB festgesetzten Geldbuße zu einer Verfahrensvereinfachung führt[1028], hängt von der künftig zu klärenden Ausformung der Befugnisse nach § 81b Abs. 2 und Abs. 3 GWB im Falle der Zahlungsunfähigkeit des Bußgeldschuldners ab und ist zum jetzigen Zeitpunkt nicht sichergestellt[1029].

1024 Siehe oben, Teil 4, C. VI.
1025 Siehe oben, Teil 5.
1026 Siehe oben, Teil 5, A.
1027 Siehe oben, Teil 5, B. I.
1028 Siehe oben, Teil 5, B. II. 1.
1029 Siehe oben, Teil 5, B. II. 2.

Literaturverzeichnis

Achenbach, Hans, Ahndende Sanktion gegen Unternehmen und die für sie handelnden Personen im deutschen Recht, in: Schünemann, Bernd/Figueiredo Dias, Jorge de (Hrsg.), Bausteine des europäischen Strafrechts, Coimbra-Symposium für Claus Roxin, S. 283–305, Köln/Berlin/Bonn/München 1995 (zitiert als: *Achenbach*, CS Roxin)

Achenbach, Hans, Haftung und Ahndung, Wider die Vertauschung zweier disparater Rechtsfolgemodelle, ZIS 2012, S. 178–182

Achenbach, Hans, Verbotene Kartellbildung und abgestimmtes Verhalten nach deutschem und europäischem Recht als deutscher Bußgeldtatbestand und das Gesetzlichkeitsprinzip des Art. 103 Abs. 2 GG, WuW 2011, S. 810–820

Ahrens, Martin/Gehrlein, Markus/Ringstmeier, Andreas (Hrsg.), Insolvenzrecht, 4. Auflage, Hürth 2020 (zitiert als: *Bearbeiter*, in: A/G/R, InsolvenzR)

Alexander, Christian/Jüttner, Roberto, Rechtsharmonisierung durch privatrechtsgestaltende Richtlinien, Einordnung, Funktionsweise und Wirkungen von Richtlinien der EU, JuS 2020, S. 1137–1143

Ampferl, Hubert/Kilper, Raik, Die Ermittlung der Zahlungsunfähigkeit in der Praxis, Anmerkung zu BGH, Urt. v. 19.12.2017 - II ZR 88/16, NZI 2018, 204, NZI 2018, S. 191–197

Andres, Dirk/Leithaus, Rolf (Hrsg.), Insolvenzordnung (InsO), Kommentar, 4. Auflage, München 2018 (zitiert als: *Bearbeiter*, in: Andres/Leithaus)

Andresen, Karsten, Die objektiven Kriterien der Zahlungsunfähigkeit nach der Rechtsprechung des BGH und dem IDW, Frankfurt am Main 2014

Angerbauer, Timo, Vereinbarkeit der Arbeit von Wirtschaftsverbänden mit dem deutschen und europäischen Kartellrecht, Marburg 2015

App, Michael, Anordnung der bußgeldrechtlichen Erzwingungshaft nach Eröffnung des Insolvenzverfahrens über das Vermögen des Schuldners?, ZVI 2008, S. 197–200

App, Michael, Das Rechtsbehelfsverfahren gegen Vollstreckungsmaßnahmen nach Eröffnung des Insolvenzverfahrens, NZI 1999, S. 138–140

App, Michael, Keine Erzwingungshaft zur Zahlung einer Geldbuße ab Eröffnung des Insolvenzverfahrens, Anmerkung zu AG Steinfurt v. 13.08.2003 - 17 OWi 198/03, EWiR 2004, S. 187–188

App, Michael, Unzulässige und noch zulässige Maßnahmen von Insolvenzgläubigern nach Eröffnung eines Insolvenzverfahrens über das Vermögen des Schuldners, DGVZ 2004, S. 67–69

Arbeitskreis für Insolvenzwesen Köln e. V. (Hrsg.), Kölner Schriften zur Insolvenzordnung, 3. Auflage, Münster 2009 (zitiert als: *Bearbeiter*, in: KölSch-InsO)

Bacher, Klaus/Hempel, Rolf/Wagner-von Papp, Florian (Hrsg.), Beck'scher Online-Kommentar, Kartellrecht, 14. Ed., Stand: 01.10.2024, München (zitiert als: *Bearbeiter*, in: BeckOK-KartellR)

Bader, Johann/Ronellenfitsch, Michael (Hrsg.), Beck'scher Online-Kommentar, VwVfG mit VwVG und VwZG, 65. Ed, Stand: 01.01.2024, München (zitiert als: *Bearbeiter*, in: BeckOK-VwVfG)

Badura, Peter, Staatsrecht, Systematische Erläuterung des Grundgesetzes, 7. Auflage, München 2018

Barthe, Christoph/Gericke, Jan (Hrsg.), Karlsruher Kommentar zur Strafprozessordnung, 9. Auflage, München 2023 (zitiert als: *Bearbeiter*, in: KarlsK-StPO)

Baumert, Andreas J., Feststellung der Zahlungsunfähigkeit durch mehrere taggenaue Liquiditätsstatus im Prognosezeitraum, LMK 2022, 812022

Baumert, Andreas J., Feststellung der Zahlungsunfähigkeit: Wenn Strafrecht und Insolvenzrecht aufeinandertreffen, NJW 2019, S. 1486–1491

Baumert, Andreas J., Widerlegung der Vermutung der Zahlungsunfähigkeit bei Zahlungseinstellung – offene Prozessfragen und IDW S 11, Anm. zu BGH, NZI 2015, 511, NZI 2015, S. 589–593

Bechtold, Rainer/Bosch, Wolfgang (Hrsg.), Gesetz gegen Wettbewerbsbeschränkungen (§§ 1-96, 185, 186), Kommentar, 10. Auflage, München 2021 (zitiert als: *Bechtold/Bosch*, GWB)

Beck, Siegfried/Depré, Peter/Ampferl, Hubert (Hrsg.), Praxis der Sanierung und Insolvenz, Ein Handbuch für die Beteiligten und ihre Berater, 4. Auflage, München 2023 (zitiert als: *Bearbeiter*, in: Beck/Depré, InsO)

Behrens, Peter, Der Wettbewerb im Vertrag von Lissabon, EuZW 2008, S. 193

Behrens, Peter, Europäisches Marktöffnungs- und Wettbewerbsrecht, Eine systematische Darstellung der Wirtschafts- und Wettbewerbsverfassung der EU, Heidelberg 2017

Berg, Werner/Mäsch, Gerald (Hrsg.), Deutsches und Europäisches Kartellrecht, Kommentar, 4. Auflage, Köln 2022 (zitiert als: *Bearbeiter*, in: Berg/Mäsch, KartellR)

Bergau, Torsten, Die Sanierungsfusion im europäischen Kartellrecht, Köln 2003

Bieber, Tobias, Die gesamtschuldnerische Haftung für die Zahlung von Kartellbußen im EU-Recht, Köln 2014

Bien, Florian/Käseberg, Thorsten/Klumpe, Gerhard/Körber, Thorsten/Ost, Konrad (Hrsg.), Die 10. GWB-Novelle, Das neue Kartellrecht, München 2021 (zitiert als: *Bearbeiter*, in: B/K/K/K/O, 10. GWB-Novelle)

Birnstiel, Alexander/Hegener, Jochen C., Verschärfte Ermittlungsbefugnisse deutscher Kartellbehörden – Umfassende Auskunftsverlangen und Mitwirkungspflichten bei Durchsuchungen, DB 2021, S. 1724–1732

Bitter, Georg/Kresser, Matthias, Positive Fortführungsprognose trotz fehlender Ertragsfähigkeit?, Zur Überschuldung nach § 19 Abs. 2 S. 1 InsO, insbesondere bei kriselnden Assetfinanzierungen, ZIP 2012, S. 1733–1743

Blersch, Jürgen/Goetsch, Hans-W./Haas, Ulrich (Hrsg.), Berliner Kommentar, Insolvenzrecht, InsO, InsVV, Internationales InsR, Steuerrecht, SchVG, ArbnErfG, Bd. 1, 84. EL, Stand: 09.2024, Loseblatt, Köln (zitiert als: *Bearbeiter*, in: BK-InsO)

Bork, Reinhard, Einführung in das Insolvenzrecht, 11. Auflage, Tübingen 2023

Bork, Reinhard, Zahlungsunfähigkeit, Zahlungsstockung und Passiva II, ZIP 2008, S. 1749–1753

Bork, Reinhard/Hölzle, Gerrit (Hrsg.), Handbuch Insolvenzrecht, 2. Auflage, Köln 2019 (zitiert als: *Bearbeiter*, in: Bork/Hölzle, InsO)

Brahmstaedt, Robert, Die Feststellung der Zahlungsunfähigkeit, Köln 2012

Brahmstaedt, Robert/Klopp, Annika, Die Bugwelle ist gebrochen – Ermittlung der Zahlungsunfähigkeit unter Berücksichtigung der Passiva II, Zugleich Besprechung des BGH-Urteils vom 19.12.2017 – II ZR 88/16, DB 2018 S. 307, DB 2018, S. 875–880

Brand, Christian/Reschke, Dennis, Insolvenzverschleppung – künftig auch im eingetragenen Verein strafbar?, NJW 2009, S. 2343–2347

Braun, Eberhard (Hrsg.), Insolvenzordnung, InsO mit EuInsVO, Kommentar, 10. Auflage, München 2024 (zitiert als: *Bearbeiter*, in: Braun, InsO)

Brender, Markus, Die Neuregelung der Verbandstäterschaft im Ordnungswidrigkeitenrecht, Rheinfelden/Freiburg/Berlin 1989

Bronett, Georg-Klaus de, Europäisches Kartellverfahrensrecht, Kommentar zur VO 1/2003, 2. Auflage, Köln 2011

Brouwer, Tobias, Compliance im Wirtschaftsverband, CCZ 2009, S. 161–168

Bunte, Hermann-Josef (Hrsg.), Kommentar zum deutschen und europäischen Kartellrecht, Deutsches Kartellrecht, Bd. 1, 14. Auflage, Hürth 2022 (zitiert als: *Bearbeiter*, in: Bunte, Dt. KartellR)

Bunte, Hermann-Josef (Hrsg.), Kommentar zum deutschen und europäischen Kartellrecht, Europäisches Kartellrecht, Bd. 2, 14. Auflage, Hürth 2022 (zitiert als: *Bearbeiter*, in: Bunte, EU-KartellR)

Busche, Jan/Röhling, Andreas (Hrsg.), Kölner Kommentar zum Kartellrecht, Bd. 2, Köln 2014 (zitiert als: *Bearbeiter*, in: KK-KartellR, Bd. 2)

Busche, Jan/Röhling, Andreas (Hrsg.), Kölner Kommentar zum Kartellrecht, Bd. 3, Köln 2016 (zitiert als: *Bearbeiter*, in: KK-KartellR, Bd. 3)

Bydlinski, Peter, Grundzüge der juristischen Methodenlehre, 4. Auflage, Stuttgart 2023

Calliess, Christian/Ruffert, Matthias (Hrsg.), EUV/AEUV, Das Verfassungsrecht der Europäischen Union mit Europäischer Grundrechtecharta, Kommentar, 6. Auflage, München 2022 (zitiert als: *Bearbeiter*, in: Calliess/Ruffert, EUV/AEUV)

Canaris, Claus-Wilhelm, Die Feststellung von Lücken im Gesetz, Eine methodologische Studie über Voraussetzungen und Grenzen der richterlichen Rechtsfortbildung praeter legem, 2. Auflage, Berlin 1983

Chmeis, Ahmad, Kartellsanktionsrecht, Verfahrensrechtliche Konvergenz innerhalb der Europäischen Union unter besonderer Berücksichtigung des deutschen Rechts, Berlin 2018

Costa, Marios/Peers, Steve, Steiner & Woods, EU Law, 14. Auflage, Oxford 2020

Cranshaw, Friedrich L., Insolvenz- und finanzrechtliche Perspektiven der Insolvenz von juristischen Personen des öffentlichen Rechts, insbesondere Kommunen, Berlin 2007

Dahl, Michael, Der Gläubigerantrag in der Insolvenz, NJW-Spezial 2009, S. 741–742

Dalheimer, Dorothe/Feddersen, Christoph T./Miersch, Gerald (Hrsg.), EU-Kartellverfahrensverordnung, Kommentar VO 1/2003, Sonderausgabe aus Grabitz/Hilf, Das Recht der Europäischen Union, Nach Art. 83 EGV, München 2005 (zitiert als: *Bearbeiter*, in: D/F/M, KartellverfahrensVO)

Dannecker, Gerhard, Zur bußgeldrechtlichen Verantwortung der Unternehmen in der Europäischen Union, NZWiSt 2022, S. 85–99

Dästner, Moritz, Bestimmtheitsgrundsatz und Schuldprinzip im EU-Kartellbußgeldrecht, Frankfurt am Main 2016

Dauner-Lieb, Barbara/Langen, Werner (Hrsg.), BGB Schuldrecht, ProdHaftG, UKlaG, 4. Auflage, Baden-Baden 2021 (zitiert als: *Bearbeiter*, in: Dauner-Lieb/Langen, BGB Schuldrecht)

Dauses, Manfred (Begr.), *Ludwigs, Markus* (Hrsg.), Handbuch des EU-Wirtschaftsrechts, 61. EL, Stand: 09.2024, Loseblatt, München (zitiert als: *Bearbeiter*, in: Dauses/Ludwigs, EU-WirtschaftsR)

Detterbeck, Steffen, Allgemeines Verwaltungsrecht mit Verwaltungsprozessrecht, 22. Auflage, München 2024

Dittmer, Jana, Die Feststellung der Zahlungsunfähigkeit von Gesellschaften mit beschränkter Haftung, Tübingen 2013

Dogs, Maximilian, Die Verpflichtung der EU-Kommission zum Einschreiten gegen unternehmerische Wettbewerbsverstöße, Baden-Baden 2022

Dreier, Horst (Hrsg.), Grundgesetz-Kommentar, Bd. 2, 3. Auflage, Tübingen 2015 (zitiert als: *Bearbeiter*, in: Dreier, GG)

Drukarczyk, Jochen, Überschuldung, in: Siekmann, Helmut/Cahn, Andreas/Florstedt, Tim/Langenbucher, Katja/Redenius-Hövermann, Julia/Tröger, Tobias/Segna, Ulrich (Hrsg.), Festschrift für Theodor Baums, zum siebzigsten Geburtstag, S. 339–365, Baden-Baden 2017 (zitiert als: *Drukarczyk*, FS Baums)

Ehricke, Ulrich, Die Rückforderung gemeinschaftsrechtswidriger Beihilfen in der Insolvenz des Beihilfenempfängers, ZIP 2000, S. 1656–1667

Ehricke, Ulrich, Kontrolldefizite hinsichtlich der Kartellrechtsmäßigkeit von Wettbewerbsregeln gem. §§ 24 ff. GWB, in: Bechtold, Stefan/Jickeli, Joachim/Rohe, Mathias (Hrsg.), Recht, Ordnung und Wettbewerb: Festschrift zum 70. Geburtstag von Wernhard Möschel, S. 169–189 (zitiert als: *Ehricke*, FS Möschel)

Emmerich, Volker/Lange, Knut Werner, Kartellrecht, Ein Studienbuch, 16. Auflage, München 2024

Engelhardt, Hanns (Begr.), *Schlatmann, Arne* (Hrsg.), Verwaltungsvollstreckungsgesetz, Verwaltungszustellungsgesetz, 12. Auflage, München 2021 (zitiert als: *Bearbeiter*, in: E/A/S, VwVG/VwZG)

Engisch, Karl, Einführung in das juristische Denken, 13. Auflage, Stuttgart 2024

Epping, Volker, Grundrechte, 10. Auflage, Berlin/Heidelberg 2024

Epping, Volker/Hillgruber, Christian (Hrsg.), Beck'scher Online-Kommentar, Grundgesetz, 59. Ed., Stand: 15.09.2024, München (zitiert als: *Bearbeiter*, in: BeckOK-GG)

Erman, Walter (Begr.), *Westermann, Harm Peter/Grunewald, Barbara/Maier-Reimer, Georg* (Hrsg.), Bürgerliches Gesetzbuch, Kommentar mit Nebengesetzen (AGG, BVersTG, ErbbauRG, ProdhaftG, VBVG, VersAuslG, WEG – teils in Auszügen) und Internationalem Privatrecht, Bd. 1, 17. Auflage, Köln 2023 (zitiert als: *Bearbeiter*, in: Erman, BGB)

Fallak, Thomas C., Die Prüfung der Zahlungsunfähigkeit mittels Algorithmen, Zugleich ein rechtswissenschaftlicher Beitrag zum Verständnis von Prognosen und künstlicher Intelligenz, Baden-Baden 2022

Fallak, Thomas C., Digitale Auswertung von Buchhaltungsdaten zur Ex-post-Feststellung des Eintritts der Zahlungsunfähigkeit, ZIP 2018, S. 1860–1867

Fehling, Michael/Kastner, Berthold/Störmer, Rainer (Hrsg.), Verwaltungsrecht VwVfG, VwGO, Nebengesetze, Handkommentar, 5. Auflage, Baden-Baden 2021 (zitiert als: *Bearbeiter*, in: Fehling/Kastner/Störmer)

Fischer, Gero, Fortbestehensprognose und Sanierung, NZI 2016, S. 665–674

Fischer, Gero, Krisenbewältigung durch Insolvenzrecht, ZGR 2006, S. 403–418

Fischer, Gero, Zur Feststellung der Zahlungsunfähigkeit – Folgerungen aus der Rechtsprechung des IX. Zivilsenats, in: Berger, Christian/Kayser, Godehard/Pannen, Klaus (Hrsg.), Sanierung, Insolvenz, Berufsrecht der Rechtsanwälte und Notare, Festschrift für Hans Gerhard Ganter zum 65. Geburtstag, S. 153–166, München 2010 (zitiert als: *Fischer*, FS Ganter)

Flösing, Philipp, Letzter Ausweg: Verfahrenseinstellung gem. § 212 InsO, ZInsO 2016, S. 1506–1510

Foerste, Ulrich, Insolvenzrecht, 8. Auflage, München 2022

Franzen, Martin, Privatrechtsangleichung durch die Europäische Gemeinschaft, Berlin/New York 1999

Franzen, Martin/Gallner, Inken/Oetker, Hartmut (Hrsg.), Kommentar zum europäischen Arbeitsrecht, 5. Auflage, München 2024 (zitiert als: *Bearbeiter*, in: Franzen/Gallner/Oetker, EuArbRK)

Frege, Michael/Keller, Ulrich/Riedel, Ernst (Hrsg.), Insolvenzrecht, Handbuch der Rechtspraxis, 9. Auflage, München 2022 (zitiert als: *Bearbeiter*, in: Hdb InsolvenzR)

Frenz, Walter, Handbuch Europarecht, Band 2, Europäisches Kartellrecht, 2. Auflage, Berlin 2015

Fridgen, Alexander/Geiwitz, Arndt/Göpfert, Burkard (Hrsg.), Beck'scher Online-Kommentar, Insolvenzrecht, InsO, EGInsO, SanInsKG, InsVV, EuInsVO, Spezialthemen und Länderberichte, 37. Ed., Stand: 01.11.2024, München (zitiert als: *Bearbeiter*, in: BeckOK-InsO)

Frind, Frank, Gebrauchsanleitung für den erfolgreichen Gläubigerinsolvenzantrag – unter Berücksichtigung der Neufassung des § 14 InsO in der Fassung des Haushaltsbegleitgesetzes 2011, ZInsO 2011, S. 412–418

Frystatzki, Christian, Die insolvenzrechtliche Fortführungsprognose, Zahlungsfähigkeits- oder Ertragsfähigkeitsprognose, NZI 2011, S. 173–179

Frystatzki, Christian, Ungeklärte Probleme bei der Ermittlung der Zahlungsunfähigkeit und der neue IDW PS 800, NZI 2010, S. 389–395

Ganter, Hans Gerhard, Die Bedeutung der »Bugwelle« für die Feststellung der Zahlungsunfähigkeit, ZInsO 2011, S. 2297–2302

Gassner, Kathi/Seith, Sebastian (Hrsg.), Ordnungswidrigkeitengesetz, Handkommentar, 2. Auflage, Baden-Baden 2020 (zitiert als: *Bearbeiter*, in: Gassner/Seith, OWiG)

Gehrlein, Markus, Der Begriff der Zahlungsunfähigkeit, ZInsO 2018, S. 354–362

Giese, Peter/Heinichen, Christian/Janssen, Maximilian/Klumpp, Ulrich/Schelzke, Ricarda/Steinle, Christian, Kartellbußgeldrecht in der 10. GWB-Novelle – Teil 1, NZKart 2020, S. 562–568

Gogger, Martin/Fuhst, Christian (Hrsg.), Insolvenzgläubigerhandbuch, Optimale Rechtsdurchsetzung bei Insolvenz des Schuldners, 4. Auflage, München 2020 (zitiert als: *Bearbeiter*, in: Gogger/Fuhst)

Göhler, Erich (Begr.), *Bauer, Martin/Thoma, Anselm* (Hrsg.), Gesetz über Ordnungswidrigkeiten, 19. Auflage, München 2024 (zitiert als: *Bearbeiter*, in: Göhler, OWiG)

Gottwald, Peter/Haas, Ulrich (Hrsg.), Insolvenzrechts-Handbuch, 6. Auflage, München 2020 (zitiert als: *Bearbeiter*, in: Gottwald/Haas, Hdb InsolvenzR)

Grabitz, Eberhard (Begr.), *Hilf, Meinhard/Nettesheim, Martin* (Hrsg.), Das Recht der Europäischen Union, Bd. 3, 83. EL, Stand: 07.2024, Loseblatt, München (zitiert als: *Bearbeiter*, in: G/H/N, EU-Recht, Bd. 3)

Graf, Jürgen (Hrsg.), Beck'scher Online-Kommentar, OWiG, 44. Ed., Stand: 01.10.2024, München (zitiert als: *Bearbeiter*, in: BeckOK-OWiG)

Graf, Jürgen (Hrsg.), Beck'scher Online-Kommentar, StPO mit RiStBV und MiStra, 53. Ed., Stand: 01.10.2024, München (zitiert als: *Bearbeiter*, in: BeckOK-StPO)

Graf-Schlicker, Marie (Hrsg.), InsO, Kommentar zur Insolvenzordnung, 6. Auflage, Köln 2022 (zitiert als: *Bearbeiter*, in: Graf-Schlicker, InsO)

Grave, Carsten/Nyberg, Jenny, Zahlungsunfähigkeit eines Unternehmens (inability to pay) in der Bußgeldbemessung durch die Europäische Kommission, WuW 2011, S. 926–934

Groeben, Hans von der (Begr.), *Schwarze, Jürgen/Hatje, Armin* (Hrsg.), Europäisches Unionsrecht, Vertrag über die Europäische Union, Vertrag über die Arbeitsweise der Europäischen Union, Charta der Grundrechte der Europäischen Union, Bd. 4, 7. Auflage, Baden-Baden 2015 (zitiert als: *Bearbeiter*, in: von der Groeben/Schwarze/Hatje)

Gruber, Johannes Peter, Vereinbarungen, Beschlüsse und abgestimmte Verhaltensweisen, ÖZK 2010, S. 43–53

Grüneberg, Christian (Hrsg.), Bürgerliches Gesetzbuch, mit Nebengesetzen, 83. Auflage, München 2024 (zitiert als: *Bearbeiter*, in: Grüneberg, BGB)

Gsell, Beate/Krüger, Wolfgang/Lorenz, Stefan/Reymann, Christoph (Hrsg.), Beck-online Großkommentar zum Zivilrecht, München (zitiert als: *Bearbeiter*, in: BeckOGK-BGB)

Gumpp, Tobias, Stellenwert der Erwägungsgründe in der Methodenlehre des Unionsrechts, ZfPW 2022, S. 446–476

Gutmann, Torsten, Die rechnerische Ermittlung der Zahlungsunfähigkeit – Plädoyer für ein Modell der drei Schritte auf Basis absoluter Zahlen, NZI 2021, S. 473–481

Gutmann, Torsten, Grundsätze ordnungsgemäßer Planungsrechnungen in Restrukturierung und Insolvenz, NZI 2022, S. 457–462

Haarmeyer, Hans/Huber, Michael/Schmittmann, Jens M. (Hrsg.), Praxis der Insolvenzanfechtung, 4. Auflage, Hürth 2023 (zitiert als: *Bearbeiter*, in: H/H/S, Insolvenzanfechtung)

Haarmeyer, Hans/Suvacarevic, Stefan, Praxis der Abweisung mangels Masse, ZInsO 2006, S. 953–961

Haneke, Severin, Anmerkung zu BGH, Urteil vom 19.12.2017 – II ZR 88/16, NZI 2018, S. 209–210

Haratsch, Andreas/Koenig, Christian/Pechstein, Matthias, Europarecht, 11. Auflage, Tübingen 2018

Harsdorf, Natalie/Ummenberger-Zierler, Erika/Reidlinger, Alex, Europäische Vorgaben für Befugnisse und Unabhängigkeiten von nationalen Wettbewerbsbehörden, Eine erste Analyse der am 3.2.2019 in Kraft getretenen ECN+-RL, ÖBl 2019, S. 63–72

Harz, Michael/Bornmann, Martina/Conrad, Günther/Ecker, Tobias, Zahlungsunfähigkeit, drohende Zahlungsunfähigkeit und Überschuldung, Eine Betrachtung aus wirtschaftsforensischer Praxis, NZI 2015, S. 737–743

Häsemeyer, Ludwig, Die Gleichbehandlung der Konkursgläubiger, KTS 1982, S. 507–575

Häsemeyer, Ludwig, Insolvenzrecht, 4. Auflage, Köln 2007

Hau, Wolfgang/Poseck, Roman (Hrsg.), Beck'scher Online-Kommentar, BGB, 71. Ed., Stand: 01.08.2024, München (zitiert als: *Bearbeiter*, in: BeckOK-BGB)

Heese, Michael, Die Funktion des Insolvenzrechts im Wettbewerb der Rechtsordnungen, JZ 2018, S. 179–191

Heidel, Thomas/Hüßtege, Rainer/Mansel, Hans-Peter/Noack, Ulrich (Hrsg.), BGB, Allgemeiner Teil, EGBGB, 4. Auflage, Baden-Baden 2021 (zitiert als: *Bearbeiter*, in: NK-BGB, AT)

Hermanns, Michael/Wachter, Valerie, Gutachterliche Ermittlung von Insolvenzgründen zur retrograden Feststellung des Zeitpunkts der Zahlungsunfähigkeit anhand von elektronischen Buchungsdaten, ZInsO 2018, S. 1589–1596

Hess, Harald (Hrsg.), Kölner Kommentar zur Insolvenzordnung, Bd. 1, Köln 2016 (zitiert als: *Bearbeiter*, in: KK-InsO, Bd. 1)

Hess, Harald (Hrsg.), Kölner Kommentar zur Insolvenzordnung, Bd. 3, Köln 2017 (zitiert als: *Bearbeiter*, in: KK-InsO, Bd. 3)

Hiéramente, Mayeul/Gänswein, Oliver, Die neue Auskunftspflicht für Unternehmensleiter in Kartellverfahren nach der 10. GWB-Novelle, BB 2021, S. 392–398

Hobe, Stephan/Fremuth, Michael Lysander, Europarecht, 11. Auflage, München 2023

Höpker, Felix, Anmerkung zu BGH v. 15.03.2012 IX ZR 239/09, EWiR 2012, S. 353–354

Hübert, Ivens Henrique, Sorgfaltskonforme Prognosen und Pflichten der Geschäftsleiter im Vorfeld der Insolvenz, Ein Beitrag mit rechtsvergleichenden Bezügen, Baden-Baden 2018

IDW, IDW Standard: Beurteilung des Vorliegens von Insolvenzeröffnungsgründen (IDW S 11), IDW Life 2022, S. 107–120

Imgrund, Jan, The »inability to pay« doctrine in European competition law, ECLR 2012, S. 560–567

Immenga, Ulrich/Mestmäcker, Ernst-Joachim (Begr.), *Körber, Thorsten/Schweitzer, Heike/Zimmer, Daniel* (Hrsg.), Wettbewerbsrecht, Kommentar zum Deutschen Kartellrecht, Bd. 2 GWB, 7. Auflage, München 2024 (zitiert als: *Bearbeiter*, in: Immenga/Mestmäcker, GWB)

Immenga, Ulrich/Mestmäcker, Ernst-Joachim (Begr.), *Körber, Thorsten/Schweitzer, Heike/Zimmer, Daniel* (Hrsg.), Wettbewerbsrecht, Kommentar zum Europäischen Kartellrecht, Bd. 1 EU, 6. Auflage, München 2019 (zitiert als: *Bearbeiter*, in: Immenga/Mestmäcker, EU-KartellR)

Jaeger, Ernst (Begr.), *Gerhardt, Walter/Eckardt, Diederich/Windel, Peter A.* (Hrsg.), InsO, Bd. 2, §§ 35-55, 2. Auflage, Berlin/Boston 2023 (zitiert als: *Bearbeiter*, in: Jaeger, InsO, Bd. 2)

Jaeger, Ernst (Begr.), *Henckel, Wolfram/Gerhardt, Walter* (Hrsg.), Insolvenzordnung, Bd. 1, §§ 1-55, Berlin 2004 (zitiert als: *Bearbeiter*, in: Jaeger, InsO, Bd. 1)

Jaeger, Wolfgang/Kokott, Juliane/Pohlmann, Petra/Schroeder, Dirk/Seeliger, Daniela (Hrsg.), Frankfurter Kommentar zum Kartellrecht, Bd. 2, 109. EL, Stand: 09.2024, Loseblatt, Köln (zitiert als: *Bearbeiter*, in: FK-KartellR, Bd. 2)

Jaeger, Wolfgang/Kokott, Juliane/Pohlmann, Petra/Schroeder, Dirk/Seeliger, Daniela (Hrsg.), Frankfurter Kommentar zum Kartellrecht, Bd. 3, 109. EL, Stand: 09.2024, Loseblatt, Köln (zitiert als: *Bearbeiter*, in: FK-KartellR, Bd. 3)

Jaeger, Wolfgang/Kokott, Juliane/Pohlmann, Petra/Schroeder, Dirk/Seeliger, Daniela (Hrsg.), Frankfurter Kommentar zum Kartellrecht, Bd. 6, 105. EL, Stand: 04.2023, Loseblatt, Köln (zitiert als: *Bearbeiter*, in: FK-KartellR, Bd. 6)

Jarass, Hans/Pieroth, Bodo (Begr.), *Jarass, Hans/Kment, Martin* (Hrsg.), GG, Grundgesetz für die Bundesrepublik Deutschland, Kommentar, 18. Auflage, München 2024 (zitiert als: *Bearbeiter*, in: Jarass/Pieroth, GG)

Jauernig, Othmar (Begr.), *Stürner, Rolf* (Hrsg.), Bürgerliches Gesetzbuch mit Rom-I-VO, Rom-II-VO, Rom-III-VO, EG-UnthVO/HUntProt und EuErbVO, 19. Auflage, München 2023 (zitiert als: *Bearbeiter*, in: Jauernig, BGB)

Jones, Alison/Sufrin, Brenda/Dunne, Niamh, Jones and Sufrin's EU Competition Law, Text, Cases, and Materials, 7. Auflage, New York 2019

Jüchser, Alexander, Die Beteiligung am Kartell, Hamburg 2014

Kahlenberg, Harald/Rahlmeyer, Dietmar/Giese, Peter, Die 10. GWB-Novelle (GWB-Digitalisierungsgesetz) – Der Regierungsentwurf, BB 2020, S. 2691–2701

Kallfaß, Gunnar, Paradigmenwechsel im Kartellbußgeldverfahren?, ZWeR 2021, S. 336–360

Kamann, Hans-Georg/Ohlhoff, Stefan/Völcker, Sven (Hrsg.), Handbuch Kartellverfahren und Kartellprozess, 2. Auflage, München 2024 (zitiert als: *Bearbeiter*, in: Kamann/Ohlhoff/Völcker)

Kamm, Janine/Köchling, Marcel, Zur Abgrenzung von Zahlungsstockung und Zahlungsunfähigkeit, Zugleich Besprechung von BGH, Urt. v. 24. 5. 2005 - IX ZR 123/04, ZInsO 2005, 807, ZInsO 2006, S. 732–736

Kantzenbach, Erhard, Die Funktionsfähigkeit des Wettbewerbs, Göttingen 1966

Käseberg, Thorsten/Brenner, Tobias/Fülling, Daniel, Das GWB-Digitalisierungsgesetz im Überblick, WuW 2021, S. 269–275

Kayser, Godehard/Thole, Christoph (Hrsg.), Insolvenzordnung, 11. Auflage, Heidelberg 2023 (zitiert als: *Bearbeiter*, in: Kayser/Thole)

Keller, Christoph, Ablehnung der Bugwellentheorie, Anmerkung zu BGH, Urteil v. 19.12.2017 – II ZR 88/16, WuB 2018, S. 257–259

Keller, Ulrich, Insolvenzrecht, 2. Auflage, München 2020

Kienapfel, Philip/Wils, Geert, Inability to Pay – First cases and practical experiences, Competition Policy Newsletter 2010, S. 3–7

Kienapfel, Philip/Wils, Geert, The Commission's application of point 35 of the 2006 Fining Guidelines (Inability to Pay), ÖZK 2011, S. 83–86

Klees, Andreas, Europäisches Kartellverfahrensrecht, Mit Fusionskontrollverfahren, Köln 2005

Kling, Michael/Thomas, Stefan, Kartellrecht, 2. Auflage, München 2016

Kloepfer, Michael, Verfassungsrecht: Band II, Grundrechte, München 2010

Klumpp, Ulrich, Änderungen im Bußgeldrecht und -verfahren nach der 10. GWB-Novelle, NZKart 2020, S. 9–14

Knapowski, Thomas, Das Kartellbußgeldrecht unter ökonomischer Perspektive, Bewertung der europäischen und der deutschen Sanktionsnormen und Entwicklung effektiver Vorschriften, Berlin 2019

Knolle, Eike/Tetzlaff, Christian, Zahlungsunfähigkeit und Zahlungsstockung, Zugleich Besprechung von BGH, Urt. v. 24.5.2005 – IX ZR 123/04, ZInsO 2005, 807, ZInsO 2005, S. 897–902

Köberl, Georg/Effner, Sabine/Nordhues, Elmar/Schwarz, Claus-Peter (Hrsg.), Praxis der Kommunalverwaltung – Ordnungswidrigkeitengesetz, Bu A-20, 8. EL., Stand: 12.2023, Loseblatt, Wiesbaden (zitiert als: *Bearbeiter*, in: PDK Bu A-20)

Koenig, Ulrich (Hrsg.), Abgabenordnung, §§ 1 bis 368, Kommentar, 4. Auflage, München 2021 (zitiert als: *Bearbeiter*, in: Koenig, AO)

Könen, Daniel, (Wirtschafts-)Verbandsarbeit und Kartellrecht nach der 10. GWB-Novelle, npoR 2022, S. 163–168

Körber, Torsten, Die Sanierungsfusion im Kartellrecht, Eine rechtsvergleichende Analyse unter besonderer Berücksichtigung der Failing Division Defense bei Pressefusionen, ZWeR 2014, 32-59

Konzak, Olaf, Analogie im Verwaltungsrecht, NVwZ 1997, S. 872–873

Korch, Stefan, Insolvenzrecht und Marktgesetze, Eine Standortbestimmung im Angesicht des EU-Kommissionsvorschlags für einen präventiven Restrukturierungsrahmen, ZHR, S. 439–482

Krenberger, Benjamin/Krumm, Carsten (Hrsg.), Ordnungswidrigkeitengesetz, 8. Auflage, München 2024 (zitiert als: *Krenberger/Krumm*, OWiG)

Kübler, Bruno M./Prütting, Hanns/Bork, Rheinhard/Jacoby, Florian (Hrsg.), Kommentar zur Insolvenzordnung, Bd. 1, 101. EL, Stand: 09.2024, Loseblatt, Köln (zitiert als: *Bearbeiter*, in: K/P/B, InsO)

Kuhla, Wolfgang/Hüttenbrink, Jost/Endler, Jan (Hrsg.), Der Verwaltungsprozess, 3. Auflage, München 2002 (zitiert als: *Bearbeiter*, in: Kuhla/Hüttenbrink, Verwaltungsprozess)

Kuna, Heiner, Berücksichtigung der sog. Passiva II bei der Feststellung der Zahlungsunfähigkeit gemäß § 17 Abs. 2 InsO, DStR 2018, S. 693–698

Labi, Andreas (Hrsg.), OWiG, Onlinekommentar mit Handbuch zum Bußgeldverfahren, Stand: 01.04.2024, Köln (zitiert als: *Bearbeiter*, in: Labi, OK-OWiG)

Laitenberger, Johannes/Mitarbeiterinnen und Mitarbeiter der Generaldirektion Wettbewerb, Entwicklungslinien des Wettbewerbsrechts der Europäischen Union, in: Ellger, Reinhard/Schweitzer, Heike (Hrsg.), Die Verfassung der europäischen Wirtschaft, Symposium zu Ehren von Ernst-Joachim Mestmäcker aus Anlass seines 90. Geburtstages, S. 109–152, Baden-Baden 2018 (zitiert als: *Laitenberger/Mitarbeiterinnen und Mitarbeiter der Generaldirektion Wettbewerb,* Verfassung der europäischen Wirtschaft)

Lampert, Thomas/Niejahr, Nina/Kübler, Johanna/Weidenbach, Georg, EG-KartellVO, Praxiskommentar zur Verordnung (EG) Nr. 1/2003, Heidelberg 2004

Lang, Andreas, Das Rechtsschutzinteresse beim Antrag auf Eröffnung des Insolvenzverfahrens, Frankfurt am Main 2003

Lange, Knut Werner, Handbuch zum deutschen und europäischen Kartellrecht, Heidelberg 2001

Larenz, Karl/Canaris, Claus-Wilhelm, Methodenlehre der Rechtswissenschaft, 3. Auflage, Berlin/Heidelberg/New York 1995

Laroche, Peter, Vollstreckung von Geldbußen wegen Ordnungswidrigkeiten in der Insolvenz, VIA 2014, S. 17–19

Loewenheim, Ulrich/Meessen, Karl Matthias/Riesenkampff, Alexander/Kersting, Christian/Meyer-Lindemann, Hans Jürgen (Hrsg.), Kartellrecht, Kommentar zum Deutschen und Europäischen Recht, 4. Auflage, München 2020 (zitiert als: *Bearbeiter*, in: L/M/R/K/M, KartellR)

Mäger, Thorsten/Budde, Stefanie, Der RefE für die 10. GWB-Novelle: ein Spagat zwischen EU-Rechtsangleichung und deutschem Sonderweg, DB 2020, S. 378–386

Martens, Sebastian, Methodenlehre des Unionsrechts, Tübingen 2013

Maunz, Theodor/Dürig, Günter (Begr.), *Herzog, Roman/Scholz, Rupert/Herdegen, Matthias/Klein, Hans H.* (Hrsg.), Grundgesetz, Kommentar, Bd. 1, 104. EL, Stand: 04.2024, Loseblatt, München (zitiert als: *Bearbeiter*, in: D/H/S, GG, Bd. 1)

Maunz, Theodor/Dürig, Günter (Begr.), *Herzog, Roman/Scholz, Rupert/Herdegen, Matthias/Klein, Hans H.* (Hrsg.), Grundgesetz, Kommentar, Bd. 3, 104. EL, Stand: 04.2024, Loseblatt, München (zitiert als: *Bearbeiter*, in: D/H/S, GG, Bd. 3)

Maunz, Theodor/Dürig, Günter (Begr.), *Herzog, Roman/Scholz, Rupert/Herdegen, Matthias/Klein, Hans H.* (Hrsg.), Grundgesetz, Kommentar, Bd. 5, 104. EL, Stand: 04.2024, Loseblatt, München (zitiert als: *Bearbeiter*, in: D/H/S, GG, Bd. 5)

Mende, Larissa, Das deutsche Kartellbußgeldverfahren, Vom reformierten Strafprozess zum modernen Wirtschaftsstrafverfahren, Baden-Baden 2018

Mestmäcker, Ernst-Joachim/Schweitzer, Heike, Europäisches Wettbewerbsrecht, 3. Auflage, München 2014

Meyer-Lindemann, Hans Jürgen, Bußgeldsachen: Die stille Revolution im Windschatten der Digitalisierungsnovelle, WuW 2020, S. 16–22

Mitsch, Wolfgang (Hrsg.), Karlsruher Kommentar zum Gesetz über Ordnungswidrigkeiten, 5. Auflage, München 2018 (zitiert als: *Bearbeiter*, in: KarlsK-OWiG)

Möhlenkamp, Andreas, Verbandskartellrecht – trittfeste Pfade in unsicherem Gelände, WuW 2008, S. 428–441

Möhlmann-Mahlau, Thomas/Schmitt, Jens, Der »vorübergehende" Begriff der Überschuldung, NZI 2009, S. 19–24

Müller, Dieter (Hrsg.), Gesetz über Ordnungswidrigkeiten, 121. Auflage, Köln 2019 (zitiert als: *Müller*, OWiG)

Müller, Felix, Das Modernisierungspaket zur Kartellrechtsverordnung 1/2003, IR 2004, S. 130–133

Müller-Gugenberger, Christian/Gruhl, Jens/Hadamitzky, Anke (Hrsg.), Wirtschaftsstrafrecht, Handbuch des Wirtschaftsstraf- und -ordnungswidrigkeitenrechts, 8. Auflage, Köln 2024 (zitiert als: *Bearbeiter*, in: M/G/H, Hdb WirtschaftsstrafR)

Münch, Ingo von/Kunig, Philip (Begr.), *Kämmerer, Jörn-Axel/Kotzur, Markus* (Hrsg.), Grundgesetz, Kommentar, Bd. 1, 7. Auflage, München 2021 (zitiert als: *Bearbeiter*, in: von Münch/Kunig, GG)

Musielak, Hans-Joachim/Voit, Wolfgang (Hrsg.), Zivilprozessordnung, 21. Auflage, München 2024 (zitiert als: *Bearbeiter*, in: Musielak/Voit, ZPO)

Mylich, Falk, Zur Abgrenzung von Zahlungsstockung und Zahlungsunfähigkeit, Zugleich Besprechung BGH v. 19.12.2017 – II ZR 88/16, ZIP 2018, 283, ZIP 2018, S. 514–519

Nagel, Stephan Manuel/Hillmer, Katharina, Die 10. GWB-Novelle – Änderungen im Verfahrens-, Bußgeld-, Schadensersatz- und Fusionskontrollrecht, DB 2021, S. 494–499

Nerlich, Jörg (Begr.)/*Römermann, Volker* (Hrsg.), Insolvenzordnung (InsO), Kommentar, 49. EL, Stand: 01.2024, Loseblatt, München (zitiert als: *Bearbeiter*, in: Römermann, InsO)

Neuhof, Rudolf, Die Zahlungsunfähigkeit – das unsichtbare Wesen, Rechtsentwicklung und Rechtspraxis, in: Exner, Joachim/Paulus, Christoph G. (Hrsg.), Festschrift für Siegfried Beck zum 70. Geburtstag, S. 355–371, München 2016 (zitiert als: *Neuhof*, FS Beck)

Neumaier, Markus, Wann wird eine Zahlungsstockung zur Zahlungsunfähigkeit?, NJW 2005, S. 3041–3043

Nickert, Cornelius/Lamberti, Udo H. (Hrsg.), Überschuldungs- und Zahlungsunfähigkeitsprüfung im Insolvenzrecht, 3. Auflage, Köln 2016 (zitiert als: *Bearbeiter*, in: Nickert/Lamberti)

Noack, Ulrich/Servatius, Wolfgang/Haas, Ulrich (Hrsg.), GmbH-Gesetz, 23. Auflage, München 2022 (zitiert als: *Bearbeiter*, in: N/S/H, GmbHG)

Noßke, Theresa Luzia, Die Sanierungsfusion im deutschen Recht, Berlin 2021

Odudu, Okeoghene, Economic Activity as a Limit to Community Law, in: Barnard, Cahterine/Odudu, Okeoghene (Hrsg.), The Outer Limits of European Union Law, S. 225–243, Oxford/Portland 2009 (zitiert als: *Odudu*, Outer Limits of EU Law)

Odudu, Okeoghene, The Boundaries of EC Competition Law, The Scope of Article 81, Oxford 2006

Onciul, Georg Ritter von, Die rechtzeitige Auslösung des Insolvenzverfahrens, Unternehmenskrise, Insolvenz und die Eröffnungsgründe der InsO, Berlin/New York 2000

Otto, Jannik, Der Kartellgehilfe als Bußgeldadressat im Europäischen Kartellrecht, Berlin 2015

Paal, Boris/Kumkar, Lea, Wettbewerbsschutz in der Digitalwirtschaft, Die wichtigsten Neuerungen der 10. GWB-Novelle im Überblick, NJW 2021, S. 809–815

Pabst, Christoph, Materielle Insolvenz – Die retrograde Ermittlung der Zahlungsunfähigkeit, Frankfurt am Main 2013

Palzer, Christoph, Kartellbußen als Insolvenzauslöser – Oder: Was tun, wenn's brennt?, NZI 2012, S. 67–72

Pape, Gerhard, Wirksamkeitsprobleme im Insolvenzeröffnungsverfahren, ZInsO 1998, S. 61–65

Pape, Gerhard/Reichelt, Daniel/Schultz, Volker/Voigt-Salus, Joachim (Hrsg.), Insolvenzrecht, 3. Auflage, München 2022 (zitiert als: *Bearbeiter*, in: P/R/S/V, InsolvenzR)

Parzinger, Josef, Passiva II sind bei der Beurteilung der Zahlungsunfähigkeit zu berücksichtigen: Bugwelle adé, GWR 2018, S. 163

Parzinger, Josef/Lappe, Johannes/Meyer-Löwy, Bernd, Die Prüfung der Zahlungsunfähigkeit unter besonderer Berücksichtigung prognostischer Elemente, ZIP 2019, S. 2143–2150

Plagens, Peter W./Wilkes, Barbara, Betriebswirtschaftliche Aspekte und offene Fragen im Zusammenhang mit der Definition des Begriffs »Zahlungsunfähigkeit" aufgrund der jüngeren BGH-Entscheidungen, ZInsO 2010, S. 2107–2122

Podszun, Rupprecht (Hrsg.), Digital Markets Act, Gesetz über digitale Märkte, Baden-Baden 2023 (zitiert als: *Bearbeiter*, in: Podszun, DMA)

Potocnik-Manzouri, Corinna, The ECN+ Directive: An Example of Decentralised Cooperation to Enforce Competition Law, European Papers (e-Journal) 2021, S. 987–1013, DOI: 10.15166/2499-8249/510

Quardt, Gabriele, Die Rückforderung staatlicher Beihilfen und ihre Grenzen in der Insolvenz, EWS 2003, S. 312–318

Raum, Rolf, Kartellbußen zwischen Strafrecht und Europarecht, Eine Rückbetrachtung auf ein schwieriges Terrain, GRUR 2021, S. 322–326

Rauscher, Thomas/Krüger, Wolfgang (Hrsg.), Münchener Kommentar zur Zivilprozessordnung mit Gerichtsverfassungsgesetz und Nebengesetzen, Bd. 1, 6. Auflage, München 2020 (zitiert als: *Bearbeiter*, in: MüKo-ZPO, Bd. 1)

Rauscher, Thomas/Krüger, Wolfgang (Hrsg.), Münchener Kommentar zur Zivilprozessordnung mit Gerichtsverfassungsgesetz und Nebengesetzen, Bd. 3, 6. Auflage, München 2022 (zitiert als: *Bearbeiter*, in: MüKo-ZPO, Bd. 3)

Rebmann, Kurt/Roth, Werner/Herrmann, Siegfried (Begr.), *Förster, Hans-Jürgen/Hannich, Rolf/Bösert, Bernd Moritz/Reichert, Christoph/Fad, Frank/Bunk, Sarah* (Hrsg.), Gesetz über Ordnungswidrigkeiten, Kommentar, Bd. 1, 3. Auflage, 34. EL, Stand: 05.2024, Loseblatt, Stuttgart (zitiert als: *Bearbeiter*, in: R/R/H, OWiG, Bd. 1)

Rebmann, Kurt/Roth, Werner/Herrmann, Siegfried (Begr.), *Förster, Hans-Jürgen/Hannich, Rolf/Bösert, Bernd Moritz/Reichert, Christoph/Fad, Frank/Bunk, Sarah* (Hrsg.), Gesetz über Ordnungswidrigkeiten, Kommentar, Bd. 2, 3. Auflage, 34. EL, Stand: 05.2024, Loseblatt, Stuttgart (zitiert als: *Bearbeiter*, in: R/R/H, OWiG, Bd. 2)

Reischl, Klaus, Insolvenzrecht, 6. Auflage, Heidelberg 2022

Rieger, Frank, Die Insolvenzfähigkeit von Kammern und die Konsequenzen, GewA 2011, S. 279–286

Riesenhuber, Karl (Hrsg.), Europäische Methodenlehre, 4. Auflage, Berlin/Boston 2021 (zitiert als: *Bearbeiter*, in: Riesenhuber, Methodenlehre)

Rittner, Fritz/Dreher, Meinrad, Europäisches und deutsches Wirtschaftsrecht, Eine systematische Darstellung, Heidelberg/München/Landsberg/Berlin 2008

Rönnau, Thomas/Tachau, Benjamin, Der Geldstrafenschuldner in der Insolvenz – zwischen Skylla und Charybdis?, NZI 2007, S. 208–214

Sachs, Michael (Hrsg.), Grundgesetz, Kommentar, 10. Auflage, München 2024 (zitiert als: *Bearbeiter*, in: Sachs, GG)

Säcker, Franz Jürgen/Meier-Beck, Peter (Hrsg.), Münchener Kommentar zum Wettbewerbsrecht, Bd. 2 GWB, 4. Auflage, München 2022 (zitiert als: *Bearbeiter*, in: MüKo-WettbewerbsR, GWB)

Säcker, Franz Jürgen/Meier-Beck, Peter/Bien, Florian/Montag, Frank (Hrsg.), Münchener Kommentar zum Wettbewerbsrecht, Bd. 1 EU-Wettbewerbsrecht, 4. Auflage, München 2023 (zitiert als: *Bearbeiter*, in: MüKo-EU-WettbewerbsR)

Säcker, Franz Jürgen/Rixecker, Roland/Oetker, Hartmut/Limperg, Bettina (Hrsg.), Münchener Kommentar zum Bürgerlichen Gesetzbuch, Bd. 2, 9. Auflage, München 2022 (zitiert als: *Bearbeiter*, in: MüKo-BGB, Bd. 2)

Säcker, Franz Jürgen/Roland, Rixecker/Oetker, Hartmut/Limperg, Bettina (Hrsg.), Münchener Kommentar zum Bürgerlichen Gesetzbuch, Bd. 1, 9. Auflage, München 2021 (zitiert als: *Bearbeiter*, in: MüKo-BGB, Bd. 1)

Saenger, Ingo (Hrsg.), Zivilprozessordnung, Familienverfahren, Gerichtsverfassung, Europäisches Verfahrensrecht, 10. Auflage, Baden-Baden 2021 (zitiert als: *Bearbeiter*, in: Saenger, ZPO)

Saenger, Ingo/Inhester, Michael (Hrsg.), GmbHG, Handkommentar, 4. Auflage, Baden-Baden 2020 (zitiert als: *Bearbeiter*, in: Saenger/Inhester, GmbHG)

Scheck, Matthias, Die Tätigkeit von Idealvereinen im Spannungsverhältnis zwischen Vereinsautonomie und kartellrechtlichen Verhaltensanforderungen, Marburg 2012

Scheibeler, Elke, Begriffsbildung durch den Europäischen Gerichtshof – autonom oder durch Verweis auf die nationalen Rechtsordnungen?, Berlin 2004

Schmidt, Andreas (Hrsg.), Hamburger Kommentar zum Insolvenzrecht, 10. Auflage, Köln 2024 (zitiert als: *Bearbeiter,* in: HambK-InsolvenzR)

Schmidt, Karsten (Hrsg.), Insolvenzordnung, InsO mit EuInsVO, 20. Auflage, München 2023 (zitiert als: *Bearbeiter,* in: K. Schmidt, InsO)

Schmidt, Karsten, Gesellschaftsrecht, 4. Auflage, Köln 2002

Schmidt, Karsten, Insolvenzrecht, Abgrenzung der Zahlungsstockung von Zahlungsunfähigkeit, JuS 2005, S. 1130–1132

Schmidt, Karsten, Konkursgründe und präventiver Gläubigerschutz, Ein Beitrag zur Diskussion um den Konkursgrund der Überschuldung, AG 1978, S. 334–340

Schmidt, Karsten, Sinnwandel und Funktion des Überschuldungstatbestandes, Rechtspolitische Perspektiven der Verfahrenseröffnung im Insolvenzrecht, JZ 1982, S. 165–174

Schmidt, Karsten, Überschuldung und Insolvenzantragspflicht nach dem Finanzmarktstabilisierungsgesetz, Geschäftsleiterpflichten im Wechselbad der Definitionen, DB 2008, S. 2467–2471

Schmidt, Karsten, Überschuldung und Unternehmensfortführung oder: per aspera ad astra, Grundsatz- und Praxisfragen um § 19 Abs. 2 InsO, ZIP 2013, S. 485–493

Schmidt, Karsten, Vom Konkursrecht der Gesellschaften zum Insolvenzrecht von Unternehmen, ZIP 1980, S. 233–238

Schmidt, Karsten, Wege zum Insolvenzrecht, Befunde, Kritik, Perspektiven, Köln 1990

Schmitz, Claus, Wann liegt Zahlungsunfähigkeit vor?, IBR 2006, S. 1016

Schoch, Friedrich, Die Bekanntgabe des Verwaltungsakts, JURA 2011, S. 23–30

Schröter, Helmuth/Klotz, Robert/von Wendland, Bernhard (Hrsg.), Europäisches Wettbewerbsrecht, 3. Auflage, Baden-Baden 2024 (zitiert als: *Bearbeiter,* in: S/K/W, EU WettbewerbsR)

Schulte, Josef Lothar/Just, Christoph (Hrsg.), Kartellrecht, GWB, Kartellvergaberecht, EU-Kartellrecht, Kommentar, 2. Auflage, Köln 2016 (zitiert als: *Bearbeiter,* in: Schulte/Just, KartellR)

Schulz, Dietmar, Zahlungsunfähigkeit und ernsthaftes Einfordern, Zugleich Besprechung BGH v. 14.5.2009 – IX ZR 63/08, ZIP 2009, 1235, ZIP 2009, S. 2281–2284

Schuster, Frank, Erzwingungshaft bei Zahlungsunfähigkeit bzw. Insolvenz des Bußgeldschuldners, NZV 2009, S. 538–541

Schwartz, Simone, Kartellgehilfen im europäischen Kartellrecht, Die einheitliche Konzeption der kartellrechtlichen Zuwiderhandlung, Köln 2015

Schwarze, Jürgen/Becker, Ulrich/Hatje, Armin/Schoo, Johann (Hrsg.), EU-Kommentar, 4. Auflage, Baden-Baden 2019 (zitiert als: *Bearbeiter,* in: S/B/H/S, EU-Kommentar)

Schwarzkopf, Benedikt, Externe Kartellunterstützer im Europäischen Kartellrecht, Baden-Baden 2018

Seifert, Karl-Heinz/Hömig, Dieter (Begr.), *Wolff, Heinrich Amadeus* (Hrsg.), Grundgesetz für die Bundesrepublik Deutschland, Handkommentar, 13. Auflage, Baden-Baden 2022 (zitiert als: *Bearbeiter*, in: Hömig/Wolff, GG)

Skreti, Olympia, »Inability to pay« im EU-Kartellrecht, Baden-Baden 2023

Smid, Stefan, Handbuch Insolvenzrecht, 7. Auflage, Berlin 2018

Smid, Stefan, Rückführung staatlicher Beihilfen und Insolvenz, in: Prütting, Hanns/Vallender, Heinz (Hrsg.), Insolvenzrecht in Wissenschaft und Praxis, Festschrift für Wilhelm Uhlenbruck, S. 405–421, Köln 2000 (zitiert als: *Smid*, FS Uhlenbruck)

Staudinger, Julius von (Begr.), *Roth, Herbert* (Hrsg.), J. von Staudingers Kommentar zum Bürgerlichen Gesetzbuch mit Einführungsgesetzen und Nebengesetzen, BGB, Bd. Übersicht Einl zum BGB; §§ 1-14; VerschG (Natürliche Personen, Verbraucher, Unternehmer), Berlin 2024 (zitiert als: *Bearbeiter*, in: Staudinger, BGB, Einl., §§ 1-14; VerschG)

Staudinger, Julius von (Begr.), *Roth, Herbert* (Hrsg.), J. von Staudingers Kommentar zum Bürgerlichen Gesetzbuch mit Einführungsgesetzen und Nebengesetzen, BGB, Bd. §§ 21-79, Berlin 2023 (zitiert als: *Bearbeiter*, in: Staudinger, BGB, §§ 21-79)

Staufenbiel, Peter/Hoffmann, Volker, Die Ermittlung des Eintritts der Zahlungsunfähigkeit – Teil 1, ZInsO 2008, S. 785–790

Stegerer, Julian, Die Zumessung der Geldbuße gegen den Rechtsträger einer Unternehmensvereinigung, Baden-Baden 2023

Steinberg, Philipp Marc/Wirtz, Markus, Der Referentenentwurf zur 10. GWB-Novelle – Ein Dialog zwischen dem BMWi und der anwaltlichen Praxis (Teil 2), WuW 2020, S. 8–15

Stelkens, Paul/Bonk, Heinz Joachim/Leonhardt, Klaus (Begr.), *Sachs, Michael/Schmitz, Heribert* (Hrsg.), Verwaltungsverfahrensgesetz, 10. Auflage, München 2023 (zitiert als: *Bearbeiter*, in: Stelkens/Bonk/Sachs)

Stockmann, Kurt, Zur neueren Bußgeldpraxis bei Kartellverstößen, ZWeR 2012, S. 20–47

Streinz, Rudolf (Hrsg.), EUV/AEUV, Vertrag über die Europäische Union, Vertrag über die Arbeitsweise der Europäischen Union, Charta der Grundrechte der Europäischen Union, 3. Auflage, München 2018 (zitiert als: *Bearbeiter*, in: Streinz, EUV/AEUV)

Streinz, Rudolf, Europarecht, 12. Auflage, Heidelberg 2023

Stürner, Rolf/Eidenmüller, Horst/Schoppmeyer, Heinrich (Hrsg.), Münchener Kommentar zur Insolvenzordnung, Bd. 1, 4. Auflage, München 2019 (zitiert als: *Bearbeiter*, in: MüKo-InsO, Bd. 1)

Stürner, Rolf/Eidenmüller, Horst/Schoppmeyer, Heinrich (Hrsg.), Münchener Kommentar zur Insolvenzordnung, Bd. 2, 4. Auflage, München 2019 (zitiert als: *Bearbeiter*, in: MüKo-InsO, Bd. 2)

Theurer, Fabian, Geldbußen im EU-Wettbewerbsrecht, Frankfurt am Main 2009

Thole, Christoph, Neuerungen des IDW S 11 bei der Beurteilung von Insolvenzeröffnungsgründen, GmbHR 2022, S. R52–R53

Thole, Christoph, Was kann das Insolvenzrecht leisten?, KTS 2019, S. 289–305

Thomas, Stefan, Die Bindungswirkung von Mitteilungen, Bekanntmachungen und Leitlinien der EG-Kommission, EuR 2009, S. 423–444

Thonfeld, Henning, Anmerkung zu BGH, Urteil vom 24.05.2005 – IX ZR 123/04, NZI 2005, S. 550–552

Többens, Hans W., Die Bekämpfung der Wirtschaftskriminalität durch die Troika der §§ 9, 130 und 30 des Gesetzes über Ordnungswidrigkeiten, NStZ 1999, S. 1–8

Uhlenbruck, Wilhelm (Begr.), *Hirte, Heribert/Vallender, Heinz/Mentzel, Franz* (Hrsg.), Insolvenzordnung, Kommentar, Bd. 1, 15. Auflage, München 2019 (zitiert als: *Bearbeiter*, in: Uhlenbruck, InsO)

Uhlenbruck, Wilhelm, Die Rechtstellung des gerichtlich bestellten Sachverständigen im Insolvenzeröffnungsverfahren, in: Piepenburg, Horst (Hrsg.), Festschrift für Günter Greiner – zum 70. Geburtstag am 19. März 2005, S. 317–326, Köln 2005 (zitiert als: *Uhlenbruck*, FS Greiner)

Ungureanu, Gabriel, The Associations of Undertakings – A Favourable Environment for the Development of Anticompetitive Agreements, JLASci 2020, S. 54–59

Vallender, Heinz, Der gerichtlich bestellte Sachverständige im Insolvenzeröffnungsverfahren, ZInsO 2010, S. 1457–1468

Vallender, Heinz/Undritz, Sven-Holger (Hrsg.), Praxis des Insolvenzrechts, 3. Auflage, Berlin/Boston 2021 (zitiert als: *Bearbeiter*, in: Vallender/Undritz, Praxis InsolvenzR)

van Cleynenbreugel, Pieter, Associations of undertakings and their decisions in the wake of MasterCard, ECLR 2015, S. 283–290

Vedder, Christoph/Heintschel von Heinegg, Wolff (Hrsg.), Europäisches Unionsrecht, EUV, AEUV, GRCh, EAGV, 2. Auflage, Baden-Baden 2018 (zitiert als: *Bearbeiter*, in: Vedder/Heintschel von Heinegg, EU-Recht)

Vorwerk, Volkert/Wolf, Christian (Hrsg.), Beck'scher Online-Kommentar, ZPO, 54. Ed., Stand: 01.09.2024 (zitiert als: *Bearbeiter*, in: BeckOK-ZPO)

Waßmer, Martin Paul, Probleme bei Feststellung von Zahlungsunfähigkeit im Strafverfahren, ZInsO 2018, S. 1485–1492

Weber, Claus-Peter/Kütung, Peter/Eichenlaub, Raphael, Zweifelsfragen im Rahmen der Beurteilung des Vorliegens von Insolvenzeröffnungsgründen – Zugleich Anmerkungen zu IDW ES 11, GmbHR 2014, S. 1009–1018

Weiland, Stefan, Die Gleichbehandlung von Gläubigern in der Insolvenz, Ein fortwährend bröckelnder Grundsatz, in: Anton, Michael (Hrsg.), Liber Discipulorum für Michael Martinek, S. 773–787, Saarbrücken 2021 (zitiert als: *Weiland*, LD Martinek)

Wessel, Wilhelm, Der Sachverständige im Insolvenzeröffnungsverfahren nach § 5 InsO, DZWir 1999, S. 230–234

Weyand, Raimund, Durchsetzung fällig gewordener Bußgelder und laufendes Insolvenzverfahren, ZInsO 2021, S. 1380–1383

Wiedemann, Gerhard (Hrsg.), Handbuch des Kartellrechts, 4. Auflage, München 2020 (zitiert als: *Bearbeiter*, in: Wiedemann, Hdb KartellR)

Wiedemann, Herbert, Richterliche Rechtsfortbildung, NJW 2014, S. 2407–2412

Wieser, Raimund, Erzwingungshaft wegen Geldbußen während Insolvenz- und Restschuldbefreiungsverfahren, DZWir 2007, S. 72–74

Wolf, Thomas/Kurz, Peter, Die Feststellung der Zahlungsunfähigkeit: Was sind 100% bei Berücksichtigung eines Schwellenwertes?, DStR 2006, S. 1339–1343

Würdinger, Markus, Ähnlichkeiten im juristischen Denken und Arbeiten, in: Althammer, Christoph/Schärtl, Christoph (Hrsg.), Dogmatik als Fundament für Forschung und Lehre, Festschrift für Herbert Roth zum 70. Geburtstag, S. 141–156 (zitiert als: *Würdinger,* FS Roth)

Würdinger, Markus, Die Analogiefähigkeit von Normen, Eine methodologische Untersuchung über Ausnahmevorschriften und deklaratorische Normen, AcP, Bd. 206 (2006), S. 946–979

Zabel, Karsten/Pütz, Torsten, Beurteilung der Insolvenzeröffnungsgründe nach IDW S 11, ZIP 2015, S. 912–920

Zippelius, Rheinhold/Würtenberger, Thomas, Juristische Methodenlehre, 12. Auflage, München 2021

Zipperer, Helmut, Nichterweislichkeit des Insolvenzgrundes oder Abweisung mangels Masse: zum Rechnen mit Unbekannten, NZI 2003, S. 590–593

Zipperer, Helmut, Private und behördliche Einsicht in Insolvenzakten – eine systematische Bestandsaufnahme, NZI 2002, S. 244–253

Zöller, Richard (Hrsg.), Zivilprozessordnung, 35. Auflage, Köln 2024 (zitiert als: *Bearbeiter,* in: Zöller, ZPO)